LES FEMMES
DANS LES LIVRES SCOLAIRES

 *PSYCHOLOGIE ET SCIENCES HUMAINES*

Brigitte Crabbe / Marie-Luce Delfosse
Lucia Gaiardo / Ghislaine Verlaeckt
Evelyne Wilwerth

les femmes dans les livres scolaires

PIERRE MARDAGA, EDITEUR
2, GALERIE DES PRINCES, 1000 BRUXELLES

Brigitte Crabbe: licenciée en biologie, auteur du chapitre sciences.

Marie-Luce Delfosse: licenciée en philosophie, auteur du chapitre «Enjeux» ainsi que de l'introduction et de la conclusion.

Lucia Gaiardo: licenciée en histoire, auteur du chapitre histoire.

Ghislaine Verlaeckt: professeur honoraire d'Ecole Normale, auteur du chapitre histoire de l'art.

Evelyne Wilwerth: licenciée en philologie romane, écrivaine, auteur du chapitre littérature.

© Pierre Mardaga, éditeur
37, rue de la Province, 4020 Liège
2, Galerie des Princes, 1000 Bruxelles
D. 1985-0024-25

Nous tenons à remercier toutes les personnes qui nous ont permis de réaliser cet ouvrage.

INTRODUCTION

Il y a quelques années, les manuels scolaires étaient un support important sinon essentiel de l'enseignement. Aujourd'hui, ils sont utilisés de manière plus ponctuelle et moins régulière, de sorte qu'ils sont parfois considérés comme les vestiges d'une pédagogie dépassée. Si nous avons décidé de leur consacrer un livre, ce n'est pourtant pas sans raison. Les manuels continuent à être édités, vendus en grand nombre et cités dans les bibliographies qui accompagnent les programmes. A côté d'autres livres de référence souvent plus spécialisés, ils ont en effet l'avantage de fournir une synthèse de connaissances facilement accessible aux enseignants et aux élèves. Certes, leur influence est moins nette et moins systématique que par le passé. Elle n'en est pas moins réelle. En exposant une matière, les manuels proposent une certaine vision de la réalité qui témoigne d'options intellectuelles et pédagogiques, mais reflète aussi diverses conceptions sociales. Par exemple, quelle place accordent-ils aux femmes et comment les femmes y sont-elles présentées? C'est à élucider cette double question que nous nous sommes attachées.

DEPUIS QUELQUES ANNEES...

Ce livre s'inscrit dans le cadre d'une démarche commencée il y a plusieurs années déjà, dans différents pays, et notamment en Belgique.

En 1977, un collectif de la Maison des femmes de Bruxelles analyse quelques manuels employés dans l'enseignement primaire d'expression française. Il apparaît que ceux-ci donnent une image du rôle des femmes peu conforme à la réalité. Dans *Le Soir* du 13 décembre 1977, ce collectif annonce la campagne qu'il entend mener : étendre l'analyse, en diffuser les résultats, agir auprès des maisons d'édition ainsi que des personnes chargées d'agréer et de choisir les manuels. Après quelques mois, cette initiative fait long feu faute de personnel et de soutien financier.

En 1979, *Changeons les livres scolaires*, un autre groupe de réflexion et d'action se constitue, qui reprend les mêmes objectifs. Dans un premier temps, il s'intéresse à l'enseignement primaire. Deux rapports, publiés à Bruxelles en 1981 et 1982, rendent compte de ses travaux : *A propos de l'éducation des filles et des garçons* et *L'image des femmes et des hommes dans les manuels scolaires*. S'appuyant sur l'analyse de quelque nonante manuels couramment utilisés, ils montrent qu'à de rares exceptions près, on y oublie les femmes ou on donne d'elles des images peu variées, parcellaires mais aussi partiales. On y fait preuve de *sexisme* en prenant prétexte des différences biologiques pour attribuer des traits essentiels de personnalité, des capacités et des rôles spécifiques à l'un et l'autre sexe. Ce faisant, la vie des hommes et des femmes se voit réduite à certaines de ses facettes. Cette réduction est particulièrement sévère à l'égard des femmes et s'accompagne de propos nettement défavorables ou insidieusement péjoratifs. Les femmes apparaissent en effet comme des êtres d'une fadeur décourageante tant elles manquent de consistance et d'envergure. Ces images déformées et dévalorisantes sont si abondamment répétées qu'elles deviennent des *stéréotypes*, sortes de portraits-robots qui s'imposent progressivement aux enfants et qui définissent pour eux ce qu'il semble naturel d'attendre de telle ou telle personne. Elles acquièrent ainsi une dimension normative et prennent valeur de *modèles*, d'exemples à imiter. Pour remédier à cette situation, *Changeons les livres scolaires* formule des propositions de contenu et d'illustration.

En 1982, le même groupe décide d'élargir son action à l'enseignement secondaire et engage pendant une quinzaine de mois quelques collaboratrices, dont les auteurs de ce livre.

NOTRE DEMARCHE

Au départ, aidées ponctuellement par des bénévoles, nous avons analysé des manuels et des ouvrages de référence actuellement utilisés pour les cours d'histoire, de littérature française, d'histoire de l'art et de sciences. Ce travail débouche sur des *constats* qui font l'objet du premier chapitre de ce livre. Il apparaît que, dans l'ensemble, les manuels de l'enseignement secondaire accordent aux femmes une place extrêmement réduite. Ils passent sous silence la majeure partie de leurs contributions sociales, artistiques ou scientifiques, et ce d'une manière si constante qu'on ne peut attribuer cet « oubli » à de la distraction. Quand ils font référence à de tels apports, ceux-ci sont connotés de manière restrictive, voire péjorative, comme s'ils étaient appréhendés à travers le prisme déformant d'une conception stéréotypée des femmes, de leurs capacités et de leurs rôles. En fait, en lisant les manuels du secondaire, on a l'impression que les femmes ont disparu et l'on se prend à douter que la population mondiale se soit jamais partagée en deux groupes d'importance numérique à peu près égale !

Que font donc les femmes pendant que les hommes se distinguent dans la politique, les arts et les sciences ? Pour répondre à cette question et trouver éventuellement la trace de femmes « oubliées », nous avons mené pendant un an de patientes recherches en bibliothèques. Nous avons découvert que, de tout temps, les femmes ont participé activement à l'évolution de la société. Elles ont agi, pensé, écrit et créé plus et autrement que ne le laissent supposer les manuels, surmontant à la fois des difficultés liées à leur condition sociale et des obstacles spécifiques aux domaines où elles œuvraient. Sur base de ces données, nous formulons au chapitre 2 des *propositions* pour que la place que les femmes ont occupée et occupent réellement dans la société soit reconnue dans les livres scolaires.

Toutefois, nous n'avons pas uniquement pour objectif de rétablir une vérité historique. Nous nous inscrivons dans le mouvement plus large de tous ceux qui veulent promouvoir « l'égalité des chances » en s'attachant à refuser les différentes discriminations véhiculées par l'école et par l'éducation, tel le sexisme. C'est pourquoi, dans le chapitre 3 qui met en évidence les *enjeux* de notre travail, nous nous demandons quelle influence le sexisme des manuels scolaires peut avoir sur les élèves du secondaire. Chaque adolescent forge son identité selon une dynamique qui lui est propre mais qui n'échappe pas, tant s'en faut, à certaines influences. Les messages transmis par les manuels en sont une parmi beaucoup d'autres. Mentionnant rarement les femmes et les présentant souvent de manière déformée, ils n'esquissent que quelques images féminines de réalisation de soi. Si les unes sont exceptionnelles, les autres s'avèrent très stéréotypées et même dévalorisantes. Cette situation affecte les filles mais aussi les garçons. Elle déborde du cadre de l'école et fait écho à une situation sociale caractérisée, elle aussi, par la rigidité et l'étroitesse des modèles féminins proposés.

Ce livre présente l'analyse d'une situation et en montre les enjeux. Nous espérons qu'il contribuera à permettre une nouvelle orientation des manuels scolaires.

CHAPITRE 1
CONSTATS

A. Histoire

1. METHODE DE TRAVAIL

a) Présentation de l'échantillon choisi

Il existe sur le marché un nombre considérable de manuels d'histoire. En effet, des changements de programme successifs font que des manuels récents viennent s'ajouter à d'autres ouvrages plus anciens qui servent toujours comme outils de travail ou comme sources de référence.

Parmi tous ces manuels potentiellement utilisables, lesquels fallait-il choisir, compte tenu de la nécessité d'avoir un échantillon varié et suffisamment représentatif quoique limité? Le critère essentiel était bien entendu celui de l'utilisation effective par les élèves et par les professeurs. Dans un premier temps, des écoles ont été contactées. Certaines d'entre elles ont bien voulu, via leur service de prêt, céder au groupe «Changeons les livres scolaires» l'un ou l'autre manuel d'histoire utilisé dans leurs classes. Mais cela était-il suffisant? Qu'en était-il du côté des professeurs? Qu'utilisaient-ils comme supports matériels pour préparer leurs cours?

Les listes d'ouvrages conseillés par les secrétariats d'organisation des études nous ont apporté quelque lumière, de même qu'une enquête menée auprès de librairies spécialisées en livres scolaires. En outre, des professeurs d'histoire ont été interrogés, soit directement, soit par l'intermédiaire d'un questionnaire envoyé dans une cinquantaine d'établissements d'enseignement secondaire des réseaux libre et officiel. Les questions portaient sur les manuels éventuellement utilisés en classe et ceux employés par les professeurs eux-mêmes.

Les réponses obtenues ont permis de mettre en évidence certaines tendances. En premier lieu, elles ont confirmé, si besoin en était, le fait que chaque professeur appréhende son cours de manière très personnelle. Ainsi, certains enseignants se servent de manuels en classe, d'autres pas, préférant rassembler eux-mêmes le matériel didactique dont ils se servent en classe. En second lieu, il s'est avéré que tous les professeurs interrogés utilisent personnellement une quantité considérable d'ouvrages de référence.

Un choix a été fait parmi les livres les plus fréquemment cités. A la liste ainsi obtenue, il m'a paru nécessaire d'ajouter des publications très récentes. Au total, cela a donné un échantillon de 40 ouvrages qui diffèrent par leur provenance, leur date de publication, leur optique, leur contenu et leur destination.

Provenance

Sur 40 ouvrages analysés, 30 sont belges et 10 sont français. Mais si l'on tient compte du fait que certains livres sont issus d'une collaboration franco-belge, on constate que les clivages sont moins nets qu'il n'y paraît.

Date de publication

Dans l'ensemble, les ouvrages analysés sont récents :
- 7 ont été publiés entre 1963 et 1969.
- 22 ont été publiés entre 1970 et 1979.
- 11 ont été publiés entre 1980 et 1984.

Optique et contenu

Les ouvrages qui constituent l'échantillon ont été conçus à des moments et dans des esprits différents.

Des manuels analysés suivent le cours d'une histoire strictement événementielle où l'«histoire-bataille» se taille encore la part belle. Les textes de leçons, agrémentés de quelques illustrations constituent l'essentiel de ces ouvrages. Une «lecture» et quelques questions portant sur la leçon clôturent chaque chapitre. Ces manuels sont anciens. Ils ont été édités en 1963 et 1965 mais ils sont encore employés dans certaines écoles.

Nettement plus représentative, une seconde série d'ouvrages, destinés à faire appel à l'esprit critique des élèves et de les inciter à prendre une part active au cours d'histoire, accordent de ce fait une place plus importante aux documents écrits et illustrés. Ceux-ci doivent, en principe, servir de base à la leçon dont une synthèse figure en regard ou à la suite des documents. Malgré le souci d'évoquer les conditions d'existence, les idées et la vie quotidienne «des hommes», on constate que, dans ces manuels, l'approche historique reste encore fortement événementielle et que, en dépit de la prise en considération des aspects économique, social et culturel, l'accent continue à être mis sur le politique et sur l'élite sociale.

Les ouvrages de la troisième série, également représentatifs, ont été publiés à la suite de la réforme de l'enseignement de 1969. Refusant de voir dans le cours d'histoire un «simple répertoire d'informations»[1], les auteurs de ces publications veulent avant tout contribuer à la formation des élèves et accordent la priorité à la méthode inductive de manière à favoriser la participation active de ces élèves à l'élaboration du cours d'histoire. C'est dans ce but qu'ont été rassemblés un certain nombre de documents (textes, illustrations, schémas, ...) tantôt autour d'un thème traité diachroniquement, tantôt autour d'une société étudiée chronologiquement sous ses différents aspects: artistique, économique, politique, social, religieux, ... Ces recueils ne contiennent aucun texte de leçon. Celui-ci a fait place, à la fin de chaque «dossier» étudié, à un questionnaire portant sur les documents et à un exercice de synthèse.

Enfin, des manuels français très récents et des livres largement documentés particulièrement axés sur les faits économiques et sociaux et destinés aux élèves des dernières années du secondaire, ont également été retenus, de même que quelques recueils de documents plus spécialement réservés aux professeurs.

Destination des manuels

Pour ce qui est de la «couverture» des différentes périodes de l'histoire, nous avons veillé à examiner plusieurs manuels pour chacune d'elles, de manière à englober tous les niveaux de l'enseignement secondaire et à ne pas favoriser une période plutôt qu'une autre. Une seule exception, peut-être, pour l'époque contemporaine qui voit se modifier profondément et durablement la condition féminine. Il était intéressant de voir comment les livres scolaires en rendent compte.

Lorsque l'on considère l'ensemble de ces ouvrages du point de vue des auteurs, un premier constat s'impose. En effet, parmi les 74 auteurs identifiables[2], 13 sont des femmes et 61 sont des hommes. Les femmes auteures de manuels sont donc très minoritaires puisqu'elles représentent moins de 20 % des auteurs identifiés.

Présentation de la démarche suivie

A partir de l'échantillon établi, nous nous sommes intéressées à tout ce qui compose le manuel. Illustrations, sources écrites, textes des leçons, questionnaires, index des noms, tables des matières ont été passés au crible, suivant une démarche à la fois quantitative et qualitative, afin de déterminer dans quelle mesure les femmes apparaissent et de quelle manière elles sont présentées. Une attention particulière a également été portée à la création féminine. Parmi les sources écrites et iconographiques reproduites, il était intéressant de voir combien ont des femmes pour auteurs.

Il va de soi que les ouvrages consultés se différencient par leur présentation (format, graphisme, volume, ...). Mon intention n'est évidemment pas d'émettre des appréciations sur ce point et, pas davantage, de comparer tel ouvrage à tel autre, sur la forme ou sur le fond. Je me suis surtout attachée à *dégager des tendances*, celles-ci devant permettre, me semble-t-il, de mieux cerner les divers aspects de la question de la présence... ou de l'absence des femmes dans les manuels d'histoire et aussi de permettre de prendre le recul critique nécessaire à toute démarche qui cherche à ouvrir de nouvelles perspectives.

2. CONSTATS

a) Textes des leçons

Les textes des leçons, par les thèmes choisis et par la manière dont ceux-ci sont abordés, sont significatifs de l'esprit dans lequel les ouvrages ont été réalisés. Lorsque l'on considère, globalement, les textes des leçons des manuels analysés, on constate que la représentation des femmes est souvent limitée et par le nombre et par la manière dont celles-ci sont présentées. Cette constatation renvoie essentiellement à deux facteurs. L'un est le choix personnel des auteurs. L'autre est beaucoup plus difficile à cerner puisqu'il renvoie à la fois aux discours propres aux manuels, à la structure et aux règles de la langue française.

La présentation des femmes est limitée quantitativement

Les femmes mentionnées dans les textes des leçons appartiennent, le plus souvent, à la mythologie, à la légende, où à une élite politique, sociale et religieuse. On nous parle de déesses, de reines, de princesses, ... bref, d'exceptions qui ont marqué leur époque d'une manière ou d'une autre. L'espace qui leur est réservé peut être important: des chapitres entiers sont consacrés à l'Angleterre d'Elisabeth, aux Pays-Bas autrichiens sous Marie-Thérèse ou à la Russie de la «Grande Catherine». On évoque aussi largement l'intervention de Jeanne d'Arc dans la guerre de Cent Ans, le gouvernement de Catherine de Médicis ou encore les régences de Marie de Médicis et d'Anne d'Autriche. D'autres femmes sont également mentionnées dans les manuels, quoique de manière plus ou moins furtive, pour attirer l'attention sur leur rôle politique, leur mariage ou leur influence sur tel prince ou tel roi.

En dehors de ces femmes de pouvoir, on a relevé également les noms de Charlotte Corday[1], de Mme Roland[2] comme femmes politiquement engagées dans la Révolution française et, plus près de nous, ceux de Clara Zetkin et de Rosa Luxemburg, dirigeantes, avec Karl Liebknecht, du mouvement spartakiste[3]. En tant que groupe, l'action des femmes sur le plan politique n'apparaît qu'à de rares occasions. On évoque — non sans ironie — la participation des dames de la haute aristocratie à la Fronde[4]; on parle de la marche des femmes sur Versailles (octobre 1789)[5], dans l'un ou l'autre manuel, on trouve une rapide allusion à la part prise par les femmes dans la Résistance pendant la guerre 40-45[6]... Quant à la mention de revendications politiques spécifiques aux femmes, elle est encore plus exceptionnelle: une seule brève allusion à des femmes (dont les noms ne sont pas cités) réclamant, pendant la Révolution française, les mêmes droits politiques que les hommes[7].

Le rôle des femmes sur le plan culturel n'est pas davantage développé. A côté de quelques noms de femmes écrivains — Louise Labé, Marguerite d'Angoulême, Mme de Sévigné —, figurent encore, associés au phénomène des salons du XVIIIe siècle, les noms de Mme Geoffrin, de Mme de Lambert ou de Mme de Tencin. En dehors de cela, rien n'est dit sur les femmes peintres ou les femmes de sciences qui ont pourtant existé, en dépit d'un environnement peu favorable à l'épanouissement intellectuel et artistique des femmes!

Dans le domaine religieux, relevons la mention du rôle de Catherine de Sienne dans le retour de Grégoire XI à Rome[8], la protection accordée par Marguerite d'Angoulême aux réformateurs du groupe de Meaux[9], le rôle de l'abbaye féminine de Port-Royal dans la diffusion du jansénisme[10], la constitution d'ordres contemplatifs féminins et la création des «Filles de la charité» par saint Vincent de Paul, avec l'aide de Louise de Marillac[11].

S'il arrive que la condition des femmes soit évoquée, c'est souvent de manière ponctuelle et pour les mêmes sociétés antiques: on mentionne la grande liberté dont paraissaient jouir les Crétoises[12], l'éducation rude reçue par les Spartiates et le rôle important tenu par elles en l'absence de leur époux[13], l'exclusion des Athéniennes du droit de cité[14], l'émancipation féminine qui caractérise l'Empire romain[15]. A part ces références isolées, il n'est pratiquement jamais fait allusion à la condition féminine, si ce n'est de manière accidentelle, lorsqu'on parle d'éducation, par exemple[16].

Dans des manuels récents[17] qui adoptent une approche socio-économique des événements et portent, il est vrai, sur l'époque contemporaine (1914 à nos jours), les femmes sont nettement plus présentes dans les textes des leçons. Un manuel consacre d'ailleurs un chapitre au travail des femmes et aux modifications importantes survenues ces dernières années dans la structure de l'emploi féminin[18].

Mais, au total, les femmes figurant dans les manuels analysés sont peu représentatives — elles appartiennent à une élite — et peu représentées: que ce soit individuellement ou en groupe, elles sont, le plus fréquemment, mentionnées de manière ponctuelle, accidentelle, secondaire...

La présentation des femmes est limitée qualitativement

On constate que, quand les femmes sont présentes dans les manuels, la manière dont on en parle est souvent peu nuancée — c'est Catherine de Médicis rendue seule responsable du massacre de la Saint-Barthélemy, par exemple[19] —, et restrictive:

Par la référence à la vie privée

Ainsi, on relève le refus de se marier d'Elisabeth d'Angleterre, pour ne pas «se donner de maître»[20]. On parle aussi de Catherine II et de ses favoris qui lui «inspirent» en partie sa politique[21] — notons que Louis XV «subit» l'influence de la marquise de Pompadour[22]. Et si l'on évoque la «conduite légère»[23] de la tsarine, aucune allusion n'est faite aux amours de Louis XIV... Le discours semble donc se situer à des niveaux différents suivant que l'on a affaire à un homme ou à une femme...

Par la situation des femmes par rapport à des hommes

Nombreuses sont les femmes qui ne sont mentionnées *que* par rapport à leur père, à leur oncle, à leur époux, parfois même sans être nommées. Quelques exemples ? Ici, on nous parle du mariage d'Henri V d'Angleterre avec « une fille » (laquelle ?) de Charles VI [24]; ailleurs, c'est le mariage de Maximilien d'Autriche avec « la fille de Charles le Téméraire » qui est évoqué [25]. Etc., etc... On pourrait multiplier les exemples.

La référence à un homme peut même durer après la mort de celui-ci... on a pu lire en effet dans un manuel « la veuve de Henri II » pour désigner Catherine de Médicis qui n'est même pas nommée [26]...

On peut, bien sûr, objecter, non sans raison, que citer le nom de telle ou telle princesse ou en dire plus sur son action ne nous éclaire pas sur la condition féminine... Mais, lorsqu'on omet de nommer une femme et qu'on la situe par rapport à un homme, comme fille, comme épouse, comme veuve, est-ce un hasard ? Est-ce simplement par souci de ne pas « allonger » le texte ou bien faut-il chercher un peu plus loin les raisons de cette lacune ?

Cette référence aux hommes se fait également par le biais de certaines connotations du langage. On s'aperçoit alors que, dans l'esprit de certains, il y aurait des qualités et des états propres à un sexe. On parle du « courage viril » avec lequel Marguerite d'Anjou défend les droits de son fils Edouard [27] ou de « l'activité toute virile » d'Isabelle de Castille [28] !

Par omission du rôle tenu par les femmes

Quelques exemples « ponctuels » illustrent bien de quoi il retourne. Ainsi, lorsqu'on évoque l'adoption par Octave (futur Auguste) de Tibère, rien n'est dit sur le rôle, pourtant déterminant, de Livie [29]. Lorsqu'on traite du monachisme et des monastères comme centres de rayonnement culturel du Moyen Age, on évoque les moines... et on ne dit mot des moniales [30] ! Il a été question, plus haut, des riches héritières qui ne sont mentionnées que dans le cadre de leur mariage et dont on ne sait rien. Or, en dire davantage sur le rôle de ces femmes permettrait de mieux rendre compte de la nature de leur pouvoir. A moins que de continuer à laisser croire que les femmes, une fois mariées, s'effaçaient complètement... Dans le même ordre d'idées on ne dit pas que bien souvent, pendant que les hommes partaient courir l'aventure des croisades — auxquelles, d'ailleurs bien des femmes ont participé —, ce sont les épouses qui prenaient en main l'administration des biens et des domaines. De même, on omet de parler de certaines régences, comme celle d'Isabelle de Castille, par exemple[31], ou de Louise de Savoie[32]... Quant au rôle important, et parfois moteur, que les femmes ont joué dans les révoltes iconoclastes, les « émotions » (émeutes frumentaires), ou les rébellions contre le fisc, mouvements qui caractérisent les sociétés de l'Ancien Régime, il n'en n'est jamais fait écho... Pourquoi?

Une tentative de réponse à cette question peut être cherchée dans le langage. En effet, dans la plupart des manuels, on parle des hommes, des paysans, des artisans, des ouvriers, des salariés... autant de termes qui incluent, en principe, les femmes. Mais n'y a-t-il pas risque d'occultation ou de confusion? Prenons un exemple d'occultation. Lorsque, évoquant la société médiévale, on parle des artisans, on ne pense pas nécessairement aux artisanes qui, à cette époque, exerçaient des métiers traditionnellement féminins mais aussi d'autres activités que l'on qualifierait aujourd'hui de « masculines ». Un exemple de confusion : lorsqu'on parle de citoyens et d'électeurs, ces termes, jusqu'à une période récente, ne concernent *que* les hommes. Or, pour peu que l'on ne précise pas, comme c'est le cas le plus souvent, que les femmes n'ont pas de droits politiques dans telle ou telle société, on pourrait prendre ici le terme au sens large... Bref, dans un cas comme dans l'autre, n'y a-t-il pas un risque, si l'on manque de précision, que les jeunes projettent dans le passé une certaine image qu'ils se font du monde d'aujourd'hui?

Le domaine du langage est beaucoup trop vaste et complexe pour s'y aventurer. Cependant, à la suite des exemples qui ont été pris plus haut, deux questions se posent, qui concernent le problème de la réinsertion des femmes dans un discours « globalisant ». Faut-il, comme le réclament certains milieux féministes, envisager un texte masculin/féminin, quitte à le rendre trop long et, pour tout dire, fastidieux? Faut-il au contraire apporter les nuances et les précisions qui s'imposent au risque de continuer, malgré ces modifications, de « marginaliser » les femmes dans le discours?

Il est incontestable que, lorsqu'on soulève la question de la réinsertion des femmes dans les manuels scolaires, ou que l'on évoque leur présence dans la vie quotidienne, on se heurte toujours au problème du langage. Il suffit de penser au débat qui a lieu actuellement autour de la féminisation des noms de métiers et des fonctions, et aux résistances sur lesquelles butte toute tentative de changement du langage... Pourtant, dans des registres de taille datant de 1296 et de 1313, on trouve le terme « maçonne », « tuillière », « plâtière », « barbière », « miresse » (féminin de « mire », médecin)... Les métiers étaient exercés par des femmes et les termes pour les désigner existaient au masculin et au féminin. C'était, il est vrai, avant l'exclusion des femmes de la pratique de certains métiers (par exemple, la médecine) et avant la fixation de certaines règles — très rigides —, de la langue française...

b) Les illustrations

Présence des femmes

Lorsque l'on considère l'ensemble des illustrations, y compris celles où figurent des objets, des monuments, des sites, ... on constate que les reproductions montrant uniquement des femmes, individuellement ou en groupe, sont très peu nombreuses. Dans près d'un quart des manuels analysés, de telles illustrations représentent le plus souvent 1 à 10 % — rarement plus —, du total des iconographies proposées. A titre comparatif, notons que les reproductions ne montrant *que* des personnages masculins varient, dans la plupart des manuels, entre 31 à 55 % (et plus) du total et qu'il est exceptionnel que ce chiffre tombe en dessous des 20 %. Quant aux illustrations mixtes (couples, groupes de personnes), elles constituent le plus souvent 1 à 15 % du total, plus rarement 16 à 25 %.

Les femmes sont donc peu présentes dans les illustrations.

Qui sont les femmes représentées et comment le sont-elles?

Du point de vue des illustrations, les livres analysés ne constituent pas un tout homogène. Ils se différencient par le nombre, par la présentation et par le choix des reproductions proposées. Ce dernier point, surtout, dépend de l'esprit dans lequel les ouvrages ont été conçus. Ainsi, on trouvera beaucoup plus de portraits dans les ouvrages qui mettent l'accent sur le rôle de personnages illustres que dans ceux qui insistent sur des faits économiques et sociaux ou qui étudient des sociétés sous leurs différents aspects. Dans un premier temps, je n'ai pas tenu compte de ces différences. Je me suis attachée à dégager quelques considérations générales sur les illustrations où figurent des femmes prises globalement et sur les commentaires et les questions qui, éventuellement, les accompagnent. Les nuances qui s'imposent seront introduites ultérieurement.

En gros, les images de femmes le plus fréquemment proposées sont:
- des figures religieuses: des déesses (Ashtarte, Isis, Athéna, Vénus, etc.), des prêtresses (Vestales), des devineresses (Pythie de Delphes,

Sybille de Cumes), des saintes (sainte Thérèse d'Avila en extase par le Bernin), incidemment, des religieuses, et de nombreuses représentations de la Vierge, avec ou sans Enfant;

- des femmes appartenant à une élite sociale et politique: souveraines et princesses (Nefertiti, Isabelle de Castille, Marguerite d'Autriche, Catherine de Russie, Marie-Antoinette, la reine Victoria, etc.), des favorites (Mme de Maintenon, Mme de Pompadour), des dames de la haute société (noblesse, bourgeoisie);

- des «héroïnes»: Jeanne d'Arc, bien sûr, mais aussi, beaucoup plus sporadiquement, d'autres figures féminines marquantes, comme Rosa Luxemburg[33] ou Sophie Scholl[34], l'une des fondatrices de la «Rose blanche», groupe de résistance anti-nazi allemand, morte décapitée en février 1942;

- des allégories (la fameuse «Victoire de Samothrace», les innombrables symboles de la *P*aix, de la *L*iberté, de la *N*ation...) et des caricatures (la sorcière, par exemple);

- des modèles artistiques: ceux que l'on vient d'énumérer et d'autres encore. On sait que, de tout temps, les femmes ont constitué un sujet de prédilection pour les artistes. On peut voir quelques images fugitives de femmes implorantes ou effondrées, de femmes en prière, de femmes sensuelles... images qui viennent s'ajouter aux thèmes des épouses, des femmes coquettes ou s'affairant à des tâches domestiques et, surtout, au thème des mères: scènes où l'on voit un enfant à proximité de sa mère ou dans ses bras... sans compter les nombreuses Vierges à l'Enfant!

On constate donc, en ce qui concerne les illustrations, une «*sur-représentation*» de femmes qui appartiennent à une élite sociale, politique, religieuse, des figures féminines déifiées ou associées à des concepts absolus et abstraits, de femmes vues sous l'angle de leurs fonctions domestiques et maternelles. Certes, ces reproductions artistiques reflètent la thématique choisie par tel artiste ou par telle école, à un moment donné, et elles témoignent de certaines réalités et représentations de telle ou telle société. Dans ce sens, il est bon qu'elles figurent dans les manuels. Ce qui pose problème, c'est la fréquence avec laquelle certaines d'entre elles sont reproduites et la manière dont elles sont présentées. La question du choix et de la disposition, plus ou moins conscients, de ces images est ainsi soulevée. Prenons un exemple. Dans un manuel[35], on peut voir sous le titre «Scène familière», la reproduction d'un thème peint sur une coupe attique du Ve siècle avant J.-C. On y voit une femme jouant avec un enfant. A côté de cette image figure une autre qui nous montre des enfants en train de jouer. En dessous, voilà une «Scène de gynécée» où l'on voit une femme ranger du linge dans un coffre.

Le premier constat est que ces images nous montrent des femmes d'un certain milieu (sans doute relativement privilégié) de la société grecque antique. Elles nous donnent, il faut le souligner, une idée de la vie de certaines femmes dans la Grèce du Ve siècle avant J.-C. Mais n'y a-t-il pas un risque, en ne proposant aucune image de travailleuse, libre ou esclave, de ne donner qu'une vue tronquée de la condition des femmes dans cette société? N'est-il pas juste que l'iconographie rende compte, comme elle le fait davantage pour les hommes, des différentes sphères d'activités occupées par les femmes?

Un second constat est que, en ne montrant que des images où l'association femme-enfants est évidente et où l'on voit une femme s'occupant de tâches domestiques, on suggère de manière très nette le thème de la mère et celui de la ménagère, donc une image restrictive des rôles féminins. De ce point de vue aussi, une rectification serait bénéfique. Peut-être y a-t-il d'ailleurs une certaine prise de conscience à ce niveau puisqu'un manuel récent, tout en montrant encore les images de la mère et de la ménagère, propose également une illustration où l'on voit une jeune esclave préparant un bain[36].

Une autre série de constats porte sur les commentaires et les questions qui accompagnent certaines illustrations. On note que ceux-ci s'avèrent être assez restrictifs en ce qui concerne les femmes. J'en veux pour preuve les questions qui portent souvent sur l'aspect extérieur lorsqu'il s'agit de femmes: on demande de décrire l'attitude, le vêtement, la coiffure[37]... Dans les commentaires, les références à la vie privée ne sont pas rares: on évoque le mariage, le nombre d'enfants[38], on souligne l'influence néfaste que telle femme ou telle autre a exercée sur son royal époux ou amant[39]...

L'absence d'un commentaire ou d'un texte référentiel adéquat a pour effet d'ôter beaucoup d'impact à certaines images pourtant très intéressantes. Ainsi, telle illustration où l'on voit une femme grecque lire un rouleau de parchemin (VIe siècle avant J.-C.): le commentaire ne dit rien sur l'instruction des femmes à cette époque[40]. Un autre exemple: la reproduction d'un détail du pavement des «Dix Filles» de la villa Piazza Armerina (Sicile, IIIe siècle après J.-C.). On y voit une femme vêtue d'une sorte de deux-pièces faire de l'exercice[41]. Gageons que cette illustration qui vient après tant d'autres où l'on voit des femmes drapées dans leurs longues «stolae» en surprendra plus d'un(e)! Mais cette image — dont on peut se réjouir qu'elle figure dans ce manuel —, est-elle autre chose qu'une simple curiosité dans la mesure où rien n'est dit sur les modifications importantes qui surviennent dans la condition des femmes sous l'Empire ? Cette remarque vaut également pour les illustrations où l'on voit des femmes participer à une activité économique, politique, sociale, culturelle ou religieuse.

Quoique peu nombreuses par rapport à l'ensemble des reproductions montrant des femmes, ces images, miroirs de la vie quotidienne, ont le mérite de nous montrer des femmes qui, en grande majorité et pendant très longtemps, se sont vues exclues des sphères d'activités officielles dont rendent compte, le plus souvent, les manuels. Quels types d'activités nous suggèrent ces illustrations ? Beaucoup nous montrent des paysannes participer à la moisson et à la fenaison, vendanger, tondre les moutons... D'autres reproductions représentent des femmes filant, tissant, cardant la laine... Plus près de nous, on les voit employées dans des usines textiles et des filatures. Citons encore, pêle-mêle, des brasseuses [42], une meunière [43] en Egypte ancienne ; des boulangères, des marchandes, une sage-femme [44], des sœurs hospitalières, des infirmières, des institutrices, des blanchisseuses, des repasseuses, ... Autant de sphères d'activités dites féminines que côtoient d'autres représentations, également significatives, de femmes associées à leurs époux comme nous les montre cette fresque trouvée à Pompéi représentant un boulanger et sa compagne [45] ou le célèbre tableau de Quentin Metsijs où l'on voit un prêteur évaluer des objets de valeur sous le regard attentif de son épouse [46]. Plus rares sont les représentations de femmes travaillant dans la houille [47], dans une manufacture de tabac [48], ou dans une usine métallurgique [49]. Ces images de femmes actives, force est de constater qu'il est exceptionnel qu'elles s'accompagnent d'un texte explicatif sur le travail féminin ou de questions qui aideraient à mieux comprendre une division et/ou une complémentarité des tâches et à introduire les nuances qui s'imposent : certains champs d'activités, par exemple la houille ou la métallurgie, n'ont pas toujours été des terrains exclusivement masculins...

Dans les manuels parus très récemment, on note une amélioration ; ici, un commentaire sur la photo d'une filature au début du XXe siècle rappelle la forte proportion de la main-d'œuvre féminine dans ce secteur [50] ; là, un chapitre consacré au travail féminin à l'époque actuelle nous donne à voir à la fois des femmes employées dans l'industrie textile — secteur traditionnellement féminin —, et des femmes exerçant des métiers dits « masculins » (une monteuse en électricité, une architecte sur un chantier) [51]. Des questions se rapportent à ces illustrations. C'est également dans ces manuels récents (parus après 1980) que l'on peut trouver des illustrations relatives à des manifestations féministes : images de « suffragettes » [52], mais aussi d'une manifestation de femmes réclamant un salaire égal pour un travail égal[53], tandis qu'ailleurs, on peut voir la photo souvenir d'un congrès de femmes socialistes belges (1932)[54]... Ainsi apparaissent dans certains ouvrages les signes de changements qui se sont opérés et qui continuent à s'opérer, de manière constante et durable dans la condition féminine en particulier au cours du dernier siècle écoulé.

Avant de clore cette partie consacrée aux illustrations dans les manuels d'histoire, un dernier constat, significatif, doit être fait en ce qui concerne la «paternité» des œuvres et illustrations reproduites. Beaucoup sont anonymes ou ne sont pas attribuées. A côté de quelques photos réalisées par des femmes, on n'a trouvé, *pour l'ensemble des manuels analysés*, qu'une seule œuvre de femme mentionnée comme telle. Il s'agit d'une gravure représentant Dupleix, réalisée par une certaine Mme de Cernel[55]. A part cette exception, une autre œuvre est associée à un nom de femme: il s'agit de la célèbre tapisserie de Bayeux, dite aussi tapisserie de la reine Mathilde, sans pour autant pouvoir lui être attribuée. Deux manuels[56] reproduisent un portrait de Marie-Antoinette dont l'auteur n'est autre qu'Elisabeth Vigée-Lebrun. Celle-ci n'est toutefois pas mentionnée.

Enfin, on constate que, parmi les œuvres reproduites pour illustrer les formes d'art propres à chaque époque, ne figure *aucune* œuvre de femme. La création féminine et ses représentantes, dont certaines de grande valeur, sont donc totalement ignorées par les manuels d'histoire.

c) **Les sources écrites, graphiques et tableaux**

Sources écrites

Des documents écrits figurent dans tous les manuels analysés. Ils constituent même, avec les illustrations, tableaux, graphiques et questions, l'essentiel de certains recueils ne contenant pas de textes de leçon. C'est dire s'il est important de leur prêter attention, même si, devant un tel choix de textes portant sur une aussi longue période, de l'Antiquité à nos jours, et concernant une telle variété de sociétés très différentes les unes des autres, il est difficile d'esquisser des tendances. Ceci dit, lorsque l'on considère l'ensemble des textes, on constate que ceux qui concernent des femmes, individuellement ou en groupe, sont peu nombreux. Il est un fait que, comme c'était le cas pour les documents iconographiques, on ne peut puiser que dans les traces laissées par les civilisations passées. Or, on relève de graves lacunes dans l'histoire des femmes, surtout pour des périodes très anciennes. C'est d'ailleurs significatif: écartées le plus souvent des fonctions publiques, celles qui confèrent quelque prestige, les femmes, tout comme les esclaves, les travailleurs... ont rarement retenu l'attention des auteurs, du moins jusqu'à une période relativement récente. Pour reconstituer l'histoire des femmes, il faut donc rassembler des sources dispersées et se baser sur les rares éléments que nous fournissent les textes plus anciens.

A côté de cette donnée «objective» d'une certaine rareté des sources concernant les femmes, se pose néanmoins la question du choix des textes et de la manière de les exploiter par des questionnaires, par exemple. Quels textes les manuels nous proposent-ils? Ce choix est-il judicieux? De quelle manière ces textes sont-ils mis en valeur? Est-ce satisfaisant? Parmi les auteurs des textes retenus, combien sont des femmes? Ce sont là quelques axes qui ont aidé à «débroussailler» ce très vaste terrain des sources écrites.

Quelles femmes voyons-nous paraître dans les textes?

Bien sûr, des déesses, des personnages mythologiques, des souveraines dont, parfois, l'image est peu gratifiante. Que l'on voie à ce propos — c'est un exemple parmi d'autres —, le portrait de Catherine II fait par un ambassadeur en 1778. Il y est question de «vertus viriles» (valorisantes) opposées à des «faiblesses ordinairement attribuées» au sexe féminin (évidemment négatives). Malheureusement, lorsque l'on considère le petit questionnaire qui suit cet extrait, on constate qu'aucune question ne permet de prendre le recul souhaité par rapport aux conceptions tranchées (et stéréotypées) qu'a ce témoin des hommes et des femmes et au portrait tendancieux qu'il trace de Catherine II[57].

L'action de certaines femmes dans le domaine politique apparaît dans des citations de mesures prises par des souveraines dans divers domaines, dans des extraits de correspondance, etc. Ainsi, la lettre adressée par Jeanne d'Arc aux Anglais figure dans la plupart des manuels traitant du Moyen Age.

Sur le plan culturel, on peut relever des témoignages sur les salons de Mme Geoffrin, de Mme de Lambert ou de Mlle de Lespinasse[58]; un passage de «De la littérature considérée dans ses rapports avec les institutions sociales» (1800) de Mme de Staël, pour évoquer le romantisme[59]; un extrait du livre de Marie Curie consacré à Pierre Curie, pour rendre compte de leur découverte de la radioactivité[60]. Contrairement aux illustrations, on relève peu de documents écrits attestant la présence des femmes dans le domaine religieux: on peut noter les instructions de saint Vincent de Paul aux «Filles de la Charité»[61] ou l'extase de sainte Thérèse d'Avila décrite par elle-même[62].

Certains textes traitent de la condition des femmes vue, notamment, sous l'angle du travail et de l'éducation. Sur ce point, on a pu voir un texte tiré de l'«Emile» de Rousseau où l'auteur exprime sa conception de l'éducation des filles[63]. Un extrait des «Mémoires d'une jeune fille rangée» de Simone de Beauvoir rend compte de l'éducation de jeunes bourgeoises à la fin du XIXe siècle[64], tandis que des opinions très restrictives voire hostiles à l'accès des femmes à l'instruction (fin du XIXe siècle) permettent de prendre conscience des difficultés qu'il a fallu surmonter pour que soit reconnu aux femmes le droit à une instruction solide[65]. Ce sont là des extraits que l'on voudrait voir plus fréquemment, pour d'autres sociétés, à d'autres époques, afin de mieux rendre compte — à condition d'être bien exploités —, de ce qui était offert aux femmes en matière d'instruction.

Les travailleuses ne sont pas absentes des documents retenus par les auteurs des manuels. Pour des sociétés plus anciennes, on peut citer un court passage mentionnant une femme occupée à moudre du grain en Grèce antique[66], un beau texte de Chrétien de Troyes (XIIe siècle) sur le travail des tisseuses de soie[67] et quelques extraits se rapportant au travail des sœurs hospitalières au Moyen Age[68]. Certains textes sont révélateurs de l'emploi massif des femmes dans le cadre des manufactures créées par Colbert[69], ou de l'activité des femmes dans les boutiques à Paris, vers la fin du XVIIe siècle[70]. Des documents évoquent encore les conséquences de l'introduction des machines pour certaines activités féminines[71], d'autres extraits — plus nombreux — concernent le travail des femmes au XIXe siècle[72] — notamment à domicile[73] — et actuellement. On constate que les manuels récents, parus après 1978 et portant essentiellement sur les XIXe et XXe siècles, accordent une plus grande attention au travail féminin et aux problèmes qui lui sont propres (par exemple, la difficulté d'accéder à certains métiers, les différences salariales entre hommes et femmes, ...). C'est dans ces ouvrages également que l'on trouve le plus de textes se rapportant à la condition des femmes dans différentes sociétés et sous divers régimes politiques. On y trouve aussi des textes relatifs à des sujets qui touchent de très près les femmes: la natalité, la régulation des naissances, la répartition des tâches au sein du couple, ... ainsi que d'intéressants témoignages sur la condition des femmes comme — heureuse et unique découverte! — cette critique par Flora Tristan de la condition féminine de son temps[74], sur les premières grèves féminines à la fin du XIXe siècle[75] ou encore sur l'accès des femmes au droit de vote[76]... Notons au passage que les questions qui se rapportent à ces documents ne manquent pas non plus d'intérêt. Ces dernières années, on note donc, dans certains manuels, une sensible amélioration dans la manière d'envisager l'histoire des femmes aux XIXe et XXe siècles.

A côté des textes où il n'est question que de femmes, il en est d'autres qui y font allusion de manière plus ou moins explicite. Par exemple, un extrait de texte de loi tiré du code Hammourabi ou de la loi salique, un texte où l'on voit une abbesse modifier les statuts de son domaine [77], un autre où est rapportée la prestation de serment d'une vassale devant Charles VII [78], un texte qui nous montre l'étroite collaboration entre un «homme d'affaires» du XVe siècle et son épouse [79], des textes qui rendent compte de la participation des femmes à des révoltes contre le renchérissement ou le manque de pain au XVIIIe siècle [80], etc., etc. Toutes ces allusions sont autant d'indications — pour autant que l'on prenne la peine de s'y arrêter — sur le quotidien des femmes et sur leur place dans la société.

Le choix des textes est-il judicieux ?

Si certains documents paraissent être bien choisis, il n'en va pas de même pour d'autres qui n'ont qu'une valeur anecdotique et donnent des femmes des images stéréotypées, en mettant l'accent sur leur frivolité [81] ou sur leur coquetterie [82]. En outre, on peut se demander si, pour des périodes anciennes, il n'y aurait pas une recherche à faire de manière à insérer dans les manuels des textes qui nous montrent aussi des femmes dans leur quotidien.

De quelle manière ces textes sont-ils mis en valeur ? Est-ce suffisant ?

Il arrive que les titres proposés ne donnent pas une idée exacte du contenu de l'extrait qui suit. Ainsi, a-t-on pu lire, sous le titre «La femme athénienne» un passage de l'«Economique» de Xénophon [83]. Dans cet extrait, l'Athénien Ischomaque, indique à sa jeune épouse ce qu'il attend d'elle, c'est-à-dire avant tout gérer une maison dont, probablement, elle ne sortira qu'exceptionnellement. La situation que nous décrit Xénophon est probablement celle que connaissent les femmes de la classe sociale de l'auteur, donc «bien nées». Il ne faut cependant pas oublier que les femmes, comme les hommes, se répartissent en esclaves, métèques et «citoyennes» athéniennes (sans droit de cité !). Parmi ces dernières, il existait une différence certaine entre des femmes de milieux privilégiés — vivant la plupart du temps recluses au gynécée — et des femmes de classes populaires sortant pour exercer un métier et se procurer des revenus. On voit donc que le portrait de «la» femme athénienne tel qu'il nous est proposé devrait être nuancé s'il veut refléter la situation *des* femmes vivant à Athènes à l'époque de Xénophon! Cela dit, il ne fait pas de doute que l'extrait proposé constitue une source intéressante pour nous décrire la vie de certaines femmes et aussi donner une idée de la manière — ironique et presque méprisante — dont certains hommes considéraient leurs épouses, beaucoup plus jeunes et souvent moins cultivées qu'eux, par la force des choses, dans la Grèce antique.

Un autre constat porte sur les questions. Sauf exceptions, celles-ci mettent rarement l'accent sur les activités des femmes. Par exemple, ce texte qui décrit des activités commerçantes à Tombouctou au XIXe siècle. Il nous donne un aperçu de la condition féminine dans cette ville et nous montre les Maliennes très engagées dans le commerce, activité principale du lieu[84]. Les questions relatives à ce texte portent sur la localisation de Tombouctou, sur l'organisation du commerce... pas sur la place que les femmes y tiennent[85].

La formulation des questions n'échappe pas au constat du langage au «neutre/masculin» ce qui peut prendre, d'ailleurs, une tournure assez inattendue. Ainsi, cette question qui porte sur la condition «du travailleur» dans les pays industrialisés. On demande de comparer «le sort du travailleur masculin et du travailleur féminin» (sic)[86]!

Parmi les auteurs des textes retenus, combien sont des femmes?

Après ce bref aperçu de ce que proposent les textes sélectionnés traitant des femmes, il paraît utile de s'arrêter sur les femmes comme auteurs et comme témoins. Bien que l'identification de leur sexe ne soit pas toujours aisée du fait de l'absence de prénom — les références manquent bien souvent de précision! — on peut dire que, dans la plupart des manuels, la référence aux femmes est minime. En effet, sur l'ensemble des textes, n'ont été relevés que 58 noms de femmes citées en référence, dont:
- 11 sont des souveraines, des princesses, des dames de cour... dont on trouve des extraits de lettres, d'ordonnances, etc.;
- 1 est Jeanne d'Arc dont la «Lettre aux Anglais» figure dans la plupart des manuels concernant le Moyen Age;
- 46 sont des femmes écrivains dans différents genres, une ou deux scientifiques, et des chercheuses contemporaines que l'on retrouve surtout dans les manuels traitant des sociétés actuelles.

Parmi les épistolières et les femmes écrivains, la plus citée est, sans conteste, Mme de Sévigné. On la trouve dans pratiquement tous les ouvrages qui portent sur la période où elle a vécu. Notons que parmi ses extraits de lettres, aucun ne concerne ses prises de position et ses critiques à l'égard du mariage forcé et des maternités successives qui étaient le lot de la grande majorité des femmes à son époque. Ensuite, viennent toute une série de noms qu'il serait long et fastidieux d'énumérer. Je ne reprendrai que quelques-uns de ceux que l'on voudrait voir plus fréquemment cités, comme celui d'Anne Comnène (fin XIe-début XIIe), la seule femme écrivain du Moyen Age à être nommée[87] ou celui de Mme du Châtelet, auteur d'une traduction française des «Principes» de Newton, traduction dont on a trouvé un passage[88] ou celui d'Abiah Darby, bru d'Abraham Darby, dont une lettre rend compte des expériences de son beau-père[89] ou, enfin, celui de Flora Tristan, déjà évoqué, avec ses écrits sur la condition féminine au XIXe siècle[90]. Textes pleins d'intérêt, mais trop rares et qui ne s'accompagnent, sauf exceptions, d'aucune notice explicative sur ces femmes dont on ne sait donc rien.

Dans les ouvrages récents qui traitent de la période contemporaine, on trouve des références à des femmes écrivains, politologues, sociologues et à des historiennes... La référence à des ouvrages traitant particulièrement de l'histoire des femmes est rare: une seule référence[91] à un livre consacré à la condition féminine au XIXe siècle[92] a pu être relevée.

d) Tableaux et graphiques

Les tableaux et graphiques concernent surtout des périodes relativement rapprochées (XVIIe-XXe siècles). On les trouve principalement dans des manuels récents qui accordent une attention particulière à la démographie et à d'autres données chiffrées, se faisant ainsi le reflet de nouvelles options de l'historiographie.

Les principaux constats à propos des tableaux et graphiques qui traitent de personnes, sont liés au *langage*. Ainsi, on note que l'utilisation de certains termes au masculin, s'ils ne sont pas précisés, risque de provoquer une certaine confusion. Par exemple, lorsqu'on représente à l'aide d'un schéma tel ou tel système politique, on parle de «suffrage universel», d'«électeurs», de «peuple souverain»... Il est rare que soit indiqué ce que ces termes recouvrent: des hommes seulement ou des hommes et des femmes? Le manque de précision dans le langage n'a-t-il pas pour effet de «gommer», en quelque sorte, le fait que les femmes ont été exclues pendant des siècles de la vie politique? A moins que, pour des périodes précédant l'entrée des femmes sur la scène politique, il faille considérer leur exclusion comme «allant de soi»... Les jeunes à qui s'adressent ces informations sont-ils capables de faire la part des choses? Je pense pour ma part que, rendre les femmes présentes dans les manuels, c'est aussi parler de leur exclusion des droits politiques, du droit à l'instruction... chaque fois que l'on aborde ces questions.

Où les femmes apparaissent-elles?

Dans les pyramides des âges, les tableaux de variations salariales, ou se rapportant à la démographie, à l'enseignement, à la population active, à la répartition du temps de travail, au chômage... Certaines données concernent plus particulièrement des femmes, comme celles reprises dans ces tableaux sur la population active féminine[93], sa répartition dans les trois secteurs d'activité[94], la répartition de la main-d'œuvre féminine dans les pays de la CEE[95], etc. Enfin, des tableaux nous donnent un éclairage intéressant en ce qui concerne la condition des femmes dans nos sociétés, comme ces données OCDE comparant la rémunération moyenne des femmes à la rémunération moyenne des hommes[96]; ou ces chiffres sur la proportion des femmes à l'université dans diverses parties du monde[97]; ou encore ces tableaux dont l'un porte sur la journée moyenne (travail, soins ménagers, loisirs...) et le temps consacré en moyenne au travail domestique par des «femmes 'actives'», des «femmes 'inactives'» — terme fort improprement choisi pour désigner des femmes n'exerçant pas d'activité salariée — et des «hommes actifs» (notons qu'il n'y a pas de rubrique «hommes inactifs»)[98]; etc.

Ces tableaux qui portent sur des périodes très récentes, s'ils sont judicieusement exploités sur le plan pédagogique, peuvent offrir un grand intérêt car ils permettent, par des données claires et précises, de rendre compte de la présence des femmes dans différents domaines.

e) Tables onomastiques et lexiques

Ces appendices ne figurent pas dans tous les ouvrages qui constituent l'échantillon. Là où ils sont proposés, les index des noms propres sont, la plupart du temps, à l'image du contenu des manuels, c'est-à-dire qu'ils nous proposent peu de noms de femmes — une petite quarantaine en tout! — noms de déesses, de reines, de favorites, Jeanne d'Arc, quelques femmes s'étant illustrées dans le domaine culturel (Mme de Tencin, Mme Geoffrin, Mme de Lambert), de la littérature (Mme de Sévigné, Mme de La Fayette), de la religion (sainte Thérèse d'Avila, Jacqueline Arnauld) ou de la politique (Mme Roland, Flora

Tristan, Eva Guinzbourg, militante bolchevique condamnée sous le régime stalinien). Une seule femme de sciences est nommée: Marie Curie, citée avec Pierre Curie[99]. Notons que certains ouvrages ont eu l'heureuse idée d'identifier les auteurs contemporains, hommes et femmes, dont ils citent les sources[100].

Ces index sont significatifs. Ils résument bien la manière dont la plupart des manuels appréhendent la contribution des femmes à l'histoire: limitée par le nombre et limitée dans la manière dont on en fait état. Un exemple: une notice se rapportant à la reine Hatchepsout qui a gouverné l'Egypte de 1505 à 1483 avant J.-C. Si on n'y trouve trace de ses — importantes — réalisations politiques, on mentionne qu'elle «s'attribue tous les insignes du pharaon mâle jusqu'au costume masculin et à la barbe postiche»[101], éléments qui, s'ils ne sont pas replacés dans leur contexte (ces insignes et attributs sont les *symboles* du pouvoir à une époque où les femmes sont, en principe, exclues du gouvernement) peuvent paraître futiles, dérisoires... Ils n'ont somme toute, qu'une valeur anecdotique par rapport à ce qui n'est pas dit, mais ont pour effet de donner une image peu valorisante de cette souveraine.

Quant aux lexiques, on remarque que tous les termes concernant des fonctions, des métiers, des statuts sociaux, ... sont au masculin. Dans certains cas, le masculin se justifie, par exemple pour désigner une fonction politique qui, à un moment donné de l'histoire, n'était exercée que par des hommes. Dans d'autres, il faudrait sans doute revoir la terminologie et adopter, dans ce cas-ci, le masculin/féminin afin de donner une vision plus exacte des sociétés auxquelles les termes définis renvoient et parler de «souverain(e)», d'«artisan(e)», de «vassal(e)», de «manouvrier(ère)», de «métayer(ère)», etc.

3. CONCLUSION: REDUCTION ET OMISSION DES ROLES FEMININS... UN HASARD?

Si on ne peut parler d'une absence totale des femmes dans les manuels d'histoire du secondaire, on peut en revanche conclure à une présence minoritaire et peu représentative. Minoritaire, la présence des femmes l'est aussi bien dans les textes de leçon que dans les divers documents iconographiques et écrits proposés ou dans les commentaires et questions qui les accompagnent. De réduire ainsi la réalité a pour effet d'occulter une moitié de l'humanité. Que devient le projet d'écrire l'histoire de cette même humanité?

La plupart des femmes dont il est question — et cela est vrai pour les hommes aussi —, appartiennent à une élite sociale, politique, religieuse et culturelle. Souvent, la manière dont elles sont présentées est *peu nuancée* et *restrictive*. Ainsi, lorsque l'on parle des femmes, le discours se fait *normatif* par référence à des valeurs telles que le mariage, les maternités ou par référence à un époux ou à un parent masculin (père, oncle, frère....). En outre, le discours est implicitement *moralisateur* par la manière dont sont évoquées les relations extraconjugales des femmes, et par l'insistance avec laquelle on souligne leur incapacité de s'occuper de politique ou leur influence néfaste. Enfin, le discours se fait insidieusement *sexiste* — surtout dans les manuels les plus anciens —, lorsqu'il renvoie à des caractéristiques ou à des domaines «typiquement» féminins ou «spécifiquement» masculins.

Les illustrations ne vont pas dans un sens différent. Elles nous montrent ces mêmes femmes de l'élite, des déesses, des allégories — positives ou négatives —, des femmes éplorées, démunies, coquettes ou frivoles, des images de ménagères et, surtout, de mères. Certes, les documents d'époque reflètent des choix, des réalités qui sont indissociables des sociétés dont ils émanent. Mais, ce qui frappe, c'est la fréquence de thèmes qui, à force d'être reproduits au fil de pages, finissent par devenir des *images stéréotypées*.

En ce qui concerne les sources écrites, les enjeux sont quelque peu différents. Si les textes *sur* les femmes — à l'exception des habituelles déesses, souveraines, etc. —, leur rôle, leur condition... sont rares, les passages où il est question de femmes le sont beaucoup moins. Il y aurait là des éléments à exploiter. Reconstituer le passé des femmes, comme celui d'autres exclus des hauts faits, c'est aussi glaner des informations éparses dont on n'a pas assez tenu compte. Malheureusement, il est exceptionnel que les questions et les commentaires aillent dans ce sens. Les femmes et leur vécu suscitent manifestement peu d'interrogations!

Le constat le plus important reste néanmoins celui de l'*omission*. Celle-ci peut être ponctuelle: on ne mentionne pas le rôle, pourtant déterminant, de telle personnalité. Plus grave, à mon sens, est l'omission des femmes en tant que groupe avec des conditions de vie, des revendications spécifiques. Sans être totalement absentes, elles apparaissent cependant peu, que ce soit dans les textes de leçon, les illustrations, les sources écrites. S'il arrive que la condition féminine soit évoquée, c'est le plus souvent de manière sporadique et très succincte.

Il est rare que l'intervention des femmes dans le domaine social ou politique soit mentionnée. Le travail féminin n'apparaît pour ainsi dire pas dans les textes de leçon. Le langage y est sans doute pour quelque chose, les femmes étant le plus souvent incluses dans des groupes présentés au masculin pluriel ou au «neutre». Dans les documents illustrés et écrits, ce sont surtout des métiers traditionnellement féminins qui nous sont montrés. Les activités moins courantes, mais également représentatives, figurent beaucoup plus rarement.

Dans des manuels récents, on note une amélioration certaine et une meilleure représentation des femmes ainsi que des questions qui les touchent plus particulièrement comme le droit au travail, l'accès à l'instruction, la régulation des naissances, la répartition des tâches au sein du couple, etc. Certains ouvrages leur consacrent même un chapitre: ils traitent de «La femme au XIXe siècle» ou du «Travail féminin». On reviendra plus loin sur ce type de présentation. Ces ouvrages, il faut le souligner, portent sur des périodes assez proches (fin XVIIIe à nos jours). On dispose de plus d'informations pour ces périodes qui voient les femmes entrer dans des champs d'où elles avaient été jusqu'alors exclues, grâce à l'accès à l'instruction et aux professions, à l'obtention du droit de vote, etc.

Mais ces éléments ne suffisent pas à expliquer la place plus grande accordée par ces manuels aux femmes. Est-ce un hasard si ces mêmes ouvrages s'intéressent aussi à des questions telles que l'immigration ou la genèse des problèmes du Tiers Monde? C'est une évidence de dire qu'il existe une différence considérable entre de tels manuels et ceux publiés vers le milieu des années soixante... Mais le fait est là: les femmes sont plus présentes à proportion de l'accent mis sur les faits économiques et sociaux.

Cependant, en dépit de ces améliorations, l'impression qui se dégage de l'analyse des ouvrages dans leur ensemble reste que l'histoire des femmes y figure de manière facultative, secondaire. C'est une histoire morcelée, «en pointillé» qui nous est proposée. Où sont-elles celles qui ont écrit, peint, se sont intéressées à la philosophie, aux sciences quand cela tenait du prodige ou de l'aberration? Où sont les femmes seules, les femmes «chefs de famille» ayant des enfants à charge? On ne les voit apparaître ni dans les textes, ni dans les illustrations, ni dans les statistiques. Pourquoi cette omission? Et pourquoi, lorsqu'il est question de certaines d'entre elles, le discours se fait-il souvent implicitement restrictif?

Mon intention n'est pas d'apporter des réponses à ces interrogations mais bien de dégager quelques pistes de réflexion. La manière dont les femmes sont présentées dans les manuels est souvent réductrice voire stéréotypée, parfois explicitement, souvent implicitement, par le choix de certains termes insidieusement restrictifs ou par la répétition de certains thèmes retenus. Ne faut-il pas dès lors s'interroger sur les discours et les choix plus ou moins conscients qui président à l'élaboration des manuels? En fait, on peut se demander si, au-delà de ce qui est dit et montré, on n'aboutit pas à de plus anciens partages et à l'idée traditionnelle encore solidement ancrée dans les esprits, d'une «nature» masculine et d'une «nature» féminine, la première active et tournée vers l'extérieur, le public, la seconde passive et centrée sur l'intérieur, le privé; à l'idée donc, de deux sphères nettement séparées où chacun(e) trouverait sa place.

Images et discours qui ont été produits au fil du temps par les détenteurs — longtemps masculins — du pouvoir et de la culture dominante (législateurs, clercs, juristes, artistes, médecins, historiographes, etc.), et qui impliquent comme corollaire l'idée qu'il existe deux types de femmes: d'un côté, les épouses vertueuses et les mères accomplies, celles qui s'en tiennent aux rôles qui leur ont été séculairement impartis; de l'autre se trouvent celles qui transgressent ces zones aux contours bien dessinés, plus ou moins tolérées dans le cas de quelques héroïnes ou de certaines femmes de pouvoir (les femmes «viriles») ou tournées en dérision voire honnies dans le cas de celles qui sont présentées comme les incapables, les mauvaises conseillères, celles par qui tout le mal arrive...

Est-il besoin de préciser que les hommes n'échappent pas aux stéréotypes issus d'attitudes viriles qui leur sont traditionnellement attribuées? Les nombreuses illustrations vues dans les manuels nous montrant des hommes en armes ou au combat ne manquent d'ailleurs pas de rappeler que l'ardeur guerrière a toujours été considérée comme l'apanage des hommes et que ceux qui ne manifestent guère d'entrain pour les exploits militaires sont rapidement taxés de «femmelettes»... On note au passage que ce terme ayant trait aux femmes est fortement péjoratif tandis que la référence au masculin dans le cas des femmes se veut valorisante pour les actions de ces dernières.

Mais, on l'a vu, le constat le plus important en ce qui concerne les manuels d'histoire du secondaire, est celui de *l'absence des femmes*. Pour bien comprendre la genèse de cette omission généralisée, même si l'on note une nette amélioration dans certains manuels, il est utile de dire quelques mots de l'historiographie au sens plus large afin d'en dégager, dans les grandes lignes, les tendances générales et de déterminer la place accordée au sein de celles-ci à l'histoire des femmes[102].

Dans le cadre de l'*Ecole positiviste*, créée dans la seconde moitié du XIXᵉ siècle, l'accent est mis sur l'histoire politique. L'histoire telle qu'elle nous est proposée est une relation de «hauts faits», un enchaînement d'événements diplomatiques et militaires. Dans cette optique, la condition féminine et le rôle des femmes comme facteur de l'histoire ne sont pas pris en considération, pas plus que ne sont traitées d'autres questions ayant trait à l'organisation de la vie matérielle. La création en 1929 par Marc Bloch et Lucien Fèbvre de l'*Ecole des Annales*, va profondément modifier les perspectives de l'histoire qui s'ouvre à d'autres disciplines et met l'accent sur de nouveaux centres d'intérêt. L'attention se porte sur les faits économiques et sociaux; l'analyse est préférée à la narration: c'est le début de «l'histoire-problème» qui questionne plus qu'elle ne vise à répondre. Malgré ces données nettement plus favorables au développement de l'histoire des femmes, celle-ci n'a pas suscité, à l'exception de quelques études portant sur des personnalités, un intérêt particulier. Le même constat vaut pour l'*historiographie marxiste*, qui prend son essor après la seconde guerre mondiale et accorde la priorité aux faits économiques et aux rapports entre classes sociales sans poser suffisamment la problématique de l'histoire des femmes.

Au cours de ces trente dernières années, grâce au développement de la *démographique historique*, de l'*anthropologie historique*, s'intéressant plus particulièrement à la famille et aux rôles sexuels, et grâce aussi à la «*Nouvelle Histoire*» qui met l'accent sur le quotidien et étudie les mentalités et les représentations des masses en les replaçant dans leur environnement socio-économique et culturel, les femmes ont davantage retenu l'attention des chercheurs et des chercheuses.

Mais c'est essentiellement le *mouvement féministe* qui, dans les années septante, a donné une impulsion décisive à la recherche historique sur les femmes. Avant cette date, il y a bien eu des travaux portant sur l'histoire de celles-ci, mais ils étaient le fait d'isolés. Née d'un besoin de mémoire, l'historiographie féminine s'est développée dans des directions différentes et avec des résultats parfois très inégaux. Mais en une quinzaine d'années, un long chemin a été parcouru. De nombreux ouvrages portant sur la condition des femmes et sur leurs rôles à différentes époques, dans différents pays ont été publiés. L'histoire des femmes est désormais un fait reconnu : cours universitaires, colloques, articles dans des revues spécialisées, lui sont consacrés, de même que des chapitres dans certains livres scolaires. Cependant, l'intérêt pour ce sujet reste malgré tout assez limité. De plus, n'y a-t-il pas un risque de voir se créer une histoire «à part», d'un groupe «à part», les femmes? Une marginalisation, en somme, de cette moitié de l'humanité, que veulent éviter certain(e)s historien(ne)s. Selon eux, la problématique «histoire des femmes» doit se déplacer et passer d'une «remémorisation» qu'elle a été au départ, à une réflexion plus profonde, une interrogation qui devrait aboutir à une autre manière d'appréhender l'histoire dans son ensemble: (...) «il ne s'agit pas», écrit Michelle Perrot, «de constituer un nouveau territoire qui serait l'histoire des femmes, tranquille concession où elles se déploieraient à l'aise, à l'abri de toute contradiction; mais bien davantage de changer la direction du regard historique, en posant la question des rapports des sexes comme centrale. L'histoire des femmes, en somme, n'est possible qu'à ce prix»[103].

On le voit: il existe un énorme contraste entre d'une part, une conception de l'histoire impliquant un recentrage de la perception historique et mettant davantage l'accent sur la division sexuelle des rôles, sur leur complémentarité ou leur opposition et permettant aussi de mieux comprendre les mécanismes qui ont rendu possible la domination d'un sexe sur l'autre, et d'autre part, la réalité des manuels — avec leurs discours traditionnels — destinés à des jeunes de 12 à 18 ans! Il n'en reste pas moins vrai que la notion du regard historique est, à mon avis, essentielle. La question qui se pose dès lors est de savoir comment, très concrètement, rendre les femmes réellement présentes dans les manuels d'histoire, autrement dit, comment créer, dès à présent, les conditions qui permettent cette nouvelle approche de l'histoire et la meilleure représentation des femmes qui en découle. Ces points feront l'objet d'un plus ample développement dans le chapitre consacré aux propositions.

NOTES

1. Méthode de travail

[1] F. Dejardin, G. Denoiseux, N. Schraenen-Sprokkel, *Collection formation historique. Fascicule I (L'homme se nourrit — L'homme s'abrite)*. Liège, Sciences et Lettres, 1971, p. 3.
[2] Certains manuels ont été réalisés par une équipe d'auteurs dont les noms ne sont pas mentionnés. D'autres ouvrages n'indiquent avec le nom, que l'initiale du prénom, ce qui rend impossible l'identification du sexe des auteurs.

2. Constats

[1] Denis François, Josette François, Rosemonde Haurez, *L'Epoque contemporaine* (3e). Paris, Bordas, Nouvelle Collection d'Histoire, 1971, p. 40.
[2] *Idem*, p. 46.
[3] *Idem*, p. 176.
[4] Pierre Milza, Serge Berstein, J.-L. Monneron, *XVIe, XVIIe, XVIIIe siècles*. Paris, Fernand Nathan, Coll. Milza-Berstein, 1971, p. 114.
[5] *L'Epoque contemporaine* (Bordas), op. cit., p. 20.
[6] Pierre Milza, Serge Berstein, J.-L. Monneron, *De la Révolution au monde d'aujourd'hui*. Paris, Fernand Nathan, Coll. Milza-Berstein, 1972, p. 226.
Histoire-Géographie / 3e. Nouveau programme. Ouvrage réalisé par une équipe de professeurs sous la direction de Marc Vincent. Paris, Bordas, s.d., p. 82.
[7] *L'Epoque contemporaine* (Bordas), op. cit., p. 34.
[8] Françoise Autrand, Jacques Dupâquier, Marcel Lachiver, André Vauchez, Marc Vincent et la collaboration de Monique Hannon, *Le Moyen Age et le XVIe siècle* (2e). Paris, Bordas, Coll. Bordas/Belgique, 1984, p. 128.
[9] *Idem*, p. 208.
XVIe, XVIIe, XVIIIe siècles (Nathan), op. cit., p. 52.
[10] Jacques Dupâquier et Marcel Lachiver, *Les Temps Modernes* (4e). Paris, Bordas, Nouvelle Collection d'Histoire, 1978, p. 134.
XVIe, XVIIe, XVIIIe siècles (Nathan), op. cit., p. 163.
[11] *Les Temps Modernes* (Bordas), op. cit., p. 132.
[12] Denise Grodzynski, Maurice Meuleau, Pierre-Alain Rogues, Marc Vincent, *L'Antiquité* (1re) — *Préhistoire-Orient-Grèce-Rome-Chine*. Paris, Bordas, coll. Bordas/Belgique, 1984, p. 39.
Suzanne Van Leeuw, Jean Voglaire, *L'Egypte, l'Orient, la Grèce* (6e). Bruxelles, Hatier, coll. d'Histoire — Hatier l'Enseignement sous la direction de Louis Harmand et Lucien Genet, 1968, pp. 62-63.
[13] Franz Hayt, *L'Antiquité et le Haut Moyen Age. Classe de Quatrième (Troisième Moyenne)*. Namur, Wesmael-Charlier, Coll. Roland, «Du document à l'histoire», Histoire Universelle, tome 1, 1978, p. 130.
L'Antiquité (Bordas), op. cit., p. 90.
[14] *Idem*, p. 80.
[15] Michel Michaux, Raymond Loonbeek, Jacques Mortiau, *L'Antiquité: Rome et les débuts du Moyen Age*. Tournai, Casterman, Coll. «Histoire et Humanités», 6e éd., 1970, p. 211.
[16] *L'Antiquité* (Bordas), op. cit., p. 84.
L'Antiquité: Rome et les débuts du Moyen Age (Casterman), op. cit., p. 67 et p. 209.
XVIe, XVIIe, XVIIIe siècles (Nathan), op. cit., p. 26.
[17] *Histoire-Géographie / 3e* (Bordas), op. cit.
Histoire-Géographie / 3e. Ouvrage rédigé par une équipe de professeurs d'histoire-géographie sous la direction de Jean-Michel Lambin. Paris, Hachette, Classiques Hachette, 1re éd., 1984.
[18] *Histoire-Géographie / 3e* (Bordas), op. cit., pp. 170-171.
[19] Franz Hayt et Paul L. Regnier, *Du Traité de Verdun à la fin du XVIe siècle*. Namur, Wesmael-Charlier, Coll. Roland, «Du document à l'histoire», Histoire Universelle, tome 2, 1968, p. 452.
[20] G. Michel et G. Gysels, *Le Moyen Age et le début des Temps Modernes*. Liège, Sciences et Lettres, Coll. des Manuels d'Histoire, Tome IV, 1963, p. 445.
[21] *XVIe, XVIIe, XVIIIe siècles* (Nathan), op. cit., p. 219.
[22] *Les Temps Modernes* (Bordas), op. cit., p. 192.

[23] G. Michel et H. Dorchy, *Les Temps Modernes et Contemporains*. Liège, Sciences et Lettres, Coll. des Manuels d'Histoire, tome V, 1965, pp. 173-174.
[24] *Le Moyen Age* (Bordas), op. cit., p. 138.
[25] *Idem*, p. 152.
[26] Franz Hayt et Adrienne Tossens-Bauwin, *De l'Empire Romain aux Traités de Westphalie*. Classe de Sixième (Première Moyenne) de l'Enseignement Moyen Catholique. Namur, Wesmael-Charlier, Coll. Roland, «Du document à l'histoire», Histoire Universelle, vol. 1, 1976, p. 355.
[27] *Le Moyen Age et le début des Temps Modernes* (Sciences et Lettres), op. cit., p. 239.
[28] *Idem*, p. 247.
[29] *L'Antiquité et le Haut Moyen Age* (Wesmael-Charlier), op. cit., p. 294.
[30] *Le Moyen Age* (Bordas), op. cit., pp. 78 et 94.
De l'Empire Romain aux Traités de Westphalie (Wesmael-Charlier), op. cit., p. 143.
[31] *Le Moyen Age* (Bordas), op. cit., p. 114.
[32] *XVIe, XVIIe, XVIIIe siècles* (Nathan), op. cit., pp. 58-63.
[33] *De la Révolution au monde d'aujourd'hui* (Nathan), op. cit., p. 176.
[34] *Histoire-Géographie / 3e* (Bordas), op. cit., p. 84.
[35] Franz Hayt, *L'Antiquité*. Documents de travail, Second degré (Cycle de détermination). Série «Formation historique» — Enseignement secondaire rénové. Namur, Wesmael-Charlier, coll. Roland, 1981, p. 36.
[36] Denise Galloy, Franz Hayt, *Le Monde Antique*. Classe de première. Namur, Wesmael-Charlier, coll. Roland — Enseignement secondaire rénové, 1983, pp. 110 et 112.
[37] Voir, entre autres: *De l'Empire Romain aux Traités de Westphalie* (Wesmael-Charlier), op. cit., p. 34; *L'Antiquité* (Bordas), op. cit., pp. 63, 78,...; etc..., etc.
[38] Franz Hayt, *Des Traités de Westphalie à nos jours*. Classe de Cinquième (Deuxième Moyenne) de l'Enseignement Moyen Catholique. Namur, Wesmael-Charlier, Coll. Roland, «Du document à l'histoire», Histoire Universelle, vol. 2, 1975, p. 90.
[39] Par exemple: *L'Epoque contemporaine* (Bordas), op. cit., pp. 15, 123, 143.
[40] *L'Antiquité* (Bordas), op. cit., p. 92.
[41] *L'Antiquité et le Haut Moyen Age* (Wesmael-Charlier), op. cit., p. 340.
[42] *L'Antiquité* (Bordas), op. cit., p. 19.
[43] *Le Monde Antique* (Wesmael-Charlier), op. cit., pp. 48-49.
[44] *De l'Empire Romain aux Traités de Westphalie* (Wesmael-Charlier), op. cit., p. 84 (insert).
[45] *L'Antiquité: Rome et les débuts du Moyen Age* (Casterman), op. cit., p. 170.
[46] *Les Temps Modernes* (Bordas), op. cit., p. 27.
[47] *XVIe, XVIIe, XVIIIe siècles* (Nathan), op. cit., p. 173.
De 1750 à 1918. Par un groupe de professeurs. Namur, Wesmael-Charlier, coll. Roland, Enseignement secondaire rénové, 1984, p. 177.
[48] *Des Traités de Westphalie à nos jours* (Wesmael-Charlier), op. cit., p. 93.
[49] *De la Révolution à nos jours* (Nathan), op. cit., p. 85.
[50] Jacques Grell et Jean-Pierre Wytteman, *Dossiers d'histoire / 2e*. Avec la collaboration de Anthony Chambon, Bernard Delmaire, Marie-Jeanne Fauconnier, Xavier Paoletti, Pascal Vermander. Paris, Istra, 1981, p. 168.
[51] *Histoire-Géographie / 3e* (Bordas), op. cit., p. 171.
[52] *Histoire-Géographie / 3e* (Hachette), op. cit., p. 8.
Dossiers d'histoire / 2e (Istra), op. cit., p. 193.
[53] *Histoire-Géographie / 3e* (Bordas), op. cit., p. 171.
[54] Denise Galloy et Franz Hayt, *Le XXe siècle*. Documents de travail. Troisième degré (Cycle de détermination). Série «Formation historique» — Enseignement secondaire rénové. Namur, Wesmael-Charlier, coll. Roland, p. 79.
[55] *Les Temps Modernes et Contemporains* (Sciences et Lettres), op. cit., p. 238.

[56] *L'Epoque contemporaine* (Bordas), op. cit., p. 15.
XVIe, XVIIe, XVIIIe siècles (Nathan), op. cit., p. 244.
[57] *Les Temps Modernes* (Bordas), op. cit., p. 196.
[58] *Idem*, p. 218.
1750-1918 (Wesmael-Charlier), op. cit., p. 208.
Recueils de textes d'histoire publiés sous la direction de Louis Gothier et Albert Troux. Tome III : *Les Temps Modernes*, par Albert Troux, Georges Lizerand, Gérard Moreau. Liège-Paris, H. Dessain, 1967, p. 356.
[59] Recueils de textes d'histoire publiés sous la direction de Louis Gothier et Albert Troux. Tome IV : *L'Epoque contemporaine* (1789-1870), par Henri Thierry Deschamps, René Douligo. Liège-Paris, H. Dessain, 1975, p. 262.
[60] Recueils de textes d'histoire publiés sous la direction de Louis Gothier et Albert Troux. Tome V : *L'Epoque contemporaine* (1871-1965), par Michel Laran, Jacques Willequet. Liège-Paris, H. Dessain, 1969, p. 13.
[61] *Les Temps Modernes* (Bordas), op. cit., p. 132.
[62] *Idem*, p. 155.
[63] Collection « Formation historique ». Fascicule VIII (*Les sociétés pastoro-agricoles* (2e partie); *Les sociétés féodales et les sociétés urbaines*). Documents à l'usage des élèves du second degré de l'enseignement secondaire rénové et les classes de quatrième, troisième et seconde de l'enseignement secondaire traditionnel. Par les collaborateurs du « Centre de pédagogie de l'histoire ». Liège, Sciences et Lettres, s.d., pp. 160 et 246.
[64] *L'Epoque contemporaine* (Bordas), op. cit., p. 155.
[65] *Idem*, p. 147.
1750-1918, (Wesmael-Charlier), op. cit., p. 199.
[66] *L'Antiquité* (Wesmael-Charlier), op. cit., p. 35.
[67] Franz Hayt, *Le Moyen Age*. Documents de travail. Second degré (Cycle de détermination). Série « Formation historique » — Enseignement secondaire rénové. Namur, Wesmael-Charlier, coll. Roland, 1982, p. 54.
Pierre Milza, Serge Berstein, Yves Gauthier, *Le Moyen Age*, Classe de cinquième. Paris, Nathan, coll. Milza-Berstein, 1975, p. 122.
Etc.
[68] *Du 8e au 18e siècle*. Par un groupe de professeurs. Namur, Wesmael-Charlier, coll. Roland — Enseignement secondaire rénové, 1984, p. 101.
[69] *Les Temps Modernes* (Bordas), op. cit., p. 124.
[70] *Idem*, p. 150.
[71] Franz Hayt, *Le Monde Moderne*. Documents de travail. Second degré (Cycle d'orientation). Série « Formation historique » — Enseignement secondaire rénové. Namur, Wesmael-Charlier, coll. Roland, 1974, p. 27.
[72] *De la Révolution française à nos jours* (Nathan), op. cit., p. 97.
Dossiers d'histoire / 2e (Istra), op. cit., p. 168.
L'Epoque contemporaine (Bordas), op. cit., p. 127.
Voir en particulier : *1750-1918* (Wesmael-Charlier), op. cit., pp. 195 à 202.
[73] *Dossiers d'histoire / 2e* (Istra), op. cit., p. 167.
[74] Collection formation historique. Fascicule IX (*Les sociétés industrielles*). Documents à l'usage du deuxième degré de l'enseignement secondaire (15-16 ans) et de toute personne appelée à étudier les sociétés industrielles. Par les collaborateurs du « Centre de pédagogie de l'histoire ». Liège, Sciences et Lettres, 1978, pp. 83 et 117.
[75] *Dossiers d'histoire / 2e* (Istra), op. cit., p. 188.
[76] *Le XXe siècle* (Wesmael-Charlier), op. cit., pp. 131 et 175.
[77] *Le Moyen Age* (Bordas), op. cit., p. 64.
[78] *Dossiers d'histoire / 2e* (Istra), op. cit., p. 78.
[79] *Le Moyen Age* (Bordas), op. cit., p. 149.

[80] *XVI*, *XVII*, *XVIII* siècles (Nathan), op. cit., p. 145.
Collection Formation historique. Fascicule VIII (Sciences et Lettres), op. cit., p. 225.
[81] *Le Moyen Age* (Bordas), op. cit., p. 217.
1750-1918 (Wesmael-Charlier), op. cit., p. 108.
[82] *L'Antiquité* (Wesmael-Charlier), op. cit., p. 37.
[83] *L'Antiquité et le Haut Moyen Age* (Wesmael-Charlier), op. cit., pp. 177-178.
[84] *1750-1918* (Wesmael-Charlier), op. cit., p. 90.
[85] *Idem*, p. 99.
[86] Collection Formation historique. Fascicule VI (L'homme et l'Etat). Documents de travail destinés aux élèves du premier degré de l'enseignement secondaire. Par F. Dejardin, G. Denoiseux, N. Schraenen-Sprokkel et la collaboration de S. Decoux. Liège, Sciences et Lettres, s.d., p. 60.
[87] *De l'Empire Romain aux Traités de Westphalie* (Wesmael-Charlier), op. cit., p. 145.
[88] *Les Temps Modernes et Contemporains* (Sciences et Lettres), op. cit., pp. 136-137.
[89] *1750-1918* (Wesmael-Charlier), op. cit., p. 109.
[90] Collection Formation historique. Fascicule IX (Sciences et Lettres), op. cit., p. 83.
[91] *1750-1918* (Wesmael-Charlier), op. cit., p. 199.
[92] *Misérable et glorieuse, la femme au XIXe siècle*. Paris, Fayard, 1980.
[93] *Le XXe siècle* (Wesmael-Charlier), op. cit., p. 82.
[94] *Histoire-Géographie / 3e* (Bordas), op. cit., p. 170.
[95] *Le XXe siècle* (Wesmael-Charlier), op. cit., p. 85.
[96] *Idem*, p. 84.
[97] *Idem*, p. 86.
[98] *Histoire-Géographie / 3e* (Hachette), op. cit., p. 209.
[99] *L'Epoque Contemporaine* (Bordas), op. cit., p. 180.
[100] Collection Formation historique. Fascicules VIII et X (Sciences et Lettres), op. cit.
[101] Collection Formation historique. Fascicule VII (Les sociétés de ramasseurs-chasseurs; Les sociétés pastoro-agricoles — 1re partie). A l'usage du degré d'orientation de l'enseignement secondaire rénové. A l'usage des classes de quatrième de l'enseignement secondaire traditionnel. Par les collaborateurs du «Centre de pédagogie de l'histoire». Liège, Sciences et Lettres, s.d., p. 150.
[102] A ce propos, voir: Christine Faure, «L'absente» in: *Les Temps Modernes*, n° 410, septembre 1980, pp. 502-513.
Arlette Farge, «Dix ans d'histoire des femmes en France» in: *Le Débat*, n° 23, janvier 1983, pp. 161-166.
Une histoire des femmes est-elle possible? Sous la direction de Michelle Perrot. Marseille, Ed. Rivages, 1984.
[103] *Une histoire des femmes est-elle possible?*, op. cit., p. 15.

B. Littérature

METHODE

Les constats qui vont suivre sont issus d'un large échantillonnage de manuels de littérature. Listes de livres proposés par les ministères, maisons d'éditions françaises et belges, enquête auprès des professeurs, utilisation fréquente ou non de ces manuels : voilà les éléments qui m'ont servi à établir cet échantillonnage.

Après réflexion, j'ai pris le parti d'envisager globalement les ouvrages scolaires, au-delà donc des catégories traditionnelles (histoire littéraire, textes et exercices, etc.). Les anciennes classifications tendent d'ailleurs à disparaître au profit de la littérature, de l'écriture, du texte, des langages. Bref je me suis attelée à l'étude des livres qui exploitent, impliquent la littérature d'une manière ou d'une autre. Ce n'est qu'accidentellement que je me référerai à telle ou telle catégorie. Cette option offre l'avantage de cerner plus rapidement, et plus profondément, les lacunes des manuels et ce, pour tout l'enseignement secondaire.

L'analyse des constats se fera en deux temps. Nous considérerons d'abord la place des femmes en général, puis la place des femmes écrivains en particulier.

La place des femmes en général (ou filles, ou adolescentes) s'inscrit dans une perspective sociale et psycho-pédagogique. Il est évident que les manuels reflètent la société et la vie quotidienne (celle-ci très présente dans les phrases d'exercices grammaticaux par exemple). Il est évident aussi qu'ils interviennent dans l'éducation et sont porteurs de modèles.

La place des femmes écrivains s'inscrit dans une perspective historique, culturelle et psycho-pédagogique.

Nous évaluerons la place accordée aux femmes et aux femmes écrivains en procédant quantitativement et qualitativement. Dans quelle mesure, dans quelle proportion apparaissent-elles? Quelle image les ouvrages scolaires nous en livrent-ils?

Un esprit de questionnement sera sous-jacent à l'établissement des constats. Et, à deux reprises, nous nous arrêterons pour tenter d'expliquer l'une ou l'autre situation.

Enfin, j'ai été obligée de faire un choix au niveau de la terminologie. C'est ainsi que j'utiliserai le terme «écrivaine» pour distinguer la femme écrivain de l'écrivain masculin.

Dernière précision: lorsque j'évoquerai la littérature féminine, ce sera tout simplement la littérature produite par les écrivaines. L'expression ne renferme absolument pas d'autres connotations.

1. PLACE DES FEMMES EN GENERAL

a) Place très minoritaire

Une analyse de type quantitatif aboutit à ce constat cinglant: la place minoritaire accordée aux femmes dans les manuels scolaires. Place minoritaire qui frise l'absence pure et simple. Les introductions générales? Elles ignorent les femmes ou, dans le meilleur des cas, mentionnent de rares noms féminins. A titre d'exemple, une introduction générale au XXe siècle cite 3 femmes sur 8 longues pages, et cela, parmi de très nombreux créateurs[1].

Même situation dans les tableaux synoptiques et les index. Les rares femmes qui y figurent sont soit quelques femmes qui exercèrent le pouvoir politique, soit les «monuments» de la littérature féminine. L'abondant index d'un volume consacré à la littérature contemporaine comprend 5 % de femmes[2]! Dans certains tableaux, les femmes ne sont jamais mentionnées.

Les préfaces et les avant-propos, axés sur l'objectif pédagogique, ignorent également les femmes. Les tables thématiques? Elles semblent afficher une neutralité dont nous reparlerons bientôt.

Enfin, c'est dans les illustrations, les commentaires de textes et les exercices que les femmes sont... les moins absentes: elles apparaissent sporadiquement. Nous analyserons ces furtives apparitions.

b) Raisons d'une place si minoritaire

Un tel constat ne peut que susciter des questions qui gravitent autour de celle-ci: pourquoi cette place si restreinte accordée aux femmes? J'esquisserais quatre tentatives de réponses.

Les introductions générales, les tableaux synoptiques et les index se fondent sur l'histoire, c'est-à-dire l'histoire figée, produit de l'historiographie ancienne. Pas étonnant alors que les femmes y soient si rarement évoquées. Ici, l'absence féminine est à la fois explicite et implicite. Il s'agit d'un vieux gommage, d'une vieille exclusion due à l'histoire «historisante».

Une autre raison se profile: la langue française qui privilégie le genre masculin. Cette raison expliquerait l'absence explicite des femmes dans les introductions ou les préfaces, là où l'on utilise couramment les expressions «l'homme», «les hommes» ou «les patriarches», etc. Cette loi grammaticale n'engendrerait-elle alors que des textes neutres? Simplement neutres? Mais lorsque nous analysons ces textes et que nous ne découvrons aucune allusion à la gent féminine, cette apparente neutralité n'en deviendrait-elle pas douteuse? Il faut avouer que la langue française favoriserait la moindre velléité sexiste... J'ai relevé deux types de «neutralité douteuse». Une neutralité de type humaniste, qui véhicule tout un langage précis; une neutralité de type intellectualiste. Cette dernière apparaît dans certains manuels récents, influencés — à outrance? — par la linguistique et les dernières recherches dans ce domaine. Un tel vocabulaire nivèle les deux genres au profit du masculin. Ce qui représente bien sûr une difficulté au niveau psycho-pédagogique.

Une troisième raison se nicherait dans les tables thématiques choisies. A première vue, ces tables thématiques semblent tout à fait neutres, innocentes. Mais lorsqu'on approfondit, on constate que la plupart des thèmes convergent vers l'aventure masculine, l'exploit masculin: découvertes cosmiques, performances sportives, etc. Bref, des thèmes qui exaltent les qualités dites viriles: le courage, l'audace, la maîtrise, l'ambition, l'endurance. Mais ces vertus « viriles » ne sont-elles pas schématisées? Certains thèmes sont consacrés à la famille et aux métiers. Un manuel propose par exemple 19 métiers, mais tous exercés par des hommes[3]! La famille: présence égalitaire des deux sexes? Non. La famille est d'abord masculine. C'est le royaume du père. Ces tables thématiques semblent donc orientées, limitées et sont liées à des visions du monde tout à fait partielles, partiales et déformées.

La quatrième raison se situe dans le choix des textes littéraires. On devine que, dans les manuels d'histoire littéraire comme dans les manuels de textes et exercices, les extraits d'écrivains sont majoritaires. Une conséquence générale en découle: les personnages masculins sont majoritaires et reflètent des visions du monde essentiellement masculines. Or les commentaires et les exercices sont pratiquement toujours basés sur ces extraits. Ceci explique la place si restreinte accordée aux femmes.

Après ce constat et ces premiers éclaircissements, il serait sans doute intéressant d'examiner de près la manière dont les femmes sont présentées.

c) **Manière dont les femmes sont représentées**

Dans les illustrations

Lorsque l'on analyse en profondeur l'iconographie féminine dans les illustrations, une prise de conscience s'opère: les images féminines tournent autour de deux pôles, la sainte ou la « putain ». Vieille ambivalence... mais bien vivante dans les livres scolaires, même récents. Une page exemplative: Madame Récamier, dans une pose lascive... au verso de laquelle figure sainte Barbe[4]!

Du côté de la sainte, on trouve de très nombreux portraits de Vierges, de multiples saintes (sainte Barbe, sainte Irène, Jeanne d'Arc), des femmes presque sanctifiées (Simone Weil, Anne Franck), des prêtresses, des religieuses, ou encore la « dame » du Moyen Age, sublimée, inaccessible, proche de la sainte. Bref un tableau figé de femmes figées dans la vertu ou la sainteté.

L'autre pôle: la « putain ». Ici la représentation est exagérément axée sur le physique. La femme devient un objet décoratif, un objet de mépris et de désir à la fois. Ces images frivoles sont en fait extrêmement réductrices. Car elles cachent le rôle réel et actif des femmes.

Ainsi les manuels de littérature nous proposent volontiers des portraits de grandes bourgeoises oisives. Or ces bourgeoises eurent un rôle extrêmement important dans la vie littéraire d'une époque : Madame Récamier, Mademoiselle de Lespinasse par exemple.

Cette image limitée des femmes est renforcée par d'autres images de «femme-objet». Citons quelques toiles de Paul Delvaux, l'affiche de «Belle», le film d'André Delvaux, qui nous montre une femme nue vue de dos[5]. Ou encore «Le déjeuner sur l'herbe» de Manet. Soulignons bien que notre analyse porte sur l'esprit des livres, sur leur contexte, et non sur l'esprit de l'œuvre d'art ! Mais il est évident que dans la mesure où la vision féminine est si peu diversifiée, chaque image peut se charger négativement.

Le même phénomène de réduction joue pour les comédiennes, les danseuses et les chanteuses. Comme l'accent est mis essentiellement sur le physique, les manuels auraient tendance à éclipser la profession, le travail, l'exigence de ces femmes. L'image de Silvia Monfort incarnant Phèdre me paraît révélatrice. La comédienne arbore une robe très particulière (une merveilleuse création théâtrale). Mais dans le contexte des manuels, cette photo symboliserait plutôt la «putain» que la comédienne[6]...

Quant aux illustrations extraites du monde contemporain, elles tombent dans le même travers. Que ce soit Julie Christie en couverture de *Paris Match*[7] ou un visage féminin sur une affiche publicitaire[8]. On le voit, ces deux vieux pôles existent encore. Ils schématisent et appauvrissent singulièrement l'image féminine.

Autre constat, qui ne surprendra pas : les femmes sont très rarement représentées dans un rôle actif, social, créatif. Elles apparaissent donc passives, rêveuses, attendant sans doute les décisions et les ordres masculins. Ainsi, la belle au bois dormant[9]. D'ailleurs ce sont les hommes qui leur servent de guides, de professeurs, de conseillers. Qui leur apprennent le piano, par exemple[10]. Si d'aventure les filles se lancent dans une action, on met l'accent sur leur idiotie ! Par exemple, une fillette qui joue au tennis avec deux raquettes et qui déclare : «Je renvoie toutes les balles, même celles qu'il envoie dans mon revers»[11]. Et les comédiennes ? Grâce à elles, les manuels pourraient nous offrir des images dynamiques des femmes. Mais nous venons de voir que leur représentation était déformée.

Autre constat, plus direct, plus flagrant : les femmes sont souvent présentées comme victimes. Victimes physiques, morales ou sociales. Victimes physiques ou morales, ou les deux à la fois ? Les exemples abondent et livrent une jolie diversité. En voici un échantillon : une femme enchaînée et condamnée au bûcher[12] ; une femme nue et couchée par terre, que l'on épouille[13] ; une femme couchée sur l'asphalte, au milieu d'explosions[14] ; une femme affolée en plein naufrage[15] ; une femme ligotée et flagellée[16] ; une femme que l'on conduit à la guillotine[17] ; une femme qui croupit dans sa cellule de prison[18] ; des femmes emprisonnées derrière des barreaux[19]. On constate aussi que lorsqu'il s'agit d'un groupe mixte qui est victime, on choisit de montrer la femme. En témoigne un dessin du XVIIIe siècle illustrant l'esclavage des nègres[20].

Victimes sociales. Lorsque l'on évoque des métiers exercés par des femmes, ceux-ci sont pratiquement toujours subalternes. En guise d'exemple, citons « Les repasseuses » de Degas[21], « Les fileuses » de Vélasquez[22]. Un chapitre intitulé « La vie de tous les jours » nous montre des dactylos, une laborantine (aidée par un homme), une fermière, une infirmière[23]. Les métiers qu'exercent les femmes sont donc limités et la plupart du temps auxiliaires, dépendants du pouvoir masculin. Une photo d'institutrice ne peut évidemment pas rétablir l'équilibre[24]. Quant aux activités que pratiquent les femmes, elles sont essentiellement domestiques. Visiblement, on cherche à enfermer les femmes dans ce rôle. On les y confine encore dans les manuels très récents. Quelques exemples en attestent. Ces trois toiles de Chardin : « La pourvoyeuse »[25], « Le bénédicité »[26], « La ratisseuse de navets »[27]. Ou encore « L'âge viril » de M.J. Renard-Dubos : au premier plan, le créateur ; à l'arrière-plan, dans l'ombre, l'épouse s'occupant de l'enfant[28]. Quelques pages consacrées au marché mettent en évidence... la ménagère[29]. Un dessin silhouette deux femmes qui ne semblent guère apprécier les remarques d'un personnage masculin. La légende du dessin : « Qu'importe qu'elle manque aux lois de Vaugelas, Pourvu qu'à la cuisine elle ne manque pas ? »[30]. Enfin quelques reproductions évoquent la maternité. Mais ces images sont tellement schématisées que le contenu perd toute sa richesse.

Autre constat : les illustrations sont porteuses de stéréotypes précis. En tête de liste, le romantisme. Puis la peur. Puis la coquetterie. Le stéréotype de la coquetterie est probablement lié au pôle de la « putain » évoqué précédemment. Quelques exemples de romantisme : une femme dévalant les escaliers d'un château au clair de lune[31] ; une fillette qui émerge au milieu de colchiques[32] ; une grande bourgeoise rêveuse, dans un intérieur luxueux[33]. La peur ? Une femme épouvantée dans la pénombre d'un couloir sinistre[34] ; deux fillettes en proie à la panique[35] ; deux filles paralysées par la peur[36]. La coquetterie ? Une fille qui se coiffe en prenant des poses[37]; une comtesse prétentieuse et sophistiquée[38].

Un autre constat repose sur l'analyse des livres scolaires récents: le sexisme qui imprègne de nouveaux langages comme la publicité, la bande dessinée, le roman-photo. L'image publicitaire est entrée dans certains manuels, véhiculant l'image de la femme-objet et tous les vieux stéréotypes liés aux femmes! Un exemple? Une affiche pour Air Afrique: sur fond d'éléments folkloriques, une Européenne oisive, sur la plage[39]. La bande dessinée me semble plus sexiste. Elle est délibérément masculine. Les femmes y apparaissent rarement et de manière extrêmement stéréotypée: la pin-up séductrice et plutôt bête... Quelques exemples: une hôtesse de l'air sexy[40]; une épouse qui prend un bain de soleil à côté de son mari qui lit le journal[41]; l'épouse qui repasse en coquet tablier[42]. Heureusement qu'une Cléopâtre affirmée vient un peu nuancer les choses[43]. Ajoutons que le dessin humoristique contemporain a fait son entrée dans les manuels. Bonne initiative. Mais, ici encore, les femmes et les rôles sont schématisés. L'esprit est proche de la bande dessinée. Un dessin de Sempé est révélateur: un troupeau de femmes attend, à la sortie de l'école. Pas l'ombre d'un père[44]! Paradoxe donc de ces livres récents qui s'efforcent de s'ouvrir à de nouveaux langages, mais ne réagissent guère au contenu sexiste de ceux-ci. N'auraient-ils pas d'ailleurs ouvert la porte trop vite, trop brutalement?

Un dernier constat, rapidement cerné et évident: l'occultation presque complète des femmes artistes et de leurs œuvres. Les œuvres féminines interviennent dans l'ordre de 2 %. Il s'agit donc de l'exception. Voici nos agréables découvertes: une aquarelle[45] et une huile[46] de Berthe Morisot; une planche de Claire Brétecher[47]; une scène du film «Molière» d'Ariane Mnouchkine[48]; un dessin de Madeleine de Boulongne[49]; une photo de «Cléo de 5 à 7» d'Agnès Varda[50].

Sainte, «putain», passive, victime, coquette, timorée, romantique à l'excès, ou ménagère dans l'ombre: voilà les facettes de la femme telle qu'elle apparaît dans les illustrations. Ce miroir ne serait-il pas déformant et réducteur? Peut-être découvrira-t-on dans les textes un portrait plus riche et nuancé?

Dans les commentaires de textes et les exercices
Présence de stéréotypes

Lorsque nous fouillons les commentaires de textes littéraires, les phrases qui servent d'exercices grammaticaux, les suggestions de rédactions et travaux divers, nous décelons des stéréotypes précis et très fréquents: la coquetterie en premier lieu, puis la maladresse, puis la peur. La coquetterie est omniprésente, teintée de narcissisme et de frivolité. Quelques exemples de coquetterie: «Ma sœur a voulu mettre une robe de printemps»[51]; «La jeune femme, très snob, ne supportait pas qu'on s'habillât comme elle»[52]; «La petite fille s'est regardée dans la glace et s'est trouvée jolie»[53]. La maladresse: ce sont surtout les filles qui commettent des gaffes, tombent, sont renversées. Le hasard? «Ma sœur écrivait maladroitement»[54]. «La fillette, courant toujours à travers la maison, finit par tomber dans les escaliers»[55]. «Une fillette de six ans a été renversée par une automobile alors qu'elle traversait la rue»[56]. Epinglons également un «exemple typique de lettre maladroite» fourni par un manuel: «... Mon chien Biki est malade, il vomit tout le temps par la faute de la cheminée qui laisse entrer la fumée. Mon mari a des migraines tout le temps, moi moins car je prends de l'aspirine, et puis le plafond de la cuisine tombe...». L'auteur de cette lettre est manifestement de sexe féminin. Hasard, probablement[57]. Enfin, il y a la peur. «Des filles inquiètes»[58]. «Valérie s'est douté de quelque chose et n'a plus voulu lâcher la main de son père»[59].

Ajoutons que les filles (ou les femmes) sont chargées de plus de défauts que les garçons. Ce sont elles qui sont jalouses, trop sensibles, trop sentimentales. C'est d'abord à elles qu'il arrive de petits malheurs: elles tombent malades, elles s'évanouissent, elles pleurent la mort de leur chien, etc. Portrait fragile, larmoyant, futile, passif... plutôt négatif des filles-femmes! On le voit, les commentaires de textes et les phrases d'exercices sont truffés de stéréotypes. Mais ils nous offrent aussi d'étranges préjugés. Un exemple: «Un poème d'amour écrit par une femme qui n'a pas honte d'aimer»[60]. Que sous-entend donc cette réflexion?

Sexisme dans les rôles domestiques et professionnels

Ces visions déformées ne nous ont guère surprises. Elles rejoignent d'ailleurs l'esprit des illustrations. Mais un autre constat s'impose, éclate: un profond sexisme ancré dans les rôles domestiques et professionnels. Les manuels très récents n'y échappent pas. Les rôles apparaissent donc parfaitement distincts et établis. Le père travaille, prend les grandes décisions, exerce le pouvoir, voyage, conduit la voiture, connaît la réussite professionnelle (les livres évoquent toujours des milieux aisés... mais ceci est une autre histoire!). La mère n'exerce jamais un métier (parfois d'autres femmes travaillent, mais pas maman!), passe sa vie dans la cuisine (et quelques moments dans les magasins), prépare le repas du père. Cette description ne peut que nous faire sourire. N'empêche que cette vision schématisée est profondément enracinée dans les manuels. Lorsque l'on songe aux mutations contemporaines, ce tableau devient grotesque, tant la distorsion est grande. Pouvoir souverain du père (y a-t-il une différence avec le pater familias?). Quelques exemples en attestent: «Mon père s'achètera une voiture après son retour de vacances»[61]; «Mon jeune frère ne regarde jamais la télé sans l'accord de papa»[62]. Dépendance, enfermement domestique de la mère. Il est évident que ce travail quotidien est dévalorisé, sous-estimé, tant l'image en est stéréotypée. Le fait qu'on occulte pratiquement l'éducation des enfants est symptomatique.

Méditons ces quelques exemples: «Les femmes sont restées à la maison»[63]; «On diminue le prix du café. Cela fait plaisir aux ménagères»[64]; «Il ne sied pas à une jeune fille de parler à quelqu'un dans la rue»[65]; «Peu avant le moment où le plafond de la cuisine s'est écroulé, sa mère terminait la vaisselle»[66]; «Comment feriez-vous votre choix à la place de cette ménagère?»[67]; «L'artisan rentre chez lui; sa femme l'accueille; imaginez leur conversation»[68]; «L'éducation des filles tient compte de leur rôle futur»[69]; «Accompagnez votre mère au marché»[70].

Mêmes discriminations dans les hobbies, les occupations des filles et des garçons. Un exemple: «Vous avez sans doute eu déjà l'occasion de faire chez vous un travail utile (rangement, réparation électrique, peinture... ou, pour les filles, ménage, cuisine, couture...)»[71]. Enfin les métiers reflètent également ces mêmes clivages. Au père, les métiers prestigieux, brillants, détenteurs de pouvoir. A la femme (non à l'épouse!) les métiers subalternes, quand ils sont évoqués. Infirmière, secrétaire, vendeuse, assistante sociale. Quelquefois, directrice.

Epinglons cette remarque grammaticale: «Les suffixes ette, ine, dans la langue familière, donnent une note gracieuse à certains noms de métiers féminins: cousette, midinette (qui à midi se contente d'une dînette) — laborantine»[72]. Epinglons aussi cette phrase qui évoque enfin un métier moins auxiliaire: «Ces femmes qui éditent des livres de femmes»[73]. Phrase que nous abandonnons à votre réflexion.

Dans les extraits d'écrivains

Nous avons constaté que la majorité des textes et des personnages masculins exaltent des vertus dites viriles. Qu'en est-il lorsque les écrivains campent des personnages féminins? Cette analyse exigerait de très nombreuses pages. C'est dire si une synthèse est délicate et difficile. Une tendance s'affirme cependant à mes yeux: les femmes tendent à être soit sublimées, soit méprisées. Les femmes sont souvent sublimées, magnifiées, parfois sanctifiées dans de nombreux textes. Elles sont la femme idéale, vue à travers l'amour ou le rêve. La littérature du Moyen Age, celle du XVIᵉ siècle en offrent de multiples exemples. Plus rarement, c'est la figure de la mère — âgée — qui est sublimée. Quand elles ne sont pas sublimées, elles sont l'objet du mépris. Ou l'objet, tout simplement... Et ici surgissent des images déjà relevées précédemment : la femme victime, la femme infidèle, coquette, frivole, maladroite, bavarde, timorée, trop sentimentale. Ou la «putain» (le personnage de Manon Lescaut semblerait l'incarner dans les manuels, quand on considère la manière dont Manon est présentée). Ou l'inévitable ménagère, confinée dans sa cuisine. Citer des écrivains me semblerait ridicule, mesquin et dangereux. Ce serait leur apposer l'étiquette sexiste sans aucune nuance. N'empêche qu'il faut bien constater que les femmes sont rarement considérées objectivement. Et que, plus rarement encore, on nous les montre se réalisant.

Je voudrais attirer l'attention sur un point qui me paraît aussi important que le contenu sexiste de certains textes d'écrivains : la manière dont les livres scolaires exploitent ce sexisme. En effet, pourquoi ne pas choisir un extrait sexiste qui servirait de point de départ à des questions, un débat au sujet de la condition féminine ? Certains manuels réagissent dans ce sens. Mais d'autres ne semblent pas aussi conscients. Ou conscientisés. Non seulement ils acceptent des textes sexistes, mais en plus ils les insèrent dans un ensemble très pauvre en modèles féminins positifs. Certains textes d'écrivains contemporains nous feraient espérer un renouvellement, un bouleversement des valeurs. Par exemple, un extrait de Sempé-Goscinny, au titre alléchant : «On a fait le marché avec papa»[74]. Mais cette remarquable initiative tourne à la catastrophe ! L'humour, le clin d'œil au conditionnement n'ébranlent guère le rôle domestique des femmes. Ils le renforceraient plutôt...

d) Efforts relatifs des manuels récents

Vers la fin des années 70, certains manuels manifestent un désir de renouvellement, d'actualisation. En 80, ce mouvement se dessine plus nettement. Les livres scolaires témoignent d'une ouverture à de nouveaux langages, à de nouveaux champs culturels. Par exemple, le langage de la presse, la publicité, la linguistique, la bande dessinée, la chanson, le dessin humoristique, la photo, le roman-photo, le théâtre, le cinéma, la littérature d'autres pays francophones, des textes d'adolescents ou de malades psychiques.

Remarquable effort. Mais il nous faut constater deux phénomènes. D'une part, leur ouverture aux femmes et à la création féminine est moindre. D'autre part, ces manuels accueillent à travers certains de ces nouveaux langages un contenu sexiste évident. Attitude inconsciente ? Aveugle ? Il n'empêche qu'un début de prise de conscience s'opère, dans certains ouvrages scolaires, à l'égard du sexisme. En voici trois signes indéniables. Des questions sont posées au sujet des femmes, de la condition féminine. Ainsi un manuel propose une enquête sur la vie quotidienne d'une femme jadis et aujourd'hui[75]. Un autre nous offre un chapitre «Femmes» qui rassemble différents écrits sur les femmes au XVIIe siècle[76]. Richesse de ces visions diversifiées, qui interpellent la réflexion et l'esprit critique de l'adolescent et de l'adolescente. Un autre signe: des efforts fournis au niveau de la terminologie. On précise le féminin quand cela est nécessaire. Par souci d'exactitude historique parfois. Un livre évoque par exemple non seulement l'homme préhistorique, mais la femme préhistorique. Il faut avouer qu'on ne s'en préoccupait guère jusqu'à présent ! Dernier signe : l'apparition — rare — de quelques nouveaux comportements féminins et masculins. Un exemple ? Un extrait de Claude Yelnick : ici, c'est la fillette, cadette pourtant, qui initie un copain à l'aéropiscine[77]. Et c'est le garçon qui a peur. Inversion simpliste, peut-être. Mais indice de mutation.

Ce début de prise de conscience à l'égard du sexisme est cependant imprégné d'ambiguïté. Car il y a reconnaissance et marginalisation à la fois. En général la mise en évidence des femmes figure dans un cadre précis, particulier, le cadre d'un chapitre ou d'un sous-chapitre. Phénomène qui indique que nous vivons probablement un premier stade d'évolution.

e) **Conclusions**

Les conclusions émergent clairement. Il est évident que les manuels accordent une place minoritaire aux femmes. De plus, les images qu'ils nous renvoient des femmes sont limitées, pauvres, désuètes, et ne correspondent ni à l'histoire ni au monde contemporain. L'image la plus ancrée, la plus indélébile est celle de la ménagère. Une ménagère sous-estimée. Les autres sont la sainte et la «putain». Mais la sainte, dans les manuels récents, tend à s'effacer au profit de la «putain» ! Et ces images, précisons-le, sont liées étroitement au regard masculin.

Trois modèles donc pour nos adolescents et adolescentes d'aujourd'hui : c'est peu. Et quels modèles... L'image des femmes la plus nécessaire, la plus indispensable n'existe pas encore dans les livres scolaires : des femmes qui cherchent, se cherchent, forgent leur vie, se réalisent pleinement, non pas dans des voies qui leur ont été imposées, mais dans les voies qu'elles se sont choisies.

2. PLACE DES ECRIVAINES

a) Place très minoritaire

Dans les introductions générales, les tableaux chronologiques, les tables de matières et les index

L'analyse de la place accordée aux femmes en général a préparé le terrain: les écrivaines ne sont pas dotées d'un sort plus favorable. C'est ce qui ressort de l'analyse quantitative des introductions générales, des tableaux chronologiques, des tables de matières et des index. Seuls y figurent de rarissimes «monuments» de la littérature féminine. Un exemple: un tableau chronologique du roman (du Moyen Age à 1970) mentionne une écrivaine en tout et pour tout, Madame de La Fayette[78]. Le constat s'impose. Les écrivaines occupent une place très restreinte, quand elles ne sont pas exclues. Même dans les manuels récents. Même dans les manuels consacrés à la littérature contemporaine.

Dans les illustrations

Quelques constatations s'établissent, en dehors du fait que les écrivaines sont très peu représentées. La moins absente, c'est Colette. Colette est suivie de Madame de Sévigné et George Sand. Choix qui ne nous surprend guère. En outre, deux phénomènes se produisent. Le premier, c'est la référence masculine. En effet, des écrivaines apparaissent en compagnie d'un écrivain. C'est manifestement par rapport à lui qu'elles existent dans les manuels. Simone de Beauvoir auprès de Sartre, Elsa Triolet auprès d'Aragon (on la nomme Elsa![79]), ou encore Marie de Clèves auprès de Charles d'Orléans (mais sait-on qu'elle est écrivaine?). Deuxième phénomène: les légendes accompagnant les photos de groupes mixtes précisent rarement le nom des femmes. Distraction? La seule illustration qui, selon moi, campe l'écrivaine et la reconnaît, c'est une miniature anonyme du XVIe siècle. Cette miniature nous montre Marguerite de Navarre offrant son livre à la duchesse d'Etampes[80].

Dans le répertoire littéraire des manuels d'exercices

Les textes de femmes représentent 6 % de l'ensemble. Quelles sont les écrivaines les plus prisées ? Le choix paraît bien figé et traditionnel. Il reflète d'ailleurs les listes officielles des ministères, listes d'auteurs à lire, parmi lesquelles figure une extrême minorité de femmes. Mais la couche de poussière est double. Car non seulement les manuels (les anthologies également...) tendent à reprendre les mêmes écrivaines, mais en plus tendent à reprendre les mêmes textes. Paresse? Conditionnement? Manque de curiosité vis-à-vis de l'histoire littéraire?

Voici donc les quatre élues : Colette (elle est nettement la plus présente), Anna de Noailles, George Sand, Marie de Sévigné. Les quelques autres qui apparaissent et appartiennent au passé ne nous étonneront pas : Françoise de Maintenon, Marie-Madeleine de La Fayette, Germaine de Staël. Et les contemporaines? Elles ne sont guère mieux loties, même si certains livres leur entrouvent la porte. Il y a donc un phénomène de distorsion entre cette présence si limitée et la production actuelle, solide et abondante. Citons quelques contemporaines rencontrées : Françoise Mallet-Joris, Marguerite Yourcenar, Simone de Beauvoir, Nathalie Sarraute. De rares compositrices bénéficient d'une certaine ouverture à la chanson : Barbara, Anne Sylvestre. Quelques contemporaines, écrivaines ou journalistes, réussissent leur percée par le biais de la presse. On a vu que certains ouvrages scolaires exploitent aujourd'hui ce domaine particulier. Autre constatation : l'absence presque totale d'écrivaines belges. On peut comprendre que celles-ci figurent peu dans les manuels français. Mais dans les manuels belges? Dernière constatation, et de taille : l'indifférence à la poésie féminine. A part Anna de Noailles, je n'ai découvert que très rarement une poétesse. Préjugé? Oubli?

Dans l'ensemble, le choix est très figé. Les tentatives de renouvellement et de rajeunissement sont limitées. Aurait-on peur de toucher au passé? Aurait-on peur de s'ouvrir au présent?

Dans l'histoire littéraire

Quelle est la place qui leur est accordée dans l'histoire littéraire? Minoritaire bien sûr. Deux phénomènes vont jouer : l'occultation et la réduction. L'occultation, c'est-à-dire le fait de rejeter, gommer, ignorer telle ou telle écrivaine, mais aussi un mouvement ou un genre. La réduction, c'est-à-dire le fait de réduire exagérément l'importance de telle ou telle écrivaine, mais aussi celle d'un mouvement ou d'un genre. J'ai choisi de procéder chronologiquement, par souci de clarté.

Le Moyen Age

Les livres scolaires occultent fréquemment la littérature féminine du Moyen Age. Quand celle-ci n'est pas passée sous silence, ils signalent, et commentent parfois, Marie de France et Christine de Pisan. Deux écrivaines résumeraient donc tout le Moyen Age ? De plus, les manuels nous offrent les mêmes extraits. Le lai du Chèvrefeuille ou le lai du Laostic pour Marie de France. N'aurait-elle pas écrit d'autres œuvres ? Quant à Christine de Pisan, on l'illustre souvent par le célèbre poème «Seulete suy et seulete veuil estre». N'y aurait-il pas réduction d'une œuvre ? Et réduction de l'importance de cette créatrice ? Enfin certains livres évoquent en termes très vagues le rôle, le pouvoir des femmes à cette époque. Que cachent ces allusions ?

Le seizième siècle

Le XVIe siècle est davantage encore occulté. Dans quelques manuels récents, on découvre avec plaisir — et avec surprise — la reconnaissance de Marguerite de Navarre[81]. Et celle de Louise Labé[82] qu'on illustre par un de ses sonnets. Le XVIe siècle ne compterait donc que deux écrivaines ? Alors que toute la poésie masculine de ce siècle constitue un hymne grandiose aux femmes ?

Le dix-septième siècle

Le XVIIe siècle est difficilement occultable. En effet, deux de ses écrivaines sont reconnues depuis longtemps. Marie-Madeleine de La Fayette avec «La princesse de Clèves» et Marie de Sévigné. Une troisième l'est aussi, mais on a tendance à la réduire : Madeleine de Scudéry. Enfin, on ne peut nier l'importance des salons, lieux où les femmes jouèrent un rôle certain. Rôle que les livres limitent en général à celui d'hôtesses... Ninon de Lenclos est parfois évoquée. Qui est-elle ? Un phénomène de déformation se produit au sujet de la préciosité. Les ouvrages scolaires ont vraiment tendance à en faire un défaut spécifiquement féminin. Or cette outrance affectait aussi bien les hommes que les femmes !

Occultation partielle, réduction et déformation caractérisent donc le traitement de la littérature féminine du XVIIe siècle.

Le dix-huitième siècle

Voici le siècle nettement le plus occulté. De nombreux livres se contentent de signaler différents salons tenus par des femmes. Mais quel fut leur rôle exact, à ces femmes ? Ne furent-elles que des hôtesses ? De rares manuels, plus récents, évoquent Louise d'Epinay et Marie-Jeanne Roland. La littérature féminine du XVIIIe siècle se limiterait-elle à ces quelques éléments ?

Le dix-neuvième siècle

L'occultation du XIXe siècle ne peut être totale à cause de deux « monuments » : Germaine de Staël et George Sand. Monument serait le terme adéquat car la présentation de ces deux écrivaines est vraiment empoussiérée, schématisée. Les livres réduisent l'importance historique de Germaine de Staël ainsi que son œuvre, en l'illustrant uniquement par ses essais (« De l'Allemagne » principalement). Quant à George Sand, on réduit en général son œuvre à ses romans champêtres, alors que sa production est très diversifiée. Une troisième écrivaine est parfois évoquée dans les poètes mineurs : Marceline Desbordes-Valmore. Trois femmes pour un siècle bouillonnant de mouvements et de révoltes ?

Le vingtième siècle

Le constat relatif à la littérature du XXe siècle est sans doute le plus ahurissant. A l'heure où cette littérature existe fortement, et cela dans tous les genres littéraires, les livres la reflètent à peine. Phénomène de distorsion donc, entre la réalité et l'histoire littéraire. En cela, les manuels de textes et exercices semblent un peu plus accueillants. Autre remarque : les écrivaines québécoises sont nettement plus favorisées. Pourquoi ? Mentalité québécoise différente ? A moins que le regard français et belge soit différent vis-à-vis de cette littérature ? Ce qui est manifeste, c'est la méfiance, la réticence à reconnaître les contemporaines de France et plus encore de Belgique. Elles ne sont peut-être pas dignes d'entrer dans le royaume de l'histoire littéraire. La méfiance est cependant moins épaisse à l'égard des intellectuelles. Simone de Beauvoir, Nathalie Sarraute ont plus ou moins réussi leur examen d'admission. Quant à Colette, il est vraiment difficile de l'ignorer... Simone Weil bénéficie d'une certaine reconnaissance, mais par le biais de la sanctification ! On commence à évoquer Marguerite Yourcenar et Marguerite Duras. Inutile de préciser que la résistance est grande vis-à-vis des Sagan, des Rochefort et compagnie.

On le voit, du Moyen Age à nos jours, l'occultation et la réduction caractérisent le traitement de la littérature féminine. Ignorance ? Indifférence ? Rejet ? Avant de répondre à ces questions, il serait intéressant d'analyser la manière dont on nous présente les écrivaines. Aspect qui sera éclairant.

b) Manière dont on présente les écrivaines

Leur présentation débute généralement par des commentaires... sur le physique. On distingue deux catégories d'écrivaines : les laides et les belles! Les laides: Germaine de Staël, Madeleine de Scudéry par exemple. Pourquoi les manuels insistent-ils sur la prétendue laideur de Germaine de Staël? Cette entrée en matière n'est guère agréable pour l'étudiant. Le portrait de Madeleine de Scudéry n'est pas engageant non plus: « Une vieille fille d'une quarantaine d'années »[83]. Mais il y a les belles: Louise Labé, Marie de Sévigné, par exemple. L'histoire (produite par l'historiographie ancienne, masculine!) a surnommé Louise Labé « La belle cordière ». Référence au physique, référence au mari, riche cordier. Louise Labé est « une fleur de culture et de beauté »[84]. Marie de Sévigné est « jeune et séduisante »[85].

Les commentaires sur le physique sont suivis d'indications sur la vie privée. Pourquoi une telle insistance sur la vie privée chez les écrivaines et non chez les écrivains? Certaines expressions nous font sourire. Par exemple: « Elle lui donna x enfants ». Etrange conception. Autre exemple: tous les ouvrages scolaires signalent que Christine de Pisan se retrouva veuve à 25 ans avec trois enfants. Mais les commentaires sur la vie privée se muent très vite en jugements. Les écrivaines les plus personnelles, les plus affirmées sont les premières à être fustigées. Non seulement dans leur vie privée, mais aussi dans leurs engagements idéologiques. On devine que Colette fut particulièrement visée. «... puis mena une vie errante comme artiste de music-hall. Membre de l'Académie Goncourt mais devenue infirme, elle mena dans son appartement parisien une vie exclusivement consacrée aux lettres (...). Sa mort suscita d'âpres polémiques dans la presse, le cardinal-archevêque de Paris ayant interdit que sa famille lui fît des funérailles religieuses »[86]. Voilà donc Colette doublement punie de ses excès. George Sand n'est guère épargnée non plus. « Elle lui donne deux enfants, mais ne tarde pas à se détacher de lui. Elle mène alors une existence très libre, parfois jusqu'au scandale. Les hommes se succèdent dans sa vie: après Jules Sandeau, Musset, puis Chopin »[87]. A propos de ses idées exprimées dans ses romans: « Le second, 'Indiana', qu'elle compose seule, est un coup de tonnerre. Elle y réclame pour la femme l'égalité dans le mariage et secoue de belle façon la tutelle du mari (...). Bientôt elle se toque de politique »[88]. Les manuels très récents n'échappent pas tout à fait à cette tendance. En témoigne un portrait ambigu de Louise Labé[89]. Est-il possible qu'une jolie femme puisse être sérieuse? Les auteurs en doutent!

Les livres scolaires, quand ils abordent l'œuvre des écrivaines, insistent très souvent sur ses défauts, sur ses limites. Mais que reproche-t-on à la création féminine? Les défauts les plus fréquemment mentionnés sont la gaucherie, la maladresse, la mièvrerie, la naïveté, le manque de virilité. Voilà donc ce que l'on reproche notamment à Marie de

France, Christine de Pisan, Madeleine de Scudéry, Marceline Desbordes-Valmore. Les limites de leur œuvre ? Elles sont assez explicitées. En voici deux exemples. Le premier vise Françoise Sagan : « Inaccessible aux idéologies, 'dégagée' sans même y penser (...). L'économie des moyens n'est pas chez elle le résultat d'une ascèse délibérée, mais de limites naturelles qu'elle a su ne jamais dépasser »[90]. Le second attaque Marie de Sévigné : « Chez cette épistolière sans égale, il est presque impossible de distinguer l'art conscient du don naturel »[91]. Mais ce qui me semble le plus symptomatique (les deux exemples précédents le suggèrent déjà), c'est l'ambivalence de la plupart des commentaires. En effet, si ceux-ci reconnaissent certaines qualités, c'est pour les obscurcir immédiatement par quelques réflexions restrictives, négatives. Ou inversement. Un adjectif revient sans cesse, « féminin ». Une telle fréquence cache sans doute quelque chose et l'on devine que ce terme recèle des connotations pas très positives. Ainsi les manuels parlent de finesse féminine, de grâce féminine, de sensibilité féminine, de délicatesse féminine, de charme féminin. Ici nous touchons à un préjugé solidement ancré dont nous reparlerons bientôt. La littérature féminine semble inférieure, faite de charme, de grâce, de don naturel, de sincérité, de gaucherie naïve, de sensiblerie, d'effusions et d'épanchements.

Autre constatation : les écrivaines sont souvent présentées par rapport aux hommes. C'est le cas de Simone de Beauvoir, Elsa Triolet, Gérard d'Houville, Eugénie de Guérin par exemple. De même que les œuvres féminines sont parfois comparées à celles des hommes. Voici un exemple concernant Marie de France : « Marie de France n'a ni l'aisance d'un conteur comme Chrétien de Troyes, ni la subtilité psychologique de Thomas »[92].

Enfin, une autre forme de restriction joue parfois. Il s'agit de la mise en doute de la paternité littéraire (il faudrait parler de maternité...). Marie-Madeleine de La Fayette en est victime. Madeleine de Scudéry également. Or l'histoire a prouvé que leurs œuvres leur appartenaient.

De toutes ces remarques émane un constat. Quand les écrivaines sont reconnues, elles le sont généralement de manière mitigée, réservée, ambiguë. Pourquoi ? Nouvelle question à laquelle nous allons tenter d'apporter un éclairage.

c) Raisons d'une place si minoritaire

Occultation, réduction, déformation, reconnaissance mitigée. Quelles en seraient les causes ?

Une des raisons fondamentales réside dans l'historiographie ancienne. Nous l'avons déjà soulignée au sujet de la place minoritaire accordée aux femmes en général. L'historiographie ancienne met l'accent sur les hauts faits et les hauts faits appartiennent d'abord aux hommes. Le phénomène agit bien sûr en littérature.

Une seconde raison s'enracine dans la conception stéréotypée des femmes qu'ont les hommes. Nous l'avons abondamment montré dans la première partie des constats. Ces mêmes stéréotypes se retrouvent dans leur vision de la littérature féminine et forment un épais préjugé, d'ailleurs déjà évoqué à propos de certaines écrivaines. Preuve que ce préjugé est profondément ancré et omniprésent : la conception du «roman féminin», de la «poésie féminine». C'est d'abord oublier que des écrivaines participèrent intimement à la naissance du roman psychologique et l'ont illustré à chaque époque. Mais c'est surtout affirmer que l'art, la création, le génie, le talent ne peuvent être que virils ! Affirmation qui circule encore actuellement. Voici une phrase révélatrice : « Il faudra attendre qu'une influence valéryenne marque l'œuvre, tard connue, de Catherine Pozzi pour que la poésie féminine retrouve quelque chose des ambitions 'viriles'»[93]. Ce solide préjugé déforme évidemment non seulement toute la littérature féminine, mais aussi toute l'histoire littéraire. Mais il nous force aussi à réfléchir et à réagir. Ici, je me permettrai de prendre position. Y a-t-il vraiment une littérature spécifique aux femmes ? Je ne le crois pas. Par contre, je crois à la spécificité de chaque personnalité. Et l'œuvre d'un créateur, c'est essentiellement la plongée dans ses abysses, dans son unicité, son univers profondément original, sa vision profondément personnelle du monde. Une spécificité féminine peut intervenir, mais de manière secondaire : dans des thèmes traités, dans la façon de les traiter, dans une écriture très physique. C'est le cas d'une Chantal Chawaf, d'une Hélène Cixous par exemple. Mais l'art est, d'abord, androgyne. C'est pourquoi un tel préjugé me paraît pauvre, mesquin et très dangereux. Il se base sur des visions extrêmement simplistes des hommes et des femmes.

Une troisième raison se profile, tout en étant liée à la conception schématisée des femmes. Cette conception inclut les rôles assignés aux femmes, établis d'avance, étroits, précis, définitifs : rôle d'épouse (c'est-à-dire ménagère confinée) et rôle de mère. Pas de place pour les créatrices, dans ces rigides normes ! L'histoire le prouve. Elle fut toujours hostile aux créatrices, ou du moins réticente. Rappelons-nous les innombrables satires des femmes cultivées. Les créatrices furent, a fortiori, la cible des condamnations. Illustrons-le en littérature en livrant différentes preuves de cette hostilité vis-à-vis des écrivaines. D'abord faut-il se remémorer les écrits des grands misogynes de l'histoire ? Par exemple Proudhon, Joseph de Maistre, Barbey d'Aurevilly ? Ces hommes émirent des jugements acerbes à l'égard des écrivaines. Celles-ci ont, à travers toute l'histoire, craint d'apposer leur signature. Certaines n'ont pas signé, d'autres ont choisi un pseudonyme masculin. Signe que la société n'était guère favorable aux écrits féminins. Des « accidents » sont survenus au cours de l'histoire. La censure par exemple. On sait que les œuvres de Germaine de Staël furent censurées par Napoléon (plus que le contenu, c'est l'auteur féminin que l'Empereur chercha à étouffer). On sait moins que les « Mémoires » de Céleste Mogador, au XIX⁾ siècle, furent également censurées. La raison ? Céleste Mogador y raconte — pudiquement ! — son passé de prostituée. Autre « accident » : la spoliation. L'exemple des « Idées antiproudhonniennes » de Juliette Adam l'illustre bien. Voyant le succès de la première édition, son mari décide une seconde édition... qu'il signe lui-même ! Enfin, la nouvelle historiographie avance de plus en plus des hypothèses d'« étouffements ». Nous avons aujourd'hui les preuves que la sœur de Chateaubriand, Lucile, écrivit. De même que la sœur de Balzac, Laure Surville. Mais aussi celle de Pascal, celle de Descartes ! Que sont devenus ces écrits ? Les « grands hommes » ont-ils réellement encouragé la création féminine ? L'exhumation récente de Camille Claudel nous incite à réfléchir.

A la lumière de toutes ces constatations, on devine que l'histoire littéraire tout entière serait à revoir.

d) Efforts relatifs des manuels récents

Ces efforts semblent moins nets vis-à-vis des écrivaines que vis-à-vis des femmes en général. Toutefois les manuels de textes et d'exercices paraissent légèrement plus accueillants à l'égard des écrivaines contemporaines. Quant aux jugements moraux, ils tendent à s'adoucir. Enfin, de rares ouvrages cherchent à secouer quelque peu le répertoire littéraire. Un tout début de prise de conscience se dessinerait.

e) Conclusions

Tous les constats convergent vers cette réalité : les livres scolaires accordent une place minoritaire aux écrivaines. Il y a donc un vaste phénomène d'occultation qui s'enracine dans le sexisme. Méfiance et préjugé jouent vis-à-vis des écrivaines et vis-à-vis de la littérature féminine, alors qu'on remarque une légère ouverture aux femmes et à la condition féminine. Enfin, cette place minoritaire a des conséquences psycho-pédagogiques, puisqu'elle ne peut engendrer de modèles féminins positifs et diversifiés.

Au terme de ces constats, nous pouvons affirmer qu'il y a nécessité et urgence de changement. Nécessité et urgence psycho-pédagogique, culturelle, sociale : les enjeux sont vastes.

NOTES

[1] André Lagarde, Laurent Michard, *xx siècle*, Paris, Bordas, coll. Lagarde et Michard, 1962, pp. 7-14.
[2] Michel Autrand, Jacques Bersani, Jacques Lecarme, Bruno Vercier, *La littérature en France depuis 1945*, Paris, Bordas, 1970, pp. 849-854.
[3] A. Delaunoy, L. Remy, *Textes français d'hier et d'aujourd'hui*, Namur, Wesmael-Charlier, 1962, pp. 522-523.
[4] André Lagarde, Laurent Michard, *xix siècle*, Paris, Bordas, coll. Lagarde et Michard, 1964, p. 64.
[5] Robert Frickx, Jean-Marie Klinkenberg, *La littérature française de Belgique*, Paris, Nathan-Labor, coll. Littérature et langages, 1980, p. 271.
[6] Fernand Egéa, Dominique Rincé, *Textes français et histoire littéraire — xvi, xvii, xviii siècles*, Paris, Nathan, 1981, p. 140.
[7] J.-M. Baily, M. Charlier, Chr. Cherdon, H. Leroy, J. Mottoul, J. Patris, *Français 3 — La classe de langue française*, Bruxelles, A. De Boeck-Duculot, 1980, p. 81.
[8] J.-M. Baily, M. Charlier, Chr. Cherdon, H. Leroy, J. Mottoul, J. Patris, op. cit., p. 234.
[9] J. Beaugrand, M. Courault, *Le français par les textes — cycle d'observation — classe de sixième*, Paris, Hachette, 1962, p. 48.
[10] J. Beaugrand, M. Courault, op. cit., p. 223.
[11] F. Bal, Chr. Cherdon, C. Pierret, *Français 2 — la classe de langue française*, Bruxelles, A. De Boeck, 1978, p. 118.
[12] Michel Autrand, Jacques Bersani, Jacques Lecarme, Bruno Vercier, op. cit., p. 198.
[13] *Idem*, p. 317.
[14] *Idem*, p. 376.
[15] André Lagarde, Laurent Michard, *xviii siècle*, Paris, Bordas, coll. Lagarde et Michard, 1965, p. 352.

[16] Fernand Egéa, Dominique Rincé, op. cit., p. 324.
[17] *Idem*, p. 383.
[18] Michel Autrand, Jacques Bersani, Jacques Lecarme, Bruno Vercier, op. cit., p. 261.
[19] *Idem*, p. 227.
[20] André Lagarde, Laurent Michard, XVIIIe siècle, Paris, Bordas, coll. Lagarde et Michard, 1965, p. 352.
[21] André Lagarde, Laurent Michard, XIXe siècle, Paris, Bordas, coll. Lagarde et Michard, 1964, p. 53.
[22] André Lagarde, Laurent Michard, XVIe siècle, Paris, Bordas, coll. Lagarde et Michard, 1970, p. 145.
[23] Fernand Egéa, Juliette Labeyrie, Henri Mitterand, Michel Pougeoise, *Français 6e — textes et activités*, Paris, Nathan, coll. Langage et communication, 1977, pp. 168-169.
[24] Marc Bar, Jacques Blois, *Notre langue française — textes et exercices — classe de quatrième*, Bruxelles, M. Didier, 1971, p. 229.
[25] André Lagarde, Laurent Michard, XVIIIe siècle, Paris, Bordas, coll. Lagarde et Michard, 1965, p. 192.
[26] *Ibidem*.
[27] Maurice Bastide, Jean Fournier, Renée Vredon, *Le français en classe de 5e*, Paris, Bordas, coll. Lagarde et Michard, 1969, p. 128.
[28] Fernand Egéa, Dominique Rincé, op. cit., p. 245.
[29] Fernand Egéa, Juliette Labeyrie, Henri Mitterand, Michel Pougeoise, op. cit., pp. 176-177.
[30] Yves Larnoué, *La littérature française par les textes — Première partie : des origines au XIXe siècle*, Bruxelles, A. De Boeck, 1966, p. 112.
[31] J. Beaugrand, M. Courault, op. cit., p. 335.
[32] F. Bal, Chr. Cherdon, C. Pierret, op. cit., p. 55.
[33] Pierre Brunel, Paule Gaillard, Michel Mozet, *Lire et s'exprimer — classe de cinquième*, Paris, Nathan, 1970, p. 221.
[34] Geneviève Idt, Roger Laufer, Francis Montcoffe, *Le roman — le récit non romanesque — le cinéma*, Paris, Nathan, coll. Littérature et langages, 1975, pp. 346-347.
[35] *Idem*, p. 355.
[36] F. Bal, Chr. Cherdon, C. Pierret, op. cit., p. 140.
[37] Chr. Cherdon, Cl. Demols, J. Mottoul, *Français 1 A — la classe de langue française*, Bruxelles, A. De Boeck-Duculot, 1979, p. 183.
[38] André Lagarde, Laurent Michard, XXe siècle, Paris, Bordas, coll. Lagarde et Michard, 1962, p. 256.
[39] Fernand Egéa, Juliette Labeyrie, Henri Mitterand, Michel Pougeoise, op. cit., p. 97.
[40] Chr. Cherdon, Cl. Demols, J. Mottoul, op. cit., p. 209.
[41] *Idem*, p. 121.
[42] F. Bal, Chr. Cherdon, C. Pierret, op. cit., p. 190.
[43] Fernand Egéa, Juliette Labeyrie, Henri Mitterand, Michel Pougeoise, op. cit., pp. 212-213.
[44] *Idem*, p. 140.
[45] André Lagarde, Laurent Michard, XXe siècle, Paris, Bordas, coll. Lagarde et Michard, 1962, p. 62.
[46] Fernand Egéa, Juliette Labeyrie, Henri Mitterand, Michel Pougeoise, op. cit., p. 173.
[47] Geneviève Idt, Roger Laufer, Francis Montcoffe, op. cit., p. 219.
[48] Fernand Egéa, Dominique Rincé, op. cit., p. 199.
[49] *Idem*, p. 106.
[50] Geneviève Idt, Roger Laufer, Francis Montcoffe, op. cit., p. 418.
[51] Chr. Cherdon, Cl. Demols, J. Mottoul, op. cit., p. 13.
[52] F. Bal, Chr. Cherdon, C. Pierret, op. cit., p. 59.

[53] *Idem*, p. 101.
[54] Chr. Cherdon, Cl. Demols, J. Mottoul, op. cit., p. 69.
[55] F. Bal, Chr. Cherdon, C. Pierret, op. cit., p. 121.
[56] *Idem*, p. 135.
[57] *Idem*, p. 106.
[58] *Idem*, p. 59.
[59] *Idem*, p. 101.
[60] Roger Laufer, Bernard Lecherbonnier, *Le conte — la poésie*, Paris, Nathan, coll. Littérature et langages, 1974, p. 160.
[61] F. Bal, Chr. Cherdon, C. Pierret, op. cit., p. 133.
[62] J.-M. Baily, M. Charlier, Chr. Cherdon, H. Leroy, J. Mottoul, J. Patris, op. cit., p. 186.
[63] F. Bal, Chr. Cherdon, C. Pierret, op. cit., p. 22.
[64] *Idem*, p. 47.
[65] J-M. Baily, M. Charlier, Chr. Cherdon, H. Leroy, J. Mottoul, J. Patris, op. cit., p. 55.
[66] *Idem*, p. 186.
[67] Fernand Egéa, Juliette Labeyrie, Henri Mitterand, Michel Pougeoise, op. cit., p. 177.
[68] Pierre Brunel, Paule Gaillard, Michel Mozet, op. cit., p. 35.
[69] Yves Larnoué, op. cit., p. 78.
[70] Fernand Egéa, Juliette Labeyrie, Henri Mitterand, Michel Pougeoise, op. cit., p. 180.
[71] Maurice Bastide, Jean Fournier, Renée Vredon, op. cit., p. 138.
[72] J. Beaugrand, M. Courault, op. cit., p. 126.
[73] F. Bal, Chr. Cherdon, C. Pierret, op. cit., p. 55.
[74] Fernand Egéa, Juliette Labeyrie, Henri Mitterand, Michel Pougeoise, op. cit., pp. 178-179.
[75] *Idem*, p. 173.
[76] Fernand Egéa, Dominique Rincé, op. cit., pp. 352-357.
[77] Fernand Egéa, Juliette Labeyrie, Henri Mitterand, Michel Pougeoise, op. cit., pp. 112-113.
[78] Geneviève Idt, Roger Laufer, Francis Montcoffe, op. cit., pp. 426-429.
[79] Michel Autrand, Jacques Bersani, Jacques Lecarme, Bruno Vercier, op. cit., p. 87.
[80] Roger Laufer, Bernard Lecherbonnier, op. cit., p. 24.
[81] *Idem*, p. 25.
[82] *Idem*, p. 158.
[83] André Lagarde, Laurent Michard, *XVIIe siècle*, Paris, Bordas, coll. Lagarde et Michard, 1970, p. 57.
[84] Roger Laufer, Bernard Lecherbonnier, op. cit., p. 158.
[85] André Lagarde, Laurent Michard, *XVIIe siècle*, Paris, Bordas, coll. Lagarde et Michard, 1970, p. 376.
[86] A. Delaunoy, L. Remy, op. cit., p. 503.
[87] André Lagarde, Laurent Michard, *XIXe siècle*, Paris, Bordas, coll. Lagarde et Michard, 1964, p. 295.
[88] A. Delaunoy, L. Remy, op. cit., p. 515.
[89] Roger Laufer, Bernard Lecherbonnier, op. cit., p. 158.
[90] Michel Autrand, Jacques Bersani, Jacques Lecarme, Bruno Vercier, op. cit., p. 306.
[91] André Lagarde, Laurent Michard, *XVIIe siècle*, Paris, Bordas, coll. Lagarde et Michard, 1970, p. 377.
[92] André Lagarde, Laurent Michard, *Moyen Age*, Paris, Bordas, coll. Lagarde et Michard, 1963, p. 45.
[93] André Lagarde, Laurent Michard, *XXe siècle*, Paris, Bordas, coll. Lagarde et Michard, 1962, p. 32.

C. Histoire de l'art

1. PRELIMINAIRES

a) La place du cours d'histoire de l'art dans l'enseignement secondaire

Force est de constater que sa présence s'amenuise de plus en plus : le cours est d'ailleurs supprimé dans les sections classiques (latine, gréco-latine, mathématiques, sciences). Dès lors, pour combler cette lacune, bien des professeurs d'autres disciplines abordent l'histoire de l'art dans leurs cours (français, histoire, actualités, morale, religion, ...). Les ouvrages d'histoire de l'art intéressent donc une très large fraction d'enseignants mais aussi un très large public. Pour s'en convaincre, il suffit de voir l'engouement pour les grandes expositions ainsi que le succès des livres d'art qui s'y rapportent.

Par contre, dans l'enseignement technique secondaire, l'histoire de l'art fait partie de la formation professionnelle dans plusieurs sections : arts plastiques, dessin publicitaire, étalage, décoration d'intérieur, dessin d'architecture, menuiserie, habillement, coiffure, etc. L'histoire de l'art y est enseignée d'un point de vue très concret en rapport avec le métier choisi afin d'en connaître les racines et d'en suivre l'évolution. L'objectif est immédiat. Bien souvent, il se traduira par des réalisations pratiques qui motivent les étudiants pour cette discipline.

b) Le choix des livres d'art analysés

Le choix des livres que nous avons analysés répond à deux critères :
1. la fréquence d'emploi par les enseignants ;
2. la présence sur les listes proposées par le Ministère de l'Education Nationale.

Dans ces listes, tous les auteurs sont français. Plusieurs d'entre eux exercent ou ont exercé des charges universitaires en Belgique ou en Suisse.

La majorité de ces livres d'art sont édités en France, ce qui laisse présumer que la situation doit être sensiblement pareille dans toute la francité.

En Belgique francophone, les listes d'ouvrages conseillés par le Ministère de l'Education Nationale, incluses dans les programmes de l'Enseignement Secondaire Rénové (1970-1973-1978), sont les premières sources d'information officielles recueillies dans ce domaine. Avant 1970, les inspecteurs d'éducation plastique s'attribuaient la tâche de conseiller les ouvrages d'art suivant leurs préférences lors de journées pédagogiques ou lors de leurs inspections scolaires dans les écoles de l'Etat. En ce qui concerne les écoles émargeant à d'autres pouvoirs organisateurs (commune, province, enseignement libre), les directives proviennent du conseil d'administration et de la direction de chaque école.

Cependant dans tous les types d'enseignement, le choix personnel est laissé à l'appréciation de chaque professeur d'éducation plastique et de chaque professeur d'histoire de l'art.

Afin de connaître les ouvrages utilisés par les professeurs des lycées et des écoles techniques secondaires, nous avons interrogé une vingtaine d'enseignant(e)s et nous avons pu consulter les ouvrages les plus employés dans leur bibliothèque personnelle et dans les bibliothèques de classe. (La liste des livres analysés se trouve en fin de volume).

Ce sont des ouvrages généraux, des monographies d'artistes, des dictionnaires, des encyclopédies, des catalogues de grandes expositions. Ces catalogues, tout en faisant date dans la connaissance des arts, mentionnent des études récentes ou des mises à jour d'aspects plus spécifiques de l'art ; souvent, ils redécouvrent des femmes artistes du passé.

c) **Les méthodes d'analyse**

Une méthode d'analyse quantitative s'impose, dans un premier temps, pour les ouvrages généraux et les collections de monographies.

Le comptage des noms de femmes artistes est extrêmement rapide. Leur nombre ne dépasse jamais la demi-douzaine. Le comptage des artistes masculins est plus fastidieux. Il se chiffre par centaines.

Une méthode d'analyse qualitative permet dans un second temps de cerner la personnalité des auteurs (tous masculins pour les ouvrages figurant sur les listes du Ministère de l'Education Nationale). On y voit clairement leurs goûts, leur subjectivité qui leur fait préférer telle école de peinture, tel artiste au lieu de tel autre. Leur choix s'avère toujours beaucoup plus affectif qu'on ne le pense à première vue. Mais la subjectivité n'est-elle pas tout à fait compréhensible lorsqu'il s'agit d'un domaine aussi interpellant?

Cette sélection, souvent inconsciente, reflète aussi l'esprit du temps, c'est-à-dire les modes, les purgatoires et les redécouvertes, parcours obligé de tous les courants artistiques et de tous les artistes.

Une analyse plus fine reste à faire quant à la personnalité des auteurs, leurs motivations inconscientes et conscientes, leurs projections, leurs phantasmes... ainsi que le poids des traditions et des mœurs de leur époque.

Au point de vue du langage, nous avons résolument adopté la règle des femmes canadiennes: tous les noms de métier sont au féminin. S'ils n'existent pas, nous les créons en ajoutant au nom masculin un e muet, discret et concis. Cette règle est également préconisée en France par Benoîte Groult et Yvette Roudy.

Vous rencontrerez des sculpteures, des graveures, des auteures tout au long des propositions.

2. CONSTATS

a) **L'absence des femmes artistes dans les ouvrages généraux et dans les monographies**

Dans les ouvrages généraux, l'absence des femmes artistes est quasi totale dans les textes et totale dans les illustrations. Nous serions tentée de décerner un « Prix Citron » au « Musée Imaginaire » d'André Malraux, aucune œuvre de femme n'y figure ! Si, par hasard, une œuvre de femme illustre un ouvrage, le choix paraît procéder de la plus haute extravagance. Ainsi, dans « Histoire de l'Art » de Germain Bazin (4ᵉ édition, 1982), figure une reliure d'art de *Rose Adler*: c'est la seule œuvre de femme parmi 300 œuvres d'art masculines. Après de laborieuses recherches, nous avons trouvé quelques renseignements à propos de *Rose Adler*. Elle vécut de 1890 à 1959 et fut relieuse d'art à Paris; son style s'apparente au mouvement abstrait et quelques-unes de ses reliures sont conservées à la réserve précieuse de la Bibliothèque Royale à Bruxelles. Ne donner comme aperçu de la création féminine que cette œuvre de *Rose Adler* vient renforcer le préjugé courant selon lequel les femmes n'ont pas produit d'œuvres d'art mais qu'elles peuvent, éventuellement, accéder aux arts décoratifs.

De nombreuses collections de monographies d'artistes peintres éditées jusqu'à nos jours perpétuent « l'oubli » des femmes, renforçant ainsi l'idée préconçue qu'il n'existe pas de femmes peintres, sculpteures, architectes, avant le XXᵉ siècle [1].

b) Les exceptions qui confirment la règle de l'oubli

Dans les ouvrages généraux, deux artistes seulement émergent unanimement: *Elisabeth Vigée-Lebrun*, lorsque l'auteur apprécie les portraits du XVIIIᵉ siècle, et *Berthe Morisot*, mentionnée simplement parmi les impressionnistes de second plan. D'autres femmes semblent être citées au hasard des préférences des auteurs, telle *Maria Blanchard*, retenue par Elie Faure et René Huyghe ou *Rose Adler* épinglée par Germain Bazin. Ces exemples si peu représentatifs viennent renforcer le préjugé du manque de femmes artistes...

René Huyghe dans « Dialogue avec le Visible », ce vaste discours sur les Beaux-Arts, ne cite qu'une seule femme artiste: *Maria Blanchard* (1882-1932) peintre cubiste, sans doute injustement oubliée aujourd'hui.

Un autre exemple très caractéristique de choix surgit dans « Les Voix du Silence » d'André Malraux: on n'y rencontre aucune œuvre de femme artiste de profession mais l'auteur distingue un dessin d'enfant (d'une fillette de 11 ans) et une toile de *Séraphine Louis* (1864-1934) peintre naïve autodidacte. Une exception cependant dans : « Les Etapes de la Peinture Française Contemporaine » de Bernard Dorival, datant de 1943. L'auteur cite 15 artistes féminines: une peintre du XVIIIᵉ siècle, *Elisabeth Vigée-Lebrun*, deux peintres du XIXᵉ siècle, *Eva*

Gonzalès et *Berthe Morisot*, douze sont ses contemporaines; cinq seulement ont franchi victorieusement l'épreuve du temps. Ce sont: *Maria Blanchard, Marie Laurencin, Séraphine Louis, Suzanne Valadon* et *Sonia Terk*, mais celle-ci n'est citée qu'en tant qu'épouse de Robert Delaunay. Voilà l'inconvénient de traiter l'actualité! Il serait intéressant d'entreprendre des recherches au sujet des sept autres femmes peintres. Par exemple: savoir pourquoi elles sont tombées dans l'oubli. On se rend compte de la difficulté de porter un jugement sur certaines artistes contemporaines. N'ont-elles pas sacrifié à la mode? Disposons-nous d'un recul suffisant pour apprécier leurs œuvres? Ont-elles fait preuve d'une originalité particulière? Aussi, dans nos propositions, nous ne mentionnerons que les artistes féminines dont la production est antérieure à 1950.

c) Comment sont présentées les femmes artistes?

Lorsque des femmes font l'objet de quelques commentaires, on peut être sûr qu'ils font exclusivement référence à leur entourage masculin: professeur, père, frère, beau-frère, mari, amant, ...

Ainsi, *Judith Leyster* est uniquement l'élève de Frans Hals. *Berthe Morisot* est la belle-sœur et le modèle de Manet. *Mary Cassatt* est l'élève (ce qui est faux) et l'admiratrice (ce qui est vrai) de Degas. *Suzanne Valadon* est la mère indigne d'Utrillo. *Marie Laurencin* est l'égérie d'Apollinaire.

Dans les dictionnaires des artistes, seules les filles et les épouses de ceux-ci sont parfois mentionnées, toujours avec un minimum de renseignements et elles sont apparentées aux artistes de second plan. Mais l'entourage des grands maîtres est absolument dépourvu d'artistes féminines. Et pourtant, des ouvrages récents ont permis la redécouverte de nombreuses filles, sœurs, épouses ayant travaillé dans l'atelier familial: *Maria Van Eyck*, sœur d'Hubert et de Jan van Eyck; *Marietta Robusti*, fille du Tintoret; *Mayken Verhulst*, épouse de Pierre Coeck; *Mayken Coeck*, fille de ceux-ci et épouse de Pierre Breughel; *Marie-Jeanne Buseau*, épouse de François Boucher; *Frances Reynolds*, sœur de Sir Joshua Reynolds, pour ne citer que quelques exemples[2].

Il est dommage que l'entourage féminin des grands artistes soit si peu étudié. Des recherches dans ce sens permettraient de mieux cerner leur environnement mais aussi de rendre justice aux nombreuses femmes qui ont participé à la création artistique. Ces influences féminines sont généralement évidentes pour les contemporains mais leur souvenir disparaît au fil du temps au point de ne plus éveiller aucun écho au bout de quelques décennies.

Dans les ouvrages plus spécifiquement consacrés à l'une ou l'autre école de peinture, il arrive que les commentaires s'étendent... à la vie privée des femmes artistes. Et, bien souvent, on ne se gêne pas pour faire allusion à leur liaison plus ou moins scandaleuse avec leur professeur : *Constance Mayer* et Prud'hon, *Camille Claudel* et Rodin, ...

On louange leur amour maternel : *Elisabeth Vigée-Lebrun, Berthe Morisot*, tout en démontrant qu'il a forcément limité leur art. On insiste sur leur désir d'enfant non satisfait : *Mary Cassatt, Maria Blanchard*. Pour celle-ci, on parle même de son obsession de la maternité parce qu'elle a peint plus volontiers «la mère et l'enfant»[3], thème éternel s'il en est mais qui, curieusement, ne donne jamais lieu à des interprétations abusives lorsqu'il s'agit de peintres masculins. Pour eux, pas question d'évoquer un complexe d'Œdipe mal résolu!

L'aspect physique des femmes artistes retient souvent l'attention. Si elles sont jolies, c'est l'étonnement! Passer son temps à la pratique de l'art alors qu'il leur serait si facile de séduire un homme et de l'épouser! Ainsi, déjà au XVIe siècle, la beauté et le talent de *Sofonisba Anguissola* surprenaient tellement ses contemporains qu'elle dut peindre de nombreux autoportraits pour satisfaire des amateurs d'art qui voyaient en elle une curiosité de la nature[4].

Tout paraît normal par contre quand l'artiste est laide : sa carrière devient son refuge, sa consolation, c'est en somme un pis-aller.

L'étonnement semble ancestral lorsque des artistes féminines manifestent des dons précoces. Ainsi, Albrecht Dürer relatant son voyage aux Pays-Bas en 1521, écrit : «Maître Gérard, l'enlumineur, a une fille d'environ 18 ans prénommée Suzanne; elle a peint une miniature du Sauveur pour laquelle j'ai dû payer un Guld. C'est une grande merveille qu'une femme soit capable de telle chose»[5]. Il s'agit de *Suzanne Horenbout* qui travailla plus tard à la Cour d'Angleterre et se spécialisa dans le portrait miniature.

d) L'Art dit «féminin»

Pour bien marquer les limites de l'art des femmes, on parle volontiers «d'art féminin». Dès lors, les stéréotypes sexistes vont bon train : art élégant, fragile, suave..., «un monde délicieusement arbitraire et étroit»... «peinture séduisante»... «peinture exquise»... «peinture de dame »... « besoin de séduire » (Bernard Dorival : *Les Etapes de la Peinture Contemporaine*). De là à considérer leur art comme un passe-temps, il n'y a qu'un pas vite franchi ; par exemple, Henri Pirenne écrit à propos d'*Harlinde* et *Renilde* (deux sœurs qui fondèrent l'Abbaye d'Aldeneyck au début du VIIIe siècle) : « (Elles)... occupent leurs loisirs à des ouvrages de broderie ou enluminent patiemment de beaux manuscrits »[6]. L'un de ceux-ci nous est parvenu : c'est le plus ancien manuscrit enluminé conservé en Belgique.

Cette notion d'art féminin fut renforcée d'ailleurs par les expositions annuelles réservées uniquement aux œuvres de femmes. Dès 1890, la plupart des grandes villes d'Europe — Florence, Dresde, Berlin, Paris, Londres — en organisent. A partir de 1892, à Gand notamment, un grand nombre de femmes ont ainsi l'occasion de montrer leurs productions. Parmi elles, se comptent davantage d'artistes amateures que de professionnelles, ce qui contribue à dévaloriser l'ensemble des œuvres : ces passe-temps des Dames et des Demoiselles.

C'est vers cette époque que les portes des Académies des Beaux-Arts s'ouvrent aux femmes : des ateliers féminins se créent mais ni la peinture monumentale, ni l'anatomie ne figurent au programme.

e) L'art « viril »

Par contre, si l'on reconnaît à une œuvre de femme une puissance et une force, comme les bois gravés de *Käte Kollwitz*, les sculptures de *Germaine Richier*, par exemple, on qualifiera le travail de viril. On dira : « Ce n'est plus d'une femme mais d'un homme ! ». Et certaines femmes en seront honorées, celles pour qui la consécration est synonyme d'accès au monde masculin, le seul important.

Dans le même ordre d'idées, on a vu de nombreuses femmes remarquables adopter un prénom masculin pour pouvoir accéder au monde officiel des Arts. Souvent d'ailleurs, elles sont conseillées par des marchands de tableaux et des directeurs de galerie qui leur démontrent que les œuvres masculines sont mieux cotées. C'est le cas de *Marthe Donas*, première peintre abstraite des années 1920 qui signe sans mentionner son prénom[7].

Pourtant, bien des œuvres d'art sensibles, délicates, élégantes ont été réalisées par des hommes. Mettre celles-ci en parallèle avec d'autres émanant de femmes et qualifiées de fortes, prouve à suffisance qu'il n'y a pas un art masculin et un art féminin. L'Histoire nous enseigne qu'il y a plus d'affinités entre des œuvres d'hommes et de femmes d'une même génération qu'entre des œuvres de femmes d'époques différentes.

f) Comment expliquer l'OUBLI des femmes artistes remarquables ?

A la lumière de ce qui précède, on peut se rendre compte des raisons de cet oubli. Mais pour répondre valablement à cette question, il serait indispensable d'entreprendre une vaste étude tant sociologique que psychologique. Ne possédant nullement ces compétences ni le temps pour réaliser ces études, nous nous contenterons d'aligner quelques constatations :

1. Si certaines périodes paraissent plus favorables au travail artistique des femmes, comme le Haut Moyen Age ou le XVIIIe siècle français par exemple, l'Histoire n'en retiendra rien si tel critique ou tel historien n'en consigne la valeur par écrit. Pline puis Boccace perpétuent la mémoire d'artistes grecques : *Timarete*, Ve siècle avant J.-C., *Marcia*, Ier siècle avant J.-C. ; personne n'a enregistré la fine précision du travail des enlumineuses du Moyen Age.

2. Le purgatoire des artistes féminines est plus long et peu d'historiens d'art entreprennent de les en sortir.

3. On peut valablement supposer que le choix de l'époque et de l'artiste étudié correspond à des motivations profondes de l'auteur, généralement de sexe masculin. Consciemment ou inconsciemment, celui-ci cherche un modèle afin de pouvoir s'y projeter.

4. La plupart des chercheurs actuels continuent de s'informer auprès d'ouvrages d'histoire de l'art, parus avant les années 1970, dont le contenu n'est pas remis en question. Les nouvelles recherches émanant des femmes et à propos des femmes devraient davantage susciter leur curiosité.

5. Les professeurs d'université n'encouragent pas leurs étudiants et leurs étudiantes à entreprendre un mémoire sur les femmes artistes.

Pourtant, à chaque génération, à chaque époque, il y a eu des femmes artistes qui ont vécu de leur art et qui ont connu la notoriété. (*Sofonisba Anguissola, Rachel Ruysch, Angelica Kauffman...*).

g) Les études féministes des années 1970

Pour assister à la redécouverte des femmes artistes du passé, il faut attendre les années 1970. Ce renouveau s'élaborera dans le sillage de la grande vague féministe partie des pays anglo-saxons: l'Angleterre et les Etats-Unis.

En 1970, Germaine Greer publie à Londres: «La Femme Eunuque», un pamphlet dynamique et percutant, traduit immédiatement dans plusieurs langues et publié en France en 1971. Plus tard, Germaine Greer va se consacrer à l'étude des femmes artistes. Elle mettra surtout l'accent sur leurs difficultés professionnelles, sur les multiples entraves à leur carrière. Cette vaste enquête paraît en 1975 sous le titre de «The Obstacle Race». Malgré le grand intérêt de cet ouvrage, il n'a pas encore été traduit en français. C'est dire combien la diffusion de ces recherches rencontre d'obstacles chez nous, francophones.

Une des premières investigations à propos des femmes artistes vient également de Londres. Elle remonte à 1974; Eleanor Tufts parle de «Notre Héritage caché». Mais les études les plus vastes nous viennent des U.S.A. Menées dans le cadre de certaines universités, elles sont élaborées avec la plus grande rigueur historique. Sur la base de ces travaux, Judy Chicago dirigea une vaste œuvre collective, regroupant plus de 400 participants et participantes: c'est la «Dinner Party», un hommage impressionnant rendu à toutes les femmes qui ont contribué à faire l'Histoire.

En 1976, Ann Sutherland Harris et Linda Nochlin organisent, avec la collaboration d'une vingtaine d'assistantes, une grande exposition à Los Angeles. Cette exposition rassemble plus de 500 œuvres de femmes et couvre quatre siècles d'histoire de l'art, de 1550 à 1950. Elle nous révèle de nombreuses artistes européennes tombées dans l'oubli le plus total. Citons quelques exemples, géographiquement proches de nous:
- à Anvers: *Catharina Van Hemessen* au XVIe siècle et *Clara Peeters* au XVIIe siècle;
- en Hollande au XVIIe siècle: *Margaretta de Heer* et *Maria Van Oosterwyck*;
- en Allemagne au XVIIe siècle: *Maria-Sibylla Merian*;
- en France au XVIIe siècle: *Louise Moillon*;
- en Italie au XVIe siècle: *Sofonisba Anguissola* et *Lavinia Fontana*; au XVIIe siècle: *Giovanna Garzoni*.

Le catalogue de cette remarquable exposition renferme une mine de renseignements nouveaux et autant de pistes pour de futures recherches.

De leur côté, les féministes italiennes fouillent leur riche patrimoine artistique, ce qui nous vaut la redécouverte d'*Artemisia Gentileschi* et des femmes peintres de Bologne pour ne citer que les plus prestigieuses. La traduction française de ces travaux ne parut qu'à partir de 1980.

Quant aux historiennes françaises, leurs études s'orientent plutôt vers des biographies d'artistes françaises du XIXe et du XXe siècle. Elles nous révèlent *Camille Claudel*. Elles observent d'un autre regard les œuvres et la vie de *Rosa Bonheur*, de *Suzanne Valadon*, de *Mary Cassatt*. Elles éditent les mémoires d'*Elisabeth Vigée-Lebrun*...

3. CONCLUSIONS

De ces constats, nous concluons:
1. que la participation des femmes aux arts plastiques a peu intéressé les historiens d'art;
2. que les historiens d'art sont généralement des hommes. Dans ce domaine, comme dans bien d'autres, le SAVOIR consigné dans les livres est masculin;
3. que la situation actuelle semble s'améliorer depuis le début des années 1980.

Quelques femmes artistes reprennent place dans les dictionnaires[8], quelques monographies leur sont consacrées, quelques femmes peintres et sculpteures sont représentées dans les grandes expositions rétrospectives.

Certaines féministes parleront de «femmes-alibi» et diront «actuellement l'OUBLI total n'est plus de mise». Pour nous, ce pourcentage si faible soit-il (de 1 à 3 %) représente une présence qui force la réflexion et constitue un modèle valorisant pour les adolescentes. Ces 3 % nous semblent refléter le point actuel des recherches. Si nous les retrouvions dans les ouvrages généraux d'histoire de l'art, mais aussi dans les grands musées, un premier pas serait accompli vers la reconnaissance des réalités féminines.

Nous supposons que cette amélioration croissante est due en grande partie à l'augmentation du nombre d'historiennes d'art, à la publication et la diffusion de leurs travaux.

Pour que ce mouvement soit irréversible, une large information sur les redécouvertes est indispensable. C'est ce que nous proposons dans le chapitre 2, où nous tenterons d'esquisser un «musée imaginaire au féminin».

NOTES

[1] *Chefs-d'œuvre de l'art*. Grands Peintres. Paris: Hachette, 1966-68.
Nous avons relevé 130 monographies de peintres masculins, aucune monographie de peintre féminine.
Petite Encyclopédie de l'Art. Paris: Fernand Hazan, 1981.
Nous avons relevé 60 monographies de peintres masculins, aucune monographie de peintre féminine.
Les Maîtres de la Peinture Moderne. Paris: Flammarion, 1981.
Nous avons relevé 48 monographies de peintres masculins, 3 monographies de peintres féminines.
[2] Germaine Greer: *The Obstacle Race*. London: Secker and Warburg, 1979, chap. I «Family».
[3] René Huyghe: *Dialogue avec le Visible*. Paris: Flammarion, 1955, pp. 255, 377.
[4] Ann Sutherland Harris, Linda Nochlin: *Femmes peintres 1550-1950*. Paris: des femmes, 1981, p. 107.
[5] Ann Sutherland Harris, Linda Nochlin, op. cit., p. 25.
[6] Henri Pirenne: *Histoire de Belgique*. Bruxelles: La Renaissance du Livre, 1948, tome I, p. 36.
[7] Mauritz Bilcke: *Marthe Donas*. Bruxelles: Bulletin des Musées des Beaux-Arts, 1964, n" 1-2, p. 87.
[8] *Petite Larousse de la Peinture* en 2 volumes. Paris: Larousse, 1979. Les femmes peintres représentent 1,35 % parmi les peintres ayant une rubrique personnelle, 3 % parmi les peintres repris dans un index en fin du tome II.

D. Les sciences

1. PRELIMINAIRES

Quelle est la place accordée aux femmes dans les livres de sciences de l'enseignement secondaire ? Après avoir analysé une cinquantaine de manuels, force nous a été de constater qu'elles y brillent... par leur absence ! Bien sûr, les livres de sciences ne sont pas des livres « d'histoire des sciences ». Certains diront qu'il n'est pas nécessaire de connaître la vie de Pythagore pour comprendre son fameux théorème, que la « Loi de Newton » peut être assimilée même si on ignore qui est ce dernier et que la radioactivité peut être étudiée sans savoir ni par qui, ni dans quelles conditions elle a été découverte. Alors, quel est l'intérêt d'un cours d'histoire des sciences ?

L'enseignement secondaire a pour but, non seulement de transmettre aux élèves un certain savoir, mais aussi de leur faire acquérir une formation générale et une manière de penser. Dès lors, l'étude des sciences devrait être un élément de culture : loin de se limiter à un apprentissage technique, elle devrait également initier les adolescent(e)s à la méthodologie et à la curiosité scientifique. En outre, le long cheminement de la conquête scientifique, le lent tâtonnement de tant de savants éminents est une leçon de modestie qui les inciterait peut-être à méditer sur l'aspect provisoire de nos connaissances. Aussi, certains auteurs et professeurs estiment que l'enseignement des sciences doit être, en partie, axé sur l'histoire même de la science.

En conséquence, notre analyse a accordé la priorité aux manuels qui font une large place aux biographies et aux circonstances de la découverte scientifique : c'est à leur propos que nos propositions seront les plus positives et les plus constructives.

Il convient ici de faire une remarque importante : nous n'avons, bien entendu, voulu émettre ni critique, ni jugement sur les théories scientifiques enseignées dans ces manuels. Un tel objectif eût dépassé à la fois nos compétences et le cadre de cette étude.

Choix des livres analysés

Parmi les nombreux manuels de sciences, nous nous sommes limitées à l'analyse des livres de mathématiques, de physique, de chimie et de biologie. Afin d'établir l'échantillonnage le plus représentatif possible des manuels de sciences utilisés par les étudiants de l'enseignement secondaire, nous avons suivi plusieurs démarches. Nous avons commencé par consulter les listes d'ouvrages conseillés par les secrétariats d'organisation des études. Ensuite, une rapide enquête a été menée à Bruxelles, auprès de quelques libraires spécialisés en livres scolaires, dans le but de connaître les manuels de sciences les plus vendus. Pour compléter l'information, un questionnaire a été envoyé dans cinquante écoles secondaires et techniques de Belgique. Ce questionnaire s'adressait aux professeurs donnant des notions d'histoire des sciences. Diverses questions leur étaient posées. Entre autres : A partir de quels livres et documents préparent-ils leurs leçons ? Quels manuels les élèves utilisent-ils en classe ? Enfin, la majeure partie des livres analysés ont été récoltés dans les écoles secondaires où, lorsque nous les avons reçus, entre 1982 et 1985, ils étaient d'un usage courant.

Une soixantaine de manuels ont ainsi été rassemblés; cinquante-deux ont été analysés de façon systématique.

LIVRES ANALYSES

	Nombre	Editeurs		Années d'édition				
		Belges	Français	1960 à 1964	1965 à 1969	1970 à 1974	1975 à 1979	1980 à 1984
Mathématiques	16	4			2	10	3	1
Physique	10	3	5		3	2	4	1
Chimie	9	4	3		3	2	4	
Biologie	17	4	2	2	4	4	5	2
Total	52	8	7	2	12	18	16	4

La liste des livres analysés figure en fin de volume.

Ce tableau suggère les remarques suivantes :
- Les principaux éditeurs de manuels scolaires, belges et français, sont représentés.
- La majorité des livres de sciences utilisés dans le secondaire ont été édités dans les années 70. Certains, âgés de plus de 15 ans, sont encore en usage tandis que les éditions récentes (postérieures à 1980) ne font qu'une timide apparition dans les écoles.

Méthode d'analyse

Les livres de sciences ont été analysés dans deux optiques différentes.

Dans un premier temps, nous avons réalisé une analyse quantitative et qualitative des stéréotypes sexistes véhiculés par ces manuels tant dans le texte que dans les exemples, les exercices et les illustrations.

Dans un second temps, par une analyse quantitative, nous avons relevé le nom des femmes de sciences qui sont citées dans ces différents ouvrages, tandis qu'une analyse qualitative nous a menées à considérer la manière dont ces rares femmes étaient présentées par rapport aux scientifiques masculins d'une part, par rapport à leur rôle réel d'autre part.

2. CONSTATS RELATIFS AUX MANUELS DE SCIENCES

a) Le sexisme dans les manuels

S'il est plus discret et plus subtil que dans les manuels du primaire, le sexisme est toujours présent dans les manuels du secondaire, même si ceux-ci traitent de sujets précis et spécialisés qui, souvent, se détachent du support de la vie quotidienne. Certaines formes de sexisme se retrouvent de manière constante dans tous les manuels, d'autres sont spécifiques à chaque discipline.

Quelques constats sont généraux.

A quelques exceptions près, les auteurs des livres, les scientifiques, les techniciens ou autres experts cités sont des hommes. En plus de la description d'un univers d'où les femmes sont absentes, ces ouvrages emploient le genre masculin pour faire allusion tant au lecteur qu'à tous les êtres humains. Introductions, préfaces, avant-propos... s'adressent à un auditoire masculin: ... *les auteurs souhaitent que le lecteur... devienne un champion*[1] en mathématiques... *ou qu'il acquière une culture biologique à laquelle tout homme a droit...*[2]. Les filles semblent exclues des sciences. Dans le texte par contre les auteurs utilisent généralement la première ou la deuxième personne du pluriel, ou encore le «on»: ... *nous plaçons... voyons... vous observez... comparez... on suppose...* Les personnages mis en jeu dans les exemples, les exercices et les illustrations sont, en grande majorité, des hommes.

D'autres constats varient suivant la discipline.

Dans les livres de mathématiques

Les notions abstraites d'algèbre, de géométrie, de trigonométrie... les schémas, les graphiques, les figures géométriques... offrent peu de prise aux stéréotypes sexistes. Quand il est présent, le sexisme dans les manuels de mathématiques apparaît au niveau des exercices: non seulement de manière quantitative, mais aussi de manière qualitative dans la mesure où les filles sont souvent présentées dans des situations propres à renforcer le préjugé qui veut qu'elles n'aient pas «la bosse des maths». ... *Patrick a résolu l'exercice; il passe la solution à Catherine...*[3].

Dans les livres de physique

La plupart des phénomènes étudiés en physique, phénomènes optiques, mécaniques, électriques... trouvent leur place dans la vie de tous les jours et concernent chacun de nous, homme ou femme. Et pourtant, dans les manuels de physique, nous sommes à nouveau plongés dans un monde masculin. Dans les livres analysés, exercices et exemples mettent en jeu: ... *un cycliste... un aviateur... un expérimentateur... un observateur... un parachutiste... un conducteur...* Les illustrations nous présentent une majorité d'hommes en action (navigateur utilisant un sextant[4]; ouvrier actionnant un levier[5]...) par opposition à de très rares femmes dans des rôles généralement passifs (jeune fille reliée à une machine électrostatique, dont les cheveux se dressent sur la tête[6]; skieuses à l'arrêt, illustrant la notion de pression exercée par un solide[7]...). L'un des manuels cependant représente une femme active: une fermière utilisant une poulie pour remonter son seau du fond d'un puits[8]. Dans un exercice, ... *une frêle jeune fille*[9]... intervient dans un problème d'équilibre de forces; dans un autre... *une présentatrice*[10]... *de télévision illustre d'un clin d'œil la notion de vitesse de la lumière*. Parmi ... *un élève*[11]... et ... *un camarade*[12]... apparaissent, de loin en loin ... *un(e) élève*[13]... et ... *un(e) camarade*[14]... Soudain cons-

cients de l'existence d'étudiantes et de lectrices, les auteurs s'inquiètent
... *êtes-vous certain(e)s?*[15]... *si vous n'êtes pas convaincu(e)s*[16]... Dans
un livre plus récent, des illustrations représentent ... un jeune homme
et une jeune fille qui tirent à l'arc[17]... un patineur et une patineuse[18]...
Et dans un problème... *Carole s'entraîne à la piscine...*[19]. Une lente
évolution semble s'opérer.

Dans les livres de chimie

En chimie, comme en mathématiques, le langage est neutre. La
théorie ne s'appuie pas sur des exemples sexués. Si les livres de chimie,
comme les autres livres de sciences, s'adressent «au lecteur», il est
intéressant de remarquer que les illustrations comptent plus de femmes
que d'hommes. Les chimistes féminines que ces illustrations représentent effectuent diverses manipulations: l'une détermine le titre d'une
solution[20], une autre réalise une chromatographie en phase gazeuse...[21]. Contradiction amusante, reflet d'une mentalité sexiste: ... *la
vie quotidienne d'un chimiste organicien...*[22] est illustrée par les photos... «d'une» chimiste travaillant dans un laboratoire!

Dans les livres de biologie

La biologie est l'étude des êtres vivants et de leurs mécanismes.
Comment le genre féminin, animal ou humain, est-il présenté dans les
manuels de biologie? Si de nombreuses caractéristiques biologiques
sont communes aux deux sexes, nombreuses aussi sont les différences.
Or, souvent, l'accent est mis sur la description du mâle de l'espèce et
sur les caractères masculins, au détriment des caractères féminins. De
même, les données concernant les hommes sont généralement présentées comme si elles décrivaient la race humaine en entier. A première
vue l'élève ne peut déterminer si les caractères décrits sont liés au
sexe; par exemple: «*Quelques réactions comportementales de l'homme*»[23]. La langue française ne possédant pas (comme le latin entre
autres) un terme pour «l'être humain» (homo) et un autre pour «l'être
humain mâle» (vir), presque toujours «homme» remplace «être humain». Nous ne voulons pas ici engager une polémique à ce propos
mais nous tenons à faire remarquer que l'emploi abusif du mot «homme» crée, dans certains cas, une ambiguïté. Dans certains ouvrages
«l'Homme» signifie «l'être humain», tandis que «l'homme» signifie
le «mâle». Si, parfois, l'emploi abusif du masculin fait sourire... *le
lapin, le chat... mettent au monde des petits vivants... ils les nourrissent
du lait de leurs mamelles*[24]..., dans d'autres cas il est restrictif ou même
erroné. Ainsi, on lit dans un manuel: ... *l'anémie falciforme est transmise héréditairement, de père en fils*[25]... S'agit-il d'une maladie liée au
sexe, comme l'hémophilie ou le daltonisme? Pas du tout, l'anémie

falciforme se manifeste autant chez les femmes que chez les hommes. Quant aux illustrations; les schémas anatomiques représentent généralement une silhouette masculine, sauf quand il s'agit de caractères spécifiquement féminins (appareil génital féminin, grossesse...); par contre les photos montrant des biologistes au travail présentent quelques femmes : une biologiste regardant dans un microscope électronique[26], une autre préparant une culture de bactéries[27]...

Ces attitudes sexistes, probablement inconscientes, laissent les caractéristiques féminines dans l'ombre, ce qui n'est pas justifiable dans des ouvrages se proposant de fournir des descriptions complètes et scientifiques.

En bref, dans les manuels de sciences, c'est la répétition constante et généralisée du masculin dans les textes et les illustrations qui crée, insidieusement, un conditionnement sexiste.

b) La présence des femmes de sciences dans les manuels

Comme nous l'avons déjà signalé, les manuels de sciences ne sont pas des manuels d'histoire des sciences. Cependant, rares sont les auteurs qui ne font pas une courte référence aux savants dont ils citent les lois, les principes ou les découvertes. Certains s'étendent même longuement sur l'aspect culturel de la science et s'attachent à lier théorie et histoire des sciences. Dans ces manuels, biographies, portraits, photos, notices historiques... sont nombreux.

Absence d'images féminines

Si les scientifiques masculins sont abondamment cités dans les manuels, il apparaît bien vite que, à de très rares exceptions près, les femmes de sciences sont absentes des livres et des classes. Les sciences seraient-elles donc réservées aux hommes ? N'ont-elles jamais intéressé les femmes ?

Deux illustrations, figurant dans les manuels analysés, répondent — partiellement — à cette question en nous montrant que les femmes, dans les siècles passés, n'étaient pas dénuées de curiosité scientifique.

La première figure illustre une expérience d'électrostatique dans un salon, au XVIIIe siècle, sous le regard attentif d'une femme[28]. Cette image suggère que les sciences n'étaient pas exclues des salons où les femmes réunissaient des personnalités des milieux littéraire, artistique, philosophique, scientifique... de l'époque.

La seconde illustration représente Michel Faraday (1791-1867), physicien et chimiste anglais, devant une vaste assistance, dans une salle de cours de la Royal Institution à Londres[29]. Parmi l'auditoire, de nombreuses femmes suivent ses explications. Cette image aussi prouve l'intérêt des femmes pour la physique au XIXe siècle.

Les exceptions: comment sont-elles présentées?

Les seules femmes de sciences citées dans les manuels que nous avons analysés sont: Marie-Anne Lavoisier, Marie Curie et Irène Joliot-Curie!

Comment sont présentées ces exceptions?

Marie-Anne Lavoisier, née Paulze (1758-1836). Elle fut l'épouse du grand chimiste Antoine Lavoisier.

Son nom est cité dans un manuel de chimie où elle apparaît sur deux photos[30]. La première, d'après une toile célèbre de David, montre Madame Lavoisier penchée sur l'épaule de son mari en train d'écrire. Légende: «... *A. Lavoisier épousa en 1779 Marie-Anne Paulze en qui il trouva une collaboratrice fidèle...*». La seconde, d'après un haut-relief qui s'élevait autrefois à Paris, place de la Madeleine, la représente dans le laboratoire de son mari. Légende: «*Lavoisier procédant à ses expériences sur l'analyse de l'air tandis que sa femme prend des notes*».

Curieusement, Madame Lavoisier, qui n'a pas réalisé d'œuvre créatrice, est présentée relativement longuement alors que des chercheuses de valeur n'ont pas leur place dans ce manuel.

Marie Curie, née Sklodowska (1867-1934) et *Irène Joliot-Curie* (1897-1956).

Dans un livre de chimie, qui accorde une large part à l'évolution historique de la science, on peut lire au paragraphe traitant du modèle atomique de Rutherford: «*Madame Curie se proposa d'étudier à fond la nature de ce rayonnement* (découvert par H. Becquerel), *auquel elle donna le nom de radioactivité*»[31]. Dans ce même paragraphe sont cités: Henri Becquerel, Wilhelm Röntgen, Ernest Rutherford, Joseph Thomson, Niels Bohr, Arnold Sommerfeld et Louis de Broglie, tous éminents savants. Pour Becquerel: une date et quelques phrases illustrant sa découverte. Pour Röntgen, Sommerfeld et de Broglie: une courte biographie. Pour Thomson et Bohr: une biographie plus étendue, illustrée d'un portrait. Quant à Rutherford: une biographie, un portrait, la description détaillée de son expérience et un commentaire où il relate «The discovery of the nuclear atom». A propos de Marie

Curie... rien!!! Il est significatif de constater l'importance accordée aux scientifiques masculins tandis que Marie Curie est laissée dans l'obscurité la plus totale.

Dans un livre de physique, Marie Curie est citée au chapitre de la radioactivité naturelle: «*En 1898-1899, les Curie (Curie, physicien français: 1859-1906; Madame Curie, chimiste française: 1867-1936) isolèrent des corps plus actifs que l'uranium: le polonium, le radium, l'actinium*»[32]. Plus loin, au chapitre de la radioactivité artificielle, on peut lire: «... *Joliot (physicien français: 1900-1958) et Joliot-Curie (physicienne française: 1897-1956) ont pu créer, en 1931-32, des éléments radioactifs...*»[33]. Si ces deux femmes apparaissent dans l'ombre de leur mari, il est juste de signaler que ce manuel ne s'attarde pas aux biographies des scientifiques qui sont cités uniquement dans le cadre de leurs recherches. Dans ce même ouvrage, la célèbre photo du Congrès de Physique Solvay (Bruxelles, 1911) représente Marie Curie parmi les plus éminents savants du début du siècle[34].

Dans un autre livre de physique, les noms de Marie Curie et d'Irène Joliot-Curie figurent, entre autres savants, sur une ligne du temps symbolisant les différentes étapes de la physique[35]. Entre 1900 et 1920, face à «radioactivité»: P. et M. Curie. Vers 1940, face à «première pile atomique»: Joliot-Curie. La théorie de l'atome n'étant pas au programme de ce manuel, il n'y a, bien sûr, aucune raison de s'attarder sur la vie et l'œuvre de ces deux physiciennes célèbres.

Dans un manuel de physique encore, les découvertes de Marie et d'Irène Curie sont citées au chapitre de la radioactivité[36], tandis que leurs biographies, illustrées pour chacune d'une photo, figurent dans l'«Index alphabétique des savants cités dans le volume»[37]. Ces biographies sont relativement complètes et nuancées. Le seul fait qui n'apparaît pas clairement, c'est que Pierre Curie, devant les résultats obtenus par Marie, abandonna ses propres recherches pour se joindre à celles de sa femme.

c) Conclusions

On parle de Pythagore mais pas des Pythagoriciennes, de Newton mais pas d'Emilie du Châtelet, de Watson et Crick mais pas de Rosalind Franklin!

C'est à la fois au niveau des images féminines, au niveau des illustrations et au niveau du langage que ces ouvrages sont imprégnés de sexisme, alors que leur rôle est d'introduire les jeunes dans le monde des scientifiques professionnels. Aussi les adolescentes qui parcourent ces livres, et dont il faudrait justement éveiller l'intérêt pour les sciences, ont l'impression que la science est faite par et pour les hommes.

3. CONSTATS RELATIFS AU MONDE SCIENTIFIQUE

a) Les sciences forment un monde masculin!

Cette croyance, véhiculée — inconsciemment? — par les manuels, est encore bien ancrée dans les mentalités.

Jusqu'à la fin du XIX⁰ siècle les femmes qui ont voulu se consacrer aux sciences ont été considérées comme des intruses par les hommes: «Théologie, philosophie et sciences formaient un domaine réservé, le signe le plus noble de la virilité»[38]. Elles n'ont accédé au monde scientifique que récemment et ont dû surmonter de multiples obstacles. Même aujourd'hui il est facile de mettre en évidence dans la société des attitudes sexistes qui donnent une image masculine de la science.

Les disciplines scientifiques, essentiellement les mathématiques et la physique, ont la réputation d'être dures, complexes, abstraites, et d'exiger concentration, volonté et persévérance ainsi que de grandes facilités intellectuelles. Aussi les femmes, impressionnées par tous ces qualificatifs «masculins» et conditionnées par la société à ne pas être trop brillantes, sont peu enclines à tenter de rejoindre l'élite scientifique. Baudelaire n'a-t-il pas dit: «Nous aimons les femmes à proportion qu'elles nous sont plus étrangères. Aimer les femmes intelligentes est un plaisir de pédéraste»[39].

L'image (stéréotypée!) de la scientifique n'est pas non plus très attirante. On brosse d'elle un tableau peu flatteur: chignon tiré, tailleur strict et talons plats, son allure est masculine, elle est dépourvue de goût et de toute féminité...

Soumis dès le départ à ces formes de sexisme véhiculées par la société, quelle est *l'attitude* des filles et des garçons, puis des hommes et des femmes vis-à-vis des sciences? Sheila Tobias nous soumet une étude sur l'attitude des enfants face aux mathématiques[40]. Dans les petites classes, filles et garçons pensent chacun qu'ils sont les meilleurs dans tous les domaines. En ce qui concerne les mathématiques, les enfants des deux sexes y réussissent aussi bien les uns que les autres. Dans le secondaire par contre, tous pensent généralement que les garçons sont supérieurs en mathématiques, alors que dans les autres disciplines les filles se sentent intellectuellement équivalentes aux garçons. Au cours des années, l'attrait pour les mathématiques diminue aussi bien chez les garçons que chez les filles mais celles-ci ont plus vite tendance à abandonner: elles n'ont quand même pas «la bosse des maths»! Les garçons persévèrent car ils sont conscients que l'étude des mathématiques leur laisse ouvertes un maximum d'options et de possibilités ultérieures. Ce qui est frappant en mathématiques se constate dans une moindre mesure dans les autres disciplines scientifiques. La proportion de femmes choisissant les sciences diminue à chaque niveau d'étude, ce qui tend à isoler de plus en plus celles qui y restent.

Même si elles mènent à terme des études scientifiques, les jeunes femmes se trouvent alors confrontées à *un choix difficile: carrière ou famille?* Il est dommage que cette question se pose généralement à un moment où elles n'ont pas encore eu l'occasion de développer un système de valeurs qui leur permette de faire un choix judicieux. Et, trop souvent, les jeunes femmes s'engagent prématurément dans le mariage, abandonnant leurs aspirations professionnelles. Elles admirent celles qui font carrière mais choisissent le plus souvent de vivre à l'ombre de leur mari et de se consacrer à leurs enfants. Or, Odette Thibault, biologiste, nous dit que le mythe de la «bonne» mère au foyer est à revoir: la mère qui travaille passera peut-être moins de temps à la maison, mais elle sera stimulante pour son enfant si elle est elle-même stimulée [41]. D'autres études [42] ont montré que les raisons poussant la mère à travailler, la qualité des soins reçus par son enfant en son absence et l'attitude du père, sont plus importantes que l'absence maternelle. Si, tout au long de l'histoire, des scientifiques éminentes sont restées célibataires, d'autres ont pu mener une vie de famille tout à fait normale. Mais beaucoup se sont plaintes, et se plaignent encore, de la difficulté qu'il y a à concilier mari, enfants et recherche scientifique. Déjà au XVIIIe siècle, une femme de sciences, Emilie du Châtelet écrivait à Maupertius, mathématicien célèbre: «La vie est si courte et si remplie de devoirs et de détails inutiles, quand on a une famille et une maison. Je suis au désespoir de mon ignorance et de toutes les choses qui m'empêchent d'en sortir. Si j'étais un homme je serais au Mont Valérien avec vous et je planterais là toutes les inutilités de la vie» [43]. Et une mathématicienne contemporaine, Jacqueline Ferrand, constate: «... même si j'avais eu les capacités pour une grande œuvre, quatre enfants constituent une lourde tâche...» [44]. Toute grande carrière demande une grande disponibilité. Souvent les femmes quittent leur travail pendant quelques années pour se consacrer à leurs jeunes enfants. Mais quand elles veulent reprendre leur emploi, le problème de la réinsertion est particulièrement ressenti en sciences à cause de son évolution rapide et de la nécessité de se tenir constamment au courant.

Quant cependant elles entament une carrière, les scientifiques féminines, à l'exception de celles qui veulent enseigner, se rendent compte qu'elles sont sur un marché d'hommes; elles rencontrent de nombreuses formes de discrimination dans leur *vie professionnelle*. L'industrie, entre autres, hésite à les engager, craignant leur départ en cas de mariage ou de maternité. En outre, le statut et le salaire des femmes sont généralement inférieurs à ceux de leurs collègues masculins, et leurs promotions plus rares: on les voit peu aux postes de commande. Même dans l'enseignement, elles atteignent rarement le sommet de la hiérarchie. Le sexisme au point de vue professionnel est le prolongement des modèles tendancieux de l'éducation élémentaire.

Tous ces constats ne sont qu'un rapide survol de la situation actuelle de la femme dans le monde masculin des sciences. Chaque remarque pourrait être longuement développée et nuancée.

Et pourtant, si les filles qui s'aventurent en sciences appliquées ou en mathématiques restent une minorité, le nombre d'étudiantes en sciences augmente d'année en année comme le confirment les chiffres suivants.

	Pourcentage de diplômes de fin d'études, délivrés à des étudiantes belges		Progression
	1971-1972	1981-1982	
Sciences	37,9 %	44,4 %	6,5 %
Médecine	21,5 %	36,5 %	15 %
Sciences appliquées	1,2 %	6,6 %	5,4 %

(D'après les statistiques de la Fondation Universitaire de Belgique).

Ces chiffres indiquent une nette progression du pourcentage de diplômes délivrés à des étudiantes belges en l'espace de 10 ans. Cette progression oscille entre 5 % et 15 % suivant la discipline considérée.

Cependant, les préjugés ont la vie dure comme en témoignent les propos d'un physicien contemporain: «La chimie je peux accepter, à cause des jolies couleurs, mais une femme regardant un oscilloscope et réalisant des déductions froidement logiques, cela, je ne le comprends pas»[45]. De même, au concile de mathématiques de Berkeley, en 1980, il a été rapporté que les 3.000 congressistes ont dû s'avouer impuissants face à l'étrange et tenace sexisme qui imprègne les mathématiques. Tous les tests, tous les sondages, toutes les statistiques le confirment: dans l'esprit du public, «les maths, c'est masculin...». Aujourd'hui, plus on s'élève dans les niveaux d'enseignement des mathématiques et moins on rencontre de filles. Plus une profession est de caractère scientifique et moins on y trouve de femmes. A fortiori, il y a très peu de mathématiciennes professionnelles. L'une d'elles, la Française Michèle Vergne ajoute: «C'est toujours surprenant d'entendre une femme parler de mathématiques. C'est amusant. C'est un peu comme voir un chien marcher sur ses pattes de derrière»[46].

Pourquoi ces préjugés?

b) Les filles sont-elles moins aptes aux sciences que les garçons?

Des tests[47] portant sur l'aptitude aux sciences (biologie, chimie, physique, pratique de laboratoire) ont été effectués dans différents pays sur des garçons et des filles âgés de 14 ans. Dans chaque pays on a interrogé, de manière équivalente, sur leurs connaissances scientifiques, un échantillon variant de 500 à 7.000 adolescent(e)s. Les résultats moyens obtenus par les garçons et les filles dans chaque pays, pour les quatre disciplines, sont les suivants: voir page 90.

De ces tests il ressort que:
1. Dans tous les pays considérés, les garçons ont des résultats supérieurs à ceux des filles.
2. La différence liée au sexe varie dans la même proportion pour chacune des disciplines concernées: il y a peu de différence entre garçons et filles en biologie, un peu plus en chimie et celle-ci augmente encore en physique et en expériences pratiques.
3. Les filles de certains pays ont de meilleurs résultats que les garçons d'autres pays. Ceci semble prouver que, soumises à certains enseignements et à certaines circonstances culturelles, les filles aussi sont capables de bien réussir en sciences.

Cette étude tend à montrer que la moindre réussite des filles en sciences est un phénomène général. Mais est-il dû à un problème d'ordre intellectuel, lié au sexe, ou à un problème de société? Le généticien Albert Jacquard interroge également: «L'éducation révèle-t-elle seulement nos capacités innées ou a-t-elle prise sur nous au point de transformer notre devenir intellectuel?»[48].

Pour tenter d'élucider cette question, de nombreux chercheurs ont essayé d'évaluer la part de l'inné (information génétique d'un individu, rassemblée une fois pour toutes au moment de la fécondation) et la part de l'acquis (ensemble des autres facteurs qui ont influé sur le développement de l'individu) dans certains comportements intellectuels. «Querelle stérile...» nous dit Odette Thibault, et elle ajoute «... Nature ou culture, inné ou acquis? C'est là une fausse opposition, en ce sens que l'homme est pétri de culture autant que de nature. On ne saurait en donner meilleure définition que celle de Gehlen: 'L'homme est par nature un être de culture'»[49]. Sans tomber dans la querelle de l'inné ou de l'acquis, tous les biologistes s'accordent à dire qu'il y a hérédité biologique et hérédité extra-biologique, c'est-à-dire que chacun(e) de nous reçoit de ses parents deux informations indissociables, une information biologique mais aussi toute une information sociale.

Ce propos est bien illustré par une étude de l'INSERM (Institut de la recherche médicale). Cette étude a porté sur les résultats scolaires d'enfants nés dans un milieu socialement défavorisé mais adoptés et élevés, dès la petite enfance, dans des familles d'une catégorie sociale nettement supérieure à leur catégorie d'origine. Les résultats scolaires de ces enfants adoptés sont de loin supérieurs à ceux de leurs frères et sœurs restés dans leurs familles biologiques: ils sont semblables à la moyenne des résultats obtenus par les enfants de la même classe sociale élevée. Il ne s'agit pas ici d'une infériorité biologique des enfants des classes sociales défavorisées mais bien de l'influence de l'environnement dans lequel ils vivent. Les résultats de cette étude montrent que l'acquis culturel a pour support essentiel le milieu dont l'effet est suffisamment puissant pour occulter les éventuelles conséquences de différences génétiques[50].

En est-il de même pour la moindre réussite des femmes en sciences? Est-elle due à des influences biologiques ou à des influences socioculturelles?

Les influences biologiques

Y a-t-il différence d'intelligence entre hommes et femmes? Et d'abord, qu'est-ce que l'intelligence? L'intelligence est une caractéristique multiforme qui englobe la capacité de stocker des informations, d'organiser ces informations, d'élaborer des concepts à partir de ces informations, de modifier un comportement existant en fonction de ces informations... Elle fait appel à la perception, à l'apprentissage, à la mémorisation, à l'invention, au jugement, au raisonnement, au

90 LES FEMMES DANS LES LIVRES SCOLAIRES

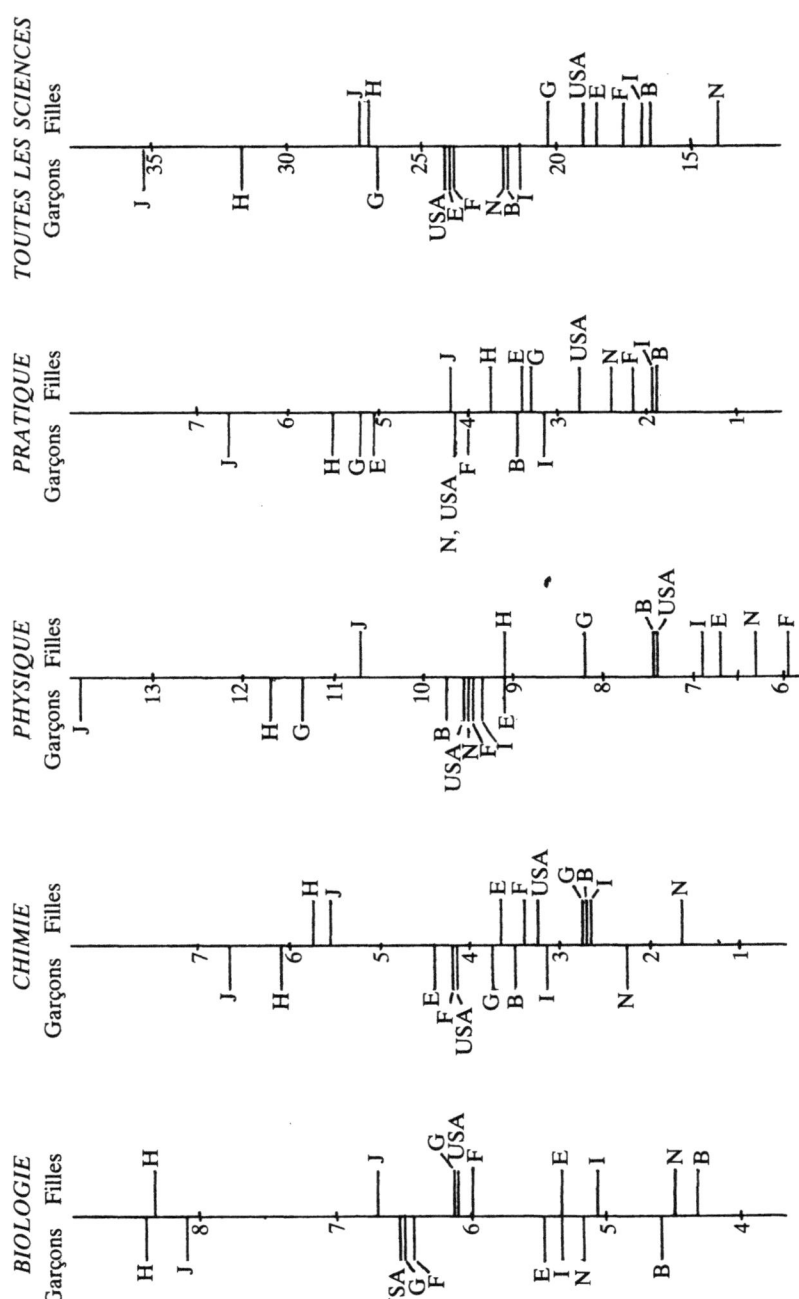

B: Belgium - E: England - F: Finland - G: Germany - H: Hungary - I: Italy - J: Japan - N: Netherlands - USA: United States.

bon sens, à l'intuition, et également à la perspicacité, au discernement, à la réflexion, à la sensibilité, à la créativité... C'est une mosaïque extrêmement complexe à définir et à évaluer. Aussi n'a-t-on jamais pu prouver la supériorité de l'homme sur la femme. Quant à l'intelligence considérée globalement, tous les chercheurs sont actuellement d'accord pour dire que les femmes sont à égalité avec les hommes[51].

Les seules différences universellement reconnues interviennent au niveau d'aptitudes cognitives : les filles sont, en général, supérieures aux garçons pour certaines aptitudes verbales, principalement dans l'enfance, tandis que l'avantage va aux garçons pour les aptitudes spatiales. Contrairement à ce qui se passe pour le langage, les différences entre les sexes dans les aptitudes spatiales n'apparaissent pas dans la petite enfance mais seulement vers dix ans et persistent ensuite tout au long de la vie[52]. Cette aptitude à la vision spatiale implique une meilleure capacité chez les garçons à faire tourner mentalement une figure dans l'espace, qu'il s'agisse d'une représentation plane ou d'un objet à trois dimensions. On ne sait pas quelles occupations, quelles fonctions sont concernées par cette aptitude[53]. Insistons sur le fait que les femmes diffèrent des hommes par le « nombre » des individus doués d'excellentes aptitudes spatiales mais non par le « niveau » de l'aptitude parmi les individus hautement doués[54]. Si la différenciation sexuelle des fonctions dites cognitives semble bien établie, elle ne doit pas être interprétée dans le sens d'une « infériorité » cérébrale.

Des recherches tendent à montrer que des variables biologiques associées au sexe — les facteurs génétiques, les hormones et la latéralisation cérébrale — sont liées aux différences d'aptitudes cognitives.

Les facteurs génétiques

Des chercheurs suggèrent que l'aptitude spatiale est due à un gène récessif lié au chromosome X[55]. La femme a deux chromosomes X, un de chaque parent. L'homme a un chromosome X venant de sa mère et un chromosome Y venant de son père. Généralement l'influence des gènes opère par paires de gènes, un sur chacune des paires de chromosomes. Mais comme le chromosome Y porte peu de gènes, ceux du chromosome X déterminent pour cette paire la majeure partie de l'information génétique. Un gène récessif ne se manifeste que s'il n'est pas supplanté par un gène dominant. Cependant, un homme porteur d'un gène récessif de forte aptitude spatiale sur le chromosome X manifestera cette aptitude étant donné qu'il n'y a pas de gène allèle sur le chromosome Y. Une femme par contre, pour manifester le même trait, devra avoir deux gènes récessifs, un sur chacun de ses deux chromosomes X[56]. Elle aurait donc, avec un tel modèle, deux fois moins de chances qu'un homme de manifester une telle aptitude. De plus, dans certaines études, les corrélations entre les résultats de tests spatiaux effectués sur des parents et leur descendance tendraient à prouver que l'habileté spatiale est héréditaire[57]. Il en résulte que si ce gène était un déterminant absolu du succès dans les carrières où l'habileté spatiale est importante, comme l'ingéniérie, l'architecture ou le dessin technique, on trouverait moitié moins de femmes que d'hommes dans ces domaines. Or nous en trouvons nettement moins[58] !

E. Maccoby et C. Jacklin[59] sont plus nuancées : « L'existence d'un déterminant génétique de l'habileté spatiale, lié au sexe, n'implique pas que cette habileté soit innée. Les dons spécifiques compris dans la manifestation de cette habileté augmentent avec la pratique. De plus, une étude indique que les différences entre les sexes peuvent être grandes ou minimes, ou peuvent même disparaître suivant les conditions culturelles influençant l'éducation des deux sexes. Quand les femmes sont soumises, leur habileté spatiale est faible par rapport à celle des hommes. Quand les deux sexes jouissent tôt d'une certaine indépendance, les deux sexes ont une bonne habileté spatiale ».

Quant à A. Jacquard, il s'oppose avec véhémence à cette théorie du gène récessif lié au chromosome X. « Avec un tel déterminisme génétique », dit-il, « une femme exceptionnelle au point de vue aptitudes spatiales aura des fils qui seront tous, sans exception, exceptionnels, quelles que soient les caractéristiques du père; quant à ses filles, elles seront toutes exceptionnelles si le père l'est et toutes ordinaires si le père est ordinaire ». Ce qui n'est pas confirmé par la réalité. « La génétique est une science rigoureuse... », ajoute Jacquard : « Aussi dès qu'il s'agit de caractères un peu complexes dont la manifestation résulte de l'interaction des apports du milieu et des informations génétiques, il est le plus souvent impossible de conclure... Dans ces conditions, prétendre expliquer par l'action d'un unique gène (fut-il récessif et lié au chromosome X) les aptitudes 'exceptionnelles' ne peut qu'être hautement fantaisiste. Les possibilités intellectuelles manifestées par un individu sont le résultat d'une longue aventure... »[60].

Les facteurs hormonaux

Certains chercheurs[61] avancent que le niveau de testostérone (hormone mâle) peut jouer un rôle dans l'expression du gène de l'aptitude spatiale. Helen Lambert[62] également pense que les hormones sexuelles pourraient intervenir dans le développement de l'habileté spatiale, aucune différence n'étant généralement observée chez les jeunes enfants. Mais les observations disponibles n'étayent pas toujours cette théorie. H. Lambert ajoute que les facteurs génétiques et hormonaux ne s'excluent pas mutuellement : l'influence génétique peut être transmise via des hormones sexuelles et/ou des niveaux de maturation différents chez les deux sexes. Cette théorie hormonale a été sévèrement critiquée par Maccoby et Jacklin et par Sherman[63].

De plus, on a étudié le cas d'enfants atteints d'hyperplasie surrénale congénitale. Chez ces enfants la glande surrénale produit un excès d'hormone mâle dès la vie fœtale. « Une série de tests qui attribuaient à ces enfants particuliers un quotient intellectuel très élevé avaient fait conclure, un peu hâtivement, que l'hormone mâle, injectée pendant la grossesse pourrait augmenter les capacités cérébrales... Une étude de contrôle a montré qu'en réalité les parents de ces enfants et leur fratrie normale avaient aussi une capacité intellectuelle supérieure. Une telle rectification, survenue huit ans après la révélation largement reprise par la presse selon laquelle l'hormone mâle est liée à l'intelligence, montre avec quelle prudence il faut aborder, lorsqu'il s'agit de fonctions cérébrales et de l'esprit, l'inextricable écheveau de l'inné et de l'acquis, du biologique et du sociobiologique »[64].

Les facteurs cérébraux

Un autre facteur biologique qui influencerait l'aptitude spatiale est la latéralisation du cerveau, celui-ci étant constitué d'un hémisphère gauche et d'un hémisphère droit. Il semble que chez la majorité des sujets droitiers, l'hémisphère cérébral gauche soit prédominant pour le traitement des tâches linguistiques, analytiques et séquentielles ; l'hémisphère droit domine pour le traitement des tâches globales, non verbales et pour l'orientation spatiale[65]. Si la spécialisation fonctionnelle relative des deux hémisphères cérébraux est bien établie, la relation entre la latéralité cérébrale et le sexe n'est cependant pas tout à fait claire.

Une théorie[66] suggère que les femmes ont une spécialisation latérale plus importante et plus précoce que les hommes pour la fonction du langage, laissant ainsi moins de possibilités au développement bilatéral de l'habileté spatiale. Sandra Witelson[67] adhère à l'hypothèse d'une plus grande spécialisation des deux hémisphères chez l'homme adulte plutôt que chez la femme, du moins au point de vue spatial, et associe une plus grande spécialisation de l'hémisphère droit avec de meilleures performances spatiales. Jerre Levy, de l'université de Chicago, attribue également la supériorité masculine dans les tests spatiaux à une latéralisation du cerveau plus marquée : le cerveau masculin semble se différencier latéralement et être extrêmement structuré par rapport au cerveau féminin qui est organisé de façon plus symétrique. La faculté d'utiliser les deux hémisphères et de passer de l'un à l'autre serait, d'après elle, différente chez l'homme et chez la femme. Mais elle poursuit : « Dans la documentation existante, pour chaque expérience prouvant l'existence d'une différence, on en réalise une prouvant le contraire et vice versa !... Presque toutes les facultés et aptitudes que j'ai attribuées aux hommes et aux femmes sont contestées. Il existe une polémique énorme au sujet d'une observation recueillie par la psychologie, et son application à une structure cervicale différenciée. Il existe une controverse à propos des méthodes utilisées, la plupart des relations trouvées étant intuitives plutôt que prouvées scientifiquement... »[68].

Les résultats de ces théories étant basés sur des tests très discutables et très discutés, O. Thibault émet l'idée que, différences ou non, l'important, pour le développement des facultés intellectuelles, c'est essentiellement la stimulation. Car, dit-elle, quelle que soit la différence des capacités à l'origine, il existe tout de même une certaine potentialité, et si l'on stimule ces capacités en puissance, elles vont se développer. D'après O. Thibault : « Le facteur stimulation est bien plus important pour le développement des capacités intellectuelles que les structures elles-mêmes, et peu importe si elles sont différentes chez le garçon et chez la fille, si tant est qu'elles le soient... ». Très tôt il y a discrimination entre filles et garçons : on agit dans un sens ou dans l'autre en fonction d'une pseudo-différence d'aptitudes selon le sexe. Or, ajoute-t-elle, ce facteur stimulation, s'il est important toute la vie, est déterminant dans la petite enfance, car, lorsqu'on stimule certaines structures cérébrales, le nombre de connexions entre les neurones (cellules nerveuses) augmente, c'est-à-dire que le cerveau devient plus complexe et plus capable d'effectuer des opérations de plus en plus difficiles et, en ce qui concerne la mémoire, d'accumuler un certain nombre de connaissances[69].

Le bilan de ces recherches sur les différences de performances entre les sexes est aussi riche que provisoire et compliqué. Des différences d'organisation fonctionnelle du cerveau masculin et du cerveau féminin peuvent être mises en évidence, même s'il est impossible aujourd'hui d'en évaluer l'importance.

A. Jacquard dit qu'il faut se garder d'en tirer des conclusions hâtives car les difficultés sont particulièrement redoutables lorsque les caractères étudiés sont complexes comme les facultés intellectuelles : facultés qui ne sont pas immuables mais en perpétuel devenir. Certes, continue Jacquard, « le support de ces facultés, le système nerveux central, est réalisé à partir des informations génétiques ; ce sont nos gènes qui nous ont appris à fabriquer les neurones et les mille substances grâce auxquelles ils communiquent; mais peuvent-ils avoir dirigé la structuration fine de ce système? Le contraste est grand entre la pauvreté relative du patrimoine génétique (quelques centaines de milliers de gènes) et la richesse de nos structures cérébrales (quelques centaines de milliers de milliards de contacts)» [70].

D'après Danchin, le déroulement du programme génétique fait une grande place au hasard, notamment en ce qui concerne la mise en place des synapses (connexions nerveuses): celles-ci seraient définies par les gènes correspondants de façon imprécise et se fixeraient ensuite dans un état stable en fonction des stimuli externes. Un exemple de ce rôle de l'environnement dans la structuration du cerveau est fourni par les observations du Japonais Tsunoda. Ce biologiste a constaté que la localisation de réflexes liés à certains sons, dans l'hémisphère gauche ou dans l'hémisphère droit, dépendait non de la race (ou des facteurs génétiques) comme le laissaient supposer les premiers résultats, mais bien de l'environnement linguistique [71].

André Langaney, professeur à l'université de Genève, pense aussi « que c'est le mécanisme de son développement et l'expérience de son fonctionnement pendant l'apprentissage qui structurent notre cerveau et ses capacités. Dans de telles conditions, la structure du cerveau masculin ou féminin dépend certainement beaucoup moins de gènes qui l'organiseraient directement que des flots d'hormones et d'informations qu'il reçoit au cours de son développement... Par ailleurs notre sexe social et notre sexe individuel structurent aussi notre cerveau tout au long de notre existence, et rien n'exclut que les différences observées entre cerveaux masculins et féminins soient en grande partie le résultat des différences d'éducation et d'activités que nos sociétés imposent aux individus hors de toute influence biologique » [72].

Les influences socioculturelles

Les sciences se sont développées dans une culture qui a traditionnellement assigné des rôles différents aux hommes et aux femmes. Les femmes qui tiennent aux valeurs dites « féminines » continueront à avoir des difficultés pour se faire reconnaître dans le monde scientifique où les modèles de comportements sont traditionnellement « masculins ».

Sheila Tobias remarque que des éléments non culturels influent aussi la relation entre les rôles attribués aux sexes et les mathématiques. Elle constate que l'intelligence en général n'est pas en corrélation « avec des caractères extrêmes, masculins ou féminins, mais avec des caractères sexuels mixtes. Garçons et filles qui s'intéressent à des activités du sexe opposé ont de meilleurs résultats aux tests d'intelligence générale et de créativité que les enfants qui présentent des caractéristiques exclusivement masculines ou féminines. Les filles qui résistent à la pression sociale qui les pousse à devenir 'dames' et qui développent au contraire des qualités d'agressivité, d'indépendance, d'autonomie et une certaine dureté, réussissent mieux que les filles plus passives, plus 'féminines'. De même, les garçons 'sensibles' dépassent les garçons plus agressifs »[73].

Nous devons donc nous efforcer de chasser les stéréotypes de notre environnement social et intellectuel. Or les informations tranmises par les jeux, les lectures, les parents, l'école, la vie quotidienne... encouragent enfants et adolescents à adopter un comportement « approprié » à leur sexe et influencent les jeunes vis-à-vis de leur attirance et de leur réussite en sciences.

Il est évident que les filles et les garçons ont des *jeux* différents. Les jouets des garçons tels trains électriques, jeux de construction, matériel de chimie... les encouragent à développer leur habileté scientifique en leur apportant des notions élémentaires de physique ou de chimie. Les jouets des filles, les poupées et batteries de cuisine... développent leur instinct maternel et leurs qualités domestiques. En outre, si les enfants des deux sexes pratiquent des travaux manuels, les filles apprennent le tricot et la couture... tandis que les garçons bricolent, travaillent en atelier ou réparent leurs vélos... On peut citer ici le biologiste Jean Rostand : « En fin de compte, les poupées et les soldats de plomb n'auraient-ils pas presque autant de responsabilité que les hormones dans la différenciation psychique de l'homme et de la femme ? »[74].

De même, *les loisirs* masculins — sports, activités physiques, jeux de ballon... — sont aussi une manière de perfectionner la perception scientifique en général et l'habileté spatiale en particulier. Les garçons n'ont-ils pas une meilleure vision spatiale parce qu'ils y sont mieux entraînés ? Une étude tendrait à le confirmer : elle a permis de mettre en évidence l'existence d'un groupe de femmes qui, dans le domaine de la perception spatiale, présentent, de façon constante, une supériorité sur les hommes : ce sont des athlètes, des femmes habituées à déplacer leur corps dans l'espace[75]. Dans une autre étude[76], sur les Esquimaux, Berry n'a pas trouvé de différence entre les sexes pour un test d'aptitude spatiale, ni chez les enfants, ni chez les adultes. Or, chez les Esquimaux, le style de vie, l'environnement et les règles sociales permettent et exigent un usage considérable des aptitudes spatiales tant dans la chasse, la circulation, que dans les activités artistiques. Ces deux exemples suggèrent que l'habileté spatiale peut être acquise.

Certaines études[77] montrent aussi que les enfants sont influencés par les images stéréotypées proposées par leurs lectures. *Les livres* scolaires en particulier offrent peu d'images positives des femmes: il n'y a qu'à se référer à l'analyse des manuels du secondaire! Dans les manuels du primaire déjà, la représentation des hommes et des femmes encourage les garçons à se débrouiller seuls et à être ambitieux, et les filles à être disciplinées et serviables, caractères peu favorables à l'étude de la science. En effet, Roe[78] a défini quatre traits de caractère importants pour aborder les sciences avec succès, soit: une grande facilité intellectuelle, la persévérance, l'indépendance et un faible intérêt pour les activités sociales. S'il est reconnu qu'il n'y a pas de différence d'intelligence entre les sexes, les trois autres caractéristiques sont plus volontiers attribuées par les stéréotypes au sexe masculin. En outre, aux yeux des enfants, ces caractéristiques sont mieux reflétées par les activités du père que par celles de la mère qui, même si elle travaille au-dehors, reste plus disponible pour sa famille.

Si, actuellement, filles et garçons sont souvent éduqués de façon assez semblable, l'exemple *des parents* favorise cependant les différences entre les sexes. Une étude[79] sur l'éducation des enfants montre que les filles qui réussissent intellectuellement ont des mères moins démonstratives et moins attentives que la moyenne. Les enfants qui ont une grande facilité verbale ont généralement des mères possessives, tandis que les enfants possédant une grande aptitude spatiale sont plus indépendants vis-à-vis de leur mère. Or les filles sont souvent plus « couvées » que leurs frères. Les parents doivent être conscients d'une part du danger d'imposer, consciemment ou non, des rôles stéréotypés à leurs enfants et, d'autre part, de l'importance d'un support familial solide. Ainsi les parents ont-ils une grande influence sur l'attitude de leurs enfants vis-à-vis des sciences. Souvent les parents — et l'entourage en général — s'étonnent quand une fille choisit les sciences et, sans la décourager, ils ne sont pas surpris si elle bifurque vers des études littéraires ou artistiques. En mathématiques en particulier, les parents excusent plus facilement l'échec d'une fille que celui d'un garçon et ils encouragent celle-ci à faire mieux dans les autres matières. Une autre attitude est mise en évidence par John Ernest[80]: en mathématiques, à partir d'un certain niveau de difficulté, c'est le père qui devient «l'autorité» en la matière et c'est lui que les enfants continuent à consulter dans les classes supérieures. Ceci peut exercer une influence subtile sur l'attitude des adolescent(e)s. La plupart des mathématiciennes parlent de l'influence positive de leur père sur leur développement intellectuel et sur leur orientation, et signalent que c'est à lui qu'elles se sont d'abord identifiées. Martha Smith, une mathématicienne américaine, a écrit: «Un facteur essentiel de la réussite académique d'une fille est l'attitude de son père vis-à-vis d'elle. L'attitude la plus constructive semble être celle du père qui apprécie à la fois les qualités 'féminines' de sa fille et ses capacités intellectuelles. Mon père semblait également content quand je confectionnais un 'apple-pie', quand je remportais un succès universitaire ou quand je l'aidais à scier du bois!»[81].

Une autre théorie relative à la moindre réussite des femmes en sciences concerne la manière dont les sciences sont enseignées à *l'école*. Il est possible que certains choix — entre sciences et langues ou entre sciences et arts — doivent être faits trop tôt par les élèves, notamment avant que les filles n'aient acquis expérience et curiosité scientifiques en dehors de l'école. Il est possible aussi que les méthodes d'enseignement habituelles soient plus efficaces pour les garçons que pour les filles. Le professeur, un homme le plus souvent, est tenté de suivre son intérêt propre et celui de ses élèves les plus motivés — les garçons — en choisissant des sujets et des expériences qui leur plaisent[82]. Rappelons-nous le nombre de personnages masculins mis en jeu par les exemples et les exercices dans les manuels de sciences!

Galton suggère que les professeurs considèrent les filles comme moins capables que les garçons et de ce fait, leur témoignent moins d'intérêt en classe et leur donnent moins de possibilités de répondre aux questions[83]. Une étude a montré que les résultats de l'élève sont, dans une certaine mesure, une réponse à l'attente du professeur : c'est ce qu'on appelle l'«effet Pygmalion». Or la plupart des professeurs s'attendent à ce que les garçons soient supérieurs aux filles, en mathématiques surtout[84]. De même il est important que les enseignants n'aient pas d'attitudes sexistes vis-à-vis des élèves, comme ce professeur mécontent du passage d'un garçon au tableau et qui lui disait : «Vous raisonnez comme une fille»!

Quand on demande aux étudiant(e)s d'indiquer ce qui a déterminé leur intérêt ou leur absence d'intérêt pour les mathématiques, beaucoup mentionnent l'attitude particulière d'un professeur qu'ils ont eu dans l'enfance. Or il semble qu'une grande proportion (40 %) de professeurs du primaire n'aiment pas enseigner les mathématiques. Aussi en transmettent-ils probablement une image peu positive.

On s'est également penché sur le problème de la mixité dans les écoles. Certains[85] pensent que les filles dans les écoles mixtes peuvent souffrir de la comparaison avec les garçons, ceux-ci ayant généralement une plus grande expérience scientifique avant d'atteindre l'école secondaire. Aussi entreprennent-ils des études scientifiques avec plus d'intérêt et de facilité que les filles, renforçant auprès d'elles l'idée qu'ils sont meilleurs en sciences. Par contre les écoles mixtes possèdent souvent des laboratoires mieux équipés et un encadrement scientifique plus qualifié que les écoles de filles. D'autres[86] avancent que dans les écoles mixtes les enfants choisissent plus volontiers les sujets qui leur permettent d'exprimer leur identité masculine ou féminine. Maccoby et Jacklin[87] sont moins catégoriques, trouvant qu'on a peu de données concernant l'effet mutuel des garçons et des filles sur leurs performances dans les classes mixtes. D'après elles, la mixité a une influence sur la motivation des étudiant(e)s et il serait intéressant de considérer comment ces motivations pourraient être utilisées de manière constructive. D'autres encore[88] pensent que la mixité donne aux filles l'occasion de se mesurer aux garçons et augmente ainsi leur esprit de compétition. Au contraire, Elizabeth Douvan[89] trouve que l'absence de garçons dans une classe permet une libération de la compétition intra ou hétérosexuelle et favorise la confiance en soi des filles, augmentant ainsi la compétence, l'indépendance et la réussite académique. Nous voyons que ce problème de la mixité dans les écoles soulève bien des avis contradictoires!

Il est possible que l'école contribue à la moindre réussite des filles en sciences par sa manière de présenter les sciences et par le choix trop précoce qu'elle impose aux enfants. Mais, à la lumière des contradictions résumées ci-dessus, on peut se demander si l'école perpétue des inégalités existantes ou si elle en crée de nouvelles[90].

L'importance des modèles

Les travaux de psychologie mettent aussi en évidence l'importance des modèles, surtout dans les sphères où les femmes n'ont traditionnellement pas accès. Ceci sera longuement développé dans le chapitre 3.

Certaines études[91] indiquent que la réussite des filles, ainsi que le refus ou l'acceptation relative des rôles traditionnels, sont en relation avec le modèle fourni par leur mère. Les mères orientées vers un mode de vie qui les éloigne du rôle d'épouse et de mère ont plus fréquemment des filles ambitieuses, particulièrement dans des domaines «masculins» comme les sciences. Cependant toutes les filles ne ressemblent pas à leur mère et ne la prennent pas pour modèle.

Quels sont les modèles disponibles pour les jeunes filles et les femmes qui veulent se diriger vers les sciences? Nous avons vu que ni les manuels scolaires, ni l'histoire des sciences ne fournissent de modèles féminins; aussi l'identification intellectuelle avec des modèles masculins qui les entourent est-elle importante pour les jeunes femmes dans les domaines traditionnellement dominés par les hommes.

Que font les jeunes femmes pour s'identifier professionnellement quand il n'y a pas de modèle féminin disponible?

Elizabeth Douvan[92] indique trois voies possibles:

- La première est une «dé-féminisation» dans le but de s'identifier au groupe masculin dominant. L'exemple classique en est la physicienne du XIXᵉ siècle qui, entourée d'un antiféminisme aigu, adoptait le style d'un général de l'armée, en manières et en vêtements. Ce type de femme se contente le plus souvent de modèles masculins.

- La deuxième est l'abandon des buts professionnels pour suivre la voie «féminine» classique. Certaines jeunes filles continuent de croire qu'elles doivent éviter d'avoir l'air trop sûres d'elles si elles veulent être sexuellement attirantes, et elles agissent en conséquence. Mary Mc Cann, une physicienne irlandaise contemporaine raconte: «... aux soirées dansantes, les étudiantes en physique prétendent parfois être infirmières pour que leur cavalier revienne!»[93]. Peut-être la possibilité d'un contact fréquent avec des intellectuelles susceptibles de leur offrir un modèle d'identification professionnelle, aurait-elle, pour ces étudiantes moins motivées, permis le développement d'une meilleure perception de leurs potentialités.

- La troisième réside en un effort continu pour concilier vie professionnelle et vie de famille. Pour ce type de femmes, des modèles féminins sont particulièrement importants, car elles ont besoin d'être encouragées et de voir que d'autres femmes avant elles ont pu concilier les deux domaines. La possibilité de voir ses propres aspirations «in vivo» peut être un support très important au moment des choix.

G. Lubkin, une physicienne, croit en l'importance de modèles réels et en l'influence que des femmes de sciences contemporaines pourraient exercer sur l'orientation des filles. Les étudiantes ont besoin d'être conseillées, dit-elle, or, dans les écoles, les conseillers sont généralement non scientifiques. D'après elle, des conseillères scientifiques et des professeurs de sciences féminins joueraient un rôle positif sur le succès des femmes en sciences. De plus, dit-elle, pendant leur scolarité les filles n'ont jamais, ou rarement, l'occasion de rencontrer des scientifiques féminines éminentes dont les carrières pourraient leur servir de modèles. Elle-même, étant jeune, a été fortement influencée par l'image de Marie Curie, mais n'a jamais rencontré de physicienne «en chair et en os» jusqu'à son entrée à l'université. De son côté, le physicien Allan Bromley pense que des recherches sur des femmes scientifiques devraient être entreprises et que de telles informations seraient utiles aux jeunes[94].

Dans leurs biographies, des scientifiques éminentes font souvent allusion à des ouvrages traitant de femmes célèbres et parlent de leur identification avec les héroïnes de ces livres. Le rôle d'un modèle féminin, présent ou passé, est souvent décisif: Marie Curie a influencé quelques générations de physiciennes[95]!

France Nespo[96] dit qu'il faut essayer de donner aux enfants des modèles qui valorisent les femmes, soit en faisant référence à l'histoire de l'humanité — une histoire des femmes de sciences aurait donc son utilité —, soit en incluant les femmes de sciences de manière vivante et positive dans la vie quotidienne.

c) Conclusions

Les attitudes négatives véhiculées notamment par les livres scolaires, les parents, les professeurs, la culture... et renforcées par l'absence de modèles, ont souvent pour conséquence d'inhiber l'intellect et la curiosité, empêchant ainsi les femmes d'apprendre ce qu'elles sont pourtant parfaitement en mesure d'acquérir. Il semble donc établi que les femmes sont peu attirées vers les sciences, non par un manque de capacités, mais à cause de l'attitude de la société et des stéréotypes qu'elle véhicule.

Je laisserai le mot de la fin à Odette Thibault qui insiste sur le fait qu'il y a confusion constante entre la différence et l'inégalité. «L'égalité», dit-elle, «c'est l'égalité des droits et des chances, et c'est elle qui a été refusée aux femmes, et cela continue parce qu'il y a encore des blocages à tous les niveaux; dans les études, l'orientation professionnelle, le travail, les instances de décision, etc. En dépit des mêmes aptitudes dans la petite enfance il y a d'énormes écarts entre hommes et femmes dans les réalisations socio-professionnelles. La seule explication à ces écarts, c'est l'existence de barrages socioculturels qui ont été mis dans le développement des filles à partir de leurs vraies potentialités...». Et elle ajoute: «L'égalité est une notion morale, un droit aux mêmes possibilités de développement et de réussite. La différence, c'est un fait quotidien, à l'intérieur de chaque sexe et d'un sexe à l'autre. Mais je suis absolument persuadée que, du fait de ce polymorphisme génétique, les différences au niveau psychique sont plus importantes entre les individus d'un même sexe qu'entre les deux sexes[97]».

Dans le chapitre suivant, nous formulerons des propositions pour éliminer les formes de sexisme des manuels scolaires et pour y introduire des modèles nombreux et diversifiés de scientifiques féminines.

NOTES

[1] E. Boutriau, J. Boutriau, J. Lievens, *Savoir et Savoir-faire en mathématiques*, Liège, H. Dessain, 1982, p. 5.
[2] J.-P. Vanden Eeckhoudt, C. Nicolas, *Eléments de biologie générale*, Liège, Sciences et Lettres, 1980, p. 7.
[3] *Savoir et Savoir-faire en mathématiques*, op. cit., p. 95.
[4] R. Charlot, A. Cros, C. Walter, *Fondements de la physique*, Paris, Librairie Belin, coll. A. Cros, 1978, p. 11.
[5] *Idem*, p. 171.
[6] *Idem*, p. 197.
[7] A. Delaruelle, A.I. Claes, *Eléments de physique 1*, Namur, Wesmael-Charlier, 1974, p. 123.
[8] *Fondements de la physique*, op. cit., p. 172.
[9] *Idem*, p. 161.
[10] *Idem*, p. 58.
[11] *Idem*, p. 327...
[12] *Idem*, p. 125...
[13] *Idem*, p. 161...
[14] *Idem*, p. 140...
[15] *Idem*, p. 193.
[16] *Idem*, p. 227.
[17] J. Agabra, J. Gautherin, G. Lemeignan, R. Pezet, M. Verlhac, *Sciences physiques*, 3e collèges, Paris, Classiques Hachette, coll. Libres Parcours, 1980, p. 63.
[18] *Idem*, p. 126.
[19] *Idem*, p. 58.
[20] A. Delaruelle, A.I. Claes, *Chimie minérale*, Namur, Wesmael-Charlier, 1974, p. 355.
[21] P. Arnaud, *Cours de chimie organique*, Paris, Gauthier-Villars, Bordas, coll. Enseignement de la chimie, 1978, p. 99.
[22] *Idem*, p. XX.
[23] A. Decerier, L. Girard, J. Martin, P. Noats, F. Teyssier, R. Thomas, *Biologie 1re B*, France, F. Nathan, coll. J. Escalier, 1982, p. 12.
[24] P. Dardenne, J. Vanderauwera, *Biologie-Zoologie*, Namur, Wesmael-Charlier, 1969, p. 46.
[25] *Eléments de biologie générale*, op. cit., p. 22.
[26] J.-P. Vanden Eeckhoudt, *Cours de biologie. Microbiologie et physiologie*, Liège, Sciences et Lettres, 1968, p. 14.
[27] *Idem*, p. 54.
[28] *Fondements de la physique*, op. cit., p. 216.
[29] *Chimie minérale*, op. cit., p. 123.
[30] *Idem*, p. 33-34.
[31] *Idem*, p. 75.
[32] A. Dessart, J.-C. Jodogne, J. Jodogne, *Phénomènes périodiques*, Bruxelles, A. De Boeck, 1976, p. 160.
[33] *Idem*, p. 166.
[34] *Idem*, p. 146.
[35] *Fondements de la physique*, op. cit., verso couverture.
[36] J. Cessac, G. Tréherne, *Physique. Classe terminale D*, Paris, F. Nathan, 1967, p. 260.
[37] *Idem*, p. 295-296.
[38] Elisabeth Badinter, *Emilie, Emilie - L'ambition féminine au XVIIIe siècle*, Paris, Flammarion, 1983, p. 193.

[39] Nicole Bedrine, Régine Lilensten, Claude Rose Touati, *Idées reçues sur les femmes*, Ed. Hier et Demain, 1978.
[40] Sheila Tobias, *Le mythe des maths*, Paris-Montréal, Ed. Etudes Vivantes, coll. Axes, 1980.
[41] Claude Ullin, Un homme, une femme... la différence, in: *Femmes d'aujourd'hui*, n° 12, 24/3/1981, p. 21-25.
[42] Alice Rossi, Women in Science. Why so few?, in: *Science* vol. 148, 1965, p. 1199.
[43] Elisabeth Badinter, op. cit., p. 452.
[44] Correspondance personnelle.
[45] Mary Mc Cann, A singularity: being a woman nuclear physicist, in: *Spare Rib*, april 1980, n° 93, p. 6-8.
[46] Fabien Guhier, Mathématiques: Le concile de Berkeley, in: *Le Nouvel Observateur*, 30 août 1980, p. 47-50.
[47] Alison Kelly and Helen Weinreich-Haste, Science is for girls?, in: *Women's studies International Quaterly*, 1979, vol. 2, n° 3, p. 275-283.
[48] Albert Jacquard, *Au péril de la science?*, Ed. du Seuil, Paris, 1982, p. 112.
[49] *Le Fait Féminin*, ouvrage réalisé sous la direction d'Evelyne Sullerot, Paris, Fayard, 1978, p. 28.
[50] Albert Jacquard, op. cit., p. 131-132.
[51] *Le Fait Féminin*, op. cit., p. 120.
[52] *Idem*, p. 288.
[53] *Idem*, p. 280.
[54] *Idem*, p. 290.
[55] *Idem*, p. 289.
Alison Kelly, Science for men only, in: *New Scientist*, 5/9/1975, vol. 63, p. 538-540.
Claudine Escoffier-Lambiotte, Le sexe du cerveau, in: *Le Monde*, 3/11/1982.
[56] *Le Fait Féminin*, op. cit., p. 290.
[57] *Ibidem*.
[58] Helen H. Lambert, Biology and Equality: A Perspective on Sex Differences, in: *Signs*, 1978, 4/1, p. 97-117.
[59] Eleanor Maccoby and C. Jacklin, *The psychology of Sex Differences*, Stanford, Stanford University Press, 1974, p. 361-362.
[60] Albert Jacquard, Les gènes et l'intelligence, in: *Le Monde*, 28/12/1982.
[61] *Le Fait Féminin*, op. cit., p. 291.
[62] Helen H. Lambert, art. cit., p. 107-108.
[63] A. Kelly and H. Weinreich-Haste, art. cit., p. 282.
[64] C. Escoffier-Lambiotte, art cit.
[65] *Ibidem*.
[66] Helen H. Lambert, art. cit., p. 108.
[67] *Le Fait Féminin*, op. cit., p. 292-293.
[68] J. Durden, Les petites filles s'habillent de rose, in: *Intermédiaire*, 19/12/1981, n° 24 et 8/1/1982, n° 1.
[69] Odette Thibault, *Debout les femmes*, Lyon, Chronique Sociale, coll. L'Essentiel, 1980, p. 34.
[70] A. Jacquard, art. cit.
[71] A. Jacquard, op. cit., p. 115.
[72] André Langaney, Chacun de nous est une femme, in: *Le Monde*, 28/12/1982.
[73] Sheila Tobias, op. cit., p. 58.
[74] Lydie Pechrade et Yvette Roudy, *La réussite de la femme*, Comprendre, Savoir, Agir, 1970, p. 30.
[75] Sheila Tobias, op. cit., p. 74.
[76] *Le Fait Féminin*, op. cit., p. 289.

[77] A. Kelly and H. Weinreich-Haste, art. cit., p. 283.
[78] A. Rossi, art. cit., p. 1200.
[79] *Ibidem*.
[80] John Ernest, Mathematics and Sex, in: *American Mathematical Monthly*, vol. 83, 1976, p. 597.
[81] *Ibidem*.
[82] A. Kelly, art. cit., p. 540.
[83] A. Kelly and H. Weinreich-Haste, art. cit., p. 285.
[84] John Ernest, art. cit., p. 600-601.
[85] A. Kelly, art. cit., p. 540.
[86] A. Kelly and H. Weinreich-Haste, art. cit., p. 285.
[87] A. Maccoby and C. Jacklin, op. cit., p. 367.
[88] Edna E. Kramer, Six more female mathematicians, in: *Scripta Mathematica*, 1957, vol. 23, p. 91.
[89] Elizabeth Douvan, The role of Models in women's professional development, in: *Psychology of Woman*, Fall 1976, vol. 1, n° 1, p. 5-20.
[90] A. Kelly and H. Weinreich-Haste, art. cit., p. 285.
[91] *Idem*, p. 283.
[92] Elizabeth Douvan, art. cit., p. 11-15.
[93] Mary Mc Cann, art. cit., p. 6-8.
[94] Gloria B. Lubkin, Women in Physics, in: *Physics Today*, april 1971, vol. 24, n° 4, p. 23-27.
[95] Elizabeth Douvan, art. cit., p. 7.
[96] France Nespo, Filles et garçons: les pièges d'une éducation non sexiste, in: *F-Magazine*, 4/78, p. 70-81.
[97] Claude Ullin, art. cit., p. 25.

CHAPITRE 2
PROPOSITIONS

A. Histoire

1. PRELIMINAIRES

A la lumière de ce qui a été dit dans la partie consacrée aux constats, deux possibilités s'offrent à nous pour rendre aux femmes leur place dans les manuels d'histoire.

La première serait de consacrer un chapitre aux femmes à une époque déterminée, dans une société donnée. Certains ouvrages, on l'a vu, ont adopté ce type de présentation. L'initiative, qui tend à confirmer l'idée que l'histoire des femmes est maintenant un fait reconnu, est louable. Elle a le grand mérite de nous en apprendre davantage sur les femmes, leurs conditions de vie, leurs problèmes, leurs revendications spécifiques. Elle constitue, il faut le souligner, un sérieux progrès dans la prise de conscience de la nécessité de parler des femmes, de les rendre présentes aux yeux des adolescent(e)s. Malheureusement, cette manière de procéder est limitée : ne sont concernées que des périodes relativement proches, alors que pour des époques plus lointaines c'est toujours le brouillard, ou bien ne sont développés que certains aspects de la condition féminine, le travail par exemple. Surtout, le fait de traiter des femmes dans un chapitre qui leur est spécialement consacré est, à mon avis, insatisfaisant. En effet, cela a pour conséquence de faire des femmes un *objet* d'étude, au même titre que le despotisme éclairé, la révolution industrielle ou l'évolution sociale au XIXe siècle. C'est oublier que les femmes ont toujours été, comme les hommes, des *sujets moteurs* de l'histoire ! Ensuite, séparer les femmes dans un chapitre spécifique a pour effet de donner une vue tronquée de la réalité. Ce qu'il faut, c'est rendre à tous les niveaux, la place que les femmes ont réellement occupée.

Pour ce faire, il faut envisager une autre manière de réinsérer les femmes dans les manuels qui ne les isole pas avec leurs rôles, leurs problèmes, etc., mais au contraire les considère comme une composante *à part entière* de la société, indissociable de la composante masculine de cette même société. Ce n'est qu'en considérant *ensemble* ces deux éléments moteurs — le féminin et le masculin —, que l'on pourra mieux comprendre les relations existant entre eux : leur complémentarité ou leur opposition, la subtile différenciation des rôles qui s'est établie au fil du temps et ses fluctuations, la nature des pouvoirs des uns et des autres, la domination de l'un sur l'autre et le besoin de s'en libérer, etc. Poser comme essentiels les rapports entre ces deux composantes et la dynamique qui en découle, cela implique cesser de penser au féminin comme à un terme secondaire et subalterne, presque sans importance. Cela signifie s'interroger sur les motifs du silence qui s'est fait autour de l'histoire des femmes et sur les raisons pour lesquelles ce silence a été accepté, comme s'il allait de soi, comme s'il renvoyait à une « évidence » aussi aberrante que celle de l'inexistence des femmes en l'absence d'un référent masculin, ou de leur inaction en dehors des traditionnelles sphères matrimoniale et maternelle...

S'intéresser à l'histoire des femmes suppose que l'on se demande le pourquoi et le comment, que l'on regarde le passé différemment, afin de le restituer de manière plus complète, plus nuancée et plus juste, afin d'éviter les réductions faciles de même que l'inacceptable « oubli » dont ont fait l'objet les femmes et, avec elles, d'autres exclus qui ne participaient pas de ce monde élitaire et masculin dont l'historiographie s'est faite longtemps l'écho. S'intéresser à l'histoire des femmes, c'est par conséquent accorder un peu moins d'attention aux « hauts faits » de quelques personnages de l'élite et davantage à la structure sociale, économique et culturelle des sociétés et, en particulier, à l'organisation de la vie matérielle, de la vie quotidienne, là où le plus souvent, les femmes ont été présentes. Cette option n'exclut évidemment pas que l'on s'intéresse également à certaines personnalités : il est utile, en effet, de reconsidérer l'image peu nuancée de certaines femmes illustres ou de citer les noms de celles qui ont laissé des traces dans le domaine de la culture ou qui ont posé les premières revendications « féministes », faisant figure de pionnières.

2. PROPOSITIONS

a) Textes des leçons

Les constats qui ont été faits dans le premier chapitre ont permis d'établir que les femmes voient souvent leur rôle omis ou réduit dans les manuels d'histoire. L'omission et la réduction peuvent être liées au langage, par la présentation, ambiguë, de groupes au masculin. Tout en incluant les femmes, cette terminologie a pour conséquence de masquer les spécificités de la condition féminine et de ne pas mettre suffisamment en relief ses similitudes avec ce que connaissent les hommes. Plus grave, elle a pour effet de ne donner qu'une vue tronquée de la réalité. Quelle solution envisager? Un discours au masculin/féminin me paraît peu pratique. Par contre, il me semble que faire preuve de plus de précision, chaque fois que cela est possible, serait très utile. Par exemple, on ne parlerait pas «des hommes» partis en croisade, mais «des hommes et des femmes». De même, on parlerait «des hommes et des femmes» ayant pris part à la Résistance, aux grandes vagues d'immigrations, etc.

La précision est indispensable lorsque l'on traite de droits politiques, par exemple. Il faut éviter des termes généraux comme «le peuple», et dire explicitement ce qu'il faut entendre par «citoyens», «électeurs», chaque fois qu'il en est question. Il est nécessaire d'indiquer quand les femmes sont comprises dans ces termes et quand elles en sont exclues. Rendre les femmes présentes dans les textes, c'est aussi signifier leur exclusion de la scène politique et ne plus considérer que, d'une certaine manière, cette exclusion va de soi, parce qu'on saurait qu'avant ce siècle, les femmes n'ont jamais eu droit de cité!

L'omission et la réduction des rôles des femmes peuvent être dues à des choix plus ou moins conscients. Il est nécessaire de rendre les femmes présentes dans tous les domaines traités, reconsidérer la manière dont certaines d'entre elles sont présentées et accorder une plus grande place aux revendications plus spécifiques aux femmes.

Ce n'est pas un manuel alternatif que l'on trouvera ici. Je me suis surtout attachée à donner des orientations, à dégager des pistes sur la manière dont on pourrait envisager une représentation plus complète et plus juste des femmes dans les manuels. Pour cela, vu l'ampleur du champ couvert par l'histoire, j'ai opté pour une démarche thématique, qui renvoie aux sujets traités par les manuels. Par un rapide survol à travers le temps, je tenterai de faire ressortir les permanences, les points de rupture et les nuances de l'histoire des femmes, tels que nous souhaiterions les voir mieux apparaître dans les manuels scolaires.

Les femmes ont été présentes dans tous les domaines
Sur le plan social et culturel

Il est rare que les manuels fassent allusion à l'éducation des femmes. Quant à la présence des femmes sur le plan culturel, elle est pour ainsi dire nulle dans les manuels. Ceux-ci ne mentionnent que quelques noms de femmes écrivains et de femmes tenant salons... A part ces mentions ponctuelles, l'omission reste la règle : on parle des monastères (de moines) comme foyers de culture au Moyen Age, sans même signaler les moniales... On parle de la création des universités à partir du XIIe siècle, sans dire si elles étaient accessibles ou non aux femmes; on mentionne l'engouement pour les sciences au XVIIIe siècle, sans préciser si les femmes étaient de la partie... On pourra objecter que le manuel se veut une synthèse et qu'il ne peut tout dire. Cependant, il s'avère, quand on s'intéresse de plus près aux livres scolaires, que les femmes sont absentes de l'esprit au moment de leur rédaction.

Certes, l'instruction, la culture — au sens élitaire du terme —, a longtemps été l'apanage des hommes qui par ailleurs, détenaient le pouvoir. Mais cela signifie-t-il que les femmes n'ont pas cherché à apprendre? Cela signifie-t-il qu'elles n'ont pas créé? N'ont-elles pas critiqué cet état de fait? Ce sont des questions auxquelles l'exposé qui va suivre tentera d'apporter quelques réponses. En traçant, dans les grandes lignes, ce qui était offert aux femmes à différentes époques au niveau de l'instruction. En nommant celles qui, en dépit de conditions très défavorables, ont voulu apprendre et s'affirmer dans des domaines dont elles étaient exclues. En nommant aussi celles qui, les premières, ont revendiqué pour les femmes le droit à l'instruction et le droit d'accéder aux professions «masculines».

Dans la Grèce antique, avant la période classique, certaines cités ont, semble-t-il, dispensé un enseignement aux filles. A Sparte, les citoyennes — appartenant aux classes privilégiées —, jouissaient d'une certaine autonomie juridique et avaient la possibilité de recevoir la même éducation que leurs homologues masculins, éducation essentiellement centrée sur la musique et sur la culture physique. Mais il ne faut pas perdre de vue que cette ouverture à l'égard des femmes n'est pas gratuite. Elle répond en fait à la politique de l'Etat spartiate qui veut trouver dans ses citoyennes des femmes solides susceptibles d'engendrer des guerriers vigoureux.

En dehors de Sparte, on a retrouvé quelques mentions d'instruction féminine. A Lesbos, à la fin du VIIe siècle avant J.-C., la poétesse Sapho crée une «Ecole des Muses» où des jeunes filles nobles pouvaient trouver un complément d'éducation entre l'enfance et l'âge du mariage. Dans cette sorte de «pensionnat» avant la lettre, ces jeunes femmes apprenaient la danse, la musique et le chant. Elles sacrifiaient aux muses et pratiquaient également des exercices athlétiques[1]. L'initiative de Sapho ne paraît pas avoir été isolée car on a trouvé les noms de deux contemporaines, Gorgô et Andromède, dirigeant aussi des écoles pour filles[2].

A Athènes, pendant la période classique (V^e-IVe siècles av. J.-C.), la situation des femmes est particulièrement peu enviable. La naissance d'une fille est moins bien accueillie que celle d'un garçon et les nouvelles-nées sont les victimes les plus fréquentes de la pratique de l'exposition (abandon d'enfants). Juridiquement, toute leur vie, les femmes sont soumises à une tutelle masculine (père, agnat, époux, fils, etc.). Les Athéniennes n'ont pas droit de cité. Seul le domaine religieux leur est accessible. Dans un tel contexte, il n'est pas surprenant que l'on accorde peu d'importance à l'instruction des filles. Dans les milieux nantis, alors que, à sept ans, les garçons sont retirés de la garde maternelle pour suivre les classes, les filles restent à la maison pour apprendre à gérer le ménage en attendant d'être mariées à un époux choisi par le père. Il existe donc un grand décalage intellectuel entre les hommes et les femmes.

La situation des femmes métèques, étrangères à la Cité, est assez différente. Elles sont plus libres de leurs mouvements. Parmi ces femmes métèques, il faut signaler les *hétaïres*, c'est-à-dire les compagnes, courtisanes de haut rang qui jouissaient d'une très grande liberté[3]. Souvent cultivées, s'intéressant à la politique et à la philosophie, elles étaient les compagnes attitrées d'Athéniens célèbres à des banquets d'où étaient exclues les citoyennes et épouses légitimes. Parmi ces étrangères célèbres, on ne peut manquer de citer *Aspasie de Milet* (Ve siècle av. J.-C.). Femme instruite et éloquente, compagne de Périclès, elle eut probablement sur celui-ci une grande influence[4].

Le rôle des femmes instruites ne s'est pas limité à celui de l'influence ou de l'accompagnement. On ignore souvent que des femmes ont pris une part active au sein de mouvements philosophiques qui leur étaient ouverts. Chez les pythagoriciens, par exemple, des femmes, dont dix-sept nous sont connues, se sont interrogées et ont écrit sur les thèmes les plus divers[5]. La littérature et, en particulier la poésie, a également eu ses représentantes. La plus célèbre est *Sapho* (v. 625-580 av. J.-C.).

Qualifiée de «dixième muse» par Platon, elle jouit d'une grande renommée à son époque[6]. D'autres noms peuvent également être cités : *Telesilla d'Argos* (VIe siècle av. J.-C.), *Corinne de Béotie* (IVe siècle av. J.-C.), émule de Pindare, qu'elle aurait battu plusieurs fois au concours lyrique de Thèbes[7]; ou *Erinne de Tèlos* (IVe siècle av. J.-C.) à qui les Anciens attribuent le poème de la «Quenouille», épitaphe qu'elle aurait composée à l'occasion du décès d'une amie d'enfance[8].

Pendant la période hellénistique (IVe-Ier siècles av. J.-C.), des changements favorables peuvent être notés. Les contraintes s'atténuent et les femmes sortent plus librement. Partout dans le monde hellénistique sont ouvertes des écoles primaires accessibles aux enfants de condition libre, filles et garçons. Parfois on y applique une coéducation rigoureuse, comme à Chios, par exemple, où les élèves reçoivent la même éducation sportive[9]. Un enseignement secondaire, ouvert aux femmes de l'élite, se développe également. A cette époque, bon nombre de femmes de la haute société lisent, s'intéressent à la philosophie, à la littérature[10].

A Rome, au début de la République (fin IVe av. J.-C.) les conditions générales ne sont guère beaucoup plus favorables aux femmes qu'à Athènes à l'époque classique. Ici aussi les femmes sont considérées comme des mineures. Ici aussi la tutelle masculine est très forte. Ici aussi le père — tout-puissant «pater familias» —, peut décider d'exposer ses enfants. Ici aussi le mariage, les maternités constituent la vie de la plupart des Romaines. Les futures matrones seront donc éduquées en conséquence. Mais, à la différence de ce qui se passe en Grèce, les femmes ont droit, au même titre que leurs frères, à une part de l'héritage paternel. Ce droit à la succession sera, avec le système dotal dont les normes seront établies plus tard, la principale source d'autonomie financière des femmes à la fin de la République (fin Ier siècle av. J.-C.). En effet, la constitution de très grosses fortunes, doublée de l'évolution du droit vers un assouplissement de la tutelle masculine feront que, sous l'Empire (fin Ier siècle av. J.-C.-IVe siècle ap. J.-C.), des femmes jouiront d'une assez grande liberté. Leur situation n'est toutefois pas comparable à celle des Romains puisqu'elles n'ont pas de droits politiques et, pas davantage, la possibilité d'exercer des fonctions dans l'administration, la banque ou la magistrature. Il est pourtant arrivé qu'à Rome, des femmes plaident, soit pour leur propre cause, soit au nom d'autres femmes. *Hortensia* (Ier siècle av. J.-C.), fille du grand orateur et rival de Cicéron, Quintus Hortensius, a frappé ses contemporains par le brillant discours qu'elle prononça sur le Forum. Elle plaidait pour les 1.400 riches Romaines — dont elle-même — que les Triumvirs voulaient mettre à contribution pour juguler le déficit de l'Etat causé par les guerres civiles qui marquent la fin de la République. Dans sa plaidoirie, Hortensia dénonce, entre autres, l'absurdité de taxer des femmes qui, par ailleurs, n'ont aucun droit politique. Son intervention fut partiellement couronnée de succès puisque de 1.400, le nombre de femmes mises à contribution passa à 400[11]. Retenu comme un modèle de composition par Valère Maxime et Quintilien, le discours d'Hortensia est probablement resté d'autant mieux gravé dans les mémoires qu'il a été prononcé par une femme. Mais pour remarquable qu'ait été cette intervention, on ne peut dire qu'elle crée un précédent et qu'elle ouvre aux femmes la profession d'avocat.

Ce sont les cours de rhétorique qui préparent à la magistrature. Auparavant, il faut passer chez un grammairien. Les écoles primaires sont accessibles aux enfants de condition libre, garçons et filles. En fait, les conditions d'enseignement y sont souvent particulièrement pénibles : les classes sont hérétoclites, les âges disparates, les écoles situées à des endroits particulièrement bruyants; et les châtiments corporels ne sont pas rares! En fait, malgré les efforts consentis pour multiplier ces écoles sous l'Empire, on ne peut dire que l'instruction populaire ait été un succès car c'est à peine si les élèves apprenaient à lire et à écrire[12]. Dans les classes privilégiées, on recourt au préceptorat privé ou bien c'est le père qui s'occupe personnellement de l'instruction de ses enfants. Cette formation pourra se poursuivre chez un grammairien où les enfants seront initiés aux lettres grecques et latines et, accessoirement, à l'histoire, à la géographie, aux mathématiques, etc.[13]. Ces cours étaient également accessibles aux garçons et aux filles. Il est difficile de dire dans quelle mesure celles-ci les ont suivis. Mais il semble bien que les femmes instruites sont de plus en plus nombreuses à la fin de la République et sous l'Empire. «Phénomène de société» qui n'est pas pour plaire à tout le monde, comme le prouve la Satire VI de Juvénal[14]!

Ces femmes lettrées appartiennent le plus souvent à l'élite. Que l'on songe à *Cornélie* (IIe siècle av. J.-C.), mère des Gracques, très versée en littérature grecque et latine; à *Caerellia* (Ier siècle av. J.-C.), amie de Cicéron et amatrice de philosophie, ou encore à *Calpurnie* (Ier siècle ap. J.-C.), jeune épouse et collaboratrice de Pline, versée en musique et en littérature[15].

Certaines de ces femmes ont écrit comme *Sulpicia* (Ier siècle av. J.-C.), nièce du consul Massala. Elle a composé des élégies qui ont été publiées avec les poèmes de Tibulle. *Agrippine* (Ier siècle ap. J.-C.), mère de Néron, a écrit une autobiographie qui aurait été lue en son temps par Pline l'Ancien et Tacite. A la même époque, *Pamphyla*, une Grecque, aurait publié trente-trois livres sur la philosophie et l'histoire grecque[16]. De tous ces écrits féminins, il faut le souligner, il ne nous est pour ainsi dire rien resté, si ce n'est quelques allusions dans des écrits masculins. Il ne nous est rien parvenu non plus des écrits scientifiques d'*Hypathie* (371-415), fille du mathématicien Théon d'Alexandrie. Mathématicienne et philosophe néo-platonicienne, elle a rédigé divers commentaires scientifiques. Mais c'est surtout à travers ses activités d'enseignante qu'elle était connue. Professeur de philosophie au célèbre Musée d'Alexandrie, elle occupait de ce fait une position publique non négligeable. C'est probablement ce qui lui a valu, étant païenne, d'être la cible de moines chrétiens fanatiques qui la massacrèrent dans une Alexandrie déjà fortement christianisée mais toujours en butte aux conflits religieux[17].

Le Moyen Age est une très longue période, riche en mutations qui se reflètent dans les droits des femmes. Il serait trop long, vu la grande variété des droits en usage en France et dans les anciennes principautés belges, d'en suivre l'évolution. Relevons simplement que l'on passe d'une certaine rigueur des coutumes franques à l'égard des femmes à une plus grande souplesse. La tutelle clanique, très forte dans les droits francs primitifs, s'atténuera sans vraiment disparaître. On reconnaît aux femmes le droit de posséder et d'administrer des biens propres. Du moins aux femmes seules et majeures, célibataires, veuves ou séparées. Les femmes mariées — le plus grand nombre — sont soumises à la tutelle maritale. Mais, en cas d'absence ou d'incapacité de l'époux, c'est souvent la femme qui administre les biens. En fait, une certaine souplesse ne signifie pas pour autant égalité juridique... Ainsi, on se montre très sévère en cas d'adultère féminin : la fonction maternelle des femmes est essentielle, c'est elle qui permet la continuité de la famille. Il faut donc préserver l'« authenticité » de la descendance. Par contre, les écarts masculins sont très bien tolérés... De nombreuses coutumes locales reconnaissent aux hommes le « droit de correction » sur leur épouse. En droit successoral, c'est le système de la primogéniture mâle qui prévaut et les femmes sont toujours exclues des fonctions publiques. Cependant, lorsqu'au XIe siècle, les fiefs deviennent héréditaires, les femmes seront admises à succéder en cas d'absence d'héritier mâle du même degré.

Comme par le passé, l'instruction reste l'apanage d'une élite. Les femmes reçoivent une formation au couvent ou à domicile, grâce au préceptorat privé. Du haut Moyen Age nous sont parvenus les noms de princesses très lettrées comme les filles de Charlemagne (IXe siècle) qui participent activement aux activités de l'Ecole Palatine ou *Judith*

(?-843), épouse de Louis le Pieux, à qui Raban Maur dédie ses «Commentaires sur la vie de Judith et d'Esther». Fréculf, évêque de Lisieux, lui offre son «Historia», ouvrage destiné à l'éducation de son fils Charles[18]. A l'exemple des princesses, de plus en plus nombreuses sont les femmes de l'aristocratie qui se font recopier des psautiers dans lesquels, souvent, elles apprendront à lire à leurs propres enfants[19]. Formées au couvent, certaines d'entre elles y ont appris le latin et à lire la Bible et les écrits des Pères de l'Eglise dans le texte. Elles sont, lorsqu'elles sortent des monastères pour se marier, souvent plus instruites que leurs époux[20].

Les abbesses et les religieuses, pour la plupart des femmes d'extraction noble, sont d'ordinaire des femmes très cultivées. Parmi elles, se recrutent les premières copistes, les premières chroniqueuses, hagiographes, les premières auteures d'ouvrages mystiques. *Beaudonivie* (VIIIe siècle), religieuse au couvent de Sainte-Croix (Poitiers), écrit une biographie de sainte Radegonde, épouse du roi Clothaire et fondatrice de Sainte-Croix. *Hrotsvitha* (Xe siècle), moniale à Gandersheim (Allemagne), écrit plusieurs ouvrages en latin dont une chronique en vers sur le règne d'Otton Ier. *Herrade de Landsberg* (XIIe siècle), abbesse d'un monastère alsacien, a composé l'un des manuscrits les plus célèbres de son temps, l'«Hortus Deliciarum» (le «Jardin des délices»), ouvrage encyclopédique richement enluminé, destiné à la formation de ses moniales[21].

Les premières femmes écrivains ne se recrutent pas que dans les milieux religieux. Entre 840 et 843, *Dhuoda*, une laïque originaire d'une famille de la haute aristocratie méridionale, écrit un «Liber Manualis» dédié à son fils aîné dont la garde lui a été retirée. Dans son livre, elle indique les préceptes qui, selon elle, doivent guider son fils dans sa vie de chevalier chrétien. Outre le fait qu'il constitue un témoignage important sur la société féodale aristocratique dans laquelle évolue Dhuoda, ce livre nous révèle une femme remarquablement cultivée. Elle connaît aussi bien la Bible que les textes des Pères de l'Eglise ou des auteurs contemporains comme Raban Maur ou Alcuin[22]. Plus tard, le nombre de femmes écrivains ira s'accroissant. Citons entre autres *Marie de France* (XIIe siècle) et *Christine de Pisan* (1364-1429) qui a produit une œuvre considérable et variée. Elle est la première à avoir affirmé l'égalité intellectuelle des hommes et des femmes et à avoir soulevé la question du droit à l'instruction pour les femmes[23].

Certains manuels traitent de l'avidité de savoir qui se manifeste au XIIe siècle et de la mise en place d'une infrastructure éducative. On ne trouve aucune allusion aux femmes. Rien n'est dit sur leur envie d'apprendre, pourtant bien réelle. Le meilleur exemple sur ce point est celui d'*Héloïse*. On connaît peu de choses de sa vie. Née vers 1101, elle étudie au couvent d'Argenteuil où elle apprend les psaumes, l'écriture sainte et le latin. Elle lit des auteurs profanes (Ovide, Lucain, Sénèque) dans le texte et s'intéresse à la théologie. Cette formation solide, elle va la poursuivre chez son oncle, le chanoine Fulbert, grâce à l'enseignement d'Abélard. On sait la passion née de cette rencontre [24]. Il faut remarquer qu'Héloïse étudie chez elle. En effet, précision que n'apportent pas les manuels, les femmes sont exclues de la plupart des universités qui sont créées en Europe à partir du XIIe siècle.

On est peu informé sur l'instruction des femmes de la bourgeoisie et des milieux populaires. Il est vraisemblable qu'une grande partie de la population — hommes et femmes — était analphabète. On sait que Charlemagne, soucieux de christianiser ses sujets, a voulu que soit ouverte une école dans chaque ville et chaque bourgade. Si l'on ignore le nombre d'écoles créées et leur taux de fréquentation, on sait par contre que des filles y suivaient les classes [25].

L'apprentissage d'un métier peut aussi être une occasion de s'instruire. En effet, des contrats d'apprentissage stipulent que le (la) patron(ne) doit enseigner à ses apprenti(e)s le calcul, le dessin, la lecture ou, à défaut, leur permettre de suivre des cours. Lorsqu'à la fin du Moyen Age, les femmes se voient exclues de certains métiers ou reléguées à des tâches moins qualifiées, ce n'est pas seulement leur autonomie économique qui s'en ressentira. Leur taux de scolarisation, aussi mince fût-il, s'en trouvera également diminué.

A la Renaissance, la condition des femmes s'est profondément modifiée à tous les points de vue. Sur le plan juridique, les différences entre hommes et femmes que l'on notait au Moyen Age, sont maintenues et même renforcées. Dans le domaine du droit privé, le contrôle masculin sur la femme mariée est raffermi. La femme mariée est considérée comme juridiquement incapable, même en cas d'absence ou d'incapacité de l'époux : c'est alors l'autorité judiciaire qui remplace celui-ci. Le recul par rapport à la situation antérieure est donc net. La femme de la Renaissance, comme le souligne à juste titre Michèle Sarde [26], n'a rien d'une «femme renaissante». Dans les milieux privilégiés, le décalage paraît énorme entre les femmes, ignorantes et incapables — du moins en principe — et leurs compagnons savants, voyageurs, redécouvreurs d'une Antiquité oubliée. Ce décalage se marque très tôt, dès la petite enfance. Plus tard, les garçons seront scolarisés dans des collèges. Pour les filles, on ne prévoit rien d'équivalent. Pour elles, il n'est pas question d'apprendre le latin, le grec ou les sciences. Qu'elles restent à la maison ou aillent au couvent — institution dont le niveau culturel a notablement baissé —, l'éducation reçue est généralement très sommaire. L'extension des ordres enseignants, à partir du XVIIe siècle, ne changera pas la structure de l'enseignement féminin. Les programmes mettent l'accent sur une formation religieuse et pratique : bonnes manières, couture, pratiques domestiques. Quant à l'écriture, le calcul, la lecture... ils sont souvent réduits à des abécédaires. L'analphabétisme féminin est très répandu, y compris dans les rangs de la haute aristocratie. A treize ans — c'est l'âge où elle se marie —, Claire de Maillé-Brézé, nièce de Richelieu, ne sait pas lire. Les lettres de Mme de Montespan ou de la marquise d'Huxelles révèlent une orthographe très fantaisiste...

Dans les couches de la bourgeoisie, le taux d'alphabétisation des femmes n'est guère plus élevé. D'après Natalie Z. Davis[27], sur 1.200 contrats de mariages dressés entre 1560 et 1580 à Lyon, on constate que 28 % seulement ont été signés par des femmes. Celles-ci proviennent surtout de la haute bourgeoisie marchande ou de milieux cultivés : ce qu'aujourd'hui nous appellerions les « professions libérales ». Chez les hommes, l'analphabétisme, peu répandu dans certains métiers (cuir, textile), tend à augmenter dans d'autres (alimentation, bâtiment). Mais ce n'est qu'au bas de l'échelle sociale que l'on trouve une égalité hommes/femmes dans l'ignorance.

Au cours du XVIIe siècle, des tentatives ont été faites en vue de répandre l'instruction dans les milieux populaires. Les « petites écoles » créées par les paroisses et les couvents, visent à faire acquérir aux enfants, pour autant qu'on les y envoie, une formation minimale en lecture, écriture et calcul. Si à Paris, en 1680, on compte 334 écoles primaires, dont la moitié environ pour filles, on ne peut dire que cette forme d'enseignement ait été un succès. Les conditions d'enseignement sont souvent déplorables et l'instruction médiocre : l'accent est mis sur la formation religieuse des enfants aux dépens de leur formation intellectuelle[28]. L'analphabétisme reste fort répandu. A la fin du XVIIe siècle, on a estimé que 70 % des hommes et 80 % des femmes sont des illettrés complets[29]. Cette situation évoluera fort peu au cours du XVIIIe siècle.

Devant ce sombre tableau on pourrait penser que c'en est fini de l'érudition féminine. En fait, il n'en est rien. Les femmes instruites et avides de savoir sont toujours plus nombreuses, font davantage parler d'elles et sont de plus en plus créatives.

Dans quels milieux ces « érudites » se recrutent-elles ? A la Renaissance, on les trouve parmi les princesses et les femmes de la haute aristocratie, parmi les courtisanes, parmi les filles d'humanistes qui doivent leur érudition aux soins de leur père. On pourrait citer les filles du poète et humaniste italien Matteo Boiardo qui pouvaient, a-t-on dit, tenir tête à bien des érudits[30]. Les filles de Thomas More[31], ou celles de Jean de Morel[32], ou encore les filles d'Agrippa d'Aubigné. Les femmes de la bourgeoisie aisée commencent elles aussi à vouloir sortir de l'ignorance. A Lyon, au XVIe siècle, se forme un groupe de femmes très actives. *Madeleine Neveu*, les *Dames des Roches*, *Christine et Sybille Scève*, *Louise Labé*, etc., lisent, apprennent, fréquentent humanistes et hommes de lettres. Certaines écrivent aussi[33].

Cependant, la diffusion de ce désir de savoir parmi les femmes de condition plus modeste n'est pas vue d'un bon œil. Elle inquiète. Agrippa d'Aubigné ne s'oppose pas au souhait de s'instruire de ses filles mais, leur dit-il dans une lettre intitulée « A mes filles touchant les femmes doctes de notre siècle », s'il est bon que les princesses soient instruites, comme le requiert leur rang, il n'en va pas de même pour les filles de condition modeste. Trop d'instruction pourrait les détourner des occupations domestiques[34]. Molière dans les « Femmes savantes » (1672), met en garde les hommes contre le danger d'un trop grand savoir féminin et prend pour cible des femmes de la bourgeoisie. Il semble donc qu'en ce qui concerne les femmes, le clivage social soit encore plus marqué.

En fait, c'est surtout à partir de la seconde moitié du XVIIe siècle et au cours du XVIIIe, que s'exprime sur une échelle plus large cette profonde envie de savoir. De plus, les femmes commencent à jouer un rôle culturel tangible. Grâce aux salons qu'elles multiplient au cours du XVIIe siècle, les femmes s'instruisent par la conversation dont elles font un art et fixent les règles. Le plus célèbre est le salon de la *marquise de Rambouillet* (1588-1665) mais on pourrait encore citer celui de *Mlle de Sablé* (1596-1678), de *Mme Scarron* (future Mme de Maintenon) (1635-1719), de *Madeleine de Scudéry* (1607-1701), de *Ninon de Lenclos* (1616-1701) dont le salon cosmopolite, fréquenté par des personnages triés sur le volet, annonce le « Siècle des Lumières », etc. Au XVIIIe siècle, nombreuses sont les femmes qui tiennent des salons fréquentés par des philosophes, des hommes de lettres et de sciences, des musiciens, des artistes, des politiciens, des hauts fonctionnaires, etc. Parmi ces femmes on peut citer *Mme de Lambert* (1647-1733), *Mme de Tencin* (1681-1749), *Mme Geoffrin* (1699-1777), *Mme du Deffand* (1697-1780), *Julie de Lespinasse* (1697-1776), qui toutes ont contribué, par les réunions régulières qu'elles organisaient, à cette dynamique intellectuelle qui caractérise leur siècle. Il est dommage que les manuels n'attirent pas davantage l'attention sur l'importance de la présence féminine à la tête des salons. Présence d'autant plus remarquable si l'on songe au contexte dans lequel les femmes évoluent, les poussant à s'instruire par elles-mêmes, ce qu'elles font. Il est dommage aussi que les manuels n'insistent pas plus sur le fait que les femmes n'étaient pas en reste dans l'envie d'apprendre et de créer. Rien que pour ce siècle, on peut citer en littérature, *Marie Leprince de Beaumont* (1711-1780), *Isabelle de Charrière* (1741-1806). En sciences, *Marie Gaëtane Agnesi* (1718-1799), *Emilie du Châtelet* (1706-1749). En peinture, *Rosalba Carriera* (1675-1758), *Elisabeth Vigée-Lebrun* (1755-1842), *Angelica Kauffmann* (1741-1807). En sculpture, *Marie-Anne Collot* (1748-1831). Les femmes ont été bien présentes dans tous les domaines. Pas seulement au XVIIIe siècle mais aussi avant et après. Pour plus de détails, j'invite les lecteurs à se reporter aux chapitres consacrés à la littérature, aux sciences et à l'art. Pour ma part, je mentionnerai encore quelques noms de femmes qui se sont intéressées à la pédagogie : *Louise d'Epinay* (1726-1783), *Stéphanie de Genlis* (1746-1830) ; à la philologie classique : *Anne Lefèbvre* (Mme Dacier) (1654-1720), qui fut à la base de la seconde querelle des Anciens et des Modernes ; au journalisme : *Christine Souvenant* (v. 1730-1798), *Catherine-Michelle de Maisonneuve* (?-1774)[35]. En histoire, *Catherine Macaulay-Graham* (1731-1791), historienne et philosophe, est l'auteur d'une volumineuse « Histoire d'Angleterre depuis l'avènement des Stuart »[36].

Au XVIIIe siècle, l'instruction des femmes se pose de plus en plus comme une question pratique à résoudre. Aboutissement, sans doute, d'une trop forte contradiction entre une situation de principe étouffante pour les femmes et une situation de fait où elles sont extraordinairement présentes. Depuis *Christine de Pisan*, des voix n'ont cessé de s'élever pour affirmer l'égalité intellectuelle des hommes et des femmes et réclamer le droit à une instruction valable pour les femmes. Citons *Marie de Gournay* (1566-1645), « fille d'alliance » de Montaigne, qui développe ses idées dans l'« Egalité des hommes et des femmes » (1622) et le « Grief des Dames » (1626)[37]. Le cordelier *Du Bosc* qui, avec les trois volumes de « L'honnête femme » (1632-1636), écrits en collaboration avec Granaille, fonde le « féminisme chrétien »[38]. *Anne-Marie de Schuurman* (1607-?), érudite hollandaise, écrit en 1646 une « Question célèbre s'il est nécessaire ou non que les femmes soient savantes »[39]. Enfin, citons *Poullain de Labarre* (1648-?). Dans trois volumes solidement charpentés écrits entre 1673 et 1675, il montre de manière cartésienne que la prétendue infériorité intellectuelle des femmes n'est pas un phénomène naturel mais bien un fait culturel lié à l'éducation[40]. En fait, on pourrait ajouter bien des noms à cette liste. A l'opposé, les défenseurs — hommes et femmes —, du statu quo s'appuient sur la notion de «nature» pour réaffirmer les rôles d'épouses et de mères comme principales fonctions des femmes.

La question de l'instruction des femmes se pose avec de plus en plus d'acuité. Des porte-parole officiels, comme *Mme de Maintenon* fondatrice de l'école de Saint-Cyr (1686), institution destinée aux filles de la noblesse désargentée ou *Fénelon* (1651-1715), auteur d'un «Traité de l'éducation des filles» (1687), proposent des réformes intéressantes, mais timides et réservées à une élite. Leur conception de l'instruction féminine reste au fond très traditionnelle. Obéissance et soumission sont les lignes directrices des pédagogies proposées. La finalité des études étant le mariage, elles visent donc à former de bonnes épouses[41].

Au XVIIIe siècle, les œuvres littéraires continuent de fleurir autour du type d'enseignement à donner aux femmes. Sur ce point, l'impact de l'«Emile» de Rousseau, publié en 1762, est considérable. L'instruction féminine ne doit viser qu'un seul but: former de bonnes épouses et des mères attentionnées. Il n'est pas question que les femmes concurrencent les hommes[42]. Les idées de Rousseau vont beaucoup influencer les révolutionnaires de 1789. Durant la Révolution française, les femmes inscrivent le droit à l'instruction dans leurs cahiers de doléances[43] et les clubs féminins tentent de mener une action dans le domaine de l'éducation[44]. Mais au bout du compte, dans ce domaine comme dans d'autres, les femmes n'obtiendront pratiquement rien. Le dernier projet adopté en matière d'instruction (1794) organise l'enseignement officiel et reconnaît la fonction d'institutrice d'Etat. Mais la contribution réclamée aux familles exclut les plus défavorisés et, a fortiori, les filles[45].

Le régime napoléonien a balayé comme fétus de paille les acquis — bien maigres pour les femmes — de la Révolution. Le Code civil enferme les femmes dans un carcan dont il sera long et difficile de se libérer. Dans le domaine de l'instruction, les femmes n'ont rien à attendre d'un régime qui les place au rang de mineures et établit la toute-puissance maritale.

Souvent qualifié de «siècle noir» pour les femmes, le XIXe siècle porte en lui les germes de changements profonds dans la condition féminine. Du point de vue de l'enseignement, des femmes et des hommes continuent à œuvrer pour que soit reconnu aux femmes le droit à une instruction valable et à l'accès aux professions. En 1862, *Elisa Lemonnier* (1805-1865) crée à Passy la première institution française d'enseignement professionnel pour filles. Les inscriptions se multiplient rapidement. Les cours permettent aux élèves d'acquérir de solides connaissances générales en même temps qu'une formation professionnelle[46]. En 1864, *Isabelle Gatti de Gamond* (1839-1905) fonde, à Bruxelles, les «Cours d'éducation pour jeunes filles» dans le but de dispenser aux filles un enseignement plus poussé que celui qui, jusqu'alors, leur était offert. En effet, alors que l'enseignement secondaire pour garçons est officiellement organisé depuis 1850, rien de similaire n'est prévu pour les filles. Dans les milieux aisés, celles-ci peuvent, dans le meilleur des cas, recevoir une formation à domicile. Le plus souvent, elles fréquentent des institutions religieuses ou privées où elles recevront une instruction sommaire qui réserve une part importante aux «arts d'agrément»: la broderie, la couture, les notions d'économie domestique. Le succès de l'intiative d'Isabelle Gatti de Gamond est immédiat. Son école essaime rapidement tandis que d'autres institutions du même type sont créées un peu partout dans le pays. Les innovations d'Isabelle Gatti de Gamond se heurtent cependant à une forte résistance. Lorsque, en 1877, elle veut réformer les programmes et y introduire de nouvelles matières, comme la chimie organique et inorganique, il lui sera répondu par le pouvoir organisateur qu'«il ne faut pas perdre de vue que l'éducation des femmes ne peut avoir pour objet d'en faire des chimistes, mais uniquement de leur inculquer des notions générales qui leur permettraient de suivre les progrès remarquables que font, de nos jours, les sciences mises au service des arts et de l'industrie»[47]. En fait, c'est très progressivement que l'enseignement secondaire pour filles sera aligné sur celui pour garçons. Il ne sera organisé officiellement qu'au début des années vingt[48].

Dans l'enseignement de niveau universitaire, les femmes ont été également un peu partout confrontées à de grandes difficultés. Les facultés se montrent très réticentes à leur ouvrir leurs portes. Souvent, au début de leur admission, à cause de l'hostilité de certains condisciples masculins et aussi par souci de moralité, les femmes devront suivre les cours dans des locaux séparés[49]. Il faudra attendre la fin du XIXe siècle pour que la plupart des universités soient ouvertes aux femmes[50].

Cette étape importante dans l'histoire des femmes ne peut cependant faire perdre de vue qu'à la même époque, une grande partie de la population, hommes et femmes, était analphabète. En fait, les fortes résistances opposées à l'instauration d'une instruction valable pour les femmes sont-elles étrangères à la négligence longtemps manifestée à l'égard de l'instruction populaire ? Est-ce pure coïncidence si les lois qui instituent la gratuité de l'enseignement primaire et l'obligation scolaire datent aussi de la fin du XIXe siècle et du début du XXe ? N'y a-t-il pas un parallèle entre les situations de ces défavorisés que sont les femmes et les plus démunis sur le plan matériel?

Pour conclure, il est utile de souligner que le but de cet exposé a été de montrer, à travers une tranche de l'histoire des femmes vue en particulier sous l'angle de l'instruction, un cheminement fait de progressions, d'arrêts, de reculs. Il a eu aussi pour objectif de mettre en évidence les contradictions existant entre un environnement scolaire peu propice à l'épanouissement intellectuel des femmes et le désir que, de tout temps, elles ont manifesté de s'instruire et de créer. Cette constatation suffit, à elle seule, à nuancer les simplifications réductrices.

C'est en nommant et en identifiant les quelques pionnières de la littérature, des arts et des sciences que l'on prend mieux conscience de leur existence. En outre, il a semblé important de citer quelques-un(e)s de ceux (celles) qui ont œuvré pour que la situation des femmes change, et d'évoquer les difficultés auxquelles les femmes se sont trouvées confrontées du seul fait de leur sexe. Or les aspects qui concernent plus particulièrement la condition féminine n'apparaissent pour ainsi dire pas dans les manuels. En somme, le but visé en rappelant la présence des femmes, en l'occurrence, par le biais de l'instruction, n'est pas tant de voir une liste de noms figurer dans les manuels que de contribuer à changer le regard historique en l'étendant aux femmes et, par-delà, à d'autres «oubliés» de l'histoire.

Sur le plan économique

Il est exceptionnel que les manuels attirent l'attention sur le travail féminin. Dès la plus haute Antiquité, la fonction économique des femmes est essentielle. A une époque où tout se fabrique à la maison, ce sont les femmes qui procèdent aux différentes phases de la fabrication de la nourriture et des boissons, comme la bière en Egypte ancienne[51] ou en Mésopotamie[52]. La confection des vêtements relève aussi des femmes. Ces activités de type domestique donnent parfois lieu à des spécialisations, comme la brasserie ou la boulangerie, permettant aux femmes de travailler hors de la maison. Dans la Grèce classique, des Athéniennes de condition modeste filent et tissent pour une clientèle. Certaines vendent au marché les surplus de légumes, d'ail, d'olives, de fruits, qu'elles ont produit et récolté. D'autres sont marchandes de rubans, de parfums, etc.[53], nourrices et sages-femmes dont la plus célèbre est sans conteste *Phenarete*, mère de Socrate (Ve siècle avant J.-C.). Filiation qui est sans doute à la base de la «maïeutique», méthode socratique pour «accoucher les esprits». De telles activités et la présence d'Athéniennes dans les rues de la cité contrarient quelque peu l'image, plus répandue dans les manuels, des femmes de bonne famille, ne sortant qu'exceptionnellement de leurs maisons. On le voit : la situation des femmes à Athènes est moins uniforme qu'on pourrait le croire, surtout si l'on tient compte des femmes métèques et des esclaves. Ces dernières, très présentes, s'occupent beaucoup des tâches domestiques, mais il semble aussi qu'elles aient été employées dans des ateliers de confection [54].

A Rome, l'activité économique des femmes est également attestée. Elles sont marchandes des quatre saisons, modistes, couturières, coiffeuses, nourrices, sages-femmes, parfumeuses, boulangères, pâtissières, et même médecins, métier souvent exercé par des esclaves ou des affranchi(e)s [55]. A la fin de la République et sous l'Empire, certaines Romaines se retrouvent à la tête de fortunes colossales (cela s'explique en partie par l'afflux de richesses suite aux guerres puniques et à l'évolution du droit) et se lancent dans les affaires. A la fin du Ier siècle après J.-C., et au début du IIe, les principales briqueteries de la région romaine appartiennent à des femmes. Il en est d'autres qui manipulent de grands capitaux comme commerçantes en gros ou adjudicataires de biens publics [56]. Enfin, certaines occupent des postes de responsabilité comme régisseuses de domaines, par exemple [56].

Au Moyen Age, l'économie est essentiellement rurale. Sur les tenures, les femmes participent à la moisson, à la fenaison. Avec les hommes, elles vendangent, tondent les moutons. Elles s'occupent du petit bétail, du potager, produisant ainsi les biens nécessaires pour nourrir la famille. Elles fabriquent le pain, la bière et s'occupent de la confection des vêtements. S'il arrive qu'elles aient un surplus de production, elles vont le vendre sur le marché voisin [57]. Il est important de souligner le fait que des femmes exploitant seules des tenures ne sont pas rares, ainsi que le montrent de récentes études locales [58].

Lorsqu'on parle de l'organisation des métiers au Moyen Age, il n'est jamais fait allusion aux femmes. Or celles-ci sont bien présentes, dans les métiers exclusivement féminins, mais aussi dans les branches d'activités mixtes. On ignore aussi le fait que des femmes accédaient à la maîtrise, dans des métiers féminins et mixtes : souvent, lorsque le maître de la corporation décède, c'est sa veuve qui reprend sa charge [59]. Cela implique qu'elle soit parfaitement au courant des techniques de fabrication et des réglementations professionnelles !

Durant le Moyen Age, les métiers accessibles aux femmes sont beaucoup plus nombreux qu'ils ne le seront par la suite. Elles travaillent dans l'industrie textile (filature, fabrication de toiles et draps), dans l'industrie du vêtement de luxe, la broderie, la pelleterie. Elles sont boutonnières, boursières, couturières, chapelières, chaussières, gantières, cordelières, etc. Parmi les métiers de l'alimentation et le petit commerce, retenons les meunières, les bouchères, les poissonnières, les épicières, les huilières, les boudinières, etc. Des femmes travaillent aussi dans les métiers d'ameublement, comme «coutières» (fabricantes de couvertures), chandelières, ébénistes, tapissières. Elles exercent également des métiers du métal, comme «atachières» (fabricantes de clous destinés à rattacher des pièces de cuir), bouclières, «heaubergières» (fabricantes de hauberts et de cottes de mailles en fer), orfèvres, coutelières, etc. Dans les métiers du cuir citons les cordonnières, les «courairières» (fabricantes de courroies). Certaines travaillent dans les métiers de la construction comme maçonnes, tuilières, plâtrières[60]. A cette liste déjà longue, on pourrait encore ajouter divers métiers relevant du domaine des soins: sages-femmes, barbières — qui ont dans leurs compétences la saignée, les réductions de fractures, etc. —, sans oublier les nombreuses sœurs hospitalières travaillant dans les hôtels-Dieu. Des femmes ont aussi pratiqué comme «miresses» (médecins), telle une dénommée *Hersent* (XIIIe siècle) qui accompagne saint Louis et Marguerite de Provence en croisade[61]. Le Moyen Age compte également des femmes d'affaires, négociant des opérations commerciales non négligeables. Elles succèdent à leur époux défunt[62] ou travaillent en leur nom propre, comme des Gênoises au XIIIe siècle[63].

A partir du XIVe siècle, le travail féminin va faire l'objet d'attaques répétées. La création de l'Université de Paris, dont sont exclues les femmes, la mise en place de statuts réservant la pratique de la médecine aux seuls diplômés de l'Université, vont entraîner de nombreux procès contre les «miresses»[64], et leur exclusion de la fonction médicale. Cette tendance va se poursuivre et se renforcer aux siècles suivants. Au XVIIe siècle, les métiers exclusivement féminins ne sont plus que trois. La concurrence masculine se fait très âpre et les femmes sont peu à peu écartées de la direction de certains métiers, pourtant majoritairement féminins, et reléguées à des emplois subalternes et moins bien rétribués. Il n'en reste pas moins que les femmes constituent un élément essentiel de l'économie urbaine à laquelle elles participent activement. On les y retrouve dans les métiers du textile, du vêtement, de l'alimentation ou même à des postes requérant plus de force physique, comme batelières, ouvrières journalières sur des chantiers de construction, travaillant avec les hommes pour un salaire bien inférieur au leur[65]. Dans les villes, comme dans les campagnes, de nombreuses femmes sont employées comme domestiques. Chez les riches marchands, les femmes travaillent comme collaboratrices d'un époux, d'un parent ou comme indépendantes. *Catherine et Martine*

Plantin, filles de l'imprimeur-libraire anversois Christophe Plantin, ont joué un rôle important dans la fabrication et la commercialisation de la dentelle et de la lingerie fine au XVIe siècle[66].

Le travail à domicile est aussi une caractéristique de l'emploi féminin. Se rattachant surtout à l'industrie textile, il se développe considérablement à partir du XVIIe siècle. Au milieu du XVIIIe siècle, on estime que 145.000 femmes des campagnes du Nord de la France travaillent comme fileuses à domicile pour le compte de marchands ou d'industriels[67]. La dentellerie, qui prend son essor au XVIIe siècle, recrute aussi énormément de femmes travaillant à domicile ou dans des ateliers, souvent dans des conditions insalubres.

Le recours à la main-d'œuvre féminine présente de grands avantages pour les entrepreneurs car elle est abondante et mal payée. Dans l'industrie comme dans l'agriculture, les salaires féminins sont nettement moins élevés que les salaires masculins. En France, au XVIIe siècle, les salaires des femmes correspondent aux 2/3 des salaires masculins. Vers la fin du XVIIIe siècle, les femmes travaillant dans les manufactures gagnent quinze sous par jour alors que les hommes en gagnent vingt-six. Lorsqu'on sait qu'à cette époque à Paris, il fallait quatorze à quinze sous par jour rien que pour se nourrir, on comprend la grande difficulté pour les femmes seules à subsister, difficulté encore accrue s'il y a quelque(s) enfant(s) à charge[68] !

Au cours du XIXe siècle, les progrès de la mécanisation et la concentration des entreprises va accroître le travail des femmes en usine. Elles œuvrent dans l'industrie textile mais aussi dans d'autres secteurs, comme la mine. Faut-il rappeler combien les conditions de travail étaient dramatiques pour ouvriers et ouvrières ? Sur ces dernières, sous-payées, pesait en plus le doute de la moralité qui va motiver, en partie, la réglementation du travail féminin à la fin du XIXe siècle. Malgré le développement du travail en usine, l'utilisation de la main-d'œuvre féminine à domicile reste importante. En outre, de plus en plus de femmes offrent leurs services comme servantes ou domestiques.

La fin du siècle voit l'entrée des femmes dans le secteur « tertiaire », dans les administrations publiques (postes, télégraphes, téléphones) et les grands magasins. Le plus souvent, ce sont des emplois subalternes et mal payés qu'elles y occupent et les conditions de travail sont généralement dures. Au cours du XIXe siècle, si l'on excepte le travail des femmes dans l'agriculture qui demeure le secteur économique prédominant, le nombre de femmes travaillant « à l'extérieur » n'a cessé d'augmenter.

En ce qui concerne les professions libérales, les progrès sont très lents. Les femmes fraîchement diplômées se heurtent à d'énormes réticences lorsqu'elles veulent entreprendre une carrière. *Marie Popelin*, première femme docteur en droit en Belgique (1888) se voit refuser l'inscription au barreau parce que femme. Suite à une action en justice, sa demande est définitivement rejetée. L'admission des femmes au barreau, sera-t-il dit, est contraire à l'esprit de la législation. Marie Popelin continuera à se battre pour que soit reconnu aux femmes le droit d'exercer la profession d'avocat. Elle meurt, en 1913, sans avoir pu réaliser son rêve. Les femmes ne seront admises qu'en 1922, l'autorisation maritale étant requise pour celles qui sont mariées ! En 1897, *Jeanne Chauvin* demande à prêter serment au Barreau de Paris. Ce n'est que trois ans plus tard que sa demande sera acceptée et qu'elle pourra exercer comme avocate. La magistrature, véritable bastion masculin, s'ouvre donc enfin aux femmes, de même que la médecine, les carrières scientifiques et universitaires. Mais après combien de résistances !

La guerre 14-18 a eu des répercussions importantes sur le travail féminin. Durant ces années, les femmes ont été massivement occupées à des tâches «masculines» dans l'industrie lourde, l'industrie d'armement, les transports, etc. Elles s'occupent aussi des réparations. La structure de l'emploi féminin n'a pas été modifiée en profondeur car au moment de la démobilisation, les femmes ont dû céder la place aux hommes. Cependant la preuve est faite que les femmes sont capables d'exercer des métiers considérés comme masculins.

Dans l'entre-deux-guerres, le déclin de certains secteurs à forte main-d'œuvre féminine (agriculture, confection), la régression du travail à domicile et de la domesticité auront des répercussions importantes sur le travail féminin. L'essor de nouvelles industries (chimie, alimentation), ne suffit pas à compenser les pertes d'emploi accusées par les femmes. Leurs salaires, par ailleurs, sont toujours nettement inférieurs aux salaires masculins. Ce contexte défavorable sera encore aggravé par les mesures anti-crise prises par certains gouvernements au début des années trente, mesures visant particulièrement les femmes[69].

Pendant la guerre 40-45, les femmes se retrouvent à nouveau à des postes de travail habituellement occupés par leurs compagnons. Mais, à nouveau, la démobilisation aura pour conséquence le renvoi de bon nombre de femmes chez elles.

Après une baisse sensible dans les années de l'immédiat après-guerre, le taux d'activité des femmes s'accroît sensiblement au cours des années soixante. Le secteur textile continue à se dégrader tandis que se développent d'autres industries (électro-ménager, industrie de précision, etc.) et, surtout, le secteur tertiaire, qui connaît une spectaculaire progression. D'autre part, les femmes sont de plus en plus nombreuses à entrer dans les « fiefs » masculins tels que les professions libérales et intellectuelles.

Actuellement, en France, les femmes représentent 40 % de la population active [70]. Si, en principe, elles ont le droit d'accéder aux mêmes professions que les hommes, on note que la main-d'œuvre féminine est concentrée dans huit secteurs. Les femmes n'exercent que trente métiers sur les trois cents existant [71]. Souvent, elles occupent les emplois les moins rétribués. Les principales raisons de cette situation sont l'absence d'une formation technique suffisante et le manque de qualification qui en découle. De plus, lorsqu'une femme est formée pour exercer une profession dite masculine, il n'est pas rare qu'elle se heurte aux anciens préjugés et qu'elle ne soit pas embauchée ! Cependant, malgré cette plus grande vulnérabilité du travail féminin, celui-ci n'en accuse pas moins une progression constante qui concerne surtout des métiers qualifiés (professions libérales, cadres supérieurs et moyens) et le secteur tertiaire. Cette évolution reflète en fait la progression de la scolarisation des filles qui augmente et tend à se diversifier [72].

Ce très rapide — et forcément incomplet — aperçu du travail féminin devrait mettre en évidence certains points qui n'apparaissent pas dans les manuels actuellement.

- D'abord, que les femmes ont toujours travaillé, occupant des fonctions multiples et variées.

- Ensuite, que la permanence de certaines activités telles que la fabrication et la distribution de la nourriture ou la confection de tissus, ne doit pas faire perdre de vue que, par le passé, des femmes ont exercé des métiers dits « masculins », soit de manière permanente (au Moyen Age), soit de manière ponctuelle (lors des deux conflits mondiaux).

- Enfin, que le travail féminin est plus vulnérable : moins qualifié, moins rétribué que le travail masculin, soumis à des critères stéréotypés. Sur ce point, il serait utile de susciter les débats. Nul doute qu'une meilleure connaissance de l'histoire des femmes y contribuerait largement !

Sur le plan politique

Propositions « ponctuelles » sur base des manuels analysés

C'est dans le domaine politique que les femmes sont les plus présentes dans les manuels d'histoire pris dans leur ensemble. On les y retrouve au premier plan, comme souveraines, régentes... ou de manière fortuite, comme épouses, favorites... Quelques femmes politiquement engagées (Mme Roland, Rosa Luxemburg) sont mentionnées. Quant à l'action des femmes en tant que groupe, elle apparaît de manière tout à fait exceptionnelle. Nous ne nous attarderons pas sur les femmes du premier groupe (souveraines, régentes, favorites...) si ce n'est pour faire quelques suggestions ponctuelles. A la suite des constats qui ont été faits dans la première partie de cet ouvrage, il est nécessaire de revoir la manière dont certaines de ces femmes nous sont présentées. D'abord, il faut veiller à ce que le langage ne se charge pas d'une connotation réductrice et stéréotypée par l'utilisation et la répétition de termes insidieusement restrictifs. Ensuite, il faut éviter les références à la vie privée lorsqu'elles ne sont pas indispensables. Enfin, lorsqu'on situe une femme par rapport à un homme, il est utile de la nommer.

Certaines femmes nous sont présentées sous un jour peu nuancé. Ainsi, *Catherine de Médicis* (1519-1589). Il faudrait, comme le font certains manuels, souligner davantage ses efforts en vue d'instaurer la paix entre catholiques et protestants. D'autre part, il faudrait éviter de la présenter, ainsi que cela a été vu, comme seule responsable du massacre de la Saint-Barthélémy, mais plutôt chercher à nuancer en rendant compte des circonstances de ce drame.

D'autres femmes ne sont mentionnées que dans le cadre de leur mariage avec tel ou tel personnage illustre. Tout ce que l'on sait d'elles, c'est qu'elles sont les héritières de vastes domaines très convoités. Un exemple: *Aliénor d'Aquitaine* (1122-1204) dont on pourrait aussi signaler l'action politique auprès d'Henri II Plantagenêt puis aux côtés de ses fils. On pourrait aussi indiquer son rôle sur le plan culturel. Comme amie des lettres: sa cour, à Poitiers, est fréquentée par Chrétien de Troyes, Bernard de Ventadour, Rigaud de Barbezieux, Gaucelm Faidit, Geoffroy de Bretagne... Comme mécène: c'est pour elle que Robert Wace, clerc lisant à Caen, écrit le « Roman de Brut » et Benoît Sainte-Maure, le « Roman de Troie », etc.[73].

L'omission du rôle des femmes est très importante. Il faudrait rendre les femmes « visibles » autant que possible. Un exemple: parler du rôle important joué par *Plotine* (v. 70-v. 122), épouse de l'empereur Trajan au moment de la transmission des pouvoirs à Hadrien, successeur de

Trajan[74]. Autre exemple : *Blanche de Castille* (1188-1252). On pourrait évoquer sa régence qui dure pendant dix ans et assure la liaison entre deux règnes dont les manuels font abondamment état : le règne de Philippe-Auguste et celui de saint Louis. A la mort de Louis VIII, son époux, Blanche de Castille assure la régence au nom de son fils, le futur saint Louis. Dès le début de son gouvernement, elle doit faire face à un soulèvement de grands féodaux. Par une action diplomatique souple et par des entreprises plus « musclées » comme les expéditions militaires dont elle prend parfois elle-même la direction, elle vient à bout de la coalition adverse. Parallèlement, elle a intégré au royaume les territoires récemment acquis par son beau-père, Philippe-Auguste. Pendant l'absence de saint Louis, parti en croisade, elle assure à nouveau la régence (1248-1252)[75]. Etc... Etc... On pourrait multiplier les exemples.

L'omission des femmes peut se faire sur une plus large échelle. En « gommant », par exemple, le rôle des femmes pendant l'absence des époux (ou des fils, voir ci-dessus) partis en croisade : bien souvent, ce sont les femmes qui administrent les biens. *Adèle de Blois* (fin XIe siècle) dirige le comté pendant l'absence de son époux, Etienne de Blois[76]; *Philippia* (déb. XIIe siècle) gouverne l'Aquitaine en l'absence de Guillaume de Poitou « le troubadour »[77]; *Ermengarde de Narbonne* († 1147) gouverne le duché de Bretagne au nom de son époux, Alain Fergent[78], etc.

Autre omission des manuels : le fait que, lorsque les fiefs deviennent héréditaires, les femmes peuvent y succéder en l'absence d'héritiers mâles du même degré. Ceci explique qu'elles se retrouvent parfois à la tête d'importants territoires sur lesquels elles ont des pouvoirs très étendus, à l'instar de leurs homologues masculins. Citons quelques noms : *Aliénor d'Aquitaine; Jeanne de Flandre* (1188-1244); *Jeanne de Brabant* (1322-1406); *Marie de Bourgogne* (1457-1482); *Anne de Bretagne* (1476-1515); etc.

Quel pouvoir politique pour les femmes ?

Pendant des siècles, les femmes qui détiennent le pouvoir politique appartiennent, comme les hommes, à une élite. Dans la plupart des sociétés, ce pouvoir a été, jusqu'à ce XXe siècle, l'apanage des hommes. Peu de femmes se sont vues investies d'une autorité identique. Certes, les femmes ont joué un rôle politique bien réel, soit par le biais de l'influence, soit par le biais d'un pouvoir exercé au nom d'un homme ou en leur propre nom. Il n'en reste pas moins qu'il existe, au sein de cette élite, un clivage entre les sexes, tendant à exclure les femmes de certaines fonctions parce que femmes.

Dans les autres classes sociales, les femmes subissent une double exclusion. Lorsque, peu à peu, on s'achemine vers un décloisonnement des systèmes politiques, les femmes en seront longtemps exclues. Elles seront les dernières à en bénéficier, tant les résistances ont été difficiles à vaincre. Les événements de 1789, par exemple, sont révélateurs à cet égard. Nous y reviendrons.

Il est utile d'illustrer les propos qui précèdent par quelques exemples. On sait que par le passé, certaines règles de succession ont permis à des femmes d'exercer le pouvoir en leur propre nom. C'est le cas pour les reines d'Angleterre, par exemple. Par contre, on ignore souvent qu'à des époques où les femmes sont en principe exclues du gouvernement, certaines ont en fait assumé le pouvoir à part entière comme dans l'Antiquité. En Egypte, sous la XVIIIe dynastie, *Hatchepsout* obtient tous les pouvoirs d'un pharaon. Son règne, qui dure pendant plus de vingt ans (1505-1483 av. J.-C.), est marqué par la paix et a vu d'importantes réalisations dont la plus célèbre est la construction du temple de Deir-el Bahari[79]. *Cratésipolis* (fin du IVe siècle av. J.-C.) est l'épouse d'Alexandros, tyran de Sicyone. Après l'assassinat de ce dernier, elle s'empare du pouvoir et gouverne Sicyone et Corinthe. Elle défend ses Etats contre les visées de Cassandre mais doit les céder à Ptolémée Lagos (308 av. J.-C.)[80]. *Zénobie* (milieu du IIIe siècle ap. J.-C.), reine de Palmyre. A la mort de son époux Odeynat, elle proclame l'indépendance de Palmyre vis-à-vis de Rome et y règne de 266 à 262. Durant ces années, elle conduit Palmyre à son apogée et conquiert l'Egypte et l'Asie Mineure, ce qui inquiète Rome. Après avoir résisté à l'empereur Claude II, elle doit se rendre à Aurélien. Très cultivée, elle aurait écrit une autobiographie[81]. D'autres noms pourraient encore être cités comme celui d'*Artémise Ire* (Ve siècle av. J.-C.) reine de Carie (Asie Mineure). Alliée de Xerxès, elle l'accompagne dans son expédition contre la Grèce et prend part à la bataille de Salamine (480 av. J.-C.)[82]. *Boudicea* (Ier siècle ap. J.-C.) reine des Icènes (Grande-Bretagne) déclenche une révolte contre les Romains en 61. Elle est vaincue par Paulinus Suetonius et s'empoisonne[83]. Etc.

Le plus souvent, les femmes ont exercé le pouvoir en tant que régentes et gouvernantes. Dans l'Antiquité, *Sammu-ramat* (Sémiramis) règne en Assyrie vers 800 av. J.-C. au nom de son fils. On lui attribue des exploits guerriers et des constructions prestigieuses dont les jardins suspendus de Babylone, l'une des sept merveilles du monde[84]. *Julia*

Domna (150-218), veuve de Septime Sévère, se voit confier, en 214, la régence par son fils Caracalla. C'est la première fois qu'à Rome, une femme se voit attribuer un tel pouvoir[85]. Tout au long du Moyen Age, nombreuses ont été les femmes qui ont exercé une régence, depuis *Brunehaut* (v. 534-613), veuve du roi Sigebert Ier, qui gouverne l'Austrasie pendant la minorité de son fils Childebert II[86] jusqu'à *Anne de France* (1460-1522) à qui Louis XI, son père, a confié la régence qu'elle exerce au nom de son frère, Charles VIII[87]. Plus tard, *Louise de Savoie* (1476-1531) gouverne la France pendant les longues absences de son fils François Ier. Avec Marguerite d'Autriche, tante de Charles Quint, elle est à la base de la «Paix des Dames» (Paix de Cambrai, 1529) qui met fin aux hostilités entre François Ier et Charles Quint[88], etc. Dans les anciennes principautés belges des femmes ont occupé la charge de gouvernante. Ainsi, *Marguerite d'Autriche* (1480-1530), *Marie de Hongrie* (1505-1558), *Marguerite de Parme* (1522-1586), *Marie-Elisabeth d'Autriche* (1680-1741), *Marie-Christine d'Autriche* (1742-1798).

En conclusion, on peut dire que les femmes de l'élite aristocratique sont loin d'avoir été absentes de la scène politique, comme pourraient le laisser croire les manuels. Ils parlent des campagnes militaires de François Ier mais ne disent pas que, *pendant ce temps*, Louise de Savoie assure la continuité du pouvoir en France. On suit l'homme. Ce que fait la femme est «secondaire». Une manière bien traditionnelle de voir les choses! Mais, en dehors de ces femmes de l'élite, qu'en est-il des autres? Rendre les femmes présentes dans le champ politique implique, cela a été dit, de mentionner leur exclusion de ce domaine. Cela implique aussi d'indiquer leurs luttes et leurs revendications spécifiques telles qu'elles se manifestent, entre autres, lors de mouvements révolutionnaires.

Un exemple: la Révolution française

La participation des femmes aux événements de la Révolution française est immédiate, massive et variée. Elles sont présentes lors de la prise de la Bastille (14 juillet 1789), lors des manifestations de la nuit du 4 août 1789 qui marque la fin du régime féodal... Parfois elles prennent l'initiative de l'action: le 5 octobre 1789, exaspérées par la rareté et la cherté des vivres, 4.000 femmes accompagnées par 500 gardes nationaux marchent sur Versailles pour réclamer du pain à l'Assemblée nationale[89].

L'action des femmes se développe dans des directions différentes. Dans de nombreux cahiers de doléances envoyés aux Etats Généraux, les femmes posent des revendications précises : le droit au travail et à une rémunération équitable, les droits politiques, le droit à l'instruction, la réforme du mariage, le divorce, le droit d'accéder aux professions, etc... Elles adhèrent aux clubs mixtes, comme les « Sociétés populaires et fraternelles » de Paris ou fondent leurs propres associations, en province surtout. A partir de ces clubs, elles mènent des actions diverses, participant aux cérémonies civiques, s'occupant d'éducation, d'assistance publique, ... Au lendemain de la déclaration de guerre à l'Autriche (1792), les clubs féminins se transforment en ateliers où l'on fabrique de la charpie, des vêtements, des chaussures[90]. Peu de gens savent que des femmes se sont engagées comme volontaires pour combattre dans les armées, comme *Anne Quatresol*, les *sœurs Fernig, Françoise Rouelle*, etc... D'abord accepté et même reconnu par la Convention qui accorde des récompenses à certaines d'entre elles, l'enrôlement des femmes est peu à peu dénoncé. En 1793, sous des prétextes divers, les femmes-soldats sont renvoyées[91].

Certaines femmes s'engagent dans la presse, comme *Louise Félicité de Kéralio*, fondatrice d'un journal politique, « Le Journal de l'Etat et du Citoyen » (1791)[92]. D'autres s'occupent plus particulièrement de l'instruction des femmes[93].

Du point de vue politique, la Constitution de septembre 1791 ne tient pas compte des revendications exprimées par les femmes dans leurs cahiers de doléances et ne reconnaît pas de droits politiques aux femmes. Le même mois, *Olympe de Gouges* (1748-1793) riposte et écrit la « Déclaration des droits de la femme et de la citoyenne ». Calqué sur la déclaration des droits de l'homme, le texte d'Olympe de Gouges comprend dix-sept articles où elle revendique le droit pour toutes les femmes de participer à la vie politique. L'article X stipule : « La femme a le droit de monter à l'échafaud, elle doit avoir également celui de monter à la tribune »[94]. Politiquement modérée, elle est arrêtée en juillet 1793 pour avoir publiquement critiqué Marat, Robespierre et le gouvernement montagnard. Elle est guillotinée le 3 novembre suivant[95].

En 1792, *Etta Palm d'Aelders* (1743-?) fait une intervention à l'Assemblée Nationale et réclame pour les femmes la possibilité d'avoir accès aux emplois civils et militaires, l'organisation de l'instruction, les droits politiques, l'égalité des sexes... Mais le pouvoir en place se soucie fort peu de ces revendications et la requête n'est pas reçue[96]. Plus radicale, l'action de *Claire (Rose) Lacombe* (v. 1765-?) et *Pauline Léon* (1768-?) est aussi plus inquiétante pour les autorités. Fondatrices de la « Société des citoyennes républicaines révolutionnaires », le seul club exclusivement féminin de Paris, Rose Lacombe et Pauline Léon sont politiquement proches des «Enragés» de Jacques Roux. Prétextant la cherté de la vie, elles organisent des manifestations, souvent sans résultats. Des actions énergiques sont menées comme à Paris en février 1793. Des femmes s'emparent de stocks de sucre et de savon et en fixent elles-mêmes les prix[97].

La nouvelle constitution de 1793 (juin) institue le suffrage universel masculin et exclut définitivement les femmes de l'exercice des droits politiques. Quelques mois plus tard (octobre 1793), la Convention décrète la dissolution de tous les clubs féminins, quel qu'en soit l'objet[98]. Au départ bien accueillies par les révolutionnaires, les initiatives féminines sont peu à peu désavouées pour être finalement réduites à néant à la fin de 1793 et au début de 1794 par les dirigeants montagnards. Les femmes sont renvoyées aux foyers: pour le pouvoir en place, il est clair que leur rôle est avant tout d'être épouses et mères[99].

Pour les femmes, les acquis de la Révolution sont maigres. Ils concernent le droit de succession, avec la suppression du privilège de masculinité et le divorce dont le système s'avère être peu favorable aux femmes[100].

La Révolution française qui, pour la première fois, voit des femmes exprimer publiquement et de manière suivie des revendications d'ordre politique, n'apporte pratiquement aucune modification à la condition féminine. Il est d'ailleurs à souligner que, lors de la révolution de 1848, les mêmes revendications aboutiront dans la même impasse. De nouveau, les femmes s'engageront dans le mouvement. De nouveau, elles réclameront le droit de vote et d'éligibilité, le droit au travail, le droit à l'instruction, la réforme du droit privé... et de nouveau, elles en seront pour leurs frais.

Les faits qui ont été rapidement évoqués ici sont importants et révélateurs. Ils montrent l'engagement des femmes, leurs attentes, leurs déceptions. Ils ne sont pas à considérer comme un épisode «à part». Ils font aussi partie de l'histoire de la Révolution française, de l'histoire des femmes *et* des hommes, de l'histoire tout court. En ce sens, les manuels se doivent de les refléter.

b) Les illustrations

Avant de traiter des sources illustrées et écrites, une remarque préliminaire s'impose. Il n'a pas été possible, dans le cadre de ce travail, d'entreprendre des recherches documentaires qui auraient permis de faire des propositions ponctuelles. Aussi, je me limiterai à quelques suggestions.

En ce qui concerne les illustrations, il serait souhaitable de montrer davantage d'illustrations où figurent des femmes. Il faudrait éviter les répétitions d'images peu représentatives par leur caractère élitaire ou symbolique. De même, il serait bon de veiller à ne pas juxtaposer des images qui montrent les femmes sous les mêmes rôles traditionnels: la mère, la ménagère.

Une proposition serait de varier les illustrations où l'on voit des femmes. Montrer davantage de femmes actives. Non seulement dans des domaines traditionnellement féminins mais aussi dans d'autres activités exercées par des femmes de manière plus ou moins continue (par exemple, les métiers au Moyen Age) ou de manière plus ponctuelle (le travail des femmes pendant la première guerre mondiale dans les usines d'armements comme mécaniciennes chargées de l'entretien et de la réparation des machines). Une autre proposition tend à rendre, dans la mesure du possible, les femmes plus présentes sur le plan politique et social. Il conviendrait également d'illustrer des manifestations plus spécifiques aux femmes (par exemple: un défilé des femmes pacifistes vers la fin des années trente, des manifestations de femmes réclamant l'alignement de leurs salaires sur ceux des hommes...). Ces nouvelles pistes impliquent une recherche iconographique qui tienne compte à la fois des hommes *et* des femmes, et soit plus attentive au quotidien, au social et à l'économique.

En ce qui concerne les commentaires, il serait utile qu'ils apportent un complément d'information, qu'ils engagent à la nuance et à la critique. Il en va de même pour les questions. Il faudrait éviter que celles-ci portent sur les vêtements et sur l'aspect extérieur. Si ces commentaires et questions ont trait à des illustrations où l'on voit des hommes et des femmes travailler ensemble, l'attention pourrait être attirée sur la division des tâches, leur complémentarité, leur similitude...

Enfin, une plus grande place devrait être faite aux œuvres d'artistes féminines, à titre documentaire ou pour illustrer un courant artistique (par exemple: *Berthe Morisot* (1841-1895) et *Mary Casatt* (1845-1926) dans le mouvement impressionniste; *Kate Kollwitz* (1867-1945) dans l'expressionnisme allemand...). Sur ce point, se référer à la partie consacrée aux arts plastiques.

c) Sources écrites

La mise en valeur des textes par des questions est très importante. Elle a pour effet de soumettre l'extrait proposé à la critique. Pour les époques reculées, dont seuls nous sont parvenus des écrits masculins, il est nécessaire, lorsqu'il est question de femmes, de resituer le contexte et d'apporter les nuances par rapport au contenu de l'extrait retenu. Il convient surtout d'éviter les simplifications réductrices, comme on l'a vu avec cet extrait de l'«Economique» de Xénophon (voir plus haut, p. 28) présenté sous le titre «La femme athénienne», comme si la condition des femmes à Athènes était immuablement figée, dans le temps et dans l'espace!

Pour des périodes plus récentes, il serait souhaitable de faire davantage appel à des écrits féminins comme supports didactiques. Par exemple, un extrait du «Manuel» de *Dhuoda* (IXe siècle) pourrait servir à illustrer l'éducation d'un jeune chevalier au début de la période féodale. Il serait également souhaitable d'accorder plus de place à des textes où les femmes critiquent leur condition et posent des revendications. Ainsi, la critique du mariage par *Mme de Sévigné* ou la revendication du droit à l'instruction par *Christine de Pisan* ou *Marie de Gournay* (voir à ce propos le chapitre se rapportant à la littérature).

La restitution du rôle des femmes grâce à des textes d'époque parlant d'elles, grâce à une meilleure représentativité des femmes comme auteures, promotrices et actrices de changement social, constitue une première démarche. Une seconde serait de s'interroger sur l'absence des femmes des textes d'époque. Egalement significative mais plus difficile à exploiter, elle mériterait un approfondissement que ne permettent pas les limites de ce travail.

d) Tableaux et graphiques

Il faut rendre les femmes présentes dans les manuels en signalant leur exclusion de la pratique de certains droits. Les graphiques, lorsqu'ils traitent de systèmes politiques, par exemple, ne doivent pas omettre de mentionner quand elles y ont ou n'y ont pas droit. Une plus grande précision du langage est indispensable.

e) Tables onomastiques et lexiques

En ce qui concerne les tables onomastiques, il serait souhaitable de veiller à ce que la manière dont sont présentées les femmes ne soit pas restrictive du fait de notices manquant de nuances. Il serait souhaitable également de voir mentionnées, comme le font certains ouvrages, d'autres femmes que les habituelles reines, princesses... Pour ce qui est des lexiques, l'emploi du masculin/féminin, lorsqu'il se justifie, est vivement recommandé.

3. CONCLUSION

L'absence des femmes est le principal constat qui ressort de l'analyse des manuels du secondaire. Une absence qui, en partie, peut être rattachée au langage. Souvent au masculin, il a pour effet de «gommer» la présence des femmes. Pour remédier à cet inconvénient, il est utile et parfois indispensable de faire preuve de plus de précision. Une autre explication de l'«oubli» de l'histoire des femmes est liée à l'historiographie elle-même, surtout sous sa forme événementielle. Dans les courants plus attentifs aux fait sociaux et économiques, les femmes sont plus présentes, mais la problématique de l'histoire des femmes n'est pas vraiment posée. Ce n'est que dans les années septante, sous l'impulsion du mouvement féministe, que se développe une historiographie spécifique aux femmes, née d'un besoin de retrouver un passé trop longtemps négligé.

Aujourd'hui, l'histoire des femmes est un fait reconnu et le débat qui s'y rapporte s'est largement élargi. Certain(e)s chercheurs et chercheuses considèrent qu'il faut maintenant quitter le stade de la redécouverte et de la restitution qu'a été au départ l'histoire des femmes, et pousser plus loin l'investigation et l'analyse. Ils estiment que faire l'histoire des femmes implique de considérer le passé avec un autre regard qui poserait comme centraux les rapports hommes/femmes. Cette manière d'appréhender l'histoire remet en question bien des présupposés solidement ancrés dans les esprits. De plus, elle se situe à un point de vue très différent de celui de l'historiographie traditionnelle.

Les manuels sont bien entendu réceptifs à ces mutations de l'historiographie. L'économique, le social pratiquement inexistants dans les manuels datant d'une vingtaine d'années, y occupent une plus large place depuis les années septante. Actuellement, signe de la reconnaissance de l'histoire des femmes, certains ouvrages lui consacrent un chapitre. Parus vers la fin des années septante, l'évocation de la condition féminine y est plus fréquente; aussi bien dans les textes de leçon que dans les divers documents proposés. Ces ouvrages ont la particularité de porter sur l'époque contemporaine et d'accorder une attention particulière aux faits économiques et sociaux.

Ceci dit, il existe un écart énorme entre la réalité des manuels et cette histoire «bissexuée» qui s'ébauche à peine. Ici se pose la difficile question de savoir comment, concrètement, réintroduire les femmes dans les livres d'histoire du secondaire. Faut-il consacrer aux femmes un chapitre à part, au risque d'en faire un objet d'étude parmi d'autres? Faut-il au contraire chercher à les insérer dans les textes des leçons des manuels tels qu'ils se présentent actuellement? Sans vouloir aller trop avant dans un débat qui demanderait une étude approfondie, on peut dire que l'idée d'un chapitre à part consacré aux femmes est la plus facilement concevable. On pourrait, par exemple, envisager la condition féminine, ses réalités, ses modifications, etc. pour une période ou dans une société déterminée dans un chapitre séparé qui viendrait s'ajouter à d'autres. Certains manuels ont adopté cette présentation. Ce faisant, ils ont le mérite, il faut le souligner, de rendre compte de la problématique «histoire des femmes». Cependant, le risque de marginalisation est grand. Cette façon de procéder pourrait être un premier pas vers une manière plus complète de relater l'histoire, qui insérerait les femmes dans le discours en les rendant présentes aux côtés des hommes, en considérant comme centrales leurs relations, leurs solidarités, leurs oppositions. Concevoir l'histoire à la fois au masculin et au féminin en accordant une attention égale à l'un et à l'autre, et en cessant de se porter — sans doute de manière très inconsciente — à accorder une attention plus soutenue à l'un qu'à l'autre, devrait permettre d'en finir avec l'idée séculaire qu'il existe deux mondes séparés dont l'un serait noble et digne d'intérêt et l'autre, sauf dans sa fonction matrimoniale et maternelle, ne le serait pas. Cette manière de concevoir l'histoire implique la conscience d'une problématique «histoire des femmes» dégagée de tout préjugé d'une prétendue infériorité «naturelle» de celles-ci chez ceux (celles) qui écrivent l'histoire.

NOTES

A. *Histoire*

[1] R. Flacellière, La femme antique en Crète et en Grèce. In: *Histoire mondiale de la femme*, sous la direction de Pierre Grimal. Paris, Nouvelle Librairie de France, (1965), vol. 1, p. 296.
H.I. Marrou, *Histoire de l'éducation dans l'Antiquité*. Paris, Seuil, 1948, pp. 70-71.
[2] H.I. Marrou, op. cit., p. 72.
[3] Claude Mossé, *La femme dans la Grèce Antique*. Paris, Albin Michel, 1983, p. 63.
[4] *Idem*, pp. 63-65.
[5] Mario Meunier, *Femmes pythagoriciennes. Fragments et lettres de Theano, Perictione, Phintys, Melissa et Myia*. Paris, L'Artisan du Livre, 1932, 5e édition.
[6] R. Flacellière, art. cité, p. 296.
[7] L. Goodwater, *Women in Antiquity: an annoted bibliography*. Metuchen, Scarecrow Press, 1975, p. 5.
[8] Sarah B. Pomeroy, *Goddesses, whores, wives and slaves. Women in classical antiquity*. New York, Schaken Book, 1975, pp. 137-139.
[9] H.I. Marrou, op. cit., p. 183.
[10] Claire Préaux, Le statut de la femme à l'époque hellénistique. In: *La femme*. Recueil de la Société Jean Bodin - Bruxelles, Librairie Encyclopédique, vol. XI, 1959, p. 131.
[11] Claudine Hermann, *Le rôle judiciaire et politique des femmes sous la République romaine*. Bruxelles, Latomus, 1964, pp. 111-114.
E. Best, Cicero, Livy and educated roman women. In: *Classical Journal*, XV, feb. 1970, p. 202.
[12] Jerôme Carcopino, *La vie quotidienne à Rome sous l'apogée de l'Empire*. (Paris), Hachette, (1969), pp. 127-132.
[13] *Idem*, p. 138.
[14] Juvenal, *Satires*. Texte établi et traduit par Pierre de Labriolle et François Villeneuve. Paris, Belles Lettres, 1921, p. 77.
[15] Best, art. cit., pp. 201-204.
Guy Fau, *L'émancipation féminine dans la Rome antique*. Paris, Belles Lettres, 1978, p. 12.
[16] J. Baldson, Women in imperial Rome. In: *History today*, X, january 1960, p. 24 et E. Best, art. cité, p. 203.
[17] J.M. Rist, Hypathia. In: *Phoenix. The journal of classical association of Canada*, vol. XIX, n° 2, 1965, pp. 214-225.
[18] Pierre Riché, La femme à l'époque carolingienne. In: *Histoire mondiale de la femme*, op. cit., vol. 2, pp. 50-51.
[19] P. Riché, *La vie quotidienne dans l'Empire carolingien*. (Paris) Hachette, 1973, p. 266.
[20] Georges Duby, *La femme, le prêtre et le chevalier*. (Paris), Hachette, 1981, p. 276.
[21] Raoul Gout, *Le miroir des dames chrétiennes. Tome I: Pages féminines du Moyen Age*. Paris, «Je sers», 1937, pp. 17-18 et 53-54.
Régine Pernoud, *La femme au temps des cathédrales*. Paris, Stock, 1980, (en coll. de poche, pp. 55-57).
[22] Dhuoda, *Manuel pour mon fils*. Introduction, texte critique, notes par Pierre Riché. Traduction de B. de Vregeville et Cl. Mondésert. Paris, Ed. du Cerf, coll. Sources chrétiennes, 1975.
[23] Maïté Albistur et Daniel Armogathe, *Histoire du féminisme français*. Paris, éd. des Femmes, 1977, vol. 1, pp. 72-85.
[24] Michèle Sarde, *Regard sur les Françaises. X^e-XXe siècles*. Paris, Stock, 1983, pp. 168-183.
[25] M. Albistur et D. Armogathe, op. cit., vol. 1, p. 33.

[26] M. Sarde, op. cit., p. 362.
[27] Nathalie Z. Davis, *Les cultures des peuples; rituels, savoirs et résistances au 16ᵉ siècle*. Paris, Aubier-Montaigne, 1979, pp. 121-122.
[28] François Lebrun, Quand l'enseignement public était catholique. In: *L'histoire*, n° 71, mars 1984, p. 84.
[29] Henriette Houillon, La femme en France aux XVIIᵉ et XVIIIᵉ siècles. In: *Histoire mondiale de la femme*, op. cit., vol. 4, p. 19.
[30] R. de Maulde La Clavière, *Les femmes de la Renaissance*. Paris, Perrin, 1898, p. 557.
[31] Michèle Plaisant, Paul Denizot, Françoise Moreux, *Aspects du féminisme en Angleterre au XVIIIᵉ siècle*. Lille, Editions Universitaires, 1972, p. 15.
[32] Gustave Reynier, *La femme au XVIIᵉ siècle*. Paris, Plon, 1933, p. 11.
[33] M. Albistur et D. Armogathe, op. cit., vol. 1, pp. 157-163.
[34] *Idem*, p. 127.
[35] *Dictionnaire des journalistes (1600-1789)*. Sous la direction de Jean Sigard. Grenoble, Presses Universitaires, 1972.
[36] *Les femmes et la Révolution*. Présenté par Paule-Marie Duhet. Paris, Julliard, coll. «Archives», 1971, pp. 63 et 231.
[37] M. Albistur et D. Armogathe, op. cit., vol. 1, pp. 179-188.
[38] *Idem*, pp. 188-190.
[39] *Idem*, p. 188.
[40] *Idem*, pp. 225-241.
[41] *Idem*, pp. 221-222.
[42] J.H. Bloch, Women and the reform of nation. In: *Women and society in eighteenth century - France*. London, The Athlone Press, 1979, p. 12.
[43] M. Albistur et D. Armogathe, op. cit., vol. 1, p. 323.
[44] P.-M. Duhet, op. cit., pp. 109-111.
[45] M. Albistur et D. Armogathe, op. cit., vol. 1, p. 342.
[46] *Idem*, vol. 2, pp. 481-482.
[47] John Bartier, *Un siècle d'enseignement féminin. Le lycée Royal Gatti de Gamond et sa fondatrice*. Bruxelles, (1964).
[48] 1924 en France (M. Albistur et D. Armogathe, op. cit., vol. 2, p. 581) et 1925 en Belgique (M. Boël et C. Duchêne, op. cit., p. 128).
[49] Monique A. Piettre, *La condition féminine à travers les âges*. (Verviers), Marabout Université, 1976, p. 194.
[50] Andrée Despy-Meyer avec la collaboration de Jacques Becquevort, *Les femmes et l'enseignement supérieur: l'Université de Bruxelles de 1880 à 1914*. Bruxelles, U.L.B., Service des Archives. 1980.
[51] Jacques Pirenne, Le statut de la femme dans l'ancienne Egypte. In: *La femme*, op. cit., vol. XI, p. 65.
[52] J. Bottero, La femme dans l'Asie occidentale ancienne: Mésopotamie et Israël. In: *Histoire mondiale de la femme*, op. cit., vol. 1, pp. 206-211.
[53] C. Mossé, op. cit., pp. 58-59.
[54] *Idem*, p. 78.
[55] G. Fau, op. cit., p. 30.
J. Le Gall, Métiers de femmes au «Corpus Inscriptionum Latinarum». In: *Mélanges M. Durry*. Paris, Belles Lettres, pp. 127-128.
J. Carcopino, op. cit., p. 213.
[56] J. Le Gall, art. cité, pp. 123-125.
[57] A. Higounet, La femme au Moyen Age en France dans la vie politique, économique et sociale. In: *Histoire mondiale de la femme*, op. cit., vol. 2, p. 153.
[58] Jean Verdon, La femme vers le milieu du IXᵉ siècle d'après le polyptique de l'abbaye

Saint-Rémi à Reims. In: *Mémoire de la Société d'agriculture, commerce, sciences et arts du département de la Marne*. 1976, LXI, pp. 111-134.

[59] Etienne Martin-Saint-Léon, *Histoire des corporations de métiers depuis les origines jusqu'à leur suppression en 1791*. Paris, P.U.F., pp. 102-103.

[60] R. Pernoud, op. cit., (en coll. de poche, pp. 255-258).

Andrée Lehmann, *Le rôle de la femme dans l'histoire de France au Moyen Age*. Paris, Berger-Levrault, 1952, pp. 455 et suiv.

[61] R. Pernoud, op. cit., (en poche: p. 253).

[62] A. Higounet, art. cité, p. 170.

[63] G. Jehel, Le rôle des femmes et du milieu familial à Gênes dans les activités commerciales au cours de la première moitié du XIII siècle. In: *Revue d'Histoire économique et sociale*, 1975, n°s 2-3, pp. 193-215.

[64] Eileen Power, *Les femmes au Moyen Age*. Paris, Aubier-Montaigne, 1979, pp. 110-111.

[65] N. Z. Davis, op. cit., pp. 119-120.

[66] M. Risselin-Steenebrugen, Martine et Catherine Plantin. Leur rôle dans la fabrication et le commerce de la lingerie et des dentelles au XVIe siècle. In: *Revue belge d'archéologie et d'histoire de l'art*, XXVI, 1957, pp. 169-188.

[67] Patricia Branca, *Women in Europe since 1750*. London, Croom Helm, 1978, p. 28.

[68] H. Houillon, art. cité, p. 90.

[69] Marthe Boël et Christiane Duchêne, *Le féminisme en Belgique, 1892-1914*. Bruxelles, Ed. du Conseil national des femmes belges, (1955).

[70] «Un parcours semé d'obstacles». In: *Le Monde de l'Education*, avril 1984, p. 39.

[71] *Ibidem*.

[72] «La marée montante du travail féminin». In: *Le Monde de l'Education*, avril 1984, p. 40.

[73] R. Pernoud, *Aliénor d'Aquitaine*. Paris, Albin Michel, 1972.

[74] G. Fau, op. cit., p. 167.

[75] Michel de Bouard, La Reine Blanche. In: *L'histoire*, n° 33, avril 1981, pp. 49-56.

[76] R. Pernoud, *La femme...*, op. cit.

[77] Meg Bogin, *Les femmes troubadours*. Paris, Denoël-Gonthier, 1978, p. 38.

[78] A. Lehmann, op. cit., pp. 276-277.

[79] J. Vercoutter, La femme dans l'Egypte ancienne. In: *La femme*, vol. XI, pp. 124-126.

[80] C. Préaux, art. cité, p. 134.

[81] P. Samuel, *Amazones, guerrières et gaillardes*. Bruxelles, éd. Complexe, 1975, pp. 202-203.

J. Baldson, art. cité, p. 27.

Maurice Bardèche, *Histoire des femmes*. Paris, Stock, 1968, vol. 1, pp. 264-265.

[82] P. Samuel, op. cit., p. 202.

[83] L. Goodwater, op. cit., p. 10.

Jean Markale, *La femme celte. Mythe et sociologie*. Paris, Payot, 1972, p. 47.

[84] J. Bottero, art. cité, pp. 213-214.

M. Bardèche, op. cit., p. 110-112.

P. Samuel, op. cit., p. 201.

[85] G. Fau, op. cit., pp. 177-178.

M. Bardèche, op. cit., p. 262.

[86] F.L. Ganshof, Le statut de la femme dans la monarchie franque. In: *La femme*, op. cit., vol. XII, p. 55.

[87] Henry Montaigu, *La guerre des Dames. La fin des féodaux*. Paris, Olivier-Orban, 1981.

[88] Paule Henry-Bordeaux, *Louise de Savoie. Régente et «roi» de France*. Paris, Plon, 1954.

[89] P.-M. Duhet, op. cit., p. 48.
[90] *Idem*, pp. 104-113.
[91] *Idem*, pp. 117-121.
[92] *Idem*, p. 98.
[93] *Idem*, pp. 96-97.
[94] H. Houillon, art. cité, p. 95.
[95] Louis Devance, Le féminisme pendant la Révolution française. In : *Annales historiques de la Révolution française*, 1977, n° 229, pp. 354-355.
P.-M. Duhet, op. cit., pp. 67-71.
[96] *Idem*, p. 125.
[97] *Idem*, pp. 126-128.
L. Devance, art. cité, p. 363.
[98] P.-M. Duhet, op. cit., p. 136.
[99] L. Devance, art. cité, pp. 366-367.
[100] P.-M. Duhet, op. cit., pp. 172-175.

B. Littérature

1. RECONNAISSANCE DES FEMMES EN GENERAL

a) Esprit des manuels

Jusqu'il y a peu, les manuels ressemblaient à des temples du savoir, austères et moralisateurs. Des microcosmes étanches. A l'image de certains de nos pâles musées. Sans la moindre fenêtre ouverte sur la réalité, sur la vie. Ils craignaient d'ailleurs celles-ci et s'enfermaient davantage sur eux-mêmes. Aujourd'hui s'opère un changement évident. Il était grand temps. Les manuels de littérature en particulier manifestent le désir de s'actualiser, d'accueillir de nouveaux domaines. Nous l'avons mentionné. Cette tentative de rajeunissement se concrétise dans une présentation plus agréable, plus dynamique. Visiblement les auteurs de livres scolaires (et les éditeurs) tentent de rencontrer plus directement la réalité. Il faut reconnaître que la littérature s'y prête. Qu'est-ce que la littérature, si ce n'est la vie saisie par le regard d'un écrivain ou d'une écrivaine? Quant aux manuels de textes et exercices, ils ont l'avantage de toucher au quotidien: dimension précieuse. Or qu'avons-nous constaté? Une étrange contradiction! Puisque les ouvrages scolaires, dans leur ouyerture à de multiples domaines, semblent avoir oublié ou au moins négligé les femmes. Ils nous renvoient donc une image du monde singulièrement tronquée. Il est urgent que les femmes y soient reconnues en tant que telles. C'est-à-dire plus objectivement. Dans leur authenticité. Dans leur complexité.

Alors les manuels reflèteront un univers plus réel, plus complet : un univers d'hommes et de femmes. Ainsi ils interpelleront et impliqueront davantage les adolescents et les adolescentes.

b) Propositions générales

Historiographie nouvelle et conséquence

La partie consacrée à l'histoire a mis en évidence l'importance cruciale de l'historiographie nouvelle. La conséquence majeure qui en résulte est la présence des femmes (on devrait parler de l'entrée...) dans l'histoire et le présent. Une présence tangible, explicite et implicite. Une présence plus active. Et là l'image généralisée des femmes passives vole en éclats. L'historiographie nouvelle favoriserait donc grandement la reconnaissance des femmes dans les livres scolaires. Et cette réhabilitation n'aurait rien à voir avec les petits ghettos dans lesquels certains manuels récents relèguent les femmes. Avec une espèce de bonne conscience.

Langage

Il est certain que le langage peut servir cette reconnaissance des femmes. Mais comment? Des expressions générales, de type humaniste, pourraient être nuancées. Par exemple, pourquoi ne pas remplacer l'homme par l'être humain? Il serait également souhaitable de préciser les deux genres, quand cela s'avère utile ou nécessaire. Par exemple, « les hommes et les femmes » au lieu de « les hommes ». Une autre proposition serait dictée par le bon sens. Certains noms féminins existent, font partie de la langue française. Mais la société hésite à les utiliser. Il faudrait peut-être les défendre plus énergiquement! Un exemple : une factrice[1]. En outre, un effort devrait être fourni au niveau de la réactualisation de certains termes. Particulièrement des noms de métiers. On sait qu'au Moyen Age les femmes participaient activement à la vie sociale et économique. Et qu'elles exerçaient une grande variété de métiers. Ceux-ci avaient leur nom féminin (tisserande, potière par exemple). Or ces mots ont disparu de l'usage. Pourquoi ne pas les réhabiliter? Enfin une autre possibilité s'offrirait : la féminisation de certains mots. Même si l'honorable Académie française semble plutôt allergique à ce procédé... Nous pensons ici à des noms de professions, mais aussi de fonctions. Actuellement nous pataugeons gaiement dans les « Madame le ministre » ou « Le président, Madame X ». Il serait temps de prendre des options nettes! Certains rétorqueront que cette bataille est épidermique, accessoire. Ce qu'il y a d'essentiel, ajouteront-ils, c'est le changement de mentalité et ce changement rejaillira inévitablement sur le langage. Je crois beaucoup plus au phénomène inverse. Si le terme parvient à exister (grâce à une minorité qui l'aurait défendu avec acharnement), c'est lui qui peut justement aider à mieux accepter la réalité qu'il définit. Ou provoquer une prise de conscience. Bref, contribuer à forger un changement de mentalité. Et secouer le scepticisme, la méfiance ou l'apathie de la société. C'est ainsi que des mots comme doctoresse, poétesse, compositrice se sont peu à peu imposés.

Historiographie, langage : voilà deux outils précieux qui serviraient à reconnaître les femmes. Si les auteurs de manuels décidaient de les exploiter, les femmes apparaîtraient d'emblée dans les introductions générales, les tableaux synoptiques et chronologiques, les tables de matières, les index, les préfaces. On le voit, les conséquences directes seraient appréciables.

c) **Propositions concrètes**

Suppression des stéréotypes

Nous avons longuement montré que les manuels affublaient les femmes de stéréotypes précis : la coquetterie, la peur, le romantisme, la maladresse. Non seulement ils leur collent ces étiquettes à la peau, mais en plus ils les chargent de nombreux défauts. C'est donc une image pauvre, simpliste que nous renvoient les ouvrages scolaires. Image peu conforme à la réalité. Image en tout cas peu valorisante. Il serait urgent de dynamiter ce portrait-robot qui n'a même pas une valeur caricaturale. Il serait urgent de faire appel au réalisme, je dirais même au bon sens, afin de retrouver la notion de personnalité, de complexité humaine. De restituer aux femmes les milliers de facettes qui les composent. Ainsi les femmes ne seraient pas obligatoirement coquettes, frivoles et narcissiques. Elles ne seraient pas nécessairement timorées. Elles ne seraient pas nécessairement écrasées par une voiture !

Mais un autre portrait-robot est à revoir, de fond en comble, plus profondément encore que celui des femmes : le portrait des hommes. Les manuels de littérature nous offrent une gamme apparemment séduisante de caractéristiques masculines. Le courage, la force, l'héroïsme, l'audace, la maîtrise, le stoïcisme. Or ces qualités reviennent sans cesse, sans aucune variante, sans aucune contradiction. Ce qui paraît suspect. On s'aperçoit vite que ces prétendues qualités sont en fait des stéréotypes. Mais, à la différence de l'image féminine (les femmes sont vues par les hommes, déformées), ces stéréotypes proviennent d'un conditionnement vaste et ancien. Les hommes *doivent* être courageux, audacieux, etc. Les voilà donc esclaves de leurs prétendues qualités. De leur virilité. Ainsi l'image masculine présente dans les livres scolaires nous paraît-elle aussi pauvre, sommaire, schématique que celle de la femme. Vision assez affligeante de l'humanité. Quand les manuels nous montreront-ils des hommes maladroits ? Des hommes qui doutent ? Des hommes qui pleurent ? Car les hommes ont le droit de pleurer ! Quand les manuels restitueront-ils aux hommes leur richesse, leur complexité, leur multiplicité ? Bref, nous attendons une diversité beaucoup plus grande dans les gestes, les paroles, les actes, les attitudes, les caractères, les comportements des femmes et des hommes. Une diversité plus réaliste. Une diversité qui caractérisera les hommes, les femmes, mais aussi les hommes et les femmes ensemble. La relation homme-femme ne pourra ainsi que s'enrichir. Diversité qui devrait rendre les adolescents et les adolescentes plus complices de leurs livres de littérature.

Diversité dans les rôles domestiques et professionnels

La suppression des stéréotypes entraînerait, ou du moins favoriserait, l'explosion des rôles domestiques et professionnels. Nous avons constaté que ce domaine était vraiment le haut lieu du sexisme. Et en totale discordance avec le monde contemporain. Les manuels campent des pères omnipotents, véritables symboles de la réussite suprême, et des mères besognant nuit et jour dans une cuisine, sous un plafond qui menace de s'écrouler (voir constats pp. 50 et 51). A l'heure où les tâches, les rôles, les fonctions domestiques se fondent, se partagent, s'inversent, se ramifient de plus en plus. A l'heure où les occupations, les activités, les hobbies sont choisis d'après la personnalité et non plus d'après le sexe. A l'heure où les professions sont de plus en plus mixtes. Quand les livres scolaires enregistreront-ils ces mutations ? De nombreux manuels, principalement ceux qui appartiennent à la catégorie des textes et exercices, se basent sur la notion de famille. Une famille schématisée, bien entendu. Il serait temps de bouleverser ces normes. Comment ? En reconnaissant d'abord l'importance du travail ménager (celui-ci est un des fondements mêmes d'une société). En évoquant des couples qui ne sont pas victimes d'une hiérarchie, de conditionnements, de rapports de force. En nous offrant enfin certaines variantes sociales. Tous les milieux sont loin d'être aisés... Mêmes clivages à faire sauter au niveau des hobbies, des activités. Les rôles professionnels doivent eux aussi être sérieusement revus. Il faudrait démolir le monopole professionnel du père. Démystifier sa situation brillante. Présenter toute une gamme de métiers, manuels et intellectuels. Parallèlement il faudrait extraire la mère de sa cuisine. Nous montrer des mères qui exercent un métier, pas nécessairement subalterne! Ce sera gagné, le jour où nous découvrirons dans les livres scolaires des doctoresses, des policières, des infirmiers, des factrices, des plombiers, des créatrices et des... écrivaines. Des garçons et des filles qui bricolent, décorent, cuisinent, pratiquent des sports ou de l'artisanat. Des femmes qui conduisent une voiture, lisent le journal, vont — aussi ! — au théâtre. Des hommes qui attendent leurs gosses à la sortie de l'école. Des couples qui prennent les décisions ensemble. Des familles qui ne correspondent pas toujours au schéma classique.

En synthèse, il s'agirait donc de mélanger énergiquement les rôles pour offrir aux adolescentes et adolescents des images variées, multiples, foisonnantes peut-être. Renouvellement qui me semble capital, dans la mesure où ces images sont porteuses de modèles. Les élèves auraient alors devant eux un riche éventail de références, de possibilités. Ils en ont profondément besoin.

Tables thématiques élargies

Les tables thématiques nous ont paru, rappelons-nous, très masculines, braquées sur l'exploit masculin, la performance masculine. Ces quelques thèmes mettent en évidence les qualités viriles, qualités qui se sont révélées essentiellement des stéréotypes. La suppression de ces stéréotypes masculins aurait une conséquence directe sur les tables thématiques. Celles-ci y gagneraient en variété, en nuances, en richesse. La reconnaissance des femmes en général pourrait également les renouveler et les élargir. D'abord dans leur esprit. Mais comment ? Il faudrait relativiser quelque peu la performance masculine en lui adjoignant d'autres styles d'exploits: des exploits réalisés par des femmes, des exploits moins spectaculaires, plus moraux, plus profonds. En un mot, que l'aventure ne soit plus virile, mais humaine. Certains thèmes ont été déformés, masculinisés. La famille, les professions par exemple. Il serait souhaitable de les compléter, les éclairer différemment grâce, notamment, à la présence féminine. Il serait également judicieux d'étendre la gamme des sentiments ou qualités qui sont à la base des thèmes masculins. Pourquoi ne pas exploiter davantage, par exemple, la complicité, la tendresse, l'espièglerie, le doute, l'angoisse, le courage quotidien, la patience ? Enfin certains thèmes plus spécifiquement féminins pourraient faire leur apparition. Pourquoi ne pas évoquer la maternité par exemple ? Un ou plusieurs extraits littéraires viennent généralement illustrer chaque thème. Il est certain que si les tables thématiques se ramifient, les écrivaines risqueraient d'y figurer en plus grand nombre.

Illustrations renouvelées

Nous nous souvenons du portrait féminin assez caricatural que nous livrent les illustrations : la sainte ou la putain, la victime. Sans oublier les coriaces stéréotypes. Ici aussi il serait temps de présenter plus de diversité de l'image féminine. D'autant plus que les illustrations peuvent, à mon avis, se graver profondément (plus profondément que des textes?) et donc influencer insidieusement l'adolescent et l'adolescente. Il est par conséquent primordial de montrer les femmes plus objectivement, débarrassées de la sublimation ou du mépris attachés à elles. Débarrassées en somme du regard masculin porté sur elles. Nous avons besoin de découvrir des femmes actives. Des femmes qui se réalisent. Il est évident que l'influence de l'historiographie nouvelle, la prise de conscience des stéréotypes et leur évacuation, le mélange des rôles domestiques et professionnels, les thèmes élargis vont se répercuter sur les illustrations. Dans leur choix. Mais aussi dans leur interprétation. Grâce à ces influences et à ces changements, il serait alors assez aisé de détruire certaines images : celle de la femme passive et celle de la femme victime. Pourquoi ne pas insérer, par exemple, des photos de sportives, de militantes? Mais comment effacer ces deux pôles bien ancrés, la sainte et la «putain»? Catégories établies par les hommes... depuis la nuit des temps! Et révélatrices d'un évident malaise dans la relation homme-femme. Cette dichotomie ne pourra disparaître que dans une connaissance plus juste, plus profonde des femmes. Dans un flot d'images féminines très diverses. Dans l'irruption de certains sentiments que nous avons déjà proposés, comme la tendresse, la complicité. Mais aussi... dans l'affirmation même des femmes.

Nous avions également décelé un contenu sexiste dans la plupart des nouveaux langages visuels qu'accueillent les manuels récents : bande dessinée, roman-photo, publicité, dessin humoristique. Domaines contemporains où règnent la femme-objet, la ravissante idiote, la ménagère. Je préconiserais ici, plutôt qu'un filtrage sévère (issu d'une prise de conscience!), une exploitation de l'esprit critique. C'est-à-dire que les auteurs de manuels interviendraient explicitement par rapport à ces illustrations. Sous forme de légendes, de commentaires, de questions. Pourquoi ne pas s'interroger, par exemple, sur l'omniprésence de la ravissante idiote? Pourquoi ne pas proposer une analyse des femmes dans quelques bandes dessinées? Pourquoi ne pas en profiter pour démonter les mécanismes psychologiques de la publicité? Bref, autant de questions relatives aux femmes, mais surtout à la vision des femmes, à la relation homme-femme.

Enfin, une dernière suggestion serait à émettre. Elle est très précise : réhabiliter les créatrices et reproduire des œuvres d'art féminines. Nous avons évoqué la résistance de la société aux femmes artistes. Ici encore le monde contemporain et ses mutations devraient convaincre les auteurs de livres scolaires. En outre, grâce à cette initiative, des images féminines surgiraient, variées, abondantes peut-être. En tout cas, des profils de femmes perçus par des femmes. Ce qui pourrait constituer un changement notoire. L'étude consacrée à l'histoire de l'art nous aidera précieusement. Je me contenterai, dans le cadre de ce chapitre, de proposer quelques secteurs de création avec quelques-unes de leurs représentantes. Le cinéma, avec des réalisatrices comme Agnès Varda, Nelly Kaplan, Marta Meszaros, Nina Companeez, Vera Chitilova, Coline Serreau, Chantal Akerman, Marion Hansel. Le théâtre avec des metteuses en scène comme Ariane Mnouchkine, Marguerite Duras, Anne Delbée, Elvire Brison, Martine Wijckaert, Nele Paxinou. La chorégraphie, avec Carolyn Carlson, Pina Bausch, Suzanne Linke, Anna Teresa De Keersmaeker. La photo, avec Agnès Varda, Irina Ionesco, Diane Arbus, Gina Lollobrigida.

On le voit, il serait urgent de remettre en question le choix des illustrations. Plus : de le révolutionner. En insérant des images féminines nettement plus diverses. En débarrassant les femmes de leurs oripeaux stéréotypés. Dans ces conditions, il est sûr que des images jugées négatives ou péjoratives acquerraient une valeur autre, ou se mueraient même en images positives. Je pense aux toiles de Chardin, à celles de Velasquez qui saisissent la femme dans son travail quotidien et discret. L'adolescent et l'adolescente les liraient autrement et pourraient en capter la grandeur et la richesse. Et une Silvia Monfort incarnant Phèdre dans une petite robe à grands trous ne symboliserait plus la «putain» mais apparaîtrait en... grande comédienne.

Efforts des manuels récents à amplifier

Nous avons souligné certains efforts fournis par quelques manuels récents. Efforts louables, parfois étonnants... mais qui ne symbolisent jamais que les premiers pas d'une véritable prise de conscience. Avec les balbutiements que cela comporte. Par exemple, la tendance à marginaliser les femmes dans le cadre d'un chapitre ou un sous-chapitre. Un peu comme si tout à coup les auteurs d'ouvrages scolaires s'apercevaient de l'existence féminine (comme on s'aperçoit aujourd'hui brutalement que d'autres littératures francophones existent...). Il faudrait donc prolonger ces efforts, les amplifier. Il faudrait que les femmes soient présentes, non pas dans un chapitre, mais dans l'esprit, le contexte général. Qu'elles soient naturellement présentes. Mais de quelle manière ? En accentuant les efforts au niveau du langage. Nous avons déjà abordé ce point précis. En renforçant l'esprit de questionnement qui commence à poindre. Il serait utile et passionnant de poser, susciter des questions sur les femmes, la condition féminine, mais aussi sur les hommes ! Proposer des interviews, des travaux, des recherches, des débats, des enquêtes, des confrontations. A la limite, n'importe quel sujet pourrait être exploité. Ces sujets fourmillent et interpellent : le travail domestique à travers les siècles, le mariage, le choix des professions, l'éducation des enfants, la femme-objet, le célibat, la créatrice et le créateur. En développant à tout prix l'esprit critique. Celui-ci est bien sûr lié à l'esprit de questionnement. Un esprit critique omniprésent dans les manuels, qui relancerait régulièrement l'adolescent et l'adolescente. Une conséquence directe en découlerait : le sexisme imprégnant certains textes d'écrivains constituerait un danger beaucoup moindre. Au contraire, ce sexisme alimenterait même l'esprit critique et provoquerait des réactions, des prises de position. Esprit critique qui déborderait évidemment du cadre scolaire et rejaillirait sur la vie elle-même. Outil qui me semble indispensable pour affronter et assumer celle-ci solidement ! En choisissant plus attentivement, plus consciemment, les extraits d'écrivains et d'écrivaines. Ainsi certains textes pourraient offrir de nouveaux comportements masculins et féminins.

d) Conclusions

Il est urgent et crucial que les femmes soient reconnues dans les manuels. Que ceux-ci nous les restituent dans leur multiplicité, leur complexité, leur diversité. Dans le passé. Dans le présent. Au niveau du quotidien, au niveau des exploits. Dans leur insertion sociale. Dans leurs actions, leurs passions, leurs luttes, leur création. Que les manuels nuancent, enrichissent le portrait masculin. Qu'ils n'hésitent pas à nous brosser une histoire mixte, forgée par des hommes et des femmes. Qu'ils nous dépeignent un monde, un quotidien mixtes. Bref, qu'ils accueillent la réalité, la vie. Alors les livres scolaires ne seront plus de sinistres musées. Ils seront humains. Ils prépareront ainsi à vivre, ou à mieux vivre.

2. RECONNAISSANCE DES ECRIVAINES

a) Reconnaissance des écrivaines en tant que telles

Nous l'avons longuement constaté, les manuels ne reconnaissent pas les écrivaines. Ou, dans le meilleur des cas, ils les tolèrent quand elles sont des «monuments». Malheureuses écrivaines qui ne correspondent pas du tout aux schémas, aux rôles établis. Elles ne sont ni saintes, ni «putains», ni ménagères, ni victimes. Mais suprêmement actives, créatrices. Et elles s'affirment socialement et intellectuellement! «Une femme n'est jamais écrivain et reconnue comme telle qu'en second lieu, après avoir d'abord fait preuve de ses 'qualités de femme'. On voudrait qu'elle écrive, mais comme par miracle, et sans en avoir l'air, et il faudrait qu'elle soit tout de suite géniale pour y avoir droit»[2]. C'est Françoise Collin, écrivaine, qui déclare ceci aujourd'hui. Signe que la société contemporaine est encore réticente, sceptique, vis-à-vis de la créatrice et de l'écrivaine en particulier. Signe que la société tend à juger en se référant aux vieux rôles domestiques et professionnels. Ou aux vieilles images. Elle accepte sans doute mieux la danseuse, la chanteuse ou la comédienne parce qu'elle relie plus ou moins ces professions à la «putain». Les auteurs d'ouvrages scolaires n'échappent probablement pas à ce vaste conditionnement.

Il est évident que la reconnaissance des femmes en général servirait celle des écrivaines. Si les rôles et les stéréotypes éclataient, la société se montrerait davantage ouverte aux écrivaines. C'est-à-dire qu'elle admettrait mieux la réalité de femmes actives, autonomes, ambitieuses peut-être, exigeantes, attentives au monde, engagées. Et les auteurs de manuels réagiraient plus nettement. Ceux-ci devraient sans tarder réhabiliter les écrivaines dans le passé et dans le présent. Vaste entreprise. Mais n'est-il pas urgent de démontrer qu'elles ont participé, de tout temps, à l'histoire littéraire? Or, l'actualité y encourage en affichant un intérêt certain (les prémices d'une reconnaissance) pour la littérature féminine. Des indices? Marguerite Yourcenar qui fait son entrée à l'Académie française. Ou Marguerite Duras qui reçoit le prix Goncourt 84 (mais à l'âge de septante ans...). De plus, si les écrivaines occupaient la place qui leur revient dans les livres scolaires, cette présence constituerait des exemples variés et solides de femmes qui se réalisent. Les modèles féminins en seraient singulièrement enrichis. Enfin leur reconnaissance favoriserait la destruction du fameux préjugé vis-à-vis de la «littérature féminine». Même si ce préjugé est plutôt jumelé à la vision stéréotypée des femmes. Il s'agirait d'en finir avec cette notion d'art viril! Non, la création n'est pas l'apanage des hommes. Oui, il y a des œuvres masculines qui sont... des ouvrages de dames. Il serait grand temps de bannir ces généralisations abusives. Et de respecter l'œuvre d'art, dans ce qu'elle a de personnel, d'unique. Cette unicité ne se niche sûrement pas dans des caractéristiques sexuelles. Que l'on parle donc de littérature, au-delà des sexes. Mais, pour atteindre ce but, il faut d'abord réhabiliter la littérature des femmes.

b) Renouvellement de la présentation de la littérature et des écrivaines

Renouvellement de la présentation de la littérature

Ce point n'est qu'une apparente digression. En effet, la réhabilitation des écrivaines fournirait l'occasion de revoir la présentation générale de la littérature. Cette présentation, si on l'examine avec recul, apparaît figée. N'aurait-elle pas des accointances avec... les stéréotypes masculins ? La littérature masculine, telle qu'elle nous est exposée, est imprégnée fortement de ces notions : les grands hommes, les maîtres, les patriarches, les modèles (masculins), les chefs-d'œuvre, les génies. La littérature serait une espèce de monument colossal composé de personnages statufiés à admirer sans réserve. Ne retrouve-t-on pas l'esprit de l'exploit masculin, et ces qualités «viriles» : la force, la réussite, la maîtrise, l'ambition ? L'indéracinable mythe de l'inspiration, omniprésent[3], ne vient hélas, pas nuancer les choses. Car l'inspiration n'illumine que les hommes ! Et elle accentue leur génie, leur toute-puissance.

A mon avis, deux réactions s'imposeraient dans les manuels. La première viserait à relativiser le concept de l'inspiration. C'est-à-dire qu'il faudrait dévoiler le vrai visage de la création. Ce mélange de travail intense, d'exigence, de patience, de rigueur, de plaisir, de doute, de peur, de bonheur... et d'inspiration, quand celle-ci daigne se manifester ! Une vision plus complète, plus profonde et plus réaliste de la création s'avère indispensable. Elle impliquerait aussi davantage les adolescents et adolescentes. Peut-être pénétreraient-ils mieux, avec plus de curiosité et de passion, dans le monde de la littérature. La seconde réaction consisterait à secouer le monument littéraire, à le démystifier, à le dépoussiérer en extirpant l'idée de génie masculin stéréotypé. Les livres scolaires tenteraient donc de saisir la littérature dans sa vie même (la vraie littérature est toujours vivante) et non dans sa valeur consacrée. Un esprit critique plus aigu aérerait le domaine. Ce regard neuf entraînerait peut-être aussi l'éclairage de certains genres littéraires sous-estimés. Le conte, la littérature épistolaire, la littérature pour enfants par exemple. Nous en reparlerons d'ailleurs. On le voit, la réhabilitation des écrivaines serait l'occasion de renouveler efficacement la présentation de la littérature. Et, qui sait, la littérature elle-même.

Renouvellement de la présentation des écrivaines

Nous avons souhaité, revendiqué même, une reconnaissance véritable des écrivaines ainsi qu'une vision rajeunie de la littérature. Dans cette optique, la présentation des écrivaines se transformerait aisément.

Il faudrait d'abord balayer ces portraits superficiels, schématisés. Pensons par exemple à celui de George Sand : la libertine qui finit en bonne dame assagie... Il faudrait au contraire fonder la présentation sur leur connaissance approfondie, le respect de leur personnalité et de leur autonomie. Justement, à propos d'autonomie : il serait grand temps de cesser de situer ces créatrices par rapport aux hommes. En supprimant l'expression «la femme de» (ou la compagne, la fille, etc.), expression qui traduit un très vieux réflexe. Simone de Beauvoir est... Simone de Beauvoir. Et sa pensée existentialiste est bien différente de celle de Sartre. Autonomie, personnalité : les écrivaines ont peu de points communs avec la femme-objet. Il serait peut-être utile alors de moins braquer les projecteurs sur leur physique ! Sauf si l'on montre que celui-ci est une des multiples composantes des écrivaines et qu'il reflète leur être profond. Une Louise Labé ne pouvait être laide. Sa beauté révèle sa sensualité, sa finesse, sa subtilité, sa conscience aiguë du corps.

Respect de leur personnalité. C'est-à-dire respect de la vie privée, respect des engagements idéologiques, des prétendus écarts ou prétendues folies... Qu'importe-t-il d'énumérer les amants de George Sand ? Colette n'eut-elle pas le droit de travailler quelques années dans le music-hall ? Et pourquoi justement ne pas exploiter ces éléments en les approfondissant ? Afin de mieux cerner la personnalité des écrivaines ? Ou même de mieux les relier à un contexte historique ? Les manuels soulignent le fait que Christine de Pisan fut veuve à vingt-cinq ans, avec trois enfants. Nous l'avons déjà relevé. Pourquoi ne pas en profiter pour préciser que les femmes se mariaient souvent extrêmement jeunes au Moyen Age ? Et qu'une Christine de Pisan se lança dans la littérature par passion mais d'abord pour gagner sa vie ? On sait qu'il n'est pas toujours facile de vivre de sa plume.

Respect de la création. Les ouvrages scolaires, on s'en souvient, semblent se délecter des limites et faiblesses des œuvres féminines. Etrange comme cette sévérité joue nettement moins à l'égard des écrivains. Ici encore j'évoquerais l'importance de l'esprit critique. Qu'il fonctionne vis-à-vis de toutes les œuvres. Et qu'il ne se confonde pas avec des a priori douteux.

Respect de la maternité littéraire. Certains manuels se contredisent au sujet de la signature de telle ou telle production. Par exemple, «La princesse de Clèves». Ces obscurités ou ambiguïtés qui apparaissent çà et là renforcent l'idée qu'il est nécessaire de sonder davantage l'histoire littéraire, et particulièrement la littérature féminine.

Voilà donc ce que nous souhaitons: une présentation des écrivaines nettement plus vivante, nuancée, justifiée. Et plus imbriquée dans le cadre historique.

c) Réhabilitation de la littérature féminine

Dans les introductions, les tableaux chronologiques, les tables de matières et les index

Cette présence explicite s'impose. Elle constitue une nécessité culturelle, mais aussi psycho-pédagogique. L'adolescente et l'adolescent doivent, en ouvrant un manuel, capter d'emblée la mixité de la littérature. Celle-ci est une aventure créatrice dans laquelle se sont lancés et se lancent hommes et femmes. Mais cette présence ne peut que se fonder sur une connaissance approfondie de l'histoire littéraire. Et particulièrement, l'histoire de la littérature féminine.

Dans le contexte historique

L'histoire «historisante» ayant gommé, ou au moins estompé, l'histoire des femmes, il est manifeste que les écrivaines en sont quelque peu victimes. Il est d'ailleurs frappant de constater que les manuels ne se soucient guère de situer les écrivaines dans un environnement historique. Celui-ci est pourtant un élément capital pour appréhender véritablement la littérature féminine. En effet leur sort est étroitement lié à la condition féminine. Or on ignore, on méconnaît, on déforme, on simplifie à l'excès cette histoire de la condition des femmes. Non, elle ne se résume pas tout à fait à une lente évolution vers l'émancipation... Mais nous renvoyons ici au chapitre consacré à l'histoire. Il serait indispensable de connaître les conditions dans lesquelles ont vécu, ont lutté les écrivaines, à chaque époque. Leur statut en tant que femmes, les résistances précises de la société à l'égard des créatrices. Leur rôle exact dans l'histoire, dans la vie artistique ou politique. Ou les influences qu'elles ont exercées sur certains écrivains.

Tous ces éléments éclaireraient précieusement leur littérature. Et nous comprendrions davantage les avatars de l'histoire de la littérature féminine...

Dans l'histoire littéraire

Avant de plonger dans l'histoire littéraire elle-même, je désirerais formuler quelques remarques. Nous avions constaté la présence minoritaire des écrivaines dans le répertoire des manuels de textes et exercices. Une reconnaissance générale de la littérature féminine et une solide maîtrise de son histoire se répercuteraient inévitablement sur ce répertoire. Cette histoire littéraire féminine rejaillirait par conséquent sur l'ensemble des manuels de français. Le développement qui va suivre ne constitue évidemment pas une histoire de la littérature féminine, ni même un condensé. Ce thème très vaste exigerait de nombreux volumes... Dans le cadre et les limites de cet ouvrage, il m'a paru intéressant d'opérer une rapide réhabilitation. Il ne s'agit donc ici que de fournir des pistes, de poser des jalons. En respectant bien sûr l'optique scolaire. J'ai procédé à nouveau par siècle. Cette méthode chronologique m'a semblé la meilleure, la plus claire, pour cette brève entreprise.

Le Moyen Age

Surprenant Moyen Age qui nous offre une littérature féminine très affirmée, diversifiée, sensuelle à souhait. Le chapitre relatif à l'histoire nous a montré que les femmes jouissaient d'un statut moins contraignant, qu'elles détenaient un certain pouvoir, qu'elles participaient activement à la vie économique. Et pourtant les conditions d'instruction étaient loin d'être excellentes pour elles. Seule l'élite avait droit à une culture : nobles, aristocrates et abbesses. Dans les milieux populaires, l'enseignement était probablement très sommaire. Et ces maigres possibilités d'instruction s'anéantirent à la fin du Moyen Age, rejetant les femmes dans l'ombre, dans un silence obligé. La société médiévale, même si elle adora la femme (du moins pendant un siècle ou deux), est restée réticente à la création littéraire féminine. Marie de France nous l'avoue elle-même. Il est difficile de circonscrire cette littérature féminine. D'une part, de nombreux écrits sont anonymes. D'autre part, ces textes passaient par les mains d'un copiste, mains qui se confondaient parfois avec celles de la censure... Il faut avouer que les écrivaines de l'époque n'avaient pas peur des mots. Enfin, de multiples œuvres se sont perdues, notamment des œuvres orales qui ne trouvèrent pas de support écrit, ou dont nous n'avons pas redécouvert le support.

Malgré toutes ces limites, quelle affirmation littéraire! Les textes féminins campent (ou reflètent) des femmes déliées, charnelles, actives, malicieuses. Des femmes qui expriment avec une simplicité étonnante leurs goûts, leurs désirs, leurs volontés, notamment dans le domaine sexuel et affectif. Elles se permettent également de porter des jugements sur les comportements masculins. En outre, ces écrivaines exploitent à merveille le langage métaphorique du Moyen Age. Et s'abandonnent avec délice aux jeux symboliques et aux atmosphères féeriques. Peut-être les manuels devraient-ils, en premier lieu, compléter le portrait de Marie de France et celui de Christine de Pisan.

Marie de France (deuxième moitié du XIIe siècle). Marie de France, auteur de quelques lais? Précisons d'emblée qu'elle rédigea une vie de saint «Le purgatoire de saint Patrice» et un recueil de fables «Ysopet». A propos de ce dernier, certains critiques y ont vu... du La Fontaine[4]! Disons que La Fontaine s'est allègrement inspiré de plusieurs fables de Marie de France. Ne faudrait-il pas relire l'«Ysopet»? Quant aux lais, j'estime qu'on ne leur accorde pas une place suffisante. Car Marie de France a su forger un genre tout particulier, qui mêle intimement la poésie et la narration. Et elle y excelle. Elle sait créer une atmosphère. Elle sait maîtriser parfaitement un récit. Elle a le sens de la nuance et de la fraîcheur. Elle joue avec les symboles et les emblèmes. Mais, surtout, elle possède l'art d'allier le détail à la suggestion. Cette symbiose originale engendre un univers fascinant, prismatique, qui brasse le réel, l'étrange, le rêve, le merveilleux. Sans aucune sophistication. Mais avec une simplicité admirable. L'amour est la focale des Lais. L'amour passionné, qui rejette les entraves mais non le plaisir. L'amour dont le gouvernail est aux mains des femmes! Marie de France a exercé une influence profonde sur la poésie (le mouvement symboliste par exemple), sur le roman et sur le conte. Il serait sans doute temps de reconnaître cette influence et de mieux la cerner.

Christine de Pisan (1364-vers 1430). «Seulette suis et seulette veux être» nous confie-t-elle. Aveu d'une frêle, chétive, larmoyante poétesse au charme bien féminin? Non! Christine de Pisan est tout le contraire: une femme solide, autonome, engagée totalement. Et, d'abord, écrivaine professionnelle. Or l'époque est dure, particulièrement pour les femmes, et plus encore pour les créatrices. Les temps ont changé depuis le XIIe siècle, âge lumineux de la femme. L'amour courtois est remis en question. Et l'on démolit à grands coups l'autel dédié à la femme. C'est dans ces conditions que Christine de Pisan échafaude son œuvre. On peut dire qu'elle a exploité tous les genres. En poésie, des ballades, chansons, virelais, rondeaux, complaintes amoureuses. Ajoutons à cela des chroniques historiques et politiques, des traités d'éducation, des satires, des textes moraux et humanistes. Quelques titres : « La Cité des dames », « L'Epître au dieu d'amour », « Le Dit de la rose », « Le Débat des deux amants ». A travers cette diversité, se profile une femme lucide, combative, cultivée, audacieuse, travailleuse, ouverte, attentive à son temps. Sa poésie est sobre, distinguée, forte et discrète à la fois. Qu'elle chante le bonheur conjugal ou la souffrance du deuil et de la solitude. La sensualité y est toujours présente mais contenue. Quels sont les thèmes qui l'intéressent ou qu'elle défend ? Tout ! A commencer par son époque. Elle se révèle une excellente chroniqueuse. Les problèmes politiques : elle réclame la paix avec acharnement. La condition féminine : elle revendique l'autonomie des femmes dans un combat âpre, tenace, fortement argumenté. Christine se bat pour que les femmes puissent accéder à l'enseignement, pour que leur esclavage domestique soit allégé, pour qu'elles aient le droit de créer. Elle tente de saper les préjugés masculins à l'égard des femmes. Dénonce, par exemple, ces hommes qui se permettent tout mais sont intransigeants vis-à-vis des femmes. Ces hommes qui refusent qu'elles s'instruisent parce qu'elles risquent alors d'« empirer ». Combat acharné. Engagement total. Œuvre abondante et diverse... aux accents si peu démodés.

Mais le panorama du Moyen Age est loin d'être complet. Elargissons le domaine de la poésie. Les trobairitz, c'est ainsi que s'appellent les femmes troubadours, mériteraient à elles seules un chapitre important. Non seulement parce qu'elles furent nombreuses, mais surtout parce que leur création diffère de celle des troubadours. En effet leurs textes sont plus directs, réalistes, alertes, audacieux. Ils affichent une étonnante liberté de ton. Les trobairitz ne correspondent guère aux femmes stéréotypées ! Citons entre autres *Béatrice de Die* (vers 1170), *Azalaïs de Porcairages* (née vers 1140), *Garsenda de Forcalquier* (née vers 1170), *Lombarda* (née vers 1190), *Castelloza* (début XIII siècle), *Clara d'Anduze* (début XIII siècle). Des femmes illustrent également la poésie du nord. Signalons *Marie de Clèves* (1426-1487), brillante mécène. Elle nous laisse de séduisants rondeaux. Mentionnons aussi *Jeanne Filleul* (1424-1498) et la *Béguine Anonyme* (fin du XIII). Le Moyen Age compte aussi des dramaturges. Par exemple, *Hrotsvitha* (X), une moniale. Elle pratique la poésie mais surtout le théâtre. Elle nous offre six comédies édifiantes dont « La Conversion à Marie ». Enfin, dans le genre épistolaire, une écrivaine émerge à mes yeux : *Héloïse* (XII). Oui, la « très sage Héloïse ». Au tempérament brûlant. Au talent certain. J'aime son intelligence lucide, ses images sûres, ce mélange déconcertant de passion et de maîtrise, son élégance. Ses lettres atteignent la grandeur. Elles appartiennent vraiment à la littérature.

Passionnant Moyen Age. Sa littérature féminine est bien étrangère à « la littérature féminine » composée de mièvrerie et de timidité : elle est étonnamment directe, déliée et fraîche.

Le seizième siècle

La riche Renaissance cache des temps douloureux et sombres pour les femmes. Au cœur de ce siècle tourmenté, multiforme, les femmes ne bénéficient pas d'un statut juridique. Elles dépendent totalement du mari. Et l'enseignement est médiocre. L'amour courtois ? Un très lointain souvenir. Aujourd'hui l'Eglise, la société, l'humanisme, tout encourage à la sagesse, à la vertu, à la passivité féminine. Que faire, sinon se résigner ou... se révolter face à un monde qui désapprouve la création des femmes.

Marguerite de Navarre (1492-1549). Voilà une écrivaine qui mériterait une place plus large. Rappelons qu'elle fut la sœur aînée de François Ier et qu'elle joua un rôle à la fois politique et littéraire. Marguerite de Navarre : une humaniste doublée d'une mystique. Une femme cultivée, intelligente, passionnée par les problèmes religieux mais aussi par la condition féminine. Son « Heptaméron » me semble particulièrement intéressant. Il s'agit de 72 nouvelles, inspirées formellement par Boccace. Curieuse œuvre. Car ces nouvelles lestes, réalistes, colorées, drôles, cruelles, même diaboliques, sont encadrées de commentaires profonds, philosophiques. Mélange qui révèle parfaitement l'ambivalence de Marguerite de Navarre et sa personnalité complexe : l'attention aiguë portée aux êtres et à Dieu. La grave, la mystique, la métaphysique Marguerite sourit ironiquement et s'amuse devant les pauvres comédies humaines... Mais son œuvre ne se limite pas à la prose. Marguerite de Navarre est aussi poétesse. Elle nous livre, dans ce genre, des textes vigoureux, maîtrisés. Elle nous chante, avec distinction, ses élans mystiques et la fragilité humaine. Même lucidité. Même grandeur. Citons ses quelques œuvres poétiques : « Le Miroir de l'âme pécheresse », « Les Marguerites de la Marguerite des princesses ». Enfin elle fut également dramaturge. Elle rédigea des pièces religieuses et profanes qui furent jouées à son époque. Mysticisme et humanisme s'y conjuguent comme dans ses autres œuvres.

- La poésie

C'est dans la poésie que s'illustrent le plus fortement les écrivaines de ce siècle. L'Ecole lyonnaise : un fascinant rassemblement de poètes et poétesses autour de Maurice Scève, à Lyon. En tête de liste, *Louise Labé* (vers 1524-1566). Une de nos plus grandes. Mais les érudits se sont davantage occupés de sa moralité que de sa création. Un tempérament incendiaire, une affirmation percutante, un esprit ironique et malicieux. Une culture solide et des influences littéraires transcendées. Des idées claires et ardemment défendues. Par exemple, elle revendique l'autonomie des femmes, leur droit à l'amour, l'égalité entre les sexes. Elle souhaite que la gent féminine se cultive davantage dans son «Epître dédicatoire à Clémence de Bourges». Louise Labé se révèle une excellente prosatrice dans «Le Débat de folie et d'amour». Récit alerte, ingénieux, aux piquants dialogues. En tant que poétesse, elle nous laisse 24 sonnets et 3 élégies (elle est une des premières adeptes du sonnet en France). C'est probablement dans ses sonnets que son talent atteint l'apogée. Le lyrisme profond nous interpelle, aujourd'hui, par-delà quatre siècles. Mais aussi son écriture physique. Ses élans, sa lucidité, sa sensualité déployée. Louise Labé détonne vraiment au cœur de ce siècle néo-platonicien. Elle est elle-même et puissamment elle-même. A ses côtés, une autre poétesse: *Pernette du Guillet* (vers 1520-1545), morte très jeune. Ses «Rymes» sont composées d'élégies, de chansons, d'épigrammes. Un art subtil, velouté, au charme discret mais efficace. Pernette du Guillet aime les nuances, les ambivalences, les rythmes. D'ailleurs elle s'accompagnait au luth lorsqu'elle récitait ses textes. Toute son œuvre est sous-tendue par le désir d'une entente douce, complice et spirituelle avec celui qu'elle aime, Maurice Scève. La «Délie» de celui-ci (la femme adorée et, en même temps, le titre de son œuvre principale) cache vraisemblablement Pernette... L'Ecole lyonnaise compta d'autres poétesses. Nous en possédons une douzaine de noms. Mais leurs œuvres sont probablement perdues.

En dehors de l'Ecole lyonnaise, on découvre de très nombreuses poétesses. Chez elles, le mysticisme passionné alterne avec la révolte contre l'esclavage féminin. Mentionnons tout d'abord *Marie de Brabant* (vers 1540-vers 1610). Elle nous livre une poésie forte, musquée, gorgée de sensualité... tout en fustigeant les femmes coquettes et futiles! Baudelaire ne se serait-il pas promené un jour dans ces allées capiteuses? Marie de Brabant est l'auteur de «Annonce de l'esprit et de l'âme fidèle contenant le Cantique des Cantiques de Salomon en rime française». Citons *Nicole Estienne* (vers 1544-vers 1596) qui, avec une force tranquille, brosse le tableau des femmes mal mariées: «Les misères de la femme mariée, où se peuvent voir les peines et les tourments qu'elle reçoit durant sa vie». D'autres poétesses mériteraient l'attention. *Anne de Marquets* (1533-1588), *Marie de Romieu* (vers 1545-vers 1590), *Gabrielle de Coignard* (morte en 1594), *Madeleine de l'Aubespine* (1546-1596).

- Naissance du roman psychologique ou sentimental

Hélisenne de Crenne (vers 1505-vers 1555) inaugure un nouveau genre, le roman psychologique. Genre qu'illustreront les écrivaines jusqu'aujourd'hui. Elle rédigea ce roman «Les Angoysses douloureuses qui procèdent d'amour, contenant trois parties composées par dame Hélisenne de Crenne laquelle exhorte toutes personnes à ne pas suivre folle amour». N'empêche que sa longue et romanesque exhortation est imprégnée d'une telle volupté qu'on se permettrait de mettre en doute cet avertissement moral... Ce roman, d'ailleurs autobiographique, révèle la mentalité et les mœurs du XVIe siècle. La femme, rivée à un affreux mari imposé, n'ose cependant pas franchir le pas de l'adultère. Mais ses sentiments la trahissent et l'affreux mari la séquestre! Mais chez Hélisenne de Crenne, la fine analyse des sentiments prime sur la narration des événements. Hélisenne ouvre vraiment la voie au roman sentimental. En cela, elle devrait occuper une place précise dans l'histoire littéraire.

Jeanne Flore (première moitié du XVIe siècle), qui est peut-être la fameuse Jeanne Gaillarde, semble être une exception dans ce siècle de plus en plus humaniste et néo-platonicien. Si Hélisenne de Crenne tente d'exhorter au devoir, Jeanne Flore fait l'apologie de l'amour physique! Et malheur à ceux qui le rejettent. Voilà le sujet des «Contes amoureux, touchant la punition que faict Vénus de ceux qui condamnent et mesprisent le vray amour». Ses textes sont audacieux et corsés. Jeanne Flore possède un merveilleux sens du détail et de l'image.

Les Dames des Roches: Madeleine (vers 1520-1587) et *Catherine* (vers 1542-1587). Madeleine, la mère; Catherine, sa fille. Deux écrivaines. Elles pratiquent la poésie et signent des pièces de théâtre. Mais elles me paraissent surtout intéressantes pour deux raisons. Tout d'abord, elles créent, à Poitiers, un des tout premiers salons littéraires, salon qui sera célèbre. Ensuite elles se distinguent par leur combativité et leurs revendications précises: l'autonomie féminine, la liberté politique des femmes, le droit à l'instruction et à la pratique des arts. Bref, elles veulent ajouter la plume au fuseau.

En synthèse, nous pouvons affirmer que ce siècle d'interdits et de barrières n'a pas réussi à étouffer la littérature féminine. Des écrivaines ont violemment réagi et ont investi tous les genres littéraires, quand elles ne les ont pas créés...

Le dix-septième siècle

Le dix-septième n'est pas plus favorable aux femmes. Les possibilités d'instruction restent très limitées. L'Eglise et la société ont soin de maintenir les femmes dans la geôle institutionnalisée du mariage. L'hostilité à l'égard des écrivaines va se manifester de manière peut-être moins directe mais plus perfide : les hommes choisissent l'ironie ou la raillerie. La préciosité, phénomène généralisé, se retourne contre les écrivaines. Et certains titres de Molière ne les aident certes pas... N'empêche que des femmes ripostent. Elles vont se lancer activement dans la vie littéraire et s'attaquer, à nouveau, à tous les genres.

- Les salons littéraires

Par le biais des salons, certaines femmes vont non seulement s'immiscer dans la vie littéraire, mais en devenir les protagonistes. On connaît l'importance déterminante de l'Hôtel de Rambouillet. Grâce aux salons, certaines personnalités féminines vont conquérir une forme d'autonomie, d'indépendance, d'action... et de culture. Elles sont plus que de charmantes hôtesses. Elles s'arrogent le droit d'émettre des opinions, des critiques, des jugements littéraires. D'ailleurs les écrivains ont l'habitude de venir les consulter. Enfin, élément non négligeable, la plupart de ces femmes écrivent elles aussi...

- Le roman

Rappelons le chef-d'œuvre du roman psychologique au XVIIe siècle : « La Princesse de Clèves » de *Marie-Madeleine de La Fayette* (1634-1693). Ouvrage qu'elle n'osa signer, mais dont on a pu établir la maternité littéraire. Rappelons également les nombreux et torrentiels romans de *Madeleine de Scudéry* (1607-1701). Les écrivaines s'implantent solidement dans le genre romanesque.

- Le conte

Sous la grande étiquette « classicisme » se camouflent des courants nettement différents... Les manuels occultent un genre exploité de tout temps par les écrivaines : le conte. Genre sur lequel d'ailleurs elles semblent régner. Marie de France, au XIIe siècle, a manifestement ouvert la voie. Au XVIIe siècle tout particulièrement, le conte de fées est florissant et rencontre un immense succès. Or quel est l'auteur que nous connaissons ? Charles Perrault... qui se serait inspiré directement de plusieurs créations féminines. Les frères Grimm et Andersen l'ont imité. En outre, l'histoire littéraire a attribué certains contes féminins à Perrault. Voici quelques femmes qui illustrent ce domaine. *Marie-Jeanne L'Héritier De Villandon* (1664-1734), *Henriette-Julie de Murat* (1670-1716), *Catherine Bernard* (1662-1712), *Marie-Catherine d'Aulnoy* (vers 1650-1705). Attardons-nous sur ces deux dernières. Catherine Bernard nous offre un roman, « Inès de Cordoue » dans lequel elle a glissé deux contes, « Riquet à la Houppe » et « Le rosier ». Petits chefs-d'œuvre de finesse, de subtilité psychologique et d'humour léger, coulés dans une écriture élégante. Marie-Catherine d'Aulnoy est sans doute la plus brillante, la plus étonnante conteuse du XVIIe. Le public reconnut d'ailleurs son talent. Créatrice de sujets, elle mêle avec un évident plaisir le merveilleux à l'horreur. Les monstres aux fées. Elle jongle avec le réel, l'étrange, le merveilleux, le visionnaire, le fantastique. Fait basculer en une seconde la fraîcheur dans l'épouvante. Sans s'y perdre, car elle possède un sens aigu de la narration. Son imagination est luxuriante. Les détails savoureux. Par exemple, des chats pendus au plafond, qui servent de lustres. Ou un fouet composé de serpents vivants. Nous ne résistons guère à ses récits allègres, vifs, pimentés. Marie-Catherine d'Aulnoy défie le temps... mais est méconnue.

- Les autres genres littéraires

La préciosité n'a pas toujours servi la poésie, que ce soit chez les écrivains ou les écrivaines. Mentionnons cependant quelques noms : *Henriette de La Suze* (1618-1673), *Antoinette Deshoulière* (vers 1638-1694), *Jeanne-Marie Guyon* (1648-1717). Ajoutons *Marie-Hortense de Villedieu* (1632-vers 1683) dont les textes affichent un tempérament certain et une belle liberté de ton. Quant au genre épistolaire, il mériterait quelques commentaires généraux. Voici un genre littéraire que l'on a négligé, sous-estimé... et qui fut illustré principalement par des écrivaines. Ce fut probablement un des genres les plus accessibles aux femmes, dans la mesure où les hommes l'auraient moins défendu... Toujours est-il qu'on découvre dans ce domaine des écrivaines nombreuses et brillantes. La réhabilitation de la littérature féminine ne fournirait-elle pas l'occasion de remettre en question la hiérarchie des genres? Rappelons-nous Héloïse au Moyen Age. Le XVIIe siècle nous donne, lui, une des grandes épistolières : *Marie de Sévigné* (1626-1696). Mais il ne faudrait pas oublier *Ninon de Lenclos* (1620-1705), une très forte personnalité de ce siècle. Ses lettres surprennent par leur intelligence aiguë, la lucidité, l'esprit, la subtilité, l'ironie. L'écriture est à la fois percutante et distinguée. Et Ninon maîtrise parfaitement les méandres psychologiques et sentimentaux...

Deux constatations émanent de ce bref aperçu du XVIIe siècle : la présence marquante des femmes dans la vie littéraire et leur empreinte profonde dans le vaste secteur de la prose : le roman, le conte, les lettres.

Le dix-huitième siècle

Le climat général de ce siècle est moins défavorable aux femmes. L'immense curiosité intellectuelle, l'engouement pour la science, l'ambition, le cosmopolitisme, l'ascension de la bourgeoisie, toute cette effervescence va rejaillir sur les femmes. Celles-ci luttent d'autant plus énergiquement au niveau de l'enseignement et de l'égalité des sexes. Elles récoltent d'ailleurs quelques victoires. L'instruction se développe légèrement et la presse féminine voit le jour. Mais d'autres facteurs vont aider à l'amélioration relative du statut moral des femmes: la brutale prise de conscience de l'importance de l'éducation et, par ricochet, le respect de l'amour maternel. La relation homme-femme évolue elle aussi et gagne en complicité intellectuelle et affective. Le résultat? Une littérature féminine foisonnante qu'il est extrêmement difficile de synthétiser. Précisons que les salons littéraires continuent à exercer leur rôle. Ils constituent les carrefours de la culture et de l'esprit philosophique.

- Le conte

La vogue du conte de fées ne faiblit pas et rencontre toujours le succès. Une écrivaine y brille particulièrement: *Gabrielle de Villeneuve* (1695-1755), l'auteur de «Les contes marins ou la jeune Américaine». Elle nous entraîne dans un monde léger, irisé, fascinant. Un paradis de sons et lumières. Paradis déjà... surréels. C'est elle qui créa le célèbre conte «La belle et la bête» que l'histoire a faussement attribué à *Marie Leprince de Beaumont* (1711-1780). Celle-ci en a tiré une version moins poétique, quoique intéressante. Marie signe également de nombreux ouvrages pour enfants.

- Le roman

Une multitude d'écrivaines tentent l'aventure du roman. Par exemple, *Marie-Jeanne Riccoboni* (1714-1792), *Alexandrine de Tencin* (1681-1749) au célèbre salon. Je voudrais m'arrêter à *Isabelle de Charrière* (1741-1806). Une des plus étonnantes personnalités du XVIIIe... presque inconnue aujourd'hui. Voilà une femme qui s'est forgée véritablement. En dépit du siècle, en dépit des préjugés, en dépit des modes. Elle naît en Hollande, s'installe en Suisse. Une curiosité intense l'anime ainsi que le désir de se réaliser. Elle apprend différentes langues, se met à composer des opéras. Elle se lance dans le roman et la nouvelle. Ce qui frappe chez Isabelle, quand on analyse sa production, c'est un décalage par rapport au ton et aux thèmes de l'époque. Cette romancière tranche résolument[5]. Pourquoi? Elle réussit, sans doute parce qu'elle est parvenue à être elle-même, à créer des personnages. Non pas de pâles projections personnelles, mais des figures vivantes, fouillées, complexes, diversifiées. Et ceci caractérise aussi bien les personnages féminins que masculins. Elle adopte, dans «Caliste», le point de vue d'un narrateur, et non d'une narratrice. Méthode très rare chez une femme. Enfin elle aborde des thèmes assez nouveaux, comme la relation mère-fille, ou des décors nouveaux, comme la vie quotidienne dans des milieux populaires. Isabelle de Charrière occupe indéniablement une place dans l'histoire littéraire. Son œuvre s'inscrit dans le pré-romantisme (mais sans concessions vis-à-vis des modes) et influencera profondément Germaine de Staël et Benjamin Constant.

- D'autres genres... et d'autres personnalités

On a peut-être reconnu le rôle politique de *Marie-Jeanne Roland* (1754-1793), mais on a méprisé, ou oublié, son œuvre littéraire. Rappelons qu'elle fut l'égérie du parti girondin et qu'elle fut guillotinée en 1793. Elle nous laisse des méditations philosophiques et ses «Mémoires» rédigés au cachot. On a rarement rencontré une prisonnière aussi sereine et heureuse ! Car elle est satisfaite de son action révolutionnaire et elle peut, à loisir, vivre en elle-même son amour pour Buzot. Elle se révèle grande écrivaine par son style net, rigoureux, élégant. Par un ton si peu courant à l'époque, l'affirmation calme et passionnée à la fois. Et, grâce à son expérience et à son intelligence aiguë, elle s'avère une des grandes analystes du sentiment.

Les traités pédagogiques connurent un énorme succès au XVIIIe siècle. Ils pullulèrent. L'«Emile» de Jean-Jacques Rousseau suscita des réactions diverses et parfois violentes. Surtout de la part de certaines femmes. Signalons *Louise d'Epinay* (1726-1783) avec son ouvrage «La conversation d'Emilie», qui constitue une jolie riposte à Rousseau. Louise d'Epinay y élabore une pédagogie féminine originale. Mentionnons également *Anne-Thérèse de Lambert* (1647-1733) qui rédigea de nombreux traités d'éducation. Elle s'oppose non seulement à Rousseau, mais aussi à Molière. Elle exprime des idées nouvelles, révolutionnaires pour le siècle. Son écriture est ferme. Sa lucidité et sa finesse psychologique surprennent.

Olympe de Gouges (1748-1793) s'affirme d'une tout autre manière. Elle composa... une parodie de la Déclaration des Droits de l'Homme : la «Déclaration des Droits de la Femme et de la Citoyenne». Inutile de préciser qu'elle récolta beaucoup d'ennemis. Elle joignit l'action révolutionnaire à l'écriture engagée. Cela lui valut la prison et la guillotine. Olympe de Gouges revendique l'égalité des sexes, la liberté d'expression. Une femme a le droit de monter à l'échafaud. Pourquoi n'aurait-elle pas aussi le droit de monter à la tribune ? Enfin, elle rédigea, à la suite de sa Déclaration, une «Forme du Contrat Social de l'Homme et de la Femme». Si ces propositions scandalisèrent ses contemporains, elles nous paraissent aujourd'hui logiques et évidentes...

Le XVIIIe est le siècle le plus occulté. Nous l'avions constaté. Injustement occulté. Car ce siècle a produit une pléiade de prosatrices qui ont creusé des veines très diverses, comme le roman, le conte, la littérature engagée et pédagogique.

Le dix-neuvième siècle

Malheureux Napoléon qui, avec son malheureux Code civil, va couper les ailes à cet élan créateur des femmes... Après les licences de la fin du XVIIIe siècle et l'obtention du divorce en 1792, les femmes retrouvent la geôle du mariage et une société ouvertement hostile à leur création. Ces obstacles, ces carcans, ces corsets encouragent les plus fortes, les plus audacieuses, à se révolter. La lutte reprend donc, plus acharnée que jamais, avec des buts très précis : un statut véritable, l'enseignement (secondaire et supérieur) accessible aux filles, le droit à la création. Le mot « auteure » est d'ailleurs forgé au XIXe. Mais, phénomène nouveau, ce combat se gonfle, s'élargit car il rencontre le grand mouvement social du siècle. Femmes et prolétaires s'unissent... De plus, deux facteurs vont être favorables aux écrivaines : le saint-simonisme et le développement de la presse féminine. Cette longue révolte engendre une production littéraire abondante... et bien peu connue.

- Les deux « phares » sont à revoir

Les manuels commentent bien sûr l'œuvre de *Germaine de Staël* (1766-1817) et celle de *George Sand* (1804-1876). Mais nous avons constaté que ces présentations étaient plutôt poussiéreuses.

La personnalité et l'action de Germaine de Staël sont surprenantes. Par rapport à l'époque et en elles-mêmes. Germaine de Staël a bravé tous les interdits, toutes les résistances et a réussi à exploiter chaque obstacle. Peut-être faudrait-il d'abord mieux cerner son rôle littéraire. En effet, c'est elle qui assure véritablement le lien entre le XVIIIe et le XIXe siècle. En outre, c'est elle qui lance, qui propulse le romantisme non seulement en France mais dans toute l'Europe. Elle connaît la gloire. Ses romans récoltent un immense succès. A faire pâlir Chateaubriand. Les livres scolaires s'attardent sur ses essais. Un autre versant de l'œuvre mériterait d'être éclairé : ses romans psychologiques, « Delphine » et « Corinne ». Germaine de Staël y campe deux femmes supérieures en butte aux préjugés sociaux du siècle. « Corinne » me semble particulièrement passionnant car ce roman touche à des thèmes profonds, éternels : la solitude et la marginalité du créateur ou de la créatrice, la difficulté de créer, le problème de concilier l'art et le bonheur affectif. Tous ces thèmes trahissent le combat de Germaine de Staël.

Quant à George Sand, son portrait devrait être revu et nuancé. Plutôt que d'insister avec complaisance sur ses aventures sentimentales, il faudrait mettre en évidence le fait qu'elle s'est forgée totalement. Et pourtant son milieu ne la privilégia pas, contrairement à celui de Germaine de Staël. Elle est donc devenue George Sand à force d'audace, de détermination, d'ambition, de travail. Et, si elle s'habilla comme un homme, ce fut pour des raisons d'économie... Il serait peut-être judicieux de relire «Histoire de ma vie». Les manuels amputent son œuvre pourtant abondante et très diversifiée. Cette polyvalence devrait être mise en lumière. Et ses romans plus psychologiques mériteraient plus d'attention: «Lélia», «Indiana», «Consuelo». A nouveau, des romans qui portent des prénoms féminins. Ce n'est pas le hasard. Le XIXe nous en fournit de nombreux exemples. Ces prénoms reflètent bien la lutte féminine pour conquérir l'identité, l'existence même. Paradoxe de ces héroïnes, douées, parfois exceptionnelles, qui ne bénéficient pas de l'ombre d'un statut véritable. Dans ces trois romans de George Sand, nous retrouvons les qualités de l'écrivaine: sa maîtrise de l'intrigue, son sens de l'atmosphère et du rebondissement.

- La prose multiple

Des femmes s'engagent à fond dans le combat politique et social. Entre autres, *Flora Tristan* (1803-1844) et *Louise Michel* (1830-1905).

Flora Tristan est un des personnages les plus fascinants du XIXe siècle. Elle découvre les injustices sociales au Pérou et décide brutalement de consacrer sa vie à la défense des opprimés. Elle est curieuse de tout, et dénonce toutes les formes d'oppression qu'elle découvre. Elle mourra, exténuée, au cœur de sa bagarre. Ses voyages alimentent sa révolte, sa vocation et ses écrits. Et quels écrits! Des textes sous-tendus par l'indignation, colorés de réalisme, rehaussés de détails percutants. Nous les recevons, aujourd'hui, de plein fouet. Et qu'il est difficile, après avoir lu Flora Tristan, d'oublier le regard vide de toutes les victimes sociales...

Autre militante: Louise Michel, une des protagonistes de la Commune. Ses textes sont remarquables par leur concision, leur précision, leur efficacité. Une écriture presque journalistique.

Tout autre style, tout autre ton que celui de *Delphine de Girardin* (1804-1855). Une brillante prosatrice, qui étincelle d'esprit, d'ironie, de malice, de finesse. Sa plume légère défie le temps. Ses nouvelles sont un régal. Citons «La canne de Monsieur de Balzac», «Le lorgnon». Mais je voudrais insister sur ses «Lettres parisiennes». En fait, ces lettres furent une série d'articles qui parurent dans le journal «La

Presse» sous le nom de Vicomte Charles de Launay. Voyant le succès de cette rubrique, un éditeur s'en empara, en 1843. Cet ouvrage constitue non seulement un précieux témoignage sur l'actualité de l'époque (entre 1836 et 1839) mais aussi un ensemble savoureux. Car Delphine ne se prive pas de sourire et d'égratigner faits et gens...

Claire de Duras (1778-1828) signe, en 1823, un récit intitulé «Ourika» qui va enthousiasmer ses contemporains. Elle nous raconte la vie — ou plutôt l'impasse — d'une jeune Sénégalaise accueillie par une famille française. Ourika est vraiment un être supérieur. Malheureusement, à cause de sa race, toute destinée lui est fermée, refusée. Claire de Duras projette manifestement son malaise en tant que femme et créatrice au XIXe. Voici un récit très attachant, à l'écriture élégante. Et sa densité étonne (il comprend moins de 40 pages) à une époque où l'on aime diluer les sentiments.

Constance de Salm (1767-1845) à qui l'on reprochait trop de sérieux et de froideur dans ses écrits, réagit en rédigeant un curieux récit, «Vingt-quatre heures d'une femme sensible». Dans ce très court laps de temps, Constance de Salm brasse tous les sentiments avec une légère distanciation, comme semble déjà l'indiquer le titre. Cette œuvre, au contenu très romantique, s'avère être en fait une parodie du genre... Elle n'en est que plus délicieuse à lire. D'autant plus que l'écriture est belle et distinguée.

- La poésie

La seule poétesse signalée dans les manuels est *Marceline Desbordes-Valmore* (1786-1859). Place méritée. Sa poésie jaillissante dépasse le temps. Peut-être parce que les accents purs et passionnés émanent de la nature même de Marceline plus que de modes ou de courants littéraires. Ses contemporains l'ont reconnue et fêtée.

Mais une poétesse peut en cacher d'autres. *Louise Ackermann* par exemple (1813-1890). J'aime ses cris de révolte, sa lucidité impitoyable, sa force révolutionnaire. Louise Ackermann ose cracher. Avec sincérité... et intelligence.

Anaïs Ségalas (1814-1893) nous offre un univers plus rafraîchissant, imprégné d'enfance. Soulignons qu'elle exploite déjà — avant Apollinaire! — le pouvoir des affiches et des prospectus publicitaires.

Louisa Siefert (1845-1877) chante les souffrances avec une simplicité et une retenue étonnantes pour l'époque.

Enfin, il y a *Marie Nizet* (1859-1922). Une des meilleures poétesses du siècle. Peut-être la meilleure. On n'a découvert son œuvre qu'après sa mort. Marie Nizet se déploie merveilleusement dans sa poésie. Avec une riche sensualité. Avec une liberté frappante. Elle réussit à renouveler le thème du couple et de la mort. Chez elle, l'étreinte embrasse la mort et la dépasse, joyeusement. Et quelle alliance de finesse et de force passionnée !

- Un genre méprisé : la littérature pour enfants

C'est au XIXe siècle que se constitue véritablement cette littérature spécialisée. Elle serait la conjugaison de deux genres : le conte populaire et l'écrit pédagogique. Nombreuses sont les écrivaines du XIXe à s'y illustrer. N'y aurait-il pas une filiation avec le conte de fées ? Et une tradition féminine qui se perpétuerait ? Je le crois. Ici je voudrais insister sur le fait que la littérature enfantine exige des qualités très précises. Elle doit être efficace, claire, structurée. Pas question de se complaire dans des fioritures. C'est donc un genre qui ne peut accueillir que des écrivains solides et généreux. Les enfants sont des lecteurs impitoyables... Parmi ces représentantes, nous retrouvons *Delphine de Girardin* avec un recueil délectable, «Contes d'une vieille fille à ses neveux». L'auteur échappe à la tendance moralisatrice du siècle. Et ces contes pétillent de charme, de malice. Enfin, les manuels passent sous silence l'écrivaine la plus lue, la plus vendue au XIXe et au XXe siècle, *Sophie de Ségur* (1799-1874). Une grande écrivaine, qui possède la vivacité, l'ironie, la maîtrise parfaite de la narration. Et un sens aigu du détail. Faut-il le rappeler ?

C'est donc dans un puissant mouvement de révolte, de contestation, que s'inscrit la littérature féminine du XIXe. L'écriture symbolise, d'abord, la recherche d'une identité. Ce sombre siècle a produit une littérature multiple, foisonnante même, qu'il serait passionnant de réanimer...

Le vingtième siècle

Au XXe siècle, les femmes voient enfin le résultat de leurs luttes âpres et séculaires. Elles obtiennent une identité. Elles réussissent à forcer les portes de l'enseignement secondaire et supérieur. Le dur combat serait-il gagné ? Certes, la société ne vilipende plus la créatrice. Mais l'accepte-t-elle en profondeur ? Il est permis d'en douter. En littérature, le monde de l'édition, de la presse, appartient encore généralement aux hommes. Et il est clair que pour s'affirmer littérairement, il faut détenir un certain pouvoir (financier, politique, journalistique, etc.). Or ce pouvoir est davantage accessible aux hommes. Colette a dû jouer un rôle moteur dans le développement de la littérature du XXe siècle. Nul doute qu'elle a ouvert largement la voie, ou au moins des voies. Par son talent, sa personnalité, sa liberté d'être.

Les écrivaines investissent actuellement tous les genres littéraires. Face à ces grandes marées, j'ai adopté une attitude quelque peu prudente. J'ai décidé d'envisager uniquement les écrivaines qui ont publié avant 1956. Mais je me permettrai de commenter leurs œuvres contemporaines. Ainsi, je pense me ménager un léger recul historique, donc critique, bien nécessaire.

- La poésie

Les manuels d'histoire littéraire retiennent une seule poétesse du XXe: *Anna de Noailles* (1876-1933). Choix discutable, arbitraire. L'œuvre d'Anna de Noailles est séduisante. Elle nous piège et nous entraîne dans un univers délicieusement sensoriel. Anna de Noailles réveille nos sens et nos désirs. Poésie délectable, riche, mais peut-être limitée par la complaisance et le narcissisme.

Le monde de *Renée Vivien* (1877-1909) m'attire davantage. Sorte de chambre silencieuse, tapissée de velours profond et douloureux. La beauté ruisselle, voluptueuse. La passion se déploie. La mort rôde. La lucidité se crispe. La violence crie. Une grande poétesse.

Bien d'autres écrivaines marquent la poésie du début du XXe siècle. *Marie Dauguet* (1860-1942) nous livre des textes imprégnés de calme, de campagne, de simplicité. J'aime son affirmation sûre, sobre, qui atteint la grandeur. Qu'elle parle de son amant ou des purins et des glèbes...

Marguerite Burnat-Provins (1872-1952) déroule son lyrisme en phrases majestueuses. Quelle élégance! Quelle moelleuse sensualité.

Hélène Picard (1873-1945) publie, en 1927, un recueil «Pour un mauvais garçon». Ce recueil est un éclatement coloré, syncopé, percutant. Hélène Picard n'hésite pas à exploiter le monde contemporain et le quotidien. Elle accueille l'imaginaire et le visionnaire. Elle pimente le tout de fantaisie. Un recueil étonnant, très affranchi.

Parmi ces poétesses nées avant 1900, il faudrait mentionner également *Cécile Sauvage* (1883-1927), *Céline Arnauld* (1895-1952) et *Marie Noël* (1883-1967).

Quant aux poétesses nées après 1900, elles sont légion... *Andrée Chedid* (1921) semble mériter une place de choix. Qu'est-ce que la poésie pour elle sinon une recherche continue, une exploration infinie, un engagement vital, une manière de vivre. A la fois création et sujet de réflexion. Ses textes denses, élagués, sont animés d'une très belle force tranquille.

Andrée Sodenkamp (1906) s'impose également. Par son ton orgueilleux et passionné. Par sa somptuosité. Par sa culture et sa maîtrise du rythme.

Des poétesses exploitent à merveille la vie quotidienne. Entre autres, **Lucienne Desnoues** (1921), **Renée Brock** (1912-1980), **Denise Jallais** (1932).

Certaines s'affirment en tant que cousines du surréalisme. Deux me paraissent émerger particulièrement: *Yvonne Caroutch* (1937) et *Joyce Mansour* (1928). Yvonne Caroutch nous distille une poésie souterraine, silencieuse, visionnaire, axée sur le cheminement de l'être. Ses courts textes en prose fascinent. Chez Yvonne Caroutch la beauté se tapit dans la pénombre et la sourde interrogation. Joyce Mansour, c'est la sulfureuse. Elle crache des textes denses, superbes et cinglants. Sous sa violence, pleure la tendresse. Le talent gicle à chaque vers.

- Le théâtre

La percée dans le théâtre semble plus tardive. Pourquoi? Les conditions de création et de diffusion diffèrent totalement dans ce domaine. L'auteur dramatique doit se battre sur une plus grande échelle. Non seulement il doit connaître à fond le travail théâtral (donc pénétrer ce milieu particulier), mais aussi multiplier les démarches, les contacts s'il veut, un jour, avoir la chance d'être joué... Tout cela nécessite un terrible engagement. Il a fallu d'abord que les femmes se forgent une puissante liberté pour qu'elles s'attaquent à ce genre, vers les années soixante. Mais il y eut des signes précurseurs. Quelques exemples de créations féminines: «Les Bouches inutiles» de *Simone de Beauvoir*[6], «Le Burlador» de *Suzanne Lilar*[7], «Anastasia» de *Marcelle Maurette*[8], «Soledad» de *Colette Audry*[9]. Je signalerai quelques femmes qui se sont illustrées dans l'écriture dramatique et qui furent jouées: *Françoise Sagan* (1935), *Marguerite Duras* (1914), *Liliane Wouters* (1930). Cette dernière brasse, avec originalité, la poésie, la métaphysique, la satire sociale et l'humour[10].

- Le roman

Je ne m'attarderai évidemment pas sur les romancières très connues ou reconnues. C'est par «familles» que je vous présente ma sélection, afin d'esquisser plus brièvement le paysage romanesque du XXe. *Colette* (1873-1954) domine indéniablement la première moitié du siècle... et éclipse une série impressionnante de romancières.

LES EXPLORATRICES: *Nathalie Sarraute* (1900), *Marguerite Duras*, *Marguerite Yourcenar* (1903), *Dominique Rolin* (1913), *Suzanne Lilar* (1901). Ces cinq écrivaines se lancent dans l'aventure du roman en remettant en question ses structures et son contenu. Elles vont fouiller des régions nouvelles. Je ne crois pas nécessaire de commenter les trois premières. Par contre, je voudrais éclairer Dominique Rolin et Suzanne Lilar. *Dominique Rolin*, une de nos plus intrépides exploratrices. Elle sonde des contrées peu fréquentées. La famille et son au-delà, c'est-à-dire la vie prénatale, l'antichambre de la mort, sa propre agonie et même l'après-mort. Et ses fouilles sont minutieuses, fructueuses et débordantes d'allégresse! Dominique Rolin brasse tout à la fois. L'analyse, la dissection, la sensation, l'imaginaire, la mémoire, l'observation, la projection, l'espace, le présent-passé-futur. Et elle rassemble le tout dans l'organique. L'écriture est étonnante, calme et rageuse à la fois. Une grande écrivaine. *Suzanne Lilar* a échafaudé tout un système de pensée. Elle refuse l'irréductibilité des contraires, défend la notion d'androgynie, approfondit l'analogie, la métamorphose[11] et prône l'érotique, c'est-à-dire la dimension sacrée de l'érotisme. Œuvre solide, basée sur une analyse et une réflexion rigoureuses, coulées dans une écriture élégante.

LES ENGAGEES: *Simone de Beauvoir* (1908), *Elsa Triolet* (1896-1971). Simone de Beauvoir ne doit plus être présentée. J'insisterais sur *Elsa Triolet* que l'histoire littéraire a boudée au profit d'Aragon. « Mon sentier est parallèle au chemin de l'Histoire » avoue-t-elle[12]. Et c'est vrai que l'engagement politique, social gouverne sa vie et son œuvre. Ses romans et ses nouvelles plongent dans l'action individuelle ou collective et sont innervés par la révolte. Aucune gratuité. Mais l'efficacité, traduite dans un style sobre, aux images percutantes.

LES SENSUELLES: *Françoise Sagan*, *Violette Leduc* (1907-1972). *Françoise Sagan* ne devrait-elle pas être relue et revue? N'a-t-elle pas été trop vite étiquetée? Il faudrait préciser qu'elle a renouvelé le roman en lui insufflant une désinvolture très particulière. Et qu'elle circonscrit parfaitement un certain milieu bourgeois. Sa légèreté cache en fait une analyse aiguë et une constante gravité. *Violette Leduc* est la mal-aimée du siècle. Je dirais même la maudite. Et pourtant, quel talent! Un des univers romanesques les plus fascinants, aride, haletant, brûlant et brûlé. Violette Leduc transfigure magistralement le quotidien grâce à la sensation et grâce à une écriture extraordinaire. Magique.

LES QUOTIDIENNES: *Françoise Mallet-Joris* (1930), *Neel Doff* (1858-1942), *Marie Gevers* (1883-1975), *Béatrix Beck* (1914), *Hélène Parmelin* (1915). Les manuels s'aperçoivent de l'existence de Françoise Mallet-Joris. Je ne commenterai donc pas son œuvre. Je voudrais par contre réhabiliter une autre mal-aimée, *Neel Doff*, une rescapée des bas-fonds d'Amsterdam. Cette réalité vécue, Neel Doff nous la jette à la tête, de manière nue et abrupte. Sans aucun misérabilisme. Avec une densité vertigineuse, presque cinématographique. La tendresse se camoufle entre les lignes. Univers étonnant, plus étonnant encore quand on songe qu'il fut forgé au début de ce siècle. Car la modernité éclate. *Marie Gevers*, à l'art discret, mériterait plus d'attention. La nature, les êtres, le destin, tout fusionne harmonieusement chez elle. Cette symbiose distille un charme très poétique. *Béatrix Beck* construit une œuvre très maîtrisée. Mal connue, malgré «Léon Morin, prêtre» qui obtint le prix Goncourt en 1952. Ses romans se caractérisent par l'enracinement de l'inquiétude métaphysique dans le quotidien, l'efficacité extrême, presque sèche, et un humour présent quoique retenu. *Hélène Parmelin*: encore une romancière négligée. Et pourtant elle crée un monde très original. Sa fantaisie débridée, assez théâtrale, voile une profonde et incessante interrogation devant le monde contemporain. Et le regard d'Hélène Parmelin, s'il est tendre et ironique, est d'abord impitoyable.

En synthèse, le XXe siècle assiste à une sorte de libération de la littérature féminine. Littérature extrêmement affirmée, puissante, multiple. Eclatante dans le domaine du roman et de la poésie.

d) Conclusions générales

Nous ne souhaitons pas la reconnaissance de la littérature féminine: nous la revendiquons énergiquement. Cette réhabilitation s'impose, de manière urgente, parce qu'elle répond à différentes nécessités.

Nécessité psycho-pédagogique

Il est crucial de pallier le manque évident de modèles féminins et masculins. La présence des écrivaines fournirait des références solides aux adolescents et adolescentes.

Nécessité humaine et sociale

Nous défendons le respect de chacun, dans sa liberté de choix, de réalisation personnelle. Aussi nous dynamitons les rôles domestiques et professionnels, au profit de la diversité. Nous désirons ardemment qu'hommes et femmes aient le droit d'élire et de forger leurs propres voies. Par exemple, dans la création littéraire.

Nécessité culturelle

L'occultation de la littérature féminine est manifeste, révoltante, presque scandaleuse. Et généralisée, puisqu'elle caractérise non seulement les manuels scolaires, mais aussi les ouvrages généraux. La littérature, telle qu'on nous la présente, est singulièrement tronquée. Il s'agirait de compléter cette littérature manchote en y insérant, en profondeur, les écrivaines. Occasion unique de dépoussiérer le monument littéraire. Nous désirons une littérature vivante et non momifiée.' Nous réclamons des livres scolaires qui insufflent l'envie de lire. Plus : qui allument, ou gonflent le plaisir, la volupté de lire. Voire le besoin d'écrire. La littérature serait alors... ce qu'elle est. Rencontre avec la vie, rencontre avec soi-même.

NOTES

[1] Voir l'article de Benoîte Groult, Réponse à quarante Messieurs-Dames, in : *Le Monde*, 17-7-84.
[2] Anne-Marie Trekker et Jean-Pierre Vander Straeten, *Cent auteurs*, Bruxelles, Editions de la Francité, 1982, p. 68.
[3] En témoignent deux couvertures de manuels : «L'Inspiration» de Fragonard : Pierre Brunel, Paule Gaillard, Michel Mozet, *Lire et s'exprimer, classe de cinquième*, Paris, Nathan, 1970. «L'inspiration du poète» de Roussin : André Lagarde, Laurent Michard, *XVII siècle*, Paris, Bordas, Coll. Lagarde et Michard, 1970.
[4] Robert Sabatier, *La poésie du Moyen Age*, Paris, Albin Michel, 1975, p. 124.
[5] Voir à ce sujet un intéressant chapitre : Béatrice Didier : *L'écriture-femme*, Paris, PUF, 1981, pp. 93-110.
[6] «Les bouches inutiles» de Simone de Beauvoir fut créé au Théâtre des Carrefours à Paris en 1946.
[7] «Le Burlador» de Suzanne Lilar fut créé à Paris en 1946.
[8] «Anastasia» de Marcelle Maurette fut créé au Théâtre Antoine à Paris en 1955.
[9] «Soledad» de Colette Audry fut créé au Théâtre de Poche à Paris en 1955.
[10] «Oscarine ou les tournesols» fut créé à Bruxelles en 1954. «La Porte» fut créé à Liège en 1967. «Vies et Morts de Mademoiselle Shakespeare» fut créé à Bruxelles en 1979. «La salle des profs» fut créé à Mons en 1983.
[11] Suzanne Lilar, *Journal de l'analogiste*, Paris, Grasset, 1954.
[12] Elsa Triolet, *La mise en mots*, Genève, Skira, coll. Les sentiers de la création, 1969, p. 27.

C. Histoire de l'art

POUR UNE PRESENCE DES FEMMES ARTISTES CONFORME AUX REALITES

1. LES OBJECTIFS DE NOTRE ETUDE

Nous avons constaté l'existence de femmes artistes plus ou moins nombreuses en tous temps et en tous lieux. Nous basant sur ces redécouvertes, nous souhaitons — et ce vœu nous semble légitime — que leur présence dans les livres d'art soit davantage conforme aux réalités historiques.

Un triple objectif nous anime :
- Tirer de l'oubli les figures féminines intéressantes et leur restituer la place qui leur revient en tant qu'artistes à part entière.
- Présenter à l'ensemble des femmes des modèles féminins valorisants, enrichir la mémoire collective des femmes, retrouver nos racines. Pour nous, retrouver nos racines, c'est retrouver les traces des artistes belges du passé. Nous leur accordons une place importante dans la mesure où leurs œuvres nous sont plus accessibles.
- Ouvrir quelques pistes de recherches, car un immense travail d'archives reste à entreprendre : dans les archives d'Etat, des régions, des villes, dans les bibliothèques, dans les réserves des musées.

2. DE L'ANTIQUITE A L'AUBE DU VINGTIEME SIECLE

Nous avons choisi de parcourir le fil du temps en replaçant chronologiquement les femmes ou les groupes de femmes remarquables qui ont amplement participé à l'élaboration du patrimoine artistique occidental. Il nous est apparu indispensable d'accorder une certaine importance au quotidien de ces femmes du passé. Evoquer leur situation sociale, leurs liens de parenté, leur mariage ou leur célibat, leurs maternités, fait mieux comprendre les bonheurs et malheurs de leur carrière.

Négliger ces aspects de leur vie nous aurait privés de constatations primordiales. Par exemple :
1. Les préalables à leur carrière, quasiment toujours semblables : une naissance dans un milieu cultivé et favorable à l'éducation des filles, un père ou un très proche parent généralement masculin, disposé à leur transmettre leur savoir, des dons très précoces qui encouragent cette démarche.
2. La similitude de leur apprentissage, dans l'atelier familial, parfois au couvent jusqu'au début du XVIIIe siècle.

Des investigations plus poussées dans ce domaine permettraient de déceler d'autres faits de société touchant directement les femmes artistes.

Délibérément, nous avons limité au minimum l'analyse des œuvres. Ce n'est pas l'objet de cette étude. De plus, sans le soutien d'illustrations, l'entreprise serait des plus frustrante tant pour le lecteur que pour l'auteure.

Afin de permettre la redécouverte de ces artistes, nous indiquons les lieux où se trouvent exposées (trop souvent entreposées) leurs œuvres.

a) Dans l'Antiquité

Les bâtisseuses

Le plus grand nom féminin de l'Egypte ancienne est certainement celui d'*Hatshepsout* (1503-1482 av. J.-C.). Son règne, long de plus de 20 ans, est l'un des plus prospères et des plus pacifiques de l'histoire égyptienne. Suivant la tradition pharaonique, elle fait ériger un temple face au Nil, ancré dans un site grandiose de falaises blanchies et crevassées par le soleil. La conception de Deir-el-Bahari — un double étagement de portiques rectilignes — est unique en son genre et préfigure le classicisme grec[1]. Les bas-reliefs en calcaire retracent notamment l'expédition pacifique et commerciale entreprise au Pays de Pount sur la Mer Rouge. Quand Toutmosis III succède à *Hatshepsout*, il impose ses cartouches à la place de ceux de la grande bâtisseuse, afin d'effacer son souvenir. Mais le fait n'est pas rare dans l'histoire pharaonique.

Si nous pensons aux 7 merveilles du Monde antique, il apparaît deux autres bâtisseuses:

Semiramis (Sammouramat), reine d'Assyrie qui au IXe siècle av. J.-C. fait construire les fameux Jardins suspendus de Babylone.

Artemise II, veuve du roi Mausole, qui fait ériger, au IVe siècle av. J.-C., l'illustre Mausolée, terme passé aujourd'hui dans le langage courant.

La légende grecque garde aussi le souvenir de *Kora*, fille du potier Dibutate de Corinthe, qui trace sur un mur l'ombre de son fiancé partant à la guerre. Ainsi serait née la première peinture murale[2].

Les femmes peintres et sculpteures citées par Pline

Le «Naturalis Historia» (XXXV 147) de Pline l'Ancien représente le premier écrit historique mentionnant et retraçant la vie des femmes peintres et sculpteures:

Timarete: fille de Micon, peintre et sculpteure grecque du Ve siècle av. J.-C., se fait connaître par une image de Diane, conservée à Ephèse pendant de longues années.

Helena: fille d'un artiste, peint un portrait remarquable de jeune fille à Eleusis.

Iaia de Cyzique: vers 90 av. J.-C., est peintre et sculpteure.

Aristarete.

Olympia: enseigne la peinture à Autibolus.

Marcia: la portraitiste la plus talentueuse de son temps, enseigne la peinture à Sopolus et Dionysus (vers 90 av. J.-C.).

Cet écrit de Pline est repris au XIVe siècle par Boccace (1313-1375); il l'enjolive de commentaires savoureux. Notamment à propos de *Marcia*, il dit: «... délaissant les occupations de son sexe, elle se donna tout entière à l'étude de la peinture et de la sculpture, afin de ne pas languir dans l'oisiveté, elle sculptait aussi bien qu'elle peignait l'ivoire, et elle fit son autoportrait en se servant d'un miroir. Surpassant Sopolus et Dionysus les plus grands peintres de son temps, elle travaillait plus vite qu'eux, ses œuvres atteignaient des prix plus élevés».

Pour finir, Boccace s'interroge sur sa tendance à peindre des femmes plutôt que des hommes: «Je pense que sa chasteté et sa modestie étaient cause de cela car, dans l'Antiquité, les figures étaient presque toujours représentées nues ou à moitié nues; il lui aurait donc fallu, soit rendre les hommes de façon imparfaite, soit, pour les rendre de façon parfaite, oublier sa pudeur virginale. Pour ne point tomber sur ces écueils, elle préféra éviter l'un et l'autre»[3].

De la Renaissance au XVIIIe siècle, ces modèles féminins de l'Antiquité sont les seules références proposées aux filles douées pour les arts plastiques. Encore fallait-il qu'elles soient nées dans un milieu cultivé favorable à leur épanouissement artistique.

b) Au Moyen Age

Durant tout le Haut Moyen Age, des femmes produisent des œuvres remarquables dans deux domaines spécifiques: *l'enluminure* et *la broderie sacrée*:

Les enlumineuses

Dès le VIe siècle, certains couvents de femmes acquièrent une grande renommée par la qualité de leurs manuscrits. Très recherchés, ils circulent à travers tout le monde chrétien en propageant des styles et des créations de «savoir-faire» féminin.

L'Abbaye de Sainte-Croix à Poitiers, fondée au VIe siècle par *sainte Radegonde*, est très réputée pour la beauté de ses manuscrits enluminés réalisés par les religieuses[4].

L'Abbaye d'Aldeneyck, près de l'actuel Maaseik, est fondée au début du VIIIe siècle par les saintes *Harlinde* et *Renilde* qui se consacrent à l'enseignement, aux chants liturgiques, à la broderie, à la copie et l'enluminure de manuscrits. Le plus ancien manuscrit enluminé conservé en Belgique leur est attribué[5].

Jusqu'à ce jour, *Ende* (Xe siècle) paraît être l'enlumineuse la plus prestigieuse. Elle signe «peintre et servante de Dieu», le célèbre manuscrit espagnol de l'Apocalypse conservé dans le trésor de la cathédrale de Gerone. C'est l'un des plus splendides exemples d'ornementation et d'illustration de style mozarabe[6].

Le nom de *Bourgot*, fille de Jean Le Noir, « enlumineresse » apparaît pour la première fois dans un document en 1358, au moment où elle-même et son père travaillent pour Yolande de Flandre. Plus tard, elle est employée et substantiellement rétribuée par Charles V, puis par le duc de Berry, tous trois mécènes de grande classe. Le père et la fille travaillant en équipe, un grand nombre des images attribuées à Le Noir doivent être rendues à *Bourgot*, mais il semble impossible de distinguer leur main[7].

Les brodeuses

Les broderies médiévales, les grands ornements d'église et les broderies profanes sont restés pour la plupart anonymes; de plus, ils ont bien moins résisté à l'épreuve du temps. Les quelques pièces parvenues jusqu'à nous permettent cependant d'apprécier le talent de leurs auteures. Dès le Xe siècle, les brodeuses anglaises acquièrent une grande réputation. Nous ne citerons que quelques noms:

La reine Gisela († 1031), sœur d'Henri II et femme d'Etienne de Hongrie, a laissé une dédicace qui permet de lui attribuer sans conteste la chasuble d'or et de pourpre qui est devenue la robe du couronnement des rois de Hongrie.

Ealdswith, petite-fille de Brithmoth, seigneur d'Essex, reçoit un village entier pour y installer ses brodeuses. Elle continue une tradition de famille car en 991 sa grand-mère avait fait don à l'abbaye d'une tenture brodée retraçant les hauts faits de son mari mort à la bataille de Malden. Odo, évêque de Bayeux, aurait eu connaissance de cette « histoire au point de broderie » et s'en serait inspiré pour la célèbre tapisserie de Bayeux.

Les femmes laïques ne monopolisent pas entièrement les travaux de broderie. Des religieuses confectionnent également des ornements d'église.

Les auteurs modernes notent un déclin général dans la qualité de la broderie à partir du XIVe siècle, et ceci sans faire le rapprochement avec l'extension du rôle des hommes dans une industrie jusque-là féminine[8].

c) A la Renaissance

Les femmes miniaturistes à Bruges

Au XVe siècle en Flandres, selon les coutumes du Moyen Age, les veuves et les filles d'artisans peuvent exercer les métiers de leur mari ou de leur père. Ce fait sous-entend une solide formation professionnelle acquise au sein du noyau familial et la participation active des femmes.

En 1454, les registres de la guilde des peintres de Bruges mentionnent 12 % de femmes. En 1480, ce chiffre atteint près de 25 %[9].

Le terme d'enlumineuse tend à disparaître; il est remplacé par le nom de miniaturiste.

Cette abondance de femmes artistes à Bruges s'explique aisément. La ville connaît l'essor prodigieux de la peinture de chevalet. Les frères Hubrecht († 1426) et Jan († 1441) van Eyck mettent au point le nouveau procédé de la peinture à l'huile. Ils tracent leurs personnages d'après modèles vivants et les situent dans des paysages et des intérieurs réels. Leur art connaît une renommée européenne et les commandes d'œuvres d'art affluent. Pour répondre à cette demande, il n'est pas étonnant que les guildes accueillent et ouvrent leurs portes aux femmes douées.

La tradition dit que les frères van Eyck avaient une sœur peintre et miniaturiste très douée, prénommée *Maria* ou *Margarethe*[10]. De l'œuvre de *Maria van Eyck*, il ne subsiste qu'une lettre ornée d'ancolies, seule rescapée d'un antiphonaire brûlé lors de la Révolution française. Cette lettrine est précieusement conservée au Couvent des Carmes déchaussés à Bruges.

Les miniaturistes flamandes à la cour d'Angleterre

La renommée des enlumineuses flamandes se poursuit au XVIe siècle. Plusieurs d'entre elles sont appelées à la Cour d'Henri VIII puis à celle d'Elisabeth Ire. Les registres de Cour mentionnent de nombreuses rentes et payements divers qui leur sont alloués pour des portraits et des enluminures de manuscrits... Parmi les plus célèbres, citons :

Suzanne Horenbout (± 1502), née à Bruges. Elle émigre à Londres avec toute sa famille et se spécialise dans le portrait-miniature, un genre tout nouveau à l'époque.

Levina Teerlinck (1520/28-1576), née à Bruges, fille de Simon Benninck, est appelée à succéder à Holbein-le-Jeune (décédé) en tant que miniaturiste attitrée auprès de Henri VIII. Elle assume cette charge pendant plus de 20 ans. Son successeur, le peintre Nicolas Hilliard, considéré comme le premier peintre anglais, est aussi le premier à contester le droit des femmes à exercer cette profession. Il proclame : « Nul ne devrait se mêler d'enluminer en dehors des seuls gentilshommes »[11].

Les portraitistes flamandes et italiennes

Dès le XVI siècle, des femmes vont s'illustrer dans la peinture de portrait. Nous en retenons deux, l'une du Nord, l'autre du Sud, toutes deux remarquables par la qualité de leur œuvre.

Caterina van Hemessen (1527-28 - après 1587) peint de nombreux portraits à Anvers; quelques-uns nous sont parvenus datés et signés. Tous sont exécutés avant ses 28 ans, date de son mariage avec Chrétien de Morien, musicien à la cour de Marie de Hongrie[12]. Jan van Hemessen, son père, s'apparente aux maniéristes flamands. Il peint des scènes de genre teintées d'italianisme : des figures monumentales aux attitudes recherchées et tourmentées placées à l'avant-plan de la composition. Ne pouvant étudier ni le nu, ni l'anatomie, cette catégorie de peinture n'est pas accessible aux femmes de l'époque, le travail de *Caterina* sera donc tout à fait différent. Ses tableaux, de petites dimensions, représentent avec vérité et simplicité des femmes et des hommes de son entourage. Ses modèles, à l'expression calme et sereine, se détachent sur un fond sombre uniforme. Ainsi dans son autoportrait (Offentliche Kunstsammlung à Bâle), *Caterina* se représente la palette et les pinceaux à la main, assise devant son chevalet, ébauchant un portrait. Un autre portrait devait lui faire pendant, celui de sa sœur Christina jouant du virginal (Wallraf-Richartz Museum à Cologne). Ces peintures constituent de précieux documents sur la vie des jeunes filles de la bourgeoisie flamande du XVI siècle. Ce sont des témoignages directs, puisque les artistes ont choisi de se représenter dans les activités (peinture et musique) qu'elles jugeaient les plus caractéristiques de leur personnalité et sans doute les plus valorisantes tant pour elles-mêmes que pour leur famille.

A la même époque en Italie, *Sofonisba Anguissola* (1532/36-1625) atteint la célébrité. Aînée d'une famille noble de 7 enfants (6 filles et 1 garçon) originaire de Crémone, *Sofonisba*, tout comme ses sœurs, voit ses dons intellectuels et artistiques encouragés par son père, gentilhomme cultivé. Elle reçoit une éducation très poussée pour l'époque : latin, musique, dessin, peinture, procurée par des artistes locaux. Sa renommée déjà bien établie à 18 ans atteste d'une vocation précoce.

Ses autoportraits en grandeur nature ou en miniature rendent compte d'une jeune fille très belle mais aussi d'une artiste accomplie. Son père s'emploie à la faire connaître en adressant ses œuvres aux personnages influents de l'époque. Un client n'hésite pas à écrire: « Il n'est rien que je désire plus que l'image de l'artiste elle-même afin qu'en un seul cadre je puisse exposer deux merveilles; l'une, l'œuvre, l'autre, l'artiste »[13]. En 1557, *Sofonisba* est invitée à Madrid à la Cour de Philippe II en tant que demoiselle d'honneur et portraitiste de la Reine Elisabeth de Valois. Elle y séjourne 10 ans, quitte la cour richement dotée pour épouser d'abord un gentilhomme sicilien, puis un capitaine de navire génois. En aucun cas, sa carrière de peintre professionnelle et d'enseignante n'est interrompue. Bien plus, sa réputation s'accroît dans toute l'Italie et devient un modèle pour toutes les peintres italiennes du XVIIe siècle. La peinture de *Sofonisba Anguissola* se situe dans la tradition du réalisme lombard. De ses nombreux dessins, un seul malheureusement nous est parvenu, grâce à la collection personnelle de Michel-Ange qui lui avait commandé une scène de famille représentant une fillette tenant un panier d'écrevisses et un petit garçon pleurant parce qu'il avait été mordu par l'une d'elles (Naples, Musée de Capodimonte)[14]. Ce dessin charmant, aux attitudes pleines de naturel saisies sur le vif, aux multiples nuances et d'une grande sensibilité, donne toute la mesure du talent de *Sofonisba*. Il atteste une avance de 40 ans sur le tableau du Caravage représentant un « Garçon mordu par une écrevisse ». Ces scènes de genre seront de plus en plus appréciées au XVIIe siècle. En 1624, lors de son voyage en Sicile, Antoine Van Dyck la rencontre et rapporte que « bien que devenue aveugle, elle avait conservé une excellente mémoire et l'esprit vif »[15].

Les Jardins clos

Durant la Renaissance, les créations collectives de femmes se poursuivent dans le domaine de la grande broderie mais aussi dans le domaine de la passementerie.

Ainsi, des compositions très originales voient le jour dans les Pays-Bas méridionaux. Ce sont les *Jardins clos* ou *Besloten hofjes*, petits oratoires particuliers présentés sous forme de triptyques. La pièce centrale évoque un jardin plein de fleurs, de fruits et d'oiseaux réalisés en passementerie de fils de soie, d'or et d'argent.

Dans ce paradis terrestre sont disposées des statuettes et des reliques pieuses. Une vitre et deux volets de bois protègent la composition centrale.

Il est dommage que peu de Jardins clos aient conservé leur vitrage d'origine fait de petits carreaux sertis de plomb, ce qui renforçait l'idée d'une fenêtre s'ouvrant sur un monde idyllique.

Apparus dès le XVe siècle dans les couvents et les béguinages flamands, les plus beaux Jardins clos datent cependant du XVIe siècle et sont l'œuvre des *Sœurs Grises* de Malines[16]. On suppose qu'ils étaient confectionnés collectivement et offerts lors de la prise de voile ou d'un anniversaire religieux. Ils prenaient place dans les cellules des moniales. La variété des motifs de passementerie témoigne de l'habileté des religieuses. Sans doute certaines d'entre elles avaient-elles acquis le métier avant leur entrée au couvent, au sein même de leur famille.

La passementerie qui est à l'orgine de la dentelle aux fuseaux représentait une décoration de choix pour l'ameublement religieux et civil, ainsi que pour le vêtement féminin et masculin.

d) Au dix-septième siècle

Les brillantes exceptions

Artemisia Gentileschi (1593-1652/3). C'est dans l'atelier de son père Orazio, peintre de grand renom, qu'*Artemisia* apprend le dessin, la peinture et révèle des dons précoces en exécutant des sujets religieux et des portraits. Des événements dramatiques vont bouleverser sa vie et son œuvre. A 18 ans, elle est violée par Agosto Tassi, un élève et collaborateur de son père. Celui-ci entreprend un procès pour viol. La «réparation» synonyme à l'époque de mariage est impossible; Tassi est déjà marié. *Artemisia* nie les accusations de l'inculpé selon lesquelles elle n'était plus vierge et demande à être soumise à la question (tortures des mains) afin de pouvoir prouver sa bonne foi. Le procès se clôture par un non-lieu[17]. Cette terrible épreuve modifie le style et les thèmes de l'artiste : ils deviennent violents, pleins d'action et de force. Son mariage avec un peintre florentin et la naissance d'une fille n'arrêtent pas sa carrière. La séparation du couple la ramène à Rome ; c'est de cette période que datent ses plus belles œuvres. Elle excelle à rendre le nu féminin dans un style vigoureux et réaliste tout en accentuant le dramatique des situations vécues par ses héroïnes.

Son chef-d'œuvre, «Judith égorgeant Holopherne», est peint dans le style dramatique du Caravage. Ce sujet fort prisé aux XVIe et XVIIe siècles est tiré de la légende selon laquelle Judith sauva le peuple d'Israël en coupant la tête du général ennemi Holopherne. Symbole de la victoire de l'intelligence et du courage sur la force bestiale, Judith représente le modèle héroïque pour les filles au même titre que David

(David et Goliath) l'est pour les garçons. L'originalité de l'œuvre d'*Artemisia Gentileschi* par rapport aux mêmes œuvres de l'époque, réside dans la présentation de deux femmes fortes et déterminées (Judith et sa suivante).

En 1639, elle rejoint son père à Londres pour l'aider à terminer la décoration de la Queen's House de Greenwich.

Durant les vingt dernières années de sa vie, *Artemisia* adapte son art, sans enthousiasme semble-t-il, au goût du public qui réclame des peintures plus idéalistes, plus suaves.

La sensibilité du XVIIIe siècle, empreinte de légèreté, de charme et d'élégance (cf. Watteau) bouscule les canons de la peinture caravagesque et l'éclipse totalement.

La première renaissance d'*Artemisia* se produit au début du XIXe siècle avec le retour au classicisme, au moment où les artistes, les amateurs d'art, et surtout les tenants du pouvoir s'intéressent beaucoup à ces œuvres fortes et dramatiques.

Et puis, nouvelle éclipse de plus de cent ans.

Il faudra attendre les années 1970 pour assister à la deuxième renaissance d'*Artemisia* grâce aux études des féministes italiennes et américaines. Elles analysent les minutes du procès, elles recherchent les peintures souvent enfouies dans les réserves des musées, elles mettent en doute des attributions... A ce jour, une quarantaine d'œuvres sont reconnues de la main d'*Artemisia Gentileschi*.

En 1983, deux de ses œuvres sont présentées à Paris : « Madeleine » et « Judith et Holopherne »[18]. C'est une révélation pour la majorité du public. Notons au passage la remarque de C. Levi-Strauss : « J'ai découvert là un peintre génial dont j'ignorais même le nom : *Artemisia Gentileschi* »[19]. Rectifions toutefois : *une* peintre géniale.

Judith Leyster (1609/10-1660) est le cas le plus édifiant de falsification d'œuvres féminines. Son style large, spontané et coloré, proche de celui de Frans Hals (qui fut son maître) en a été la cause.

Issue d'une famille de brasseurs, *Judith Leyster* signe ses œuvres du monogramme familial J.L.S. suspendu à une étoile. Cette signature a été falsifiée en F.H. (Frans Hals). Aussi, quand en 1874 le Kaiser Friedrich Museum (actuellement à Berlin-Est), le Louvre en 1893 et le Rijksmuseum d'Amsterdam en 1897 pensent acheter trois Frans Hals, il s'avère après examen, que ces toiles sont dues au pinceau de *Judith Leyster*. A aucun moment, les acheteurs ne se sont réjouis d'avoir retrouvé une artiste de talent; bien au contraire, furieux et se sentant dupés, ils se sont retournés contre les vendeurs successifs.

Judith Leyster a peint des scènes de genre dans un esprit souvent bien différent de ses contemporains. Ainsi, dans «La Proposition galante» (Mauritshuis, La Haye), elle traite le sujet d'une manière personnelle et féministe, conforme au quotidien de bien des jeunes femmes. La jeune fille est sérieuse, toute à son travail; elle paraît fort importunée par les propositions d'un homme d'âge mûr qui lui tend des pièces d'or. Les peintres masculins de l'époque représentent l'incitation à la débauche par une jolie fille en tenue déshabillée, assistée par une vieille entremetteuse et la «victime» est un beau jeune homme!

Pour mieux connaître *Judith Leyster*, il faudrait passer au crible les archives des villes où elle a travaillé, séparer les œuvres originales des copies, examiner certaines toiles de Frans Hals et de Jan Miense Molenaer, son époux[20].

Les artistes féminines à Bologne du treizième au dix-septième siècle

Au XIIIe siècle, les manuscrits enluminés bolognais acquièrent une très grande notoriété, tant par leur beauté que par le savoir qu'ils transmettent. Ce ne sont pas uniquement des ouvrages religieux mais aussi de nombreux traités de droit: une production stimulée par la célèbre Université de Bologne.

Contrairement aux autres universités, les femmes y sont admises mais toujours considérées comme des prodiges. On rapporte même que l'une d'elles put y enseigner cachée derrière un rideau afin de ne pas troubler les étudiants. Ainsi toutes les artistes célèbres de Bologne ont-elles un côté exceptionnel tenant du merveilleux.

A l'inverse de Bruges où de nombreuses femmes sont inscrites à la guilde, à Bologne au XIIIe siècle, *Donella* est la seule enlumineuse[21].

La lignée d'artistes féminines se poursuit jusqu'au XVIIe siècle. Citons les plus célèbres:

- *Caterina dei Vigri* (1413-1463), miniaturiste et peintre, mène une vie exemplaire dans son couvent dont elle devient la supérieure. Sa canonisation, trois siècles plus tard, couronne les miracles qu'on lui attribue. Son culte est toujours vivace à Bologne. Aussi a-t-on conservé pieusement quelques œuvres de sa main[22].

- *Properzia Rossi* (1491?-1530). Première femme sculpteure dont le nom et l'œuvre nous soient parvenus. Vasari la décrit comme étant d'une grande beauté, très douée tant pour la sculpture que pour la musique et le chant. *Properzia Rossi* débute dans l'art en sculptant avec minutie et patience, de minuscules scènes religieuses dans des noyaux de pêche: petits chefs-d'œuvre devenus objets de curiosité fort appréciés des collectionneurs. Le succès qu'elle remporte dans l'art du portrait et dans la sculpture de bas-reliefs attire la jalousie des sculpteurs contemporains furieux de devoir se mesurer à une femme douée dans un métier réputé essentiellement masculin. Une absurde calomnie circule lorsqu'elle réalise avec brio un bas-relief représentant «Joseph et la femme de Putiphar»[23], scène tirée de la bible. Putiphar, officier égyptien et maître de Joseph, avait une femme qui tenta de séduire Joseph. On affirme que *Properzia Rossi* réalisa cette œuvre en s'inspirant de son amour déçu pour un jeune gentilhomme. Cette fable eut la vie tenace au point que le bas-relief fut présenté dans un recueil d'autoportraits comme étant celui de *Properzia*! Paradoxalement cette légende a sauvegardé l'attribution du bas-relief et le souvenir de son auteure.

- *Lavinia Fontana* (1552-1614) est née à Bologne d'un père peintre maniériste renommé: Prospero Fontana. Il lui enseigne le dessin et la peinture. Dans la Bologne des années 1580, sa réputation d'excellente portraitiste vaut à *Lavinia* des commandes tant publiques que privées. Les grandes dames apprécient les effigies flatteuses, le rendu habile des soies, des velours, des dentelles et des bijoux. Sans être admise aux cours de modèle vivant à l'Académie, elle aborde cependant les nus féminins et masculins pour réaliser de nombreux grands retables d'autels destinés aux principales églises de Bologne et de Rome.

Lavinia Fontana a touché à tous les genres de peinture faisant d'elle la première peintre italienne à mener une carrière à part entière. Une soixantaine de tableaux tous signés et datés nous sont parvenus. Son œuvre s'inscrit dans la lignée du maniérisme italien. Son chef-d'œuvre est sans doute une «Sainte Famille à l'Enfant endormi», réalisé pour la Cour d'Espagne (actuellement à l'Escurial). Les attitudes élégantes de ses personnages ainsi que les harmonies de couleur donnent beaucoup de charme à ses tableaux. La charge de onze enfants, dont trois seulement devaient lui survivre, n'a pas entamé sa carrière. Vers la fin de sa vie, elle est très affectée par le décès de *Laodamia*, sa fille la plus douée pour la peinture, à qui elle destinait sa succession artistique[24].

- *Antonia Pinelli* (1595?-1644). Elève du célèbre peintre Ludovico Carrachi, reste jusqu'à la mort du maître son assistante zélée et docile;

un rôle qu'elle poursuit auprès de son époux et peintre Baptista Bertusi[25].

- *Elisabeth Sirani* (1638-1665) originaire d'un milieu d'artistes, manifeste des dons très précoces; à dix-sept ans déjà, elle signe de grandes compositions religieuses ou allégoriques. Cependant, elle marque une préférence pour les sujets retraçant le courage et l'héroïsme des femmes. C'est peut-être une des raisons pour lesquelles elle ouvre un atelier de peinture uniquement réservé aux femmes. Un mouvement féministe se développe à cette époque à Bologne; sans doute en est-elle l'initiatrice.

Elisabeth Sirani travaille avec une extrême rapidité et surprend les visiteurs qui viennent parfois de très loin pour admirer son adresse: elle réalise les commandes devant eux. Aussi sa production, qui s'inscrit dans le sillage de l'œuvre de Guido Reni, est-elle très abondante malgré une carrière courte. Sa mort, survenue à vingt-sept ans, reste mystérieuse. Sa famille croit à un empoisonnement et fait faire une autopsie qui révèle des perforations d'estomac. Actuellement la médecine y voit davantage un cas d'ulcère chronique, dû à son activité intense. A sa mort, les peintres masculins de Bologne s'organisent pour se réserver l'exclusivité des thèmes religieux et historiques, laissant aux femmes la peinture de portraits, d'objets et de fleurs[26].

Les femmes peintres de natures mortes et de fleurs

Au XVIIᵉ siècle apparaît un genre pictural nouveau qui vise à décrire la nature silencieuse, ce que les Hollandais appellent «Still-Leven» et les Français «Nature Morte». Cette expression plus rébarbative prévaudra jusqu'à s'imposer universellement aujourd'hui.

Les grands tableaux religieux ou historiques aux thèmes généralement tragiques ne plaisent pas au public bourgeois des Pays-Bas du Sud et du Nord. Les humanistes, les marchands et les artisans décorent plus volontiers leurs intérieurs cossus de sujets familiers et plaisants: fleurs, victuailles appétissantes..., tel un écho de leur bien-être.

Le succès des natures mortes incite les peintres italiens, espagnols et français à pratiquer également ce genre nouveau. Les femmes s'engagent dans ce courant qui leur est plus facilement accessible. Les natures mortes se composent d'objets de tous les jours; leurs formats ne nécessitant pas de grands ateliers, les toiles peuvent se réaliser tout comme les portraits dans une pièce d'habitation.

Il semble que la nature morte soit née à Anvers au début du XVIIᵉ siècle. *Clara Peeters* (1594-après 1657) s'y illustre à merveille. Nous ne connaissons que quelques repères dans sa vie : son baptême à Anvers en 1594, sa première œuvre signée à quatorze ans, son mariage tardif à quarante-cinq ans. On ne sait rien de son apprentissage. Son talent s'avère précoce puisqu'elle exécute sept toiles remarquables avant l'âge de vingt ans. Les vingt-cinq tableaux signés qui nous sont parvenus s'échelonnent de 1608 à 1657, une longue carrière dont on voudrait mieux connaître le déroulement. Un travail d'archives et d'expertise est rendu d'autant plus difficile que son nom ne figure pas dans les registres de la guilde de Saint-Luc à Anvers.

Son œuvre s'apparente par le fini et la précision des détails à celle d'Ossias Beert (1580-1624) et certains historiens supposent qu'elle aurait pu faire partie de son atelier.

Clara Peeters aime peindre des objets rares et précieux : pièces d'orfèvrerie, verrerie de Venise, faïences de Delft souvent accompagnées de victuailles : poissons, crustacés, fromages et fruits. A cette profusion vient généralement s'ajouter un vase de fleurs. Elle apporte toujours un grand souci à rendre le brillant des matières : du métal poli, du grès vernissé, du cristal. Dans ces minuscules reflets, elle inclut bien souvent de petits autoportraits qui sont autant de signatures originales.

Vers 1620, *Clara Peeters* simplifie ses compositions, qui comportent moins d'objets. Celles-ci sont plus rustiques : cruche en grès, plat d'étain, collation plus frugale (fromages, pain et vin). Cette production s'apparente plus au goût hollandais qu'à la magnificence anversoise[27].

Une autre Anversoise, *Catherina IJkens* (1659-?), s'illustre dans la peinture de bouquets au cours de la deuxième moitié du XVIIe siècle. Elle naît dans une famille d'artistes et est admise à la guilde de Saint-Luc à Anvers, au double titre de peintre et de béguine. *Catherina IJkens* groupe dans ses compositions une très grande variété de fleurs : rose, œillet, lys, violette, ancolie, myosotis, pied-d'alouette, primevère, giroflée, pensée. Chaque élément fleuri est chargé de symbole et représente une qualité ou un sentiment. Le «Langage des fleurs» fournit la clef du message. Un papillon, une sauterelle ou une musaraigne animent toutes ses compositions. A la fin du XVIIe siècle, ces petits tableaux sont très recherchés, au point d'être mieux cotés que les natures mortes d'objets[28]. A Anvers, comme à Bruges et à Malines..., les religieuses et les béguines peintres sont admises à la maîtrise dans les guildes. Cette reconnaissance officielle de leur talent et de leur profession leur permet de vendre plus aisément leur production.

Clara Peeters et *Catherina IJkens* ne sont pas représentées dans les musées de leur ville natale, bien que quelques-unes de leurs œuvres dorment dans les réserves du Musée des Beaux-Arts et du Musée Mayer Van den Berg.

C'est en Hollande que la nature morte a eu le plus de succès. Plusieurs Hollandaises abordent ce genre avec brio. Mentionnons deux d'entre elles :

- *Maria Van Oosterwyck* (1630-1693) qui connaît une renommée internationale, peint pour Louis XIV, pour l'Empereur Léopold, pour le Roi de Pologne, ... Ses natures mortes savamment composées appartiennent au groupe des «Vanitas». Chaque objet a un contenu symbolique, l'ensemble transmet un message moral. Ce genre répondait aux goûts et aux préoccupations des humanistes calvinistes, dont la philosophie présidait à la conception du tableau. Le choix des objets était plus intellectuel qu'esthétique. Aussi, l'artiste devait faire preuve d'une grande maîtrise dans la composition et d'un grand savoir-faire dans le rendu de tant d'objets disparates [29].

La «Vanitas» signée *Maria Van Oosterwyck* du Musée de Vienne peut être considérée comme un chef-d'œuvre du genre.

- *Rachel Ruysch* (1664-1750) est certainement la plus prestigieuse des peintres de fleurs. Sa renommée internationale ne connaît jamais d'éclipse. D'une vitalité extraordinaire, elle accomplit une très longue carrière de soixante années, malgré la charge de dix enfants. *Rachel Ruysch* est représentée dans la plupart des grands musées d'Europe et d'Amérique. Un revers à ce grand succès: plusieurs toiles non signées plus ou moins médiocres lui sont attribuées. Une étude poussée de son œuvre reste à faire.

En France, *Louise Moillon* (1610-1696) est la plus remarquable peintre de nature morte. Issue d'une famille protestante (ce qui lui vaudra beaucoup d'ennuis après la Révocation de l'Edit de Nantes en 1685), dès l'âge de douze ans elle signe et vend ses premières œuvres. Elle rend à merveille les corbeilles débordantes de beaux fruits et sera la première en France à réaliser avant 1650 de grandes compositions groupant marchande et acheteuse devant de magnifiques étals de fruits et de légumes. Sa production d'une finition parfaite et d'une tonalité raffinée se ralentit considérablement après son mariage à l'âge de trente ans.

Citons trois autres artistes intéressantes :
- *Catherine Duchemin* (1630-1698), première académicienne en 1663. (L'Académie des Beaux-Arts est créée en 1648).

- *Geneviève Boulogne* (1645-1707) et *Madeleine Boulogne* (1646-1710), deux sœurs qui se spécialisent dans la peinture de trophées de musique, de chasses, de guerre... Elles entrent à l'Académie en 1669.

En Italie, quelques femmes acquièrent leur réputation grâce à la beauté de leurs natures mortes:

- *Fede Galizia* (1578-1630), née à Milan, fille d'un miniaturiste, dont plusieurs très belles natures mortes de fruits nous sont parvenues[30]. Elle excelle aussi dans le portrait et les grandes compositions religieuses.

- *Elena Recco* fait partie d'une célèbre famille napolitaine de peintres de natures mortes. Elle travaille dans le style baroque de son père, Giuseppe Recco (1634-1695), le plus célèbre de la lignée: amoncellement de victuailles, de fleurs, de feuillage situés dans des paysages fantastiques.

- *Giovanna Garzoni* (1600-1670) se forme à l'art du portrait miniature selon la technique de l'aquarelle sur vélin. Elle réalise de magnifiques portraits pour de nombreuses Cours italiennes. Mais ses œuvres les plus remarquables sont ses natures mortes sur vélin; elles constituent les meilleures études botaniques de son temps. Commandées par les Médicis, elles n'ont jamais quitté Florence et se trouvent actuellement au Musée des Offices.

Giovanna Garzoni lègue tous ses biens à l'Académie de Saint-Luc à Rome, à condition que celle-ci lui érige un monument funéraire. L'Académie s'acquitte de cette mission dix-huit ans après sa mort et l'épitaphe dit: «*Giovanna Garzoni* femme célèbre par ses nombreux voyages». Aucune mention n'est faite de sa longue et brillante carrière de peintre! Voilà qui illustre les vicissitudes qui poursuivent les femmes artistes même au-delà de la mort[31]!

- Dans un style tout différent, *Margherita Caffi* (active entre 1662-1700), poursuit la lignée des peintres de fleurs. Originaire du Nord de l'Italie, elle reçoit une formation de miniaturiste. Mais elle abandonne le petit format pour brosser allègrement des compositions florales assez fantaisistes dans des harmonies de bleu et de pourpre. Sa technique par petites touches de pinceau est très en avance sur son temps. Elle semble inventer des efflorescences au fur et à mesure de l'élaboration du tableau. Elle travaille pour les Médicis[32].

Au Portugal, *Josefa d'Obidos* ou *Ayalla* (v. 1620-1684) peint également des portraits et des grandes scènes religieuses, mais c'est dans ses natures mortes, savoureuses et réalistes qu'elle montre le plus de talent.

Au XVII⁰ siècle, l'étude de la botanique va de pair avec la vogue de la culture de plantes. Le besoin de livres illustrés dans ce domaine est de plus en plus grand. Ces livres contribueront largement au développement de cette science.

De nombreux peintres de fleurs s'engagent dans le dessin botanique. C'est un nouveau débouché qui s'offre aux femmes peintres.

La première et la plus prestigieuse est *Maria Sibylla Merian* (1647-1717). Elle naît à Francfort dans une famille de peintres et d'éditeurs de gravures florales. Dans ce contexte, la carrière de *Maria Sibylla* est toute tracée. Elle étudie d'après nature fleurs, insectes, oiseaux en utilisant la technique de l'aquarelle. En 1685, elle s'installe en Hollande et travaille très activement pour des collectionneurs hollandais. En 1685, elle part en mission au Surinam (Guyane hollandaise), accompagnée de sa jeune sœur et de ses deux filles. Pendant deux ans, elle étudie les insectes dans leur milieu naturel. Elle étend ses observations aux plantes et se renseigne sur leur usage auprès des indigènes. Elle réalise ces études dans plusieurs techniques : l'huile, la gouache et l'aquarelle. *Maria Sibylla Merian* rentre à Amsterdam avec une abondante moisson de dessins qui lui permettront d'éditer un album splendide : «Metamorphosis Insectorum Surinamsium» en 1705, dont l'originalité consiste à présenter toutes les métamorphoses de l'espèce choisie située dans son environnement[33]. A cette époque, beaucoup de savants croient encore à la génération spontanée de certains insectes.

Ses dessins connaissent un très grand succès. Dès lors, la voie est tracée pour des générations de dessinatrices aquarellistes. Dans ce domaine, elles n'ont pas à craindre la concurrence masculine : les hommes restant essentiellement attachés à la «Grande Peinture».

L'apport des femmes dans la statuaire baroque à Malines et à Séville

Voilà bien un domaine peu connu et qui mériterait pourtant d'être exploré.

La Contre-Réforme amène un bouleversement total de l'architecture religieuse : les grandes églises baroques puissantes et majestueuses réclament une tout autre ornementation. Déjà en Italie, *Artemisia Gentileschi*, *Lavinia Fontana* et *Elisabeth Sirani* exécutent de grandes toiles pour orner les autels. Aux Pays-Bas méridionaux, des sculpteurs créent un nouveau mobilier d'église : chaires de vérité, confessionnaux, retables. Il n'est donc pas étonnant que dans une ville comme Malines réputée depuis le XIVᵉ siècle pour sa sculpture religieuse, une femme ait fait carrière dans un atelier local.

Maria Fayd'herbe (1587-1643) illustre à souhait l'oubli dans lequel sombre l'œuvre des femmes et les multiples difficultés que les artistes rencontrent pour se faire reconnaître à part entière.

C'est dans l'atelier familial, aux côtés de ses frères aînés que *Maria Fayd'herbe* apprend la sculpture. S'estimant suffisamment compétente pour accéder à la maîtrise, elle sollicite son admission à la guilde de Saint-Luc, corporation qui regroupe peintres et sculpteurs. Comme elle n'avait pas suivi l'apprentissage réglementaire, c'est-à-dire certifié par contrat dûment enregistré à la guilde, sa demande est refusée de même que toutes ses demandes suivantes.

Ses travaux se confondent dans l'ensemble de la production familiale. La plupart de ses œuvres sont attribuées à son neveu Luc Fayd'herbe, l'artiste le plus célèbre de la lignée.

Le nom de *Maria Fayd'herbe* est redécouvert en 1877, grâce à un document d'archives : c'est une requête adressée aux échevins de la ville de Malines par huit sculpteurs en colère qui n'admettent pas la prétention de *Maria Fayd'herbe* à vouloir entrer dans leur corporation. Ils demandent que soit organisée une épreuve en loge où chacun d'entre eux ainsi que *Maria* auraient à réaliser une œuvre en bois, puis en pierre[34].

En 1932, une petite statue en buis signée *Maria Fayd'herbe* est retrouvée lors d'une vente. C'est une œuvre remarquable de finesse et de sensibilité. A ce jour, cinq autres sculptures peuvent lui être attribuées, dont la splendide « Madone à l'Enfant » de marbre blanc qui orne l'église Saint-Pierre à Malines.

En Espagne au XVIIᵉ siècle, tout l'or du Pérou ruisselle dans les églises, sur chaque autel surmonté d'un retable sculpté. C'est une profusion de rinceaux et de fleurs parsemés d'angelots encadrant des niches où prennent place des christs, des madones, des saints, polychromés plus vrais que nature. Habillés somptueusement pendant la Semaine Sainte, en deuil aux temps du Carême et de la Passion, nous en avons gardé le souvenir dans nos églises[35].

A Séville, chaque paroisse honore sa Madone séraphique et pleurante.

C'est le grand siècle des « Imagiers Andalous », dont quelques ateliers se partagent les nombreuses commandes. Dans celui de Pedro Roldan, un des plus célèbres, le maître initie ses enfants, filles et garçons, au métier de sculpteur et de polychromeur. Sa fille, *Luisa Roldan* (1656-1704), se révèle la plus douée.

On raconte qu'un jour, Pedro rentre à l'atelier tout désappointé par le refus d'une de ses sculptures. En quelques coups de ciseaux, *Luisa* la retouche et en transforme complètement l'expression. Les clients, des religieux sévillans, l'acceptent alors avec enthousiasme.

A la mort de son père, *Luisa Roldan* prend la direction de l'atelier; plus tard, elle sera nommée sculpteure officielle de la Cour de Charles II.

Plusieurs de ses œuvres ornent les églises de Séville, de Grenade et de Malaga; d'autres ont pris le chemin des U.S.A. et se trouvent à l'« Hispanic Society of America » à New York. Ce sont de très belles œuvres où elle réussit à allier l'émotion intimiste des maîtres du XVIe siècle flamand au dynamisme baroque.

La première étude de quelque importance sur *Luisa Roldan* est l'œuvre d'une historienne d'art. L'ouvrage est récent, il a été publié à Séville en 1977, mais son rayon de diffusion est très local [36].

Bien peu de Sévillans connaissent *Luisa Roldan*, pourtant ils s'agenouillent journellement devant certaines de ses œuvres. (Impressions de voyages, décembre 83).

Ceci nous ramène à la fonction ancestrale de l'œuvre d'art : sacraliser et concrétiser les croyances; tout cela est bien loin de nos émotions d'esthète.

Les premières femmes architectes

En architecture tout comme en sculpture, de nombreuses recherches restent à entreprendre en ce qui concerne l'apport des femmes. Nous ne citerons que deux noms attachés au mouvement baroque et un nom de dilettante.

- En Italie, *Plautilla Bricci* (vers 1630- ?) seconde son frère Basilio Bricci. Elle trace les plans d'une villa et d'une chapelle de l'église San Luigi dei Francesi à Rome.

- Dans la principauté de Liège, une religieuse bénédictine *Antoinette Desmoulins* (1610-1692) entreprend en 1680 les plans de la nouvelle église de sa communauté. Elle en surveille la construction qui dure dix ans. Cet édifice de style baroque teinté de classicisme existe toujours au boulevard d'Avroy à Liège.

- En Angleterre, dès le XVI⁰ siècle, une des tâches familiales des femmes aristocrates semble être l'agencement de leurs maisons et le choix d'un style pour les façades.

Une des plus belles réalisations est l'œuvre de *Lady Wilbraham*: le «West on Park» à Stafftordshire en 1671. Elle puise son inspiration dans l'œuvre de Palladio (1518-1580) dont elle possédait une copie du «Premier livre d'architecture». Mais elle adapte très intelligemment le style palladien au climat anglais et aux exigences du train de vie de sa famille[37].

e) Au dix-huitième siècle

Les Académies et les femmes peintres

Tout au long du XVIII⁰ siècle, des Académies des Beaux-Arts se créent. Chaque ville de quelque importance veut son académie: Dijon, Bordeaux, Toulouse...

Les académies ont deux fonctions distinctes:
1. décerner des titres honorifiques qui permettent de participer à leur salon annuel;
2. organiser l'enseignement des Beaux-Arts en créant différents ateliers où les femmes ne seront admises qu'à la fin du XIX⁰ siècle; distribuer des bourses d'étude à l'étranger (Prix de Rome) dont aucune femme ne bénéficiera avant le XX⁰ siècle.

Quant à l'admission honorifique des femmes, les règlements vont varier d'une académie à l'autre. A Paris, en 1783, lors de l'entrée simultanée d'*Elisabeth Vigée-Lebrun* et d'*Adélaïde Labille-Guiard* — deux peintres de tout premier plan — les académiciens masculins se sentent menacés dans leurs prérogatives. Ils votent un nouveau règlement limitant à quatre le nombre des académiciennes.

Par contre, les académies de province sont moins misogynes et admettent davantage les femmes. Dans les académies allemandes, des femmes de grande influence — apparentées aux familles régnantes — mais de peu de talent sont admises aisément[38].

Les carrières internationales

Au XVIII⁰ siècle, plusieurs femmes réussissent de brillantes carrières internationales. Les plus prestigieuses sont celles de *Rosalba Carriera*, d'*Angélica Kauffman* et d'*Elisabeth Vigée-Lebrun*.

Les deux premières sont injustement oubliées.

Rosalba Carriera (1675-1757), née à Venise dans une humble famille apprend le métier de dentellière. Bientôt, elle crée les dessins de ses travaux. A partir de ce modeste point de départ, elle accomplit une carrière exceptionnelle. Elle décore des tabatières de miniatures sur ivoire. Elle entreprend des portraits dans cette même technique. Son métier est éblouissant et enthousiasme les touristes. Sa renommée s'étend de Paris à Vienne...

Vers 1705, elle essaye le pastel dont la gamme étendue des coloris lui permet des portraits beaucoup plus lumineux. Ses effets nacrés font sensation. Cette technique très rapide réduit la séance de pose à 1 ou 2 heures. Les demandes de portraits sont telles, qu'elle s'entoure d'une équipe d'aides : ses 2 sœurs, son beau-frère et son élève *Félicia Sartori*, lui préparent des fonds diversement colorés.

En 1720, elle se décide à voyager et séjourne un an à Paris. Là, son succès se mue en véritable triomphe. Son art est en parfait accord avec le Paris du XVIIIe siècle : vif, libre et frivole... Elle rencontre Watteau (grand admirateur de ses pastels) et réalise son portrait.

En 1730, elle séjourne six mois à Vienne, toujours avec le même succès. Mais elle préfère vivre à Venise dans sa maison du Grand Canal, où elle reçoit une multitude de visiteurs étrangers (sa ville natale, nourrie de « Grande Peinture », boude quelque peu le pastel).

Après ces brillantes années, la fin de sa vie est bien tragique. En 1749, elle perd la vue et sombre dans la mélancolie.

L'influence de *Rosalba* est considérable sur tous les portraitistes français du XVIIIe siècle. Quentin de la Tour (1704-1788) passera des heures à copier ses pastels pour en assimiler toute la virtuosité.

Aujourd'hui, nous ne pouvons plus juger tout le mérite de son œuvre. Le temps a quelque peu terni la fraîcheur, le velouté et l'éclat des pastels. Sa production s'est chargée de nombreuses fausses attributions.

L'immense succès de portraitiste de *Rosalba Carriera* et d'*Elisabeth Vigée-Lebrun* va les enfermer dans ce genre. Elles n'auront jamais le temps d'aborder d'autres sujets.

Tout autre fut la carrière d'*Angélica Kauffman* (1741-1807). Dès l'âge de 15 ans, elle aide son père dans des peintures murales d'église et signe ses premiers portraits. Mais elle refuse de se cantonner dans le portrait et les fleurs. Elle veut être peintre d'histoire. Pour ce faire, elle parcourt toute l'Italie avec son père afin d'étudier les Maîtres anciens, la perspective, le nu. C'est d'une incroyable audace pour une jeune fille de ce temps.

Angélica Kauffman réalise de grandes toiles historiques ou allégoriques, ordonnées, équilibrées suivant les principes de la peinture néoclassique. Mouvement nouveau auquel elle adhère avec enthousiasme. Elle adopte un coloris franc et lumineux.

C'est dans ses portraits qu'elle montre le plus de sensibilité, son dessin est plus souple, ses valeurs plus délicates.

Son père va cesser de peindre pour se consacrer entièrement à la carrière de sa fille.

Angélica Kauffman connaît plusieurs langues, ce qui facilite les contacts avec les amateurs d'art européens. En 1766, elle est invitée à Londres où elle réalise de grandes toiles mais aussi de nombreux portraits.

En 1768, son nom se trouve parmi ceux des membres fondateurs de la «Royal Academy of Art». Les règlements de cette honorable institution n'ayant pas prévu l'élection des femmes, il faudra attendre 1922 pour qu'une autre femme artiste y fasse son entrée.

Angélica Kauffman se maria deux fois. Son premier mariage ne fut pas une réussite. A 40 ans, elle épousa en secondes noces le peintre italien Zucchi. Le couple s'installa à Rome. Elle va y vivre entourée d'estime et d'honneurs. Sa maison et son atelier sont fréquentés par les plus illustres voyageurs (notamment par Goethe). C'est de cette période que datent ses plus belles toiles.

Les peintres françaises du dix-huitième siècle

Le rayonnement du XVIIIe siècle français est favorable à l'éclosion de talents féminins. De nombreuses femmes ont l'occasion d'entreprendre des études de dessin et de peinture. Des femmes peintres, ainsi que des maîtres réputés (Greuze, David, Regnault), créent des cours qui leur sont destinés. Il n'est plus indispensable qu'une femme naisse dans une famille d'artistes pour envisager une carrière de peintre, bien que ces cas soient encore très fréquents.

Anne Vallayer-Coster (1744-1818), fille d'un orfèvre de la Manufacture des Gobelins, grandit dans les célèbres ateliers et réalise une belle œuvre de portraitiste, de peintre de natures mortes et de scènes de genre. Elle est nommée académicienne en 1770.

Par contre *Adélaïde Labille-Guiard* (1749-1803), fille d'un modeste mercier, fait preuve d'une très grande volonté pour mener à bien sa carrière. Dans un premier temps, elle apprend la miniature. Son talent lui vaut d'accéder à l'Académie de Saint-Luc. Elle étudie le pastel avec Quentin de La Tour, puis entreprend l'étude de la peinture à l'huile et réalise de remarquables portraits.

En 1783, elle est agréée à l'Académie Royale le même jour qu'*Elisabeth Vigée-Lebrun*. Cette double entrée fait atteindre le quota des 4 académiciennes et bloque pour longtemps d'autres distinctions féminines. Si elle apprécie cette promotion qui lui permet d'exposer ses œuvres chaque année, très généreusement, elle mène campagne afin de faire supprimer ce quota. Pour appuyer sa revendication, elle envoie au Salon de 1785 un tableau la représentant dans son atelier enseignant à deux de ses élèves. Elle contournait symboliquement la règle en introduisant au Salon deux peintres de talent dont *Gabrielle Capet* (1761-1817) qui se spécialisa dans le portrait-miniature.

Adélaïde Labille-Guiard bataille longtemps afin d'obtenir un atelier au Louvre (chose courante pour les maîtres masculins). Elle obtient gain de cause en 1795.

Son grand projet est d'accéder à la peinture d'histoire. Elle entreprend une immense toile à laquelle elle travaille plus de 2 ans. Le sujet jugé trop monarchique de «La réception d'un chevalier de Saint-Lazare» amène la destruction de l'œuvre. Après cette catastrophe personnelle, elle ne se sent plus le courage d'entreprendre de grandes toiles et se contente de poursuivre sa carrière de portraitiste. Elle signe entre autres, un très beau portrait de Madame de Genlis, écrivaine et éducatrice de grand renom.

D'autres femmes peintres remarquables vont marquer le passage de la peinture aristocratique de l'Ancien Régime à la peinture bourgeoise du XIXᵉ siècle. Elles perpétuent l'art du portrait avec toute la rigueur néo-classique en adoptant un métier méticuleux et précis. Elles s'engagent dans une peinture de genre centrée sur des scènes de famille bourgeoise: «L'art avait mis des vêtements et s'était assis» comme le dit Germaine Greer[39].

Citons: *Marguerite Gérard* (1761-1837), *Marie-Geneviève Bouliar* (1762-1825), *Constance-Marie Charpentier* (1767-1849), *Marie-Guilhelmine Benoist-Leroulx de la Ville* (1768-1826), *Pauline Auzou* (1775-1835), *Constance Mayer* (1775/78-1821).

Le XVIIIe siècle est aussi le siècle des graveures: une centaine de Françaises gravent leurs propres œuvres, mais plus généralement les œuvres de leurs parents (père, frère, époux). Aucune recherche dans ce domaine n'a été entreprise[40].

f) Au dix-neuvième siècle

Les femmes et la peinture bourgeoise

Dès la fin du XVIIIe siècle, des femmes peintres s'engagent dans un mouvement d'art bourgeois, vertueux et «bien pensant» annonçant l'époque victorienne.

Les ateliers qui leur sont destinés s'organisent soit officiellement dans les académies, soit dans le privé par un maître réputé. Leur succès est tel qu'ils sont généralement surpeuplés, ce qui rend impossible les travaux de grand format. Dans cette cohue, le maître règne en bon père débonnaire ou en despote sarcastique. Ces deux attitudes n'engendrent pas l'autonomie et la confiance en soi des élèves. D'autant plus que l'univers des étudiantes reste très limité: famille/atelier. Aucun contact avec le monde extérieur des arts, aucune réunion avec des artistes masculins, aucun débat tumultueux sur l'art dans les cafés, les restaurants, aux spectacles...

Pour stimuler la création des femmes, de nombreux prix et médailles sont distribués au terme de fréquents concours. Les femmes vont y dépenser une énorme énergie.

Les journaux se font l'écho de ces manifestations mondaines et louent abondamment les lauréates en proclamant qu'à présent (vers 1850) plus aucun obstacle n'entrave la création féminine. Ils qualifient ces œuvres de: délicates, charmantes, délicieuses, ... Termes qui enferment plus que jamais les femmes dans un art dit «féminin».

Certaines artistes en seront profondément ulcérées, telle *Maria Bashkirtseff* (1860-1884), artiste exceptionnellement douée tant pour l'écriture que pour la peinture. L'injustice, l'incompréhension, les multiples entraves à sa liberté l'amènent au suicide à l'âge de 24 ans. Par contre, certaines femmes trouvent la confirmation de leur féminité dans ces prix et médailles. Au XIXe siècle, si le choix se présente entre le mariage et la profession, c'est immanquablement la profession qui s'efface devant les rôles d'épouse et de mère.

Des centaines d'œuvres de femmes sont primées et pourtant tombent dans l'OUBLI. Est-ce justice à l'heure du KITSCH? (art officiel académique et «pompier») remis à l'honneur actuellement.

Pourtant de cette époque un nom a survécu, celui de *Louise Abbéma* (1858-1927), peintre, sculpteure, graveure. Ses immenses toiles connaissent un grand succès. Un titre en donne toute la philosophie : «Le déjeûner dans la serre» (1877, Pau, Musée Bernadotte). Un moment privilégié dans un somptueux décor de plantes vertes, Sarah Bernhardt est parmi les convives; l'ensemble ne manque pas d'une certaine théâtralité.

Le réalisme bourgeois inclut également la peinture animalière. Dans ce domaine *Rosa Bonheur* (1822-1893) connaît un succès sans éclipse aux U.S.A. où son remarquable «Marché aux chevaux» est toujours exposé en bonne place au Métropolitain de New York.

Ses toiles ne connaissent pas le même sort en France où elles sont entreposées «Dieu sait où».

L'apport des femmes dans le mouvement impressionniste

Berthe Morisot (1841-1895) et *Mary Cassatt* (1845-1926) sont suffisamment connues pour que nous ne nous y attardions pas. Cependant, leur juste contribution à l'impressionnisme est rarement mentionnée si ce n'est dans les monographies qui leur sont consacrées.

Rappelons que *Berthe Morisot* a largement contribué à l'abandon des «tons sans couleur» et à la pratique de la peinture en plein air.

De l'œuvre de *Mary Cassatt*, on oublie souvent les splendides gravures à l'aquatinte. On mentionne rarement qu'elle fut la première à faire connaître et apprécier les toiles impressionnistes aux U.S.A., œuvres qui font actuellement la richesse de plusieurs musées américains.

Une artiste en dehors des normes

Suzanne Valadon (1865-1938) est la première femme peintre prolétaire et autodidacte, fille naturelle d'une blanchisseuse, acrobate dans un cirque forain, modèle des plus grands peintres de son époque : Puvis de Chavanne, Toulouse-Lautrec, Renoir. Mère célibataire à 17 ans, elle mena une vie tumultueuse, libre et sans conformisme.

Son art direct, violent, reflète sa vitalité exceptionnelle. Ses magnifiques dessins de nus, ses peintures aux coloris francs, faisaient l'admiration de Degas. *Suzanne Valadon* a été appréciée davantage par les artistes que par les acheteurs. Elle initie son fils Maurice Utrillo (1883-1955) à la peinture afin de l'arracher à l'alcoolisme, mais aussi afin de développer ses dons de coloriste. Il devient «le peintre de Montmartre» et brosse un nombre considérable de toiles. Longtemps le succès d'Utrillo éclipse l'œuvre de sa mère auprès du grand public.

g) Au vingtième siècle

La participation des femmes dans les courants d'avant-garde

Aussi étonnant que cela puisse paraître pour une époque si proche de la nôtre, la participation des femmes dans les différents mouvements d'avant-garde apparaît bien peu dans les ouvrages. Cette situation est très voisine de l'oubli rencontré dès les origines de l'art. Sans doute les femmes artistes se sont tenues à l'écart des cénacles artistiques souvent très masculins. Le mouvement symboliste de la fin du XIXe siècle en est un exemple typique : les femmes y sont admises en tant qu'égéries ou en tant que mécènes[41]. Cette situation se perpétue au début du XXe siècle. Ce silence nous force à rappeler quelques grands noms oubliés.

L'expressionnisme allemand

Plusieurs femmes de grand talent sont intéressées par la démarche expressionniste. Il semble juste de sortir de l'ombre *Gabrielle Munter*, qui prend une part active dans le Blaue Reiter (cavalier bleu), *Paula Moderson-Becker*, dont l'expressionnisme se teinte des couleurs de l'Ile-de-France et *Käthe Kollwitz*, qui s'engage dans la peinture sociale.

Gabrielle Munter (1877-1962) entreprend des études de peinture à l'école de l'Association des femmes artistes de Düsseldorf. A cette époque (1901), l'académie de la ville n'admet toujours pas d'élèves féminines.

Elle adhère au Blaue Reiter dès sa fondation. Elle en adopte le «langage synthétique» des formes et des couleurs et réalise des œuvres fortes, pleines de caractère.

Gabrielle Munter est l'élève et la compagne de Kandinsky pendant une dizaine d'années; leur chemin se sépare lorsque celui-ci s'engage dans l'abstraction.

Le musée de la ville à Munich possède une grande partie de l'œuvre de *Gabrielle Munter*.

Paula Moderson-Becker (1876-1907) donne toute la mesure de son talent en une dizaine d'années à peine. Elle meurt à la naissance de son premier enfant. Un musée lui est consacré à Brême.

Käthe Kollwitz (1867-1945), graveure et sculpteure, décrit avec une puissance remarquable les luttes ouvrières, avec pathétisme et grandeur les misères de la guerre (elle perd son fils unique en 1914 et son petit-fils en 1940). Une de ses sculptures se trouve au cimetière allemand de Vladslo-Dixmude en Flandre.

Le cubisme

A l'aube de ce siècle, la plaque tournante de toutes les avant-gardes est à Paris. Des femmes peintres et sculpteures venant de tous les horizons s'y retrouvent. Le groupe russe est sans doute le plus nombreux: *Natalia Gontcharova* (1881-1962), *Alexandra Exter* (1882-1949), *Sonia Delaunay* (1885-1979), *Olga Rozanova* (1886-1918) et bien d'autres... La Polonaise *Tamara de Lempicka* (1898-?), les Suissesses *Alice Bailly* (1872-1938), *Sophie Taeuber-Arp* (1889-1943), l'Espagnole *Maria Blanchard* (1881-1932), la Française *Marie Laurencin* (1885-1956) s'enthousiasment pour les recherches cubistes. Certaines appliquent ces nouveaux critères au portrait, d'autres aux arts décoratifs, aux décors et costumes de théâtre, de cinéma. D'autres encore évoluent vers le futurisme ou l'abstraction.

Le mouvement cubiste va passionner *Alice Bailly*. Au terme de ses études à l'Ecole des Beaux-Arts de Genève, elle poursuit ses recherches picturales à Munich, enseigne un moment à Genève, étudie à Naples. Mais c'est à Paris, en 1904, qu'elle découvre les prémices du cubisme, le langage plastique qui lui permet de réaliser une œuvre originale. En 1922, elle se fixe définitivement à Genève où ses expositions obtiennent un succès de plus en plus vif[42].

Tamara de Lempicka évolue dans le milieu plus mondain des artistes de Montparnasse. Elle suit les cours d'André Lothe, théoricien du «cubisme synthétique» où les règles de décomposition en volumes géométriques s'allient à un réalisme classique. *Tamara de Lempicka* réalise une étonnante carrière de portraitiste dans le milieu hollywoodien. Le Centre Pompidou à Paris possède plusieurs de ses œuvres[43].

L'abstraction

Sonia Delaunay s'engage résolument dans l'abstraction géométrique. Elle y trouve tous les éléments qui lui conviennent: formes dynamiques, contrastées qu'elle habille de couleurs éclatantes.

Au cours de sa longue carrière (elle vécut plus de 90 ans), *Sonia Delaunay* aborde tous les genres de peinture, de la fresque à l'illustration de livre, du décor de théâtre au vêtement, au dessin de tissus (certains de ceux-ci sont toujours édités à Lyon). Cependant, dans les ouvrages généraux d'histoire de l'art, c'est l'œuvre de Robert Delaunay qui est longuement commentée et abondamment illustrée; *Sonia Delaunay* y est à peine citée. Pourtant, ce couple d'artistes représente un exemple des plus réussis de collaboration artistique où chacun apportait des qualités complémentaires. *Sonia* sera toujours la coloriste, spontanée et instinctive, Robert sera le théoricien écouté des critiques et des autres peintres. Lorsque le ménage connaîtra des difficultés financières, c'est *Sonia* qui abandonnera la peinture de chevalet pour les arts décoratifs, travaux immédiatement rétribués qui permettaient de faire vivre la famille. Ainsi, observons-nous que les femmes artistes, comme l'ensemble des femmes d'ailleurs, privilégient davantage les relations humaines que leur ambition et leur succès personnel.

Marthe Donas (1885-1967) est considérée comme la première femme ayant peint des toiles abstraites. Après des études classiques à l'Académie d'Anvers, elle travaille un an dans l'atelier de vitraux de *Miss Pursel* à Dublin.

En 1916, elle se fixe à Paris. Alors commence pour elle une période d'intense création artistique. En 1918, des reproductions de ses toiles sont publiées dans la revue d'avant-garde berlinoise «De Stijl». Le directeur lui conseille de ne pas mentionner son prénom, il a l'habitude des collectionneurs et ceux-ci achètent très rarement une œuvre de femme. Il lui propose deux pseudonymes: *Tour-Donas* qu'elle adoptera le plus souvent et *Tour d'Onasky* qu'elle emploiera parfois.

En 1920, c'est la consécration. Elle expose à Berlin où toutes ses toiles sont achetées par un même collectionneur. A Paris, elle participe en tant que membre à l'exposition de la célèbre «Section d'Or».

En 1927, commence une longue période de silence. Pendant vingt ans, elle ne peint plus. Pourquoi? Il est difficile de percer ce mystère.

En 1947, elle reprend les pinceaux et peint des œuvres figuratives, puis retourne à l'abstraction de 1954 à 1960. Une étude approfondie de l'œuvre de *Marthe Donas* reste à entreprendre[44].

Le surréalisme

Il est difficile d'aborder ce mouvement si vaste, si divers, encore si proche de nous: plus difficile encore d'y mesurer la place des femmes artistes. De nombreuses artistes sont présentes aux côtés des grands noms masculins du surréalisme. *Kay Sage* (1898-1963) et Yves Tanguy, *Maria Benz* qui signe *Nusch* (1906-1946) et Eluard, *Dorothéa Tanning* (1912) et Max Ernst, la liste pourrait être beaucoup plus longue...

Je me bornerai à évoquer deux figures de femmes remarquables très peu connues et dont l'œuvre est accomplie.

A l'ombre de Diego Rivera (1886-1957), le grand muraliste mexicain, *Frida Kahlo* (1916-1954) crée une œuvre toute différente.

A quinze ans, un accident la handicape à vie, elle subira 35 opérations sans succès. Ces nombreux repos forcés l'amènent à dessiner et peindre. Elle se forme seule et puise toute son inspiration dans sa propre existence.

Lorsque André Breton (l'écrivain «Pape du Surréalisme») découvre ses toiles, il est stupéfait d'y voir exprimé tout un monde surréaliste. *Frida* dira: «Breton pensait que j'étais surréaliste, mais ce n'est pas vrai: je n'ai jamais peint les rêves, mais seulement ma réalité».

Une réalité si riche que son pouvoir d'émotion en devient intense. Toutes les toiles de *Frida Kahlo* nous interpellent profondément. Rivera lègue sa maison de Mexico afin qu'elle abrite le musée *Frida Kahlo*[45].

Remedios Varo (1913-1963) participe activememt au mouvement surréaliste catalan «Logicophobiste» de tendance métaphysique. Très engagée politiquement durant la guerre civile, elle est contrainte d'émigrer à Paris. Elle épouse le poète surréaliste Benjamin Peret. En 1941, le couple parvient à émigrer au Mexique. Après la guerre, son mari rentre à Paris, mais *Remedios Varo* reste à Mexico qui est devenue sa ville d'adoption. Pendant toutes ces années, elle peint sporadiquement.

Ce n'est qu'en 1953 qu'elle reprend les pinceaux. En 10 ans, elle accomplit une œuvre prodigieuse de plus de 100 tableaux où elle trace un monde fascinant: lévitation, attraction, osmose, mimétisme des personnages et des objets qui voisinent avec des corps célestes. Ses toiles intriguent et captivent prodigieusement. Son métier précieux et raffiné ajoute encore à l'enchantement.

En 1963, en pleine possession de son art, *Remedios Varo* est terrassée par une crise cardiaque[46].

3. CONCLUSIONS

Au terme de ce survol, nous espérons avoir ouvert quelques pistes. Nous mesurons l'énorme travail qu'il reste à entreprendre et nous poursuivons nos recherches... en souhaitant les échanger, les mettre en commun avec d'autres redécouvertes d'œuvres de femmes.

NOTES

[1] Pierre GILBERT, *Le classicisme de l'architecture égyptienne*. Bruxelles: Fondation égyptologique Reine Elisabeth, 1943, pp. 60-72.
[2] Karen PETERSEN et J.J. WILSON, *Donne Artiste*. Rome: Savelli, 1978. Traduction italienne, p. 5.
[3] Ann Sutherland HARRIS et Linda NOCHLIN, *Femmes Peintres 1550-1950*. Paris: des femmes, 1981, p. 23.
[4] Karen PETERSEN et J.J. WILSON, op. cit., p. 12.
[5] Ce manuscrit se trouve dans le Trésor de l'église Sainte-Catherine à Maaseyck.
[6] Karen PETERSEN et J.J. WILSON, op. cit., pp. 13-14.
[7] Ann Sutherland HARRIS et Linda NOCHLIN, op. cit., p. 19.
[8] Ann Sutherland HARRIS et Linda NOCHLIN, op. cit., p. 16.
[9] Chiffres cités par D. MINER, d'après des recherches inédites du professeur Douglas FARGNER, brochure publiée par la Walters Art Gallery en 1974 à Baltimore.
[10] Germaine GREER, *The Obstacle Race*. London: Secker and Warburg, 1979, pp. 29-164.
[11] Ann Sutherland HARRIS et Linda NOCHLIN, op. cit., pp. 102-103.
[12] Ann Sutherland HARRIS et Linda NOCHLIN, op. cit., p. 105.
[13] Ann Sutherland HARRIS et Linda NOCHLIN, op. cit., p. 107.
[14] Ce dessin est magnifiquement exposé parmi les plus beaux dessins du Musée.
[15] Ann Sutherland HARRIS et Linda NOCHLIN, op. cit., p. 106.
[16] Une splendide collection de jardins clos se trouve au Couvent des Augustines inclus dans les bâtiments de l'Hôpital de la Ville de Malines. (Visites l'après-midi sur demande à la Mère Supérieure).
[17] Dora VALLIER, A.-M. SAUZEAU, Eva MENZO, *Actes d'un procès pour viol en 1612*. Paris: des femmes, 1983.
[18] Exposition: *La peinture napolitaine de Caravage à Giordano*. Paris, Grand Palais, mai-août 1983.
[19] Cl. LEVI-STRAUSS, in: *Nouvel Observateur*, 4-10-1984.
[20] Germaine GREER, op. cit., pp. 136-140.
[21] Germaine GREER, op. cit., p. 160.

[22] Au couvent du Corpus Domini à Bologne.
[23] Karen PETERSEN et J.J. WILSON, op. cit., p. 21: reproduction du bas-relief daté de 1520, porte de San Petronio à Bologne.
[24] Germaine GREER, op. cit., pp. 208-214.
[25] Germaine GREER, op. cit., p. 214.
[26] Germaine GREER, op. cit., pp. 215-222.
[27] Ann Sutherland HARRIS et Linda NOCHLIN, op. cit., pp. 131-133.
[28] Reine de BERTIER, Bruxelles, in: Belgia 2000: *De quelques femmes peintres ou les schilderesses aux XVIe et XVIIe siècles*. Décembre 1983, pp. 26-35.
[29] Ann Sutherland HARRIS et Linda NOCHLIN, op. cit., pp. 145-146.
[30] Germaine GREER, op. cit., pp. 228-231.
[31] Silvia MELONI: *Giovanna Garzoni, Miniatora medicea*. Milan, in : Franco Maria Ricci, agosto 1983.
[32] Ann Sutherland HARRIS et Linda NOCHLIN, op. cit., pp. 151-152.
[33] Ann Sutherland HARRIS et Linda NOCHLIN, op. cit., pp. 153-155.
[34] G. VAN DOORSLAER, *Une Madone en buis signée Maria Fayd'herbe*. Bruxelles, in: Revue belge d'Archéologie et d'Histoire de l'Art II, 1932.
[35] Notre-Dame de la Chapelle à Bruxelles.
[36] Maria-Victoria GARCIA OLLOGUI, *La Roldana*. Séville, Arte Hispalense, 1977.
[37] Catalogue de l'exposition: *Women Architects, their work*. London, Sorella Press, 1984, p. 9.
[38] Germaine GREER, op. cit., chapitre XV: *The Age of Academies*.
[39] Germaine GREER, op. cit., p. 303.
[40] Ann Sutherland HARRIS et Linda NOCHLIN, op. cit., p. 29.
[41] Francine-Claire LEGRAND, *Le Symbolisme en Belgique*. Bruxelles: Laconti, 1971.
[42] Léa VERGINE, *L'autre moitié de l'avant-garde*. Paris: des femmes, 1982, pp. 71-72.
[43] Giancarlo MARMORI, *Tamara de Lempicka*. Paris: Chêne, 1978.
[44] Mauritz BILCKE, *Marthe Donas*. Bruxelles: Bulletin des Musées des Beaux-Arts, n° 1-2, 1964.
[45] Léa VERGINE, op. cit., pp. 296-299.
[46] Edouard JAGNER, *Remedios Varo*. Paris: Filipacchi, 1980.

Index alphabétique des femmes artistes

ABBEMA, Louise, 199
ADLER, Rose, 68
ANGUISSOLA, Sofonisba, 70, 72, 73, 181, 182
ARISTARETE, 117
ARTEMISE II, 177
AUZOU, Pauline, 197
AYALLA, Josefa (v. OBIDOS)

BAILLY, Alice, 201
BASHKIRTSEFF, Marie, 198
BENOIST-LE ROULX DE LA VILLE, Marie-Guilhelmine, 197
BENZ, Maria, 203
BESSEMERS, Mayken (v. VERHULST)
BLANCHARD, Maria, 68, 69, 70, 201
BONHEUR, Rosa, 74, 199
BOULIAR, Marie-Geneviève, 197
BOULOGNE, Geneviève, 190
BOULOGNE, Madeleine, 190
BOURGOT, 179
BRICCI, Plautilla, 193
BUSEAU, Marie-Jeanne, 69

CAFFI, Margherita, 190
CAPET, Marie-Gabrielle, 197
CARRIERA, Rosalba, 195
CASSATT, Mary, 69, 70, 74, 199
CLAUDEL, Camille, 70, 74
CHARPENTIER, Constance-Marie, 197
COECK, Mayken, 69
CORA, 177

DELAUNAY, Sonia, TERK, 69, 201, 202
DESMOULINS, Antoinette, 193
DONAS, Marthe, 71, 202
DONELLA, 185
DUCHEMIN, Catherine, 189

EALDSWITH, 179
ENDE, 178
EXTER, Alexandra, 201
Van EYCK, Margaret, Maria, 69, 189

FAYD'HERBE, Maria, 192
FONTANA, Lavinia, 73, 186, 191
FONTANA, Laodamia, 186

GALIZIA, Fede, 190
GARZONI, Giovanna, 73, 190
GENTILESCHI, Artemisia, 74, 183, 184, 191
GERARD, Marguerite, 197
GISELA, 179
GONTCHAROVA, Natalia, 201
GONZALES, Eva, 69

HARLINDE (Sainte), 71, 178
HATSHEPSOUT, 176, 177
de HEER, Margaretta, 73
HELENA, 177
Van HEMESSEN, Catharina, 73, 181
HORENBOUT, Suzanne, 70, 180

IAIA de Cyzique, 177
IJKENS, Catherina, 188

KAHLO, Frida, 203
KAUFFMAN, Angelica, 72, 195, 196
KOLLWITZ, Käthe, 71, 200, 201
KORA, 177

LABILLE-GUIARD, Adélaïde, 194, 197
LAURENCIN, Marie, 69, 201
de LEMPICKA, Tamara, 201
LEYSTER, Judith, 69, 184, 185
LOUIS, Séraphine, 68, 69

MARCIA, 72, 177
MAYER, Marie, Françoise Constance, 70, 197
MERIAN, Maria-Sibylla, 73, 191
MODERSHON-BECKER, Paula, 200, 201
MORISOT, Berthe, 68, 69, 70, 199
MOILLON, Louise, 73, 189
MUNTER, Gabrielle, 200

d'OBIDOS, Josefa, AYALLA, 190
OLYMPIA, 177
Van OOSTERWYCK, Maria, 73, 189

PEETERS, Clara, 73, 187, 188
PINELLI, Antonia, 186
PURSEL, Miss, 202

RADEGONDE (Sainte), 178
RECCO, Elena, 190
RENILDE (Sainte), 71, 178
REYNOLDS, Frances, 69
RICHIER, Germaine, 71
ROBUSTI, Marietta, 69
ROLDAN, Luisa, 193
ROSSI, Properzia, 185, 186
ROZANOVA, Olga Vladimirovna, 201
RUYSCH, Rachel, 72, 189

SAGE, Kay, 203
SARTORI, Félicia, 195
SEMIRAMIS, 177
SIRANI, Elisabetta, 187, 191
Sœurs Grises, 183

TAEUBER-ARP, Sophie, 201
TANNING, Dorothea, 203
TEERLINCK, Livina, 180
TERK, Sonia (v. DELAUNAY)
TIMARETE, 72, 177

VALADON, Suzanne, 69, 74, 199
VALLAYER-COSTER, Anne, 196
VARO, Remedios, 203
VERHULST, Mayken ou BESSEMERS, 69
VIGÉE-LEBRUN, Elisabeth, 68, 70, 74, 194, 195, 197
dei VIGRI, Caterina, 185
WILBRAHAM, Lady, 194

D. Les Sciences

Dans le chapitre précédent, nous avons constaté que les manuels de sciences continuent à véhiculer des formes de sexisme. L'image qu'ils donnent des hommes et des femmes ne reflète pas la réalité d'aujourd'hui. Ce faisant, ils n'offrent pas une égalité de chances aux filles et aux garçons.

Nous avons mis en évidence l'emploi abusif du masculin à tous les niveaux. Nous avons constaté une nette majorité d'illustrations mettant en jeu des personnages masculins. Ceux-ci sont généralement présentés dans des rôles actifs, contrairement aux femmes. Textes et illustrations des manuels de sciences reproduisent insidieusement une image très stéréotypée des rôles masculins et féminins. Nous avons également mis en évidence l'absence quasi totale de modèles féminins valorisants, tant pour les femmes en général que pour les femmes de sciences.

1. PROPOSITIONS POUR ELIMINER LES STEREOTYPES SEXISTES DES MANUELS DE SCIENCES

a) Au niveau du vocabulaire

Le mot «homme», si fréquemment employé pour désigner «l'être humain», sera remplacé aussi souvent que possible par des termes tels: le genre humain, l'individu, l'humanité, la personne, les hommes et les femmes... On alternera de manière équitable le «il» et le «elle». On s'adressera aux jeunes gens et aux jeunes filles, au lecteur et à la lectrice... Les auteurs souhaiteront aux lecteurs d'acquérir une initiation biologique à laquelle tout homme «et toute femme» ont droit...

On tentera de trouver des mots nouveaux pour désigner hommes et femmes dans des professions traditionnellement attribuées à l'autre sexe. Par exemple, on trouvera un féminin à médecin ou à professeur de sciences, la juxtaposition femme médecin ou femme professeur laissant entendre qu'il s'agit d'exceptions.

En mathématiques, les filles résoudront parfois les problèmes plus vite que les garçons.

Dans les manuels de physique et de chimie, la conductrice, l'observatrice, la nageuse, l'expérimentatrice... prendront part aux exemples et aux exercices au même titre que le conducteur, l'observateur, le nageur ou l'expérimentateur...

Dans les livres de biologie, plutôt que d'indiquer le temps de gestation du cheval, de l'homme, du bœuf ou du sanglier... on indiquera celui de la jument, de la femme, de la vache ou de la laie...

b) **Au niveau des illustrations**

On essayera de représenter, équitablement, autant de femmes que d'hommes. De temps à autres, pour illustrer la notion de temps et de mouvement par exemple, on figurera une joueuse de tennis au lieu d'un joueur, une cycliste au lieu d'un cycliste... Les caractéristiques biologiques communes aux deux sexes seront schématisées sur des silhouettes anatomiques alternativement féminines et masculines. On montrera, par des illustrations, que les femmes sont parfois médecins plutôt qu'infirmières, chercheuses plutôt que laborantines...

En effet, une étude[1] a mis en évidence combien les femmes, sous l'influence des stéréotypes, sont conditionnées à se sous-estimer. Quand on montre à des adolescentes des photos de femmes en tablier blanc dans un laboratoire, elles considèrent généralement ces femmes comme assistantes d'un homme momentanément absent ou, au mieux, comme engagées dans des recherches à caractère typiquement féminin (par exemple : les cosmétiques).

c) **Au niveau des modèles**

Les modèles de femmes en général

Sans nier, ni renier le fait que beaucoup de femmes choisissent encore des activités traditionnelles (ménage, secrétariat...), il serait bon de leur présenter le vaste éventail d'activités socio-professionnelles qui leur sont accessibles, surtout dans le monde des sciences. Pour cela, les manuels de sciences pourraient les faire figurer dans une grande variété de rôles et à tous les niveaux de la hiérarchie : dentistes aussi bien qu'assistantes dentaires, institutrices mais aussi professeurs d'université, «patrons» d'un service hospitalier aussi bien que secrétaires médicales... Aux côtés des hommes, les livres montreraient des électroniciennes, des femmes ingénieurs, des techniciennes diverses, des vétérinaires, des géologues, des agronomes féminines... Le choix est vaste lorsqu'on s'éloigne des métiers traditionnels. Les manuels encourageraient les filles à s'intéresser aux sciences et aux techniques s'ils présentaient des exemples positifs et des illustrations valorisantes de femmes dans ces différentes fonctions.

Nous avons vu que de nombreuses activités scientifiques, la recherche notamment, demandent une grande disponibilité de temps et d'esprit : vie professionnelle et vie de famille sont difficilement conciliables. Les manuels scolaires pourraient contribuer à faire naître de nouvelles attitudes en ce qui concerne les rôles des hommes et des femmes par rapport à la vie familiale. Une meilleure répartition des tâches laisserait aux femmes plus de temps pour se consacrer à leurs buts professionnels.

Les modèles de femmes de sciences

Précédemment nous avons mis en évidence l'importance et l'intérêt de présenter des modèles féminins aux adolescent(e)s, surtout dans les domaines traditionnellement masculins. Or, nous l'avons vu, les femmes sont absentes des manuels de sciences. Pourquoi? A part Marie et Irène Curie, les femmes n'ont-elles pas participé à l'évolution scientifique? Pour répondre à cette question, nous avons entrepris des recherches destinées à sortir de l'ombre les femmes qui ont travaillé ou qui se sont illustrées dans les sciences. Et il nous est apparu que, de tout temps, les femmes avaient réalisé des travaux scientifiques, dans des disciplines variées. Certaines étaient réputées à leur époque mais toutes sont absentes des livres habituels.

Bref aperçu historique[2]

Les premiers témoignages scientifiques semblent provenir du Proche-Orient. La Grèce antique a fortement contribué à l'évolution des sciences avec des savants comme Pythagore, Démocrite, Hippocrate, Aristote, Euclide, Archimède, Ptolémée... Quant aux femmes, si aucune n'a atteint la renommée de ces illustres scientifiques, elles sont cependant présentes.

- *Aux époques reculées,* les femmes étaient surtout sages-femmes, astronomes ou mathématiciennes.

Au Ier siècle avant J.-C., *Aganice,* une Thessalienne, serait la première femme connue pour s'être adonnée à l'astronomie: elle était capable de prévoir les éclipses de lune[3]!

Au Ve siècle vécut la célèbre *Hypathie* (370-415). Elle enseignait la philosophie et les mathématiques au Musée d'Alexandrie. Elle aurait rédigé des commentaires aux six premiers livres de l'«Arithmétique» de Diophante, au «Traité des coniques» d'Apollonius et aux «Tables manuelles» de Ptolémée. Elle aurait aussi inventé l'aréomètre dont la première mention connue est contenue dans une lettre adressée par le philosophe Synésius à Hypathie[4].

- Du *Moyen Age,* période peu féconde pour les sciences, nous est parvenu le nom de *Hildegarde de Bingen* (1098-1179). Deux de ses manuscrits ont été conservés: «Physica aut liber simplicis medicinae» et «Causa curae aut liber compositae medicinae». Elle y traite des plantes, des éléments, des animaux, des métaux, de la création, des astres, de la théologie, de la météorologie (on lui doit le fait d'avoir formulé la théorie des saisons et celle des marées), de physique, des maladies, des méthodes de diagnostic, de l'influence du système nerveux sur les phénomènes vitaux...[5].

- Après cette longue nuit scientifique, *la Renaissance* marque le réveil de l'intérêt pour les sciences. Un nouvel état d'esprit remet en cause les principes et les notions véhiculés depuis l'antiquité, ce qui mène à l'observation directe et à l'expérimentation. En outre, la découverte et l'essor rapide de l'imprimerie rend possible la diffusion des connaissances au moyen des livres.

Les femmes commencent à s'intéresser aux sciences naturelles: plantes et animaux sont surtout étudiés pour leur utilisation en pharmacopée. Ainsi, au XVIe siècle, *Anne-Sophie,* épouse d'Auguste Ier d'Allemagne, cultivait des plantes médicinales et préparait des médicaments; elle aurait fondé à Dresde une pharmacie qui existait encore en 1830[6].

- *Au XVIIe siècle,* les sciences font des progrès considérables en raison, d'une part d'une nouvelle approche des savants vis-à-vis de la recherche, et d'autre part du perfectionnement des moyens techniques (microscope).

De plus en plus de femmes s'adonnent aux mathématiques et à l'astronomie. *Marie Cunitz* (1610-1664) de Silésie, connaissait les mathématiques, l'astronomie, la médecine, les langues, la poésie, la musique et la peinture. Surnommée la « seconde Hypathie », elle a écrit des tables astronomiques intitulées « Urania Propitia » (1650)[7].

Les femmes sont toujours soucieuses de pharmacologie : des drogues nouvelles font leur apparition, telle l'écorce de quinquina (dont on extraira la quinine) qui fut ramenée du Pérou en 1640 par *Anne d'Osorio, comtesse de Chinchon*[8].

D'autres femmes sont naturalistes, telle *Sybille Mérian* (1647-1717) de Francfort. Peintre d'insectes et de fleurs, elle partit en Guyane hollandaise pour y étudier ceux-ci et écrivit « Histoire générale des insectes de Surinam et de toute l'Europe »[9].

Exclues de la pratique de la médecine dans la plupart des pays d'Occident, les femmes possèdent et étudient cependant des livres de médecine. Nombreuses sont sages-femmes, certaines ont laissé des écrits médicaux, beaucoup ont pratiqué malgré les interdits... *Marie-Jeanne d'Assonville*, une Française, avait inventé un onguent pour soigner les hémorroïdes. Le 13 novembre 1698, un arrêt de la Cour d'Appel de Tournai autorise M.J. d'Assonville à pratiquer. Cet arrêt était la conclusion d'un procès en appel des maîtres chirurgiens de Lille contre cette guérisseuse pour exercice illégal[10].

- *Au XVIIIe siècle,* les femmes commencent à s'engager dans les sciences expérimentales et, en même temps qu'apparaissent les premiers grands chimistes (Lavoisier, Bertholet...) et les premiers grands physiciens (Newton, Lagrange, Laplace...) des temps modernes, apparaissent les premières physiciennes et chimistes féminines.

Emilie du Châtelet, dont nous reparlerons plus loin, s'adonna surtout aux mathématiques et à la physique.

Geneviève Thiroux-d'Arconville a publié en 1766 « Essai pour servir à l'histoire de la putréfaction ». Dans cet ouvrage, elle étudiait les substances capables d'accélérer ou de retarder la décomposition des corps[11].

Les femmes se passionnent pour l'anatomie et assistent aux dissections : madame de Staal de Launay, femme de lettres française, était désignée comme « la fille de France qui connaissait le mieux le corps de l'Homme »[12].

Angélique Marie Leboursier-Ducoudray (1712-1799), sage-femme de Paris, fut pendant 22 ans, et avec autorisation royale, professeur ambulant d'obstétrique et d'anatomie, à l'aide de modèles de femmes et d'enfants[13].

Mademoiselle Biheron (1719?-1785) faisait des dissections et des reproductions anatomiques. Elle imagina de réaliser des modèles en cire dont les différentes parties du corps pouvaient se démonter [14].

Le XVIIIe siècle a donné naissance à quelques grandes mathématiciennes (*Marie-Gaëtane Agnesi, Sophie Germain...*) et à quelques astronomes éminentes (*Caroline Herschel, Mary Somerville...*).

Marie-Gaëtane Agnesi (1718-1799), une Italienne, a publié en 1748 un traité de mathématiques qui est l'un des premiers travaux scientifiques d'une femme à avoir été conservé. Ce traité, les «Instituzioni analtiche» fut réalisé pour son propre amusement mais surtout dans le but d'instruire l'un de ses jeunes frères. C'est dans le premier volume de cet ouvrage qu'intervient la discussion sur l'équation cartésienne $(a^2 + x^2) y = a^3$, courbe du troisième degré qui porte encore le nom de «Cubique d'Agnesi» [15].

- *Au XIXe siècle*, l'intérêt des femmes pour les sciences s'intensifie.

Ada Augusta Byron, Lady Lovelace (1815-1852), la fille du grand poète anglais, était passionnée par les mathématiques auxquelles elle avait été formée dès son plus jeune âge. Elle se lia d'amitié avec Charles Babbage et lui voua une grande admiration. Babbage, mathématicien anglais, est le père de l'une des premières machines à calculer, ancêtre de l'ordinateur. En 1842, Ada Augusta Lovelace entreprit de traduire le mémoire de Luigi Menabrea, un jeune mathématicien qui y décrivait la fameuse «machine analytique» de Babbage. Les nombreux commentaires signés A.A.L., qui parsèment et complètent cet ouvrage, prouvent qu'elle avait pleinement compris le principe des calculatrices programmées, un siècle avant leur temps [16]. Ada Byron fréquentait une astronome anglaise de renom, *Mary Somerville* (1780-1872) dont la valeur était reconnue dans tout le monde scientifique contemporain [17].

Une fois ouvertes les portes des universités, toute une série de femmes vont s'illustrer en mathématiques (*Sonia Kovalevsky, Emmy Noether...*) et en astronomie (*Maria Mitchell, Henrietta Leavitt...*).

En 1867 naît *Marie Curie*, la physicienne la plus célèbre, une des rares femmes à être entrée dans l'histoire des sciences et quasi la seule femme à être citée dans les manuels scolaires.

- En ce *début du XXe siècle*, les femmes apportent des contributions dans tous les domaines de la biologie, de la recherche médicale, de la chimie et de la physique.

- *Actuellement,* toutes les études scientifiques sont ouvertes aux femmes qui sont nombreuses à s'y distinguer.

Quelques propositions concrètes

Ces propositions tendent à donner aux scientifiques féminines la place qui leur revient dans les manuels de sciences. Bien sûr, ces suggestions ne concernent que les livres accordant une certaine place aux notices historiques et aux biographies de savants.

- *Dans les livres de mathématiques*

Il semble qu'aucune mathématicienne n'ait travaillé dans un domaine en rapport avec le programme de l'enseignement secondaire! A l'exception peut-être de *Marie Agnesi* que nous avons déjà citée et de *Sonia Kovalevsky* (1850-1891), mathématicienne d'origine russe. On pourrait mentionner la «Cubique d'Agnesi» au chapitre relatif aux courbes du troisième degré. Quant à Sonia Kovalevsky, il serait juste d'associer son nom à celui de Cauchy à propos des équations différentielles partielles, parce qu'elle partage avec celui-ci le mérite d'avoir établi rigoureusement le premier théorème lié à la question [18].

- *Dans les livres de physique*

Quelques femmes méritent une place dans les manuels de physique.

Aux chapitres traitant de «la statique des fluides», lors de la description de l'aréomètre, il serait intéressant de signaler que celui-ci a été inventé au Ve siècle par *Hypathie,* philosophe et mathématicienne d'Alexandrie.

Chaque fois que, dans une notice historique, il est question des «Principes mathématiques de la philosophie naturelle» d'Isaac Newton, il serait juste de mettre en évidence que l'unique traduction française de cette œuvre a été réalisée au XVIIIe siècle par *Emilie du Châtelet.*

En électricité, lors de l'étude de la pile ou de la tension électrique, il faudrait rappeler que c'est la découverte de «l'électricité animale» par *Lucia* et Luigi *Galvani* en 1780 qui a permis à Volta de découvrir la pile électrique et à Hertz, un siècle plus tard, de découvrir le phénomène de propagation des ondes électriques [19].

La découverte de la «tension superficielle» est généralement attribuée à John Rayleight, vers 1890. Ce phénomène a, en réalité, été découvert en 1881 par une jeune Allemande du nom d'*Agnès Pockles*[20].

- *Dans les livres de chimie*

Quelques chimistes féminines ont apporté des contributions aux matières enseignées dans les manuels de chimie.

A propos de «la fission nucléaire», il serait intéressant :

- d'une part de signaler que, lorsqu'en 1934 Fermi rapporta ses observations sur les éléments transuraniens, c'est *Ida Noddack* qui, la première, prédit la possibilité de la fission atomique[21];

- d'autre part de mettre en évidence la rivalité qui existait entre les couples *Lise Meitner* - Otto Frisch, *Ida* et *W. Noddack*, Hahn et Strassman et le couple *I. Joliot-Curie* - F. Joliot autour des éléments transuraniens et de la découverte de la fission nucléaire en 1938[22].

Kathleen Lonsdale (1903-1971) mérite également une place dans les manuels de chimie. Diplômée de l'université de Londres, Kathleen Lonsdale travaille dans le groupe de recherche de W.H. Bragg sur la structure cristalline des composés organiques par analyse aux rayons X. En 1929, elle publie un travail qui démontre pour la première fois que le benzène a une structure hexagonale plane et elle en donne les dimensions précises. En 1949, elle publie «Crystals and X-Ray» et, en 1952, «International Tables of X-Ray Cristallography». Ces volumes sont encore couramment employés aujourd'hui et constituent un outil essentiel pour la détermination des structures cristallines. Son nom pourrait être cité dans les manuels en parallèle avec celui de W. Bragg, à propos de la «détermination des structures cristallines» ainsi qu'aux chapitres relatifs à la structure du benzène[23].

A l'occasion de l'étude des différents groupes de métaux, on pourrait signaler que *Ida Noddack* et son mari ont découvert le «Rhénium» en 1925[24] et que *Marguerite Perey*, une préparatrice de Marie Curie, a isolé le «Francium» en 1939[25].

Lorsqu'on aborde la structure de l'ADN, il faudrait insister sur le fait souvent méconnu que *Rosalind Franklin* (1920-1958) est l'une des quatre scientifiques dont les travaux ont permis de mettre en évidence la structure moléculaire hélicoïdale de l'ADN[26].

- *Dans les livres de biologie*

La biologie, considérée comme une science plus «féminine», a toujours compté beaucoup de femmes. Aussi leurs apports sont-ils plus nombreux que dans les autres disciplines scientifiques.

Deux des manuels analysés ont particulièrement retenu notre attention. D'abord parce qu'ils exposent des matières où de nombreuses femmes ont apporté des contributions, ensuite parce qu'ils font une large place à l'historique de la recherche scientifique.

Plusieurs femmes pourraient figurer dans le premier de ces manuels [27].

Au chapitre traitant de «l'infection microbienne», à côté de Jenner, Pasteur, Roux, Ramon, Fleming... on pourrait citer quelques noms de femmes qui ont réalisé des découvertes dans ce domaine.

Au paragraphe exposant «la découverte de la vaccination» [28], on explique que *la variolisation, qui est «l'ancêtre» de la vaccination, consistait à donner la variole d'un individu faiblement atteint à une personne saine.* On pourrait ajouter que la pratique de la variolisation nous vient d'Orient; elle a été introduite en Europe par *Lady Montague* (1689-1762) qui la ramena de Constantinople. A son retour en Angleterre, vers 1720, Lady Montague voulut populariser l'usage de la variolisation mais elle dut lutter pendant plus de 25 ans pour que triomphent ses idées. Et ce n'est qu'en 1746 qu'un hôpital spécialement affecté à l'inoculation de la variole fut créé en Angleterre [29].

Au paragraphe concerant «les propriétés et utilisation du sérum» [30], on signale qu'il existe des sérums contre le tétanos, contre la gangrène et contre la peste. On pourrait compléter: le sérum contre la morsure de vipère qui a été réalisé par *Marie Phisalix-Picot* (1861-1946), erpétologiste française dont les recherches ont principalement porté sur les animaux venimeux et les venins [31]; et le sérum antilépreux qui a été mis au point par *Sœur Marie-Suzanne* (Alice Novial) (1906-1957). Travaillant au laboratoire de recherche sur la lèpre à l'université de Lyon, en 1951, sœur Marie-Suzanne isole un bacille inconnu. Ce bacille, le «Mycobacterium Marianum» se cultivait et transmettait la lèpre mieux et plus régulièrement que le bacille de Hansen, connu depuis 1871. Sœur Marie-Suzanne fut la première à obtenir une culture du bacille: elle en fit ensuite un vaccin préventif, puis un antigène curatif et enfin un réactif de diagnostic. C'est en 1967 que son vaccin fut définitivement adopté [32]. Ceci pourrait compléter le paragraphe sur la «vaccination» [33].

Toujours dans le même chapitre, on relate la découverte de la pénicilline par A. Fleming en 1928 et on ajoute que, en 1945, ce dernier *reçut le Prix Nobel de médecine, prix qu'il partagea avec deux autres savants* (E. Chain et H. Florey) *grâce à qui la préparation industrielle de la pénicilline est devenue possible* [34]. On pourrait détailler et dire que, pour rendre possible la préparation industrielle de la pénicilline, il était essentiel de déterminer sa composition et sa structure. Un grand nombre de chimistes et de cristallographes anglais et américains se sont penchés sur le problème. La chimiste anglaise *Dorothy Crowfood-Hodgkin,* née en 1910, prit une part importante à ce travail et ce sont principalement ses efforts qui ont permis d'aboutir à des conclusions satisfaisantes. De nombreuses méthodes de cristallographie furent innovées à l'occasion de ces recherches, notamment l'emploi de l'ordinateur que D. Crowfood utilisa la première pour résoudre une application directe d'un problème de biochimie. En 1964, elle reçut le Prix Nobel de chimie pour ses déterminations de la structure de substances d'importance biologique, à l'aide de méthodes aux rayons X[35].

Enfin, dans le même manuel, au chapitre concernant «la structure des virus»[36], on pourrait signaler que *Rosalind Franklin* a déterminé la structure du virus de la mosaïque du tabac[37].

Dans le second de ces manuels de biologie[38], plusieurs femmes auraient leur place à côté des savants et des chercheurs qui y sont cités.

En 1983, une généticienne américaine, *Barbara Mc Lintock*[39] a obtenu le Prix Nobel de physiologie et de médecine pour ses théories concernant les «gènes sauteurs». Ses découvertes apportent des éclaircissements à propos de la «résistance des bactéries aux antibiotiques» et à propos du phénomène de «différenciation cellulaire» et méritent de figurer dans ces deux paragraphes[40].

En ce qui concerne la transplantation des ébauches embryonnaires, on parle des travaux de Spemann sur les embryons de tritons, travaux pour lesquels il a obtenu le Prix Nobel en 1935[41]. Pourquoi ne mentionne-t-on pas les recherches sur la biochimie des inducteurs et des organisateurs réalisées par la biochimiste finlandaise *Taina Kuusi*: elle pouvait produire à volonté des queues et des têtes supplémentaires sur des larves de tritons[42].

On pourrait aussi citer les travaux d'*Anne-Marie Dubois* à propos de l'intersexualité[43]. En 1936, elle a publié «L'intersexualité et ses causes génétiques»[44].

On signale les travaux d'Avery sur les transformations bactériennes, en 1944[45]. N'aurait-il pas travaillé en collaboration avec la généticienne américaine *Harriett Ephrussi* qui, vers la même époque, a également effectué des recherches sur les transformations induites chez les pneumocoques[46]?

En botanique également, les femmes ont apporté des contributions.

Lily Newton a publié une « Flore des algues marines de la Manche »[47] et pourrait figurer aux chapitres traitant des algues.

Le nom de *Mathilde Bensaude,* qui a étudié le cycle évolutif et la sexualité des champignons basidiomycètes[48] pourrait être cité lors de l'étude de ces champignons.

Dans les manuels qui expliquent ce qu'est un phytotron, il serait intéressant de signaler que le premier phytotron européen a été fondé en 1950 par la physiologiste belge *Marie-Adèle Bouillenne* en collaboration avec son mari[49].

Ces quelques propositions ne sont que des exemples parmi beaucoup d'autres et ne concernent que les matières étudiées dans les livres que nous avons analysés.

Nous croyons qu'en citant dans les manuels scolaires les femmes qui ont travaillé dans les différentes disciplines scientifiques et y ont réalisé des découvertes, on montrerait que les sciences n'ont pas été et ne sont pas uniquement l'œuvre des hommes. Nous souhaitons que ces modèles encouragent les filles à aborder les sciences avec plus d'assurance et d'ambition. Nous pensons que des manuels de sciences non sexistes et présentant des modèles féminins pourraient corriger les représentations que les adolescent(e)s se font du monde scientifique et par là contribuer à changer les mentalités dans ce domaine particulier. Certes, l'impact de manuels débarrassés des préjugés existants resterait insuffisant s'il n'était accompagné d'autres initiatives à d'autres niveaux. Aussi nous attacherons-nous, dans les pages qui suivent, à définir le type d'action propre à promouvoir une transformation en profondeur des conceptions qui ont cours dans les sciences d'aujourd'hui.

2. PROPOSITIONS POUR CHANGER LES MENTALITES VIS-A-VIS DES SCIENCES

Si les quelques exemples cités plus haut prouvent que les femmes sont présentes dans tous les domaines de la recherche scientifique, leur nombre et leur rôle peuvent parfois sembler bien modestes à côté de ceux des scientifiques masculins. Il ne faut pas oublier que, tout au long de l'histoire, la nature et l'étendue des contributions féminines à la science ont été, en grande partie, déterminées par la position des femmes et l'importance de l'effort scientifique dans la société et la période historique considérées. Parmi toutes ces femmes, certaines ont réalisé des découvertes fondamentales, créatrices, tandis que d'autres ont eu une vie intellectuelle limitée à cause des difficultés auxquelles elles ont dû faire face. La connaissance de ces difficultés contribuera à montrer que les femmes ne sont pas moins aptes aux sciences que les hommes et à chasser les préjugés qui entourent encore le monde des sciences.

a) Les obstacles rencontrés par les femmes de sciences

Ces obstacles se situent à deux niveaux: les femmes ont dû surmonter bien des difficultés, d'une part pour accéder au monde scientifique, d'autre part pour s'y affirmer.

Ce qu'il faut aussi mettre en évidence, c'est que, jusqu'à la fin du XIXe siècle, la plupart des femmes se sont adonnées aux sciences soit à l'encontre des interdits de l'époque — comme *Agnodice* qui, au IVe siècle avant J.-C., avait revêtu des vêtements masculins pour suivre les cours de l'école de médecine[50] —, soit en se culpabilisant parce qu'elles outrepassaient les usages — comme *Sophie Germain*. Sophie Germain (1776-1831) est la fille d'un riche négociant dont elle reçoit une éducation soignée. C'est à l'âge de 13 ans, en lisant la biographie d'Archimède, que lui vient sa vocation pour les mathématiques. Loin d'être encouragée par sa famille qui n'accepte pas qu'une fille soit attirée vers un domaine masculin, elle est obligée d'étudier la nuit, à l'insu de ses parents, jusqu'à ce que, finalement, son père capitule... Elle se plonge alors dans les travaux des mathématiciens Bezout, Legendre, Cousin. Puis elle suit par correspondance les cours de l'Ecole Polytechnique. Plus tard elle commence à correspondre avec Lagrange et ensuite avec Gauss, mais... sous le pseudonyme de «Le Blanc, élève de Polytechnique», pour éviter, dit-elle, le ridicule attaché au titre de «femme savante». Mis au courant de son sexe, Lagrange devient pour Sophie un précieux conseiller et lui fait connaître tous les savants français de l'époque, tandis que Gauss, extrêmement surpris, lui témoigne toute son admiration. Les travaux de Sophie Germain portent essentiellement sur les vibrations des lames élastiques et sur la résolution du dernier théorème de Fermat[51].

Les difficultés d'accéder au monde scientifique

De nombreux facteurs ont contribué à freiner la création féminine.

Les *préjugés* liés à la condition de la femme et à son statut dans la société, le rôle d'épouse et de mère dans lequel elle était enfermée, sa prétendue infériorité intellectuelle, étaient autant d'obstacles dressés devant les femmes qui voulaient s'affirmer dans les sciences.

Pour illustrer ces préjugés, voici quelques réflexions masculines.

Au XVI⁰ siècle, Montaigne affirme: «La science est une chose très dangereuse pour les femmes. On n'en connaît pas qui n'aient été malheureuses ou ridicules par elle»[52].

Au XVII⁰ siècle, dans son «Traité de l'éducation des filles», Fénelon avance que: «La science des femmes, comme celle des hommes doit se borner à s'instruire par rapport à leur fonction. La différence de leurs emplois doit faire celle de leurs études. Il faut donc borner l'instruction des femmes».

Au XVIII⁰ siècle, Kant proclame: «Il faut abandonner les spéculations abstraites, les connaissances utiles mais sèches à l'esprit laborieux et solide de l'homme: ainsi les femmes n'apprendront pas la géométrie»[53].

Le XIX⁰ siècle est un siècle noir pour les femmes: si elles sont exaltées dans leurs rôles d'épouse, de mère ou d'inspiratrice, elles subissent la domination masculine avec plus de force encore qu'auparavant. En outre, jamais la femme cultivée n'a suscité tant d'ironie ou d'attaque. «En voyant tomber une pomme», écrivit Jules Verne, «une femme n'aurait pas eu d'autre idée que de la manger»[54].

Heureusement les femmes trouvent quelques défenseurs: Zola, Hugo, Saint-Simon... et Anatole France qui avance timidement: «La Science ne peut-elle avoir, comme la religion, ses vierges et ses diaconesses?»[55]. En outre, certains prennent conscience de la difficulté de créer en l'absence de toute possibilité de s'instruire. A l'affirmation de de Goncourt: «Il n'y a pas de femme de génie, quand elles sont des génies, elles sont des hommes»[56], s'opposent les propos d'Auguste Bebel: «... et pour ce qui est de l'objection que les femmes n'auraient encore produit aucun génie, elle ne me paraît ni solide, ni probante. Les génies ne tombent pas du ciel, il leur faut l'occasion de se former et de se développer: cette occasion a jusqu'ici fait presque complètement défaut à celles-ci, que l'on a même, pendant des milliers d'années, opprimées de toutes façons... Pour tout dire en un mot, les femmes ont produit, dans l'ordre intellectuel, tout ce qu'il est possible de donner dans des conditions éminemment défavorables»[57].

Cependant, jusqu'à la fin du XIX⁰ siècle, les possibilités de s'instruire pour les femmes vont rester quasi nulles en raison de l'hostilité masculine. Pourtant, depuis fort longtemps, des femmes se sont penchées sur le problème de l'éducation des filles. Entre autres, au XVIIe siècle, *Anne-Marie Schuurmann,* une érudite hollandaise, qui a posé la «Question célèbre s'il est nécessaire ou non que les filles soient savantes»[58] et, au XVIIIe siècle, *Dorothée Erxleben,* première femme médecin diplômée en Allemagne qui, en 1749, a publié des «Etudes sur les causes qui empêchent les femmes de se vouer à l'étude des sciences médicales» ainsi que «Quelques considérations sur les études scientifiques du beau sexe»[59].

D'autres femmes, et d'autres hommes, étaient conscients de ce que cette soi-disant infériorité intellectuelle était liée à la culture, non au sexe. Au XVIIIe siècle, *Madame du Châtelet* note déjà que «les moindres capacités féminines n'ont d'autres raisons que pédagogiques et sociales»[60].

Il est évident que le problème de *l'accès à l'instruction* est capital pour les femmes. En effet, en l'absence de toute possibilité d'enseignement, comment les femmes s'instruisaient-elles?

Le plus souvent elles s'instruisaient *au contact d'un proche,* père, frère ou époux, scientifique également, auprès duquel elles acquéraient parfois les connaissances nécessaires à une carrière personnelle.

Hypathie que nous avons déjà citée, était la *fille* du mathématicien Théon d'Alexandrie: elle en reçut une brillante éducation qu'elle compléta lors d'un séjour en Grèce.

Caroline Herschel (1750-1848) est née à Hanovre dans une famille modeste. Si son père prend à cœur l'éducation de ses enfants, sa mère par contre s'oppose à l'instruction de ses filles. A l'âge de 22 ans, Caroline rejoint en Angleterre son *frère* William qui est astronome. Elle devient son assistante fidèle et, à son contact, apprend les mathématiques et l'astronomie. Pour la remercier de son aide, son frère lui offre un télescope et l'encourage à commencer une carrière personnelle. Sans atteindre l'ampleur de celle de son frère, son œuvre est cependant considérable : elle découvre 8 comètes, dont une est restée célèbre sous le nom de comète de Encke; elle localise quelques nouvelles nébuleuses et amas d'étoiles; elle participe à la découverte des anneaux I et II de Saturne. Elle réalise également deux énormes répertoires: le «Catalogue of the Stars» (1798) et le «Zone Catalogue»[61].

On attribue la découverte de «l'électricité animale» à Luigi Galvani; ce qu'on ignore, c'est qu'il a fait cette découverte grâce à une observation de sa femme. Un jour de 1780, *Lucia Galvani* préparait des grenouilles que *son mari,* professeur d'anatomie, devait disséquer avec ses étudiants. Dans la même pièce une machine produisait de temps en temps une étincelle. Soudain, Lucia Galvani constate que les pattes d'une grenouille (morte) se contractent légèrement. Etonnée, elle cherche à reproduire le phénomène et constate qu'il ne se manifeste qu'à condition de toucher les nerfs moteurs de la pointe du scalpel, en même temps que se produit une étincelle. Elle appelle son mari et lui fait part de son observation. Le professeur étudie le phénomène qui le mène à la découverte de «l'électricité animale», c'est-à-dire la variation du potentiel électrique le long du nerf[62]. Comme nous l'avons déjà signalé, ce phénomène nouveau permit à Volta de découvrir la pile électrique et à Hertz, cent ans plus tard, de découvrir le phénomène de propagation des ondes électriques. Bien sûr, c'est le hasard qui a permis à Lucia Galvani de constater la contraction des pattes de grenouille. Mais si ce même hasard s'était manifesté à une personne dénuée de curiosité scientifique, il n'en serait rien advenu.

Les femmes qui n'avaient pas la chance de vivre auprès d'un scientifique s'instruisaient par *des lectures personnelles* et entretenaient généralement une *correspondance* avec les savants de l'époque. Certaines avaient des *professeurs particuliers*. Il convient ici de mettre en évidence l'importance de facteurs personnels tels la richesse et *le statut social*. Comme pour les scientifiques masculins, ce sont surtout des femmes issues des classes privilégiées qui ont réussi à s'imposer en sciences. Elles seules avaient les loisirs et les possibilités financières qui leur permettaient de poursuivre de tels buts scientifiques. Ces femmes provenaient généralement de familles qui les encourageaient et qui favorisaient *l'éducation de leurs filles*.

Celle qui a réuni le plus de conditions favorables et qui illustre le mieux les obstacles à surmonter pour devenir une femme de sciences au XVIIIe siècle est probablement *Emilie du Châtelet* (1706-1749)[63]. Connue le plus souvent comme maîtresse de Voltaire, elle fut en réalité une grande femme de sciences, la première des temps modernes. Dans son enfance, elle a bénéficié d'un environnement tout à fait exceptionnel et d'une éducation révolutionnaire pour une fille. Surveillée et encouragée par ses parents, elle a fait à domicile des études approfondies. Fait rarissime pour l'époque, son père lui faisait donner des leçons de mathématiques et de métaphysique. A la fin de l'adolescence, elle avait atteint un niveau suffisant pour prendre des leçons avec des scientifiques comme Maupertuis, Clairaut, Koenig et Bernouilli. En outre elle correspondait avec les plus grands savants de l'époque (Wolff, Euler...). Et pour être au courant de la physique contemporaine, elle avait lu toutes les publications des vingt dernières années.

Sa première publication fut un « Mémoire sur le feu » (1738). Ensuite parurent les « Institutions de physique » (1740). Dans cet ouvrage, Emilie du Châtelet se proposait de faire une synthèse des livres étrangers car il n'existait aucun livre de physique complet écrit en français. Maupertuis, rédigeant la critique des « Institutions » dans le journal « Mercure de France », a écrit : « Il a paru, au commencement de l'année, un ouvrage qui ferait honneur à notre siècle, s'il était d'un des principaux membres des Académies d'Europe. Cet ouvrage est cependant d'une dame et, ce qui augmente encore le prodige, c'est que cette dame, ayant été élevée dans les dissipations attachées à la haute naissance, n'a eu de maître que son génie et son application à s'instruire... l'auteur s'élève ici fort au-dessus de ce qu'elle appelle modestement 'Institutions' »[64]. Enfin, Emilie entreprit sa grande œuvre, la traduction des « Principes mathématiques de la philosophie naturelle » de Newton. L'ouvrage de Newton avait déjà été traduit en latin mais le latin ne possédait pas les termes pour exprimer les concepts mathématiques et physiques inconnus des anciens. Si les historiens des sciences reconnaissent que la traduction de Madame du Châtelet n'est pas exempte d'erreurs, elle n'en est pas moins la seule qui existe encore à l'heure actuelle. La dernière édition de cette traduction date de 1966 et porte toujours le nom d'Emilie du Châtelet ! Dans la préface de l'ouvrage, Voltaire a écrit : « On a vu deux prodiges : l'un, que Newton ait fait cet ouvrage, l'autre, qu'une dame l'ait traduit et éclairci »[65].

Outre son éducation originale qui l'invitait à transgresser les usages et les préjugés sexistes, Madame du Châtelet a bénéficié du féminisme tolérant de Voltaire. Elle possédait, bien sûr, de grandes capacités intellectuelles. Cependant il lui a fallu beaucoup d'audace pour se lancer dans une carrière scientifique. Elle a montré, au XVIIIe siècle, que le pari de la liberté féminine pouvait être tenu par celles de sa classe.

C'est donc dans les classes privilégiées que se rencontrent la culture, la possibilité de se cultiver et une mentalité suffisamment large pour se soucier de l'éducation des filles. De plus, statut social élevé signifie argent et argent signifie temps pour étudier et pour créer.

Au XIXe siècle, les femmes essayent de *forcer les portes des universités*.

Sonia Kovalevsky (1850-1891) est née à Moscou. Très tôt elle fut attirée par les mathématiques. Elle racontait que le papier mural de sa chambre d'enfant consistait en feuillets de notes sur le calcul différentiel et intégral. Celles-ci la fascinaient et, pendant des heures, elle essayait de les déchiffrer. C'est pour comprendre ces notes qu'elle a voulu étudier les mathématiques! Les universités étant fermées aux femmes en Russie, Sonia, âgée de 20 ans, part pour Berlin dans l'espoir d'y suivre les cours du professeur Weierstrass. Mais là aussi l'université refuse d'admettre Sonia. Heureusement, vu ses capacités, Weierstrass propose de lui donner des leçons particulières. Elle étudie avec lui pendant 4 ans et, en même temps, écrit trois ouvrages importants qu'elle envoie à l'université de Göttingen. En 1874, cette université lui confère le titre de docteur, in abstentia, et la dispense de l'examen oral, vu l'excellence de ses articles [66].

Ainsi, les capacités scientifiques des femmes sont reconnues par les universités mais leur présence n'y est pas encore souhaitée.

Il faut attendre la fin du XIXe siècle pour que, souvent après des luttes acharnées, les femmes aient *accès aux universités*. Mais à ce moment-là encore, il n'est pas évident qu'elles soient accueillies à bras ouverts. Elles sont toujours victimes de préjugés sexistes de la part des professeurs ou des étudiants.

En France, c'est en 1885 que les étudiantes en médecine furent légalement autorisées à présenter le Concours de l'Internat. Et pourtant, les deux premières internes, *Blanche Edwards-Pillet* et *Augusta Klumpke-Déjérine* virent leur effigie brûlée en place publique par les étudiants en signe de protestation [67].

Lise Meitner (1878-1968) a fait une grande carrière en physique nucléaire. Pourtant, pendant sa jeunesse, elle a dû se battre contre bien des préjugés. Admise — légalement — à l'université de Vienne en 1901, elle y est encouragée par les professeurs mais rencontre peu de gentillesse de la part de ses condisciples. En 1907, elle obtient son doctorat en physique et part pour Berlin afin de s'y perfectionner auprès de Planck. Lorsqu'elle se présente à lui, il est courtois mais étonné et lui dit: «Vous avez un doctorat, que voulez-vous de plus?». Il ne comprend pas qu'une femme puisse être attirée par la recherche scientifique, mais ne s'oppose pas à ce qu'elle suive son cours. Et 5 ans plus tard il l'engage comme assistante, ce qui en Prusse était une totale nouveauté. Avant de devenir l'assistante de Planck, elle a rencontré d'autres formes de discrimination: au «Fischer Institute» où elle travaillait avec Otto Hahn, tous les laboratoires et salles d'études étaient fermés aux femmes. Aussi, avec son collaborateur, Lise Meitner équipa l'atelier du menuisier et commença là ses recherches sur la radioactivité. Vers la même époque, Lise Meitner écrivait une série d'articles de physique pour une revue de semi-vulgarisation. Comme il était d'usage, elle signait de son seul nom de famille. Un jour, apprenant qu'il s'agissait d'une femme, l'éditeur s'indigna et assura que jamais il n'imprimerait un article écrit par une femme! Ceci après avoir lu et apparemment apprécié tous ses articles précédents.

Par l'ampleur et la valeur de son travail en physique pendant le dernier demi-siècle, Lise Meitner a eu une grande influence sur l'égalité des sexes au point de vue instruction et profession, dans un domaine traditionnellement mené par les hommes[68].

Après ce rapide survol des obstacles que les femmes ont dû vaincre pour pouvoir accéder aux sciences, nous allons passer en revue quelques-unes des difficultés qu'elles ont rencontrées pour acquérir une reconnaissance scientifique.

Les difficultés de s'affirmer dans le monde scientifique

Instruites, diplômées, ayant déjà surmonté de nombreux préjugés, étant enfin parvenues à la recherche scientifique, les femmes doivent encore se battre pour s'imposer dans le monde traditionnellement «masculin» des sciences.

Et, après la difficulté d'accéder à l'instruction, *s'affirmer dans ce domaine masculin* est le second grand obstacle placé sur la route des femmes de sciences.

Tout au long de l'histoire pourtant, certaines disciplines scientifiques ont été considérées comme plus «féminines». Celles-ci concernaient souvent des sciences progressant lentement, souffrant d'un manque d'intérêt et d'un manque de reconnaissance. Les sciences nutritionnelles, l'herboristerie, la botanique, les sciences naturelles ont souvent été considérées comme des sciences «féminines». L'histoire naturelle «amateur» est un domaine qui a permis à de nombreuses femmes d'exercer des activités scientifiques. Beaucoup de naturalistes féminines étaient également des écrivains scientifiques et ont ainsi diffusé et vulgarisé cette science.

Depuis les temps les plus reculés, les femmes ont été soignantes avant d'être médecins.

Il y eut de nombreuses femmes astronomes ou mathématiciennes, mais, dans certains cas, les travaux d'astronomie étaient ouverts aux femmes parce qu'on considérait qu'elles étaient plus aptes à effectuer les calculs fastidieux et répétés qui étaient la base de cette science avant l'ère des ordinateurs. En d'autres mots, les femmes exécutaient les travaux qui ennuyaient les hommes!

Les femmes ont souvent été concentrées dans certains domaines, pour des raisons qui ne sont pas toujours évidentes. Par exemple, au début du siècle, le domaine de la cristallographie par rayons X a attiré un nombre surprenant de femmes éminentes, telles *Rosalind Franklin, Kathleen Lonsdale* et la lauréate du Prix Nobel (Chimie, 1964) *Dorothy Hodgkin.*

Actuellement beaucoup de jeunes filles étudient la médecine, la biologie, la chimie; un certain nombre d'étudiantes sont inscrites en physique et en mathématiques; plus rares sont celles qui entreprennent des études d'ingénieur.

Comme nous l'avons vu, un sexisme tenace continue d'imprégner certaines disciplines. Aussi les femmes qui s'y engagent doivent-elles faire preuve d'une motivation exceptionnelle. Déjà au début du XIXe siècle, à propos de *Sophie Germain*, le mathématicien Gauss disait: « Quand une personne du sexe, qui, vu nos coutumes et préjugés, doit rencontrer infiniment plus de difficultés qu'un homme pour se familiariser avec des recherches épineuses, arrive néanmoins à surmonter de tels obstacles... alors, sans doute, elle doit posséder le plus noble courage, des talents extraordinaires et un génie supérieur »[69]. Et en 1971, Gloria Lubkin, physicienne nucléaire américaine, insiste sur le fait qu'une fille doit se battre contre les préjugés tout au long de sa route et être exceptionnellement motivée pour devenir physicienne. Avec la même compétence, dit-elle, et pour réussir aussi bien, une femme doit être au moins deux fois aussi déterminée qu'un homme[70].

Déterminées, elles l'ont été, notamment pour *accéder aux chaires universitaires.*

Bien sûr, il y a eu des exceptions. *Hypathie* enseignait au Musée d'Alexandrie au Ve siècle. Bologne fut aussi une exception: son université a compté de nombreuses femmes parmi ses professeurs. Au XVe siècle, *Dorothéa Bocchi* y enseignait la philosophie et la médecine pratique[71]; au XVIIIe siècle, *Anna Morandi-Manzolini* occupait la chaire d'anatomie[72] et *Lucia Bassia-Verati* celle de physique[73].

En dehors de ces exceptions, ce n'est qu'à la fin du XIXe que *Sonia Kovalevsky* s'attaque au vieux préjugé de l'incapacité féminine dans le domaine de l'instruction supérieure. Elle-même est appelée à la chaire d'analyse de l'université de Stockholm en 1883, devenant ainsi l'une des premières femmes professeurs d'université des temps modernes[74]. En France, en 1906, la Faculté des Sciences de Paris confie la chaire de physique à *Marie Curie,* à la mort de son mari: elle est la première femme à enseigner à la Sorbonne[75]. Plus récemment encore,

Emmy Noether (1882-1935), une algébriste allemande de toute grande valeur, dut patienter douze ans entre l'obtention de son doctorat et l'attribution d'un poste académique à l'université de Göttingen, à cause de l'opposition de certains membres de la Faculté. David Hilbert, mathématicien allemand avec lequel elle avait travaillé, était étonné et incrédule: «Je ne vois pas», disait-il, «pourquoi le sexe d'une candidate serait un argument contre son admission à la Faculté; après tout, l'université n'est pas une maison de bains»[76]. Enfin, ce n'est qu'en 1959 qu'une femme devint titulaire d'une chaire à la Faculté de médecine de Paris: il s'agissait de *Jeanne Levy,* biochimiste française[77].

Déterminées, elles l'ont aussi été pour *se faire admettre dans les sociétés savantes.*

En Europe, il semble que *Madame du Châtelet* ait été la première femme membre d'une société savante: elle fut élue à l'Institut de Bologne en 1745[78]. *Marie Agnesi* fut élue trois ans plus tard[79]. Ensuite il faut attendre 1835 pour voir deux femmes astronomes, *Caroline Herschel* et *Mary Somerville* être nommées membres honoraires de la Société Royale d'Astronomie de Londres[80]. Et ce n'est qu'en 1945 qu'une physicienne, *Kathleen Lonsdale,* fut admise comme membre à part entière de cette société[81]. En 1889, *Sonia Kovalevsky* devint la première femme membre correspondant de l'Académie des Sciences de Russie[82].

En novembre 1910, *Marie Curie* pose sa candidature à l'Institut de France. Le 4 janvier 1911, les Académiciens se réunissent pour délibérer sur le principe de l'admission des femmes parmi eux. Une majorité se prononce pour et la section de physique de l'Académie des Sciences retient trois candidats: Marcel Brillouin, Marie Curie et Edouard Branly. Les chances de Brillouin étant nulles, la compétition entre Marie et E. Branly, baptisée «guerre des sexes», trouve son épilogue le 23 janvier. Au premier tour de scrutin: 28 voix pour Marie Curie, 29 pour Branly, 1 pour Brillouin. On procède à un second tour: 28 voix pour Marie Curie, 30 voix pour Edouard Branly. Marie Curie était battue: elle ne se présenta plus jamais[83].

C'est *Yvonne Choquet-Bruhat,* une mathématicienne qui, la première, fut reçue à l'Académie des Sciences de Paris, le 14 mai 1979[84].

Une autre difficulté rencontrée par les femmes est de *faire admettre leurs découvertes.*

Comme elles s'instruisaient généralement au contact d'un scientifique masculin, on a insinué que rarement les femmes de sciences étaient libérées de tout support masculin.

Emilie du Châtelet illustre assez ce préjugé. De l'avis des critiques contemporains, sa traduction de l'œuvre de Newton était fortement influencée par le mathématicien Clairaut, l'un de ses professeurs. Or, si Clairaut avait corrigé et mis une dernière main à l'ouvrage laissé inachevé par la mort d'Emilie, en aucun cas il n'en était le père. Lorsque traduction et commentaires parurent, dix ans après la mort d'Emilie, la préface, rédigée par Voltaire, commence ainsi : « Cette traduction que les plus grands hommes de France devaient faire et que les autres doivent étudier, une femme l'a entreprise et achevée à l'étonnement et à la gloire de son pays. Gabrielle-Emilie du Châtelet est l'auteur de cette traduction devenue nécessaire à ceux qui voudront acquérir ces profondes connaissances, dont le monde est redevable au grand Newton »[85]. Et pourtant les capacités de Madame du Châtelet furent minimisées par ses contemporains. A l'exception de Voltaire, qui ne s'en cachait pas, Maupertuis fut le seul à rendre un véritable hommage à la marquise : « La société perd une femme à la figure noble et agréable, et qui mérite d'autant plus d'être regrettée, que, avec beaucoup d'esprit, elle n'en faisait aucun mauvais usage... Quelle merveille, d'ailleurs, d'avoir su allier les qualités aimables de son sexe avec les connaissances sublimes que nous ne croyons faites que pour le nôtre ! Ce phénomène surprenant rendra sa mémoire éternellement respectable »[86].

Même *Marie Curie* n'échappe pas à ce préjugé. En effet, il y a quelques années, un physicien américain trouvait que l'image de Marie Curie était excessive : « Si j'avais été marié à Pierre Curie », disait-il, « j'aurais aussi été Madame Curie »[87]. Or c'est Pierre qui a abandonné ses recherches personnelles pour se joindre à celles de sa femme, et non l'inverse.

Si quelques femmes ont été de parfaites collaboratrices, nombreuses sont celles qui ont apporté des contributions personnelles et originales aux sciences. Ce qui est certain par contre, c'est que des travaux féminins ont été attribués à des hommes. Les « Tables Horaires » publiées par l'astronome Joseph-Jérome Lalande dans son « Abrégé de Navigation » (1783) ont en réalité été calculées par sa nièce *Marie, Jeanne, Amélie Lalande*[88].

En outre, des scientifiques masculins se sont appropriés des recherches féminines.

Quand, il y a une vingtaine d'années, le Prix Nobel fut attribué à Watson, Crick et Wilkins pour la découverte de la structure moléculaire hélicoïdale de l'ADN, le nom de *Rosalind Franklin* (1920-1958) n'a pas été cité ; or ses travaux ont grandement contribué à cette découverte. En 1975 parut «Rosalind Franklin and DNA», écrit par Anne Sayre. Dans ce livre, l'auteur décrit comment une scientifique peut être privée de la reconnaissance de son travail. Elle dénonce la manière dont Watson et Crick ont obtenu de Rosalind Franklin les données qui leur ont permis, d'abord de formuler, ensuite de confirmer la structure de l'ADN; elle dénonce aussi la fausse image de Rosalind Franklin décrite par Watson dans son livre «La double hélice», où le travail de R. Franklin est déformé et minimisé; elle dénonce une injustice commise en grande partie, dit-elle, parce qu'il s'agissait d'une femme, et essaye de rendre à Rosalind Franklin la place qu'elle mérite en tant que scientifique[89].

De telles pratiques ne sont pas récentes: la controverse entourant l'œuvre de *Trotula,* femme médecin de Salerne du XIe siècle, illustre le sort des premières femmes dans les sciences médicales. En effet, en dépit de sa renommée, quelques siècles après sa mort, elle fut considérée comme une sorcière par des médecins masculins qui essayèrent de prouver que ses livres avaient été rédigés par un homme[90].

Il semble aussi plus malaisé pour une femme que pour un homme de faire accepter une innovation ou une découverte. Des femmes comme Agnès Pockles, Ida Noddack ou Barbara Mc Lintock ont proposé de nouvelles théories qui sont restées ignorées pendant des années et dont, plus tard, on a reconnu la valeur.

Agnès Pockles, âgée de 19 ans, découvre le phénomène de «tension superficielle» à l'aide d'un matériel qu'elle avait sous la main, à la maison. Elle fait part de sa découverte à son frère, étudiant à l'université de Göttingen; celui-ci en parle à son professeur de physique, mais ce dernier n'en comprend pas la signification. Quand, dix ans plus tard, en 1891, le physicien britannique Lord John Rayleight commence à publier sur ce sujet, Agnès Pockles lui écrit pour le mettre au courant de ses propres résultats. En «gentleman», J. Rayleight veille à ce que sa lettre paraisse dans le journal «Nature» et ensuite, il s'arrange pour faire publier tous les travaux d'Agnès Pockles en Angleterre. Mais ce n'est qu'en 1898, soit 17 ans après sa découverte, que ses travaux furent publiés en Allemagne[91].

Ida Noddack est une chimiste allemande. En 1934, quand Fermi rapporte ses premières observations sur le bombardement de l'uranium par les neutrons, Ida Noddack prédit la possibilité de la «fission nucléaire». Sa remarque reste ignorée et est même contestée par Hahn. Mais cinq ans plus tard, il devient évident que sa suggestion était la bonne et Hahn reconnut publiquement qu'Ida Noddack avait raison[92].

Barbara Mc Lintock est née en 1901 aux USA. A 17 ans elle entre à l'université en dépit des préjugés de sa mère qui trouvait que ce n'était pas là la place d'une jeune fille. Elle obtient son doctorat en génétique botanique et commence alors à travailler sur le maïs. Elle observe les taches de couleur sur les grains de maïs, un peu comme Mendel, cent ans plus tôt, observait les couleurs et les formes de ses pois! C'est en travaillant de cette manière, lente et difficile, seule le plus souvent, qu'elle démontre que les chromosomes sont le support de l'hérédité, qu'il existe des gènes de régulation (10 ans avant le modèle de Jacob et Monod) et enfin que le génome n'est pas figé, certains gènes pouvant sauter d'un endroit à l'autre (environ 20 ans avant la découverte des «transposons»). Si les premiers travaux de Barbara Mc Lintock ont été largement reconnus, sa découverte des «gènes sauteurs» par contre s'est déroulée dans une obscurité quasi totale. En effet, ses travaux rencontraient si peu d'intérêt de la part de ses collègues qu'elle avait même renoncé à publier ses résultats. «Quel était l'intérêt de publier?», dira-t-elle plus tard, «Personne ne me lisait: ils pensaient tous que j'étais complètement folle»[93]. Pourquoi ses travaux sont-ils restés méconnus si longtemps? D'après Fox Keller, il semblerait que, à sa connaissance profonde de la génétique, Barbara Mc Lintock ajoutait une extraordinaire capacité de perception visuelle. Il lui suffisait de regarder un plant de maïs pour prédire ce qu'elle allait trouver lors de l'analyse des chromosomes au microscope. Sa façon de «voir», incompréhensible pour les autres, l'isolait totalement. Jusqu'au jour où, dans les années 60, des microbiologistes disposant de gros moyens techniques, commencèrent à confirmer ce que Barbara Mc Lintock avait découvert 20 ans plus tôt en utilisant les vieilles méthodes mendéléennes. En étudiant les taches à la surface des grains de maïs, elle avait mis le doigt sur le mécanisme clé du transfert de l'information génétique. Et en 1983, soit 40 ans après sa découverte, elle est récompensée par le Prix Nobel de physiologie et de médecine[94].

Quand on voit les obstacles placés sur la route des femmes de sciences et les préjugés sexistes qu'elles ont dû surmonter, on peut s'étonner, d'une part de leur nombre, d'autre part de l'importance de leur œuvre. Dans tous les domaines, il faut, pour s'affirmer, disposer quelque part d'un certain pouvoir et le pouvoir, en sciences comme dans beaucoup d'autres domaines, est aux mains des hommes: la reconnaissance de l'œuvre scientifique des femmes s'en trouve d'autant plus difficile. Les stéréotypes, la méfiance généralisée à l'égard des femmes font que les instances scientifiques, représentées le plus souvent par des hommes, et qui jugent par conséquent en fonction de critères masculins, hésitent à investir en leur faveur. Et pourtant il faudrait plus de femmes de sciences dans notre société.

b) La société a besoin de scientifiques féminines

Gloria Lubkin, physicienne américaine, pose la question: pourquoi a-t-on besoin de femmes en physique? Et elle répond:

- La physique étant amenée à résoudre une multitude de problèmes, les chances de succès augmentent si l'approche des problèmes, les styles, les attitudes sont diversifiées ou se complètent les uns les autres.

- Les femmes, douées de la même intelligence que les hommes, devraient partager les responsabilités des progrès de la physique avec ceux-ci.

- Les hommes ont toujours dominé les sciences et les techniques; le résultat est que l'environnement est à deux doigts de sa perte: l'air est pollué, les rivières, les mers sont contaminées... Les femmes apporteraient l'intérêt humain dont la société a besoin. S'il y avait plus de femmes comme *Rachel Carson* (écrivain scientifique) pour nous mettre en garde contre la pollution chimique, ou comme *Helen Brooke-Taussig* (physicienne et médecin) pour attirer notre attention sur certaines drogues telle la thalidomide... le monde serait plus agréable et plus sain[95].

Ce dernier critère nous semble peu pertinent et assez facile à contrer: les opinions de Gloria Lubkin sont à méditer...

Rachel Carson dont nous venons de citer la mise en garde contre la pollution a prononcé dans une allocution: « Nous vivons dans une ère scientifique; néanmoins on prétend que l'accès à la science reste la prérogative de quelques rares êtres humains exerçant leur sacerdoce dans la solitude de leurs laboratoires. Ce n'est pas vrai... La science appartient à la réalité vivante; c'est le quoi, le comment, le pourquoi de tout ce que nous vivons... »[96]. Non seulement la science, qui contrôle de nombreux aspects de notre société, ne devrait pas rester la prérogative de quelques êtres humains, mais elle ne doit pas rester non plus celle des hommes. Les femmes, mises à l'écart des sciences, ne peuvent se former d'opinion personnelle sur les progrès scientifiques et techniques. De ce fait, elles ne sont pas formées pour prendre dans ce domaine des décisions dont les conséquences sociales peuvent être importantes. Elles deviennent les consommatrices passives d'un environnement masculin. Une éducation scientifique plus appropriée pour les filles aiderait à combattre cette situation car, nous l'avons vu, en dehors des contraintes sociales, les femmes sont aussi capables d'accéder aux sciences que les hommes.

Louis de Broglie a écrit: «... il y a, dans la recherche scientifique, intervention d'éléments individuels dont le caractère n'est pas uniquement rationnel. En particulier, ces facultés si spécifiquement personnelles, si variables même d'un individu à l'autre, que sont l'imagination et l'intuition: celles-ci, contenues dans de justes limites restent d'indispensables auxiliaires du savant dans sa marche en avant »[97]. En ajoutant l'imagination et l'intuition féminines à celles des hommes, nous doublons la potentialité de la découverte scientifique.

Or la dimension scientifique manque dans l'éducation d'une majorité de filles. Que peut-on faire?

c) Quelles solutions?

Nous pensons qu'il faut agir à différents niveaux: entre autres, au niveau de l'éducation, au niveau de l'école, au niveau de l'orientation et des aspirations professionnelles, au niveau des rôles traditionnellement attribués aux hommes et aux femmes et au niveau des modèles. De nombreuses études ont émis des propositions en ce sens.

Au niveau de l'éducation

Garçons et filles devraient être formés pour tous leurs rôles d'adultes: cela signifie qu'il faut donner plus d'importance dans l'éducation, à la maison et à l'école, aux futurs rôles familiaux des garçons et aux futurs rôles professionnels des filles[98]. En outre il faudrait expliquer aux filles que la science intervient à tous les niveaux de l'expérience et des besoins humains[99]. Il faudrait aussi permettre aux filles d'acquérir une expérience et un intérêt scientifiques dès la petite enfance. Circuits électriques, mécanos, bricolages... devraient faire partie de la première éducation des filles au même titre qu'ils font partie de l'éducation des garçons. Les adolescentes auraient ainsi une meilleure approche des techniques expérimentales.

Au niveau de l'école

A. Kelly et H. Weinreich-Haste[100] également, proposent que les écoles gardiennes et primaires consacrent quelque temps aux jeux de construction et à des expériences techniques, ce qui améliorerait la confiance et l'attitude des filles vis-à-vis des sciences. Elles signalent l'importance de faire prendre conscience aux professeurs et au personnel d'orientation de l'influence de certains stéréotypes sexistes sur leur action pédagogique au détriment des filles. En ce qui concerne les mathématiques, John Ernest[101] insiste sur l'importance pour les jeunes enfants d'avoir des instituteurs qui aiment les mathématiques et qui aiment les enseigner. Pour ce qui est des adolescent(e)s, il propose que les professeurs soient assistés de spécialistes sensibles aux stéréotypes sexistes et qui se consacrent à les prévenir. Si ces spécialistes étaient des femmes, ajoute-t-il, les adolescentes auraient l'avantage supplémentaire d'avoir en face d'elles des modèles valorisants.

Au niveau de l'orientation et des aspirations professionnelles

Il faudrait aussi intervenir dans l'orientation professionnelle des filles pour les encourager à considérer les carrières scientifiques comme compatibles avec leur identité féminine[102]. De même, nous devrions cesser de minimiser les aspirations professionnelles des femmes. Si les femmes ont des difficultés à assumer leur triple rôle, professionnel, d'épouse et de mère, ces difficultés devraient être résolues comme un problème social global au lieu d'être la responsabilité de chaque femme en particulier[103].

Au niveau des rôles

Alice Rossi[104] estime qu'il faut encourager les hommes à revoir leurs préjugés en ce qui concerne les rôles attribués aux sexes. Elle ajoute que les différences physiologiques entre hommes et femmes sont suffisamment claires pour qu'une évolution vers une plus grande similitude de rôles ne trouble pas l'identité sexuelle des enfants et des adultes. De toute façon, conclut-elle, une plus grande similitude dans les occupations améliorerait les relations entre hommes et femmes et diminuerait la ségrégation sociale entre les sexes. Dans le même ordre d'idées, B.R. Martin et J. Irvine[105] pensent que les attitudes et les pressions familiales sont renforcées par les attitudes et les pressions sociales: non seulement il faudrait arriver à un meilleur équilibre des priorités entre les sexes au sein de la famille, mais il faudrait aussi revoir (fondamentalement) les normes et les institutions sociales au sens large; notamment au point de vue des rôles que la société encourage et reproduit chez les hommes et les femmes. Aussi longtemps que les femmes verront leur statut défini par rapport à celui de leur mari et de leur famille et que les hommes continueront à définir le leur en fonction de leur profession, les femmes resteront sous-représentées aux niveaux supérieurs de la plupart des carrières.

Au niveau des modèles

Enfin, nous l'avons vu dans le chapitre précédent, de nombreuses recherches insistent sur le caractère essentiel de modèles valorisants pour les étudiantes en sciences, tant dans la vie courante que dans les manuels scolaires, les livres ou les films[106]. Il convient cependant de rejeter l'image de la «super-femme», seule capable de mener de front une carrière et une vie de famille. Présenter des scientifiques féminines dans leur quotidien, aux prises avec les difficultés de tous les jours, rendraient les jeunes filles conscientes que ces femmes ne sont pas «exceptionnelles» et que les sciences leur sont accessibles. Et Henriette Farragi (présidente de la société française de physique en 1971) ajoute: «Il faut avoir la chance d'épouser un homme intelligent et compréhensif qui soit capable de vous encourager et de vous aider, même avec les enfants, et qui accepte de vous laisser passer la nuit dans votre laboratoire. Si ce n'est pas le cas, je ne crois pas que vous pourrez faire du bon travail»[107]. Cette image du mari aidant dans le ménage, s'occupant des enfants et encourageant sa femme à se réaliser au point de vue professionnel n'est malheureusement pas fréquente, ni dans la réalité quotidienne, ni dans les manuels scolaires!

Certains pays se sont plus spécialement penchés sur le problème des modèles.

En URSS, où l'industrialisation rapide a nécessité le recrutement de nombreux jeunes scientifiques, parmi lesquels des femmes, le problème du modèle a été pris au sérieux. Certes, dans la réalité la situation de la femme en Union Soviétique ne reflète pas toujours les proclamations officielles ni les objectifs égalitaristes adoptés par la constitution. Néanmoins, dans certains domaines les pays socialistes ont atténué les déséquilibres affectant la distribution des rôles professionnels entre les sexes et les femmes y représentent une grande proportion de travailleurs scientifiques. Ceux-ci sont présentés comme des héros dans les livres et dans les films et leurs travaux sont admirés et acclamés par les media. Les cours de sciences sont considérés comme les plus populaires et les plus prestigieux. Les femmes sont si naturellement acceptées dans tous les domaines que les Soviétiques ne comprennent pas le problème que se posent les Européens, à savoir si les femmes ont les capacités intellectuelles (spatiales) suffisantes pour aborder le métier d'ingénieur[107].

Aux USA, vers le milieu des années 70, des programmes ont été mis au point pour encourager les filles à choisir des carrières scientifiques. Les cours, appelés «Science, Sex and Society» ont trois objectifs principaux. Le premier objectif est d'aider les étudiants à comprendre que le travail scientifique a été et peut être réalisé par des femmes. Pour atteindre cet objectif on fournit des modèles scientifiques féminins aux étudiants. Ceux-ci lisent de brèves biographies historiques de femmes de sciences et rencontrent sur leurs lieux de travail des scientifiques contemporaines avec lesquelles ils peuvent discuter. Les étudiants participent également à des travaux de laboratoire qui permettent de réaliser des expériences positives en recourant à des ordinateurs, des oscilloscopes ou des microscopes... Certains de ces exercices sont en rapport avec des contributions antérieures de femmes de telle sorte que ces techniques expérimentales enrichissent les perspectives féminines et historiques fournies par les lectures et les discussions. Le deuxième objectif consiste à encourager les étudiants à explorer la nature de la science, ainsi que les interactions entre sciences et société. Le troisième objectif est d'aider les étudiantes à découvrir les nombreuses options de vie différentes qui sont ouvertes aux scientifiques féminines et à comparer ces possibilités à leurs propres aspirations[109]. Les premiers résultats de ces cours sont très encourageants.

3. CONCLUSIONS

A travers toutes les stratégies décrites ci-dessus se dégagent quelques points saillants: il faut changer les structures patriarcales de la science, il faut «dé-stéréotyper» l'image des scientifiques et il faut lutter contre les préjugés qui assignent des rôles traditionnels aux femmes et aux hommes. Pour que les filles ne sous-estiment pas leurs capacités et ne se sentent pas confinées dans des rôles qui ne correspondent pas à leurs aspirations et pour que les garçons perçoivent que toutes les possibilités sont aussi ouvertes aux filles, il faut faire évoluer les livres, l'école et surtout les mentalités.

L'intérêt des femmes pour les sciences ne peut se réaliser que dans un environnement favorable. La connaissance des contributions scientifiques des femmes à travers l'histoire, la présence de modèles dans les manuels et à l'école, la disparition des idées toutes faites et des stéréotypes sexistes, la prise de conscience des responsables de l'enseignement, des professeurs, des parents et des jeunes sont autant de facteurs qui contribueront à en créer les conditions.

NOTES

[1] Alison Kelly and Helen Weinreich-Haste, Science is for girls?, in: *Women's studies International Quartely*, 1979, vol. 2, n° 3, p. 275-293.
[2] *Encyclopédie Universelle Bordas*, Paris, Bordas, 1976.
[3] J.F. de Lacroix, *Dictionnaire historique portatif des femmes célèbres*, Paris, Cellot, 1961.
[4] Rora F. Iacobacci, Women of Mathematics, in: *Mathematics Teachers*, LXIII, april 1970, p. 329-337.
Julian L. Coolidge, Six Female Mathematicians, in: *Scripta Mathematica*, XVII, march-june 1951, p. 20-31.
Les femmes célèbres, ouvrage établi et réalisé par L. Mazenot, Paris, Mazenot, 1960-1961, vol. 2, p. 12.
[5] Marianne Monestier, *Femmes d'hier et de demain, d'ici et d'ailleurs*, Plon, 1967, p. 34.
Melina Lipinska, *Les femmes et le progrès des sciences médicales*, Paris, Masson, 1930.
[6] *Idem*.
Marcel Bauduin, *Femmes Médecins*, Paris, Institut International de Bibliographie, 1901, Tome 1.
[7] *Les femmes célèbres*, op. cit.
[8] Melina Lipinska, op. cit.
Marcel Bauduin, op. cit.
F. Noel et M. Carpentier, *Nouveau dictionnaire des origines, inventions et découvertes*, Bruxelles, Librairie Belge, 1828.
[9] *Les femmes célèbres*, op. cit.
J.F. de Lacroix, op. cit.
[10] Mélina Lipinska, op. cit.
Marcel Bauduin, op. cit.
[11] *Idem*.
[12] Mélina Lipinska, op. cit.
[13] *Idem*.
Les femmes célèbres, op. cit.
[14] *Idem*.
Marcel Bauduin, op. cit.
Marie-France Alphandéry, *Dictionnaire illustré des inventeurs français*, Paris, coll. Seghers, 1962.
[15] Rora F. Iacobacci, art. cit.
Julian L. Coolidge, art. cit.
Marie-Madeleine Martin, *Le génie des femmes*, Paris, Ed. du Conquistador, 1950.
Women as Mathematicians and Astronomers, in: *American Mathematical Monthly*, vol. 25, march 1918, p. 136-139.
[16] B.H. Neumann, Byron's daughter, in: *The Mathematical Gazette*, vol. 57, 1973, p. 94-97.
[17] Julian L. Coolidge, art. cit.
A.W. Richeson, Mary Somerville, in: *Scripta Mathematica*, vol. 8, n° 1, march 1941.
[18] Edna E. Kramer, Six more Female Mathematicians, in: *Scripta Mathematica*, vol. 23, 1957, p. 83-95.
[19] Robert Champeix, *Savants méconnus, inventions oubliées*, Paris, Dunod, 1966, p. 83.
[20] Anne Fausto-Sterling, Women and Science, in: *Women's Studies International Quaterly*, 1981, vol. 4/1, p. 41-50.
[21] Isaac Asimov, *Asimov's Biographical Encyclopedia of Science and Technology*, London, Allen and Unwin, new revised edition, 1978.

Jean-François Chiappe, *Le monde au féminin - Encyclopédie des femmes célèbres*, Paris, Somogy, 1976.
[22] Charles Coulston Gillispic, *Dictionary of Scientific Biography*, Princeton University, Charles Scribner's sons, N.Y., 1976.
[23] *Idem.*
Les femmes célèbres, op. cit.
[24] Jean-François Chiappe, op. cit.
Isaac Asimov, op. cit.
[25] *Les femmes célèbres*, op. cit.
[26] *Dictionary of Scientific Biography*, op. cit.
Anne Sayre, *Rosalind Franklin and DNA*, N.Y., Norton and Cie, inc., 1975.
[27] J. Van Campenhoud, J. Vallin, *Biologie 3*, Bordas, Asedi, Bruxelles, 1966.
[28] *Idem*, p. 134.
[29] Mélina Lipinska, op. cit.
Marcel Bauduin, op. cit.
Les femmes célèbres, op. cit.
F. Noel et M. Carpentier, op. cit.
[30] J. Van Campenhoud, J. Vallin, op. cit., p. 132.
[31] Mélina Lipinska, op. cit.
A. Jourcin et Ph. Van Tieghem, *Dictionnaire des femmes célèbres*, Larousse, coll. Les dictionnaires de l'homme du XXe siècle, 1969.
[32] *Les femmes célèbres*, op. cit.
Marianne Monestier, op. cit.
[33] J. Van Campenhoud, J. Vallin, op. cit., p. 135.
[34] *Idem*, p. 129.
[35] Marianne Monestier, op. cit.
Les femmes célèbres, op. cit.
Les Prix Nobel, Stockholm, Imprimerie Royale P.A., Norsted and Söner.
Isaac Asimov, op. cit., p. 730.
Dictionary of Scientific Biography, op. cit.
[36] J. Van Campenhoud, J. Vallin, op. cit., p. 41.
[37] *Dictionary of Scientific Biography*, op. cit.
[38] J.P. Vanden Eeckhoudt, C. Nicolas, *Eléments de biologie générale*, Liège, Sciences et Lettres, 1980.
[39] Un Nobel pour des gènes sauteurs, in: *Le Matin*, 11/10/1983, p. 20.
[40] J.P. Vanden Eeckhoudt, C. Nicolas, op. cit., p. 138 et 237.
[41] *Idem*, p. 138.
[42] *Les femmes célèbres*, op. cit.
[43] J.P. Vanden Eeckhoudt, C. Nicolas, op. cit., p. 155.
[44] *Les femmes célèbres*, op. cit.
[45] J.P. Vanden Eeckhoudt, C. Nicolas, op. cit., p. 188.
[46] *Les femmes célèbres*, op. cit.
[47] *Idem.*
[48] *Idem.*
[49] *Idem.*
[50] Marcel Bauduin, op. cit.
Dictionnaire des femmes célèbres, Paris, L. Cellot, MDCCLXIX.
Aline Roux, *Contribution à l'étude de la féminisation de la profession médicale*, Paris, Masson, 1975.
[51] Rora F. Iacobacci, art. cit.
Julian L. Coolidge, art. cit.

Marcel Castillan, *Soixante visages de femmes*, Casablanca, Société Shérifienne de publication et d'édition, 1957.
Sophie Germain, Terquem, Bulletin de bibliographie, d'histoire et de biographies mathématiques, Tome VI, 1860, p. 9-12.
[52] Nicole Bedrine, Régine Lilensten, Claude-Rose Touati, *Idées reçues sur les femmes*, Ed. Hier et Demain, 1978.
[53] *Les femmes célèbres*, op. cit.
[54] *Idem*, p. 10.
[55] *Ibidem*.
[56] *Ibidem*.
[57] Auguste Bebel, *La femme dans le passé, le présent, l'avenir*, Paris, 1891.
[58] *Les femmes célèbres*, op. cit.
[59] *Idem*.
[60] Elisabeth Badinter, *Emilie, Emilie - L'ambition féminine au XVIIIe siècle*, Paris, Flammarion, 1983, p. 454.
[61] Marilyn Bailey Ogilvie, Caroline Herschel's Contributions to Astronomy, in: *Annals of Science*, vol. 32, 1975, p. 149-161.
[62] Robert Champeix, op. cit.
[63] Julian L. Coolidge, art. cit.
Elisabeth Badinter, op. cit.
[64] Elisabeth Badinter, op. cit., p. 328.
[65] *Idem*, p. 352.
[66] Rora F. Iacobacci, art. cit.
E.T. Bell, *Les grands mathématiciens*, Paris, Payot, 1961.
Women as Mathematicians and Astronomers, art. cit.
Edna E. Kramer, art. cit.
Les femmes célèbres, op. cit.
[67] Mélina Lipinska, op. cit.
[68] *Les femmes célèbres*, op. cit.
Marianne Monestier, op. cit.
Lise Meitner, The status of Women in the Professions, in: *Physics Today*, 1960, vol. 13, n° 8, p. 16-21.
[69] John Ernest, Mathematics and Sex, in: *American Mathematical Monthly*, vol. 83, 1976, p. 595-614.
[70] Gloria B. Lubkin, Women in Physics, in: *Physics Today*, april 1971, vol. 24, n° 4, p. 23-27.
[71] Mélina Lipinska, op. cit.
Marcel Bauduin, op. cit.
[72] *Idem*.
[73] *Idem*.
[74] E.T. Bell, op. cit., p. 436.
[75] Françoise Giroud, *Une femme honorable*, Paris, Fayard, 1981, p. 195.
[76] Rora F. Iacobacci, art. cit.
Les femmes célèbres, op. cit.
John Ernest, art. cit.
[77] *Les femmes célèbres*, op. cit.
Marianne Monestier, op. cit.
[78] Elisabeth Badinter, op. cit.
[79] Julian L. Coolidge, art. cit.
[80] Marilyn Bailey Ogilvie, art. cit.
[81] *Les femmes célèbres*, op. cit.
Lise Meitner, art. cit.

[82] Rora F. Iacobacci, art. cit.
[83] Françoise Giroud, op. cit., p. 207-214.
[84] Yvonne Choquet-Bruhat, in: *Le Figaro*, 7/1/1980.
[85] Elisabeth Badinter, op. cit. p. 352.
[86] *Idem*, p. 467.
[87] Gloria B. Lubkin, art. cit.
[88] *Les femmes célèbres*, op. cit.
Jourcin et Van Tieghem, op. cit.
[89] Anne Sayre, op. cit.
[90] Mélina Lipinska, op. cit.
Aline Roux, op. cit.
Margaret Alic, The History of women in science; a women's studies course, in: *Women's Studies International Forum*, 1982, vol. 5, n° 1, p. 75-81.
[91] Anne Fausto-Sterling, art. cit.
[92] Isaac Asimov, op. cit.
Jean-François Chiappe, op. cit.
[93] Claudia Wallis, Honoring a modern Mendel, in: *Time*, n° 43, 24/10/1983, p. 43-44.
[94] Linda Sperling, Une généticienne méconnue, in: *La Recherche*, n° 155, mai 1984, p. 768.
[95] Gloria B. Lubkin, art. cit.
[96] Pierre Auger, Les interprètes de la science, in: *Le Courrier de l'Unesco*, juin 1962, n° 6, p. 14.
[97] Louis de Broglie, *Sur les sentiers de la science*, Paris, A. Michel, 1960.
[98] Alice Rossi, Women in Science. Why so few?, in: *Science*, 1965, vol. 148, p. 1196-1202.
[99] A. Kelly and H. Weinreich-Haste, art. cit.
[100] *Idem*.
[101] John Ernest, art. cit.
[102] A. Kelly and H. Weinreich-Haste, art. cit.
[103] Alice Rossi, art. cit.
[104] *Idem*.
[105] B.R. Martin, J. Irvine, Women in Science - The astronomical brain drain, in: *Women's Studies International Forum*, vol. 5, n° 1, 1982, p. 41-68.
[106] A. Kelly and H. Weinreich-Haste, art. cit.
[107] Gloria B. Lubkin, art. cit., p. 27.
[108] A. Kelly, Science for men only?, in: *New Scientist*, 5/9/1975, vol. 63, p. 538-540.
[109] Cherry S. Granrose and Ann E. Kammer, Encouraging Women in Science, in: *Signs*, 1978, 4/1, p. 174-175.

Index alphabétique des femmes de sciences citées dans ce chapitre

AGANICE, 212
AGNESI, Marie-Gaëtane, 214, 215, 228
AGNODICE, 220
ANNE-SOPHIE, 212
ASSONVILLE, Marie-Jeanne, d', 213

BASSIA-VERATI, Lucia, 227
BENSAUDE, Mathilde, 219
BIHERON, 214
BOCCHI, Dorothea, 227
BOUILLENNE, Marie-Adèle, 219
BROOKE-TAUSSIG, Helen, 232

CARSON, Rachel, 232
CHÂTELET, Emilie marquise du, 213, 215, 222, 223, 229
CHINCHON Anne d'Osorio comtesse de, 213
CHOQUET-BRUHAT, Yvonne, 228
CUNITZ, Marie, 212
CURIE, Marie, 214, 228, 229

DUBOIS, Anne-Marie, 218

EDWARDS-PILLET, Blanche, 225
EPHRUSSI, Harriett, 218
ERXLEBEN, Dorothée, 222

FRANKLIN, Rosalind, 216, 218, 227, 229

GALVANI, Lucia, 215, 222
GERMAIN, Sophie, 214, 220, 227

HERSCHEL, Caroline, 214, 222, 228
HILDEGARDE DE BINGEN, 212
HODGKIN, Dorothy, 218, 227
HYPATHIE, 212, 215, 222, 227

JOLIOT-CURIE, Irène, 216

KLUMPKE-DÉJÉRINE, Augusta, 225
KOVALEVSKY, Sonia, 214, 215, 224, 227
KUUSI, Taina, 218

LALANDE, Marie-Jeanne-Amélie, 229
LEAVITT, Maria, 214
LEBOURSIER-DUCOUDRAY, Angélique-Marie, 213
LEVY, Jeanne, 228
LONSDALE, Kathleen, 216, 227
LOVELACE, Ada Augusta Byron, Lady, 214, 215, 222, 223, 229

Mc LINTOCK, Barbara, 218, 231
MEITNER, Lise, 216, 225
MERIAN, Sybille, 213
MITCHELL, Maria, 214
MONTAGUE, Lady, 217
MORANDI-MANZOLINI, Anna, 227

NEWTON, Lily, 219
NODDACK, Ida, 216, 230
NOETHER, Emmy, 214, 228

PEREY, Marguerite, 216
PHISALIX-PICOT, Marie, 217
POCKLES, Agnès, 215, 230

SCHUURMANN, Anne-Marie de, 222
SŒUR Marie-Suzanne (Alice Novial), 217
SOMERVILLE, Mary, 214, 228

THIROUX-d'ARCONVILLE, Geneviève, 213
TROTULA, 230

CHAPITRE 3
ENJEUX

Les constats et les propositions présentés dans les chapitres précédents poursuivent deux objectifs liés mais distincts: rendre aux femmes, dans les manuels et les cours d'histoire, de littérature française, d'histoire de l'art et de sciences, la place qu'elles occupent dans la réalité et, ce faisant, susciter une réflexion sur l'éducation des filles et des garçons, à l'école et hors d'elle. Les enjeux d'une telle démarche sont à la fois sociaux et culturels, psychologiques et pédagogiques. Dans ce chapitre, je mettrai d'abord l'accent sur leur dimension collective. Ensuite, je les envisagerai davantage dans leur dimension individuelle en répondant à la question suivante: quelle influence le sexisme des manuels scolaires peut-il avoir sur les élèves[1]?

I. POINTS DE REPERE

Mettre en question la présentation des femmes que l'on trouve dans les manuels, c'est prendre distance par rapport aux stéréotypes sexistes qu'ils véhiculent. Quels sont les enjeux sociaux et culturels d'une telle démarche? J'en signalerai ici quelques-uns en approfondissant l'examen des notions de sexisme et de stéréotype, définies brièvement au début de ce livre et en me demandant si les facteurs biologiques peuvent déterminer des traits de caractère et des rôles sociaux spécifiques à l'un et l'autre sexe.

1. QU'EST-CE QUE LE SEXISME?

Les féministes américaines ont créé le terme «sexisme» par analogie avec le terme «racisme». Ces deux termes désignent des conduites sociales et des idées qui tablent sur des différences biologiques pour opérer une séparation entre des groupes sociaux inégalement valorisés.

Dans le cas du sexisme, le critère choisi est la différence sexuelle. Celle-ci est censée déterminer les traits dominants de la personnalité, les aptitudes, les fonctions et les rôles familiaux et sociaux des femmes et des hommes. Le sexe masculin se voit attribuer des caractéristiques nombreuses et généralement valorisantes qui ouvrent la voie à des rôles et à des actions dans les domaines les plus variés. Les femmes se voient, elles aussi, attribuer des caractéristiques nombreuses mais qui aboutissent à les confiner dans un double rôle, sexuel et domestique.

Voyons cela d'un peu plus près. Il y a quelques années, Anne-Marie Rocheblave-Spenlé a mené auprès de ses étudiants en psychologie une enquête sur les stéréotypes masculins et féminins[2]. Celle-ci est intéressante parce qu'elle exprime de manière nette et synthétique des opinions qui existent à l'état diffus dans l'esprit des gens et qui commandent bon nombre de leurs propos et de leurs jugements. En voici les conclusions. L'image de l'homme se caractérise par la stabilité émotionnelle, l'importance des mécanismes de contrôle, l'affirmation de soi et le dynamisme allant même jusqu'à l'agressivité. Une grande importance est accordée aux qualités et aux aptitudes intellectuelles. Par contraste, la femme apparaît comme un être affectif et instable, soumis et dépendant, soucieux de plaire et désireux de se confier. Peu de qualités intellectuelles lui sont reconnues si ce n'est l'intuition. Ce qui est positif en elle est surtout d'ordre affectif: la douceur, la tendresse, la compassion[3].

Le sexisme conduit donc à considérer que l'humanité se divise en deux grands groupes, porteurs chacun de caractéristiques opposées et en partie complémentaires. Il est singulièrement restrictif à l'égard des femmes mais il affecte aussi les hommes puisqu'il méconnaît la complexité et l'ambivalence réelles des personnalités. Un exemple frappant est celui de la division entre intérieur et extérieur. Sur base de leurs caractéristiques biologiques, les femmes sont présentées comme tournées vers la vie intérieure avec tout ce que cela suppose de raffinement des émotions et des sentiments. Quant aux hommes, ils apparaissent tournés vers l'extérieur et orientés vers des tâches à réaliser. En fonction de ce portrait-robot, les femmes semblent peu aptes à mener à bien une vie professionnelle, tandis que les hommes sont amputés d'une bonne partie de leurs sentiments.

Un tel portrait, schématique et appliqué à l'ensemble des femmes et des hommes, ne correspond pas à la réalité. Il est même largement contredit par elle. Les traits qu'il reprend caractérisent certaines femmes et certains hommes, mais ne sont pas inhérents à un sexe. Cependant, cette façon de voir imprègne les mentalités. Elle a pour effet d'établir une hiérarchie sociale arbitraire entre les femmes et les hommes. Elle permet en outre de trancher de manière simple, voire simpliste, les questions que pose pour chacun la recherche de son identité.

2. QU'ENTEND-ON PAR STEREOTYPE?

Stéréotype est, à l'origine, un terme d'imprimerie. Il désignait un ouvrage imprimé avec des planches dont les caractères n'étaient pas mobiles et que l'on conservait pour de nouveaux tirages. En sciences humaines, il est utilisé aujourd'hui pour désigner une opinion toute faite, sommaire et tranchée, qui s'impose aux membres d'une communauté et qui dirige leurs attentes à l'égard d'un groupe de personnes.

Les stéréotypes s'apprennent au cours de la vie sociale et se transmettent de génération en génération: ils évoluent en effet plus lentement que les rôles réels qui doivent s'adapter aux transformations économiques et sociales.

Les stéréotypes expriment le jugement non critique d'un groupe social sur un autre groupe, proche mais différent. Pour se défendre de la peur que suscite cette différence perçue comme une menace, un groupe énonce à propos des membres d'un groupe voisin une appréciation sommaire et largement négative, fondée sur des préjugés et des antipathies. Celle-ci reflète certains aspects de la réalité et en déforme d'autres. Elle réduit la personnalité d'autrui à un pseudo-dénominateur commun aux membres du groupe visé: «la» femme, «le» Noir, «le» Juif... Les individus ne sont donc pas considérés pour eux-mêmes. Seule leur appartenance à un groupe retient l'attention.

L'efficacité du stéréotype réside dans le fait qu'il fournit un cadre de référence global, rigide et préconçu qui permet d'interpréter les conduites des membres du groupe visé. Celles-ci peuvent être comprises comme typiques des membres de ce groupe ou, si elles sont en contradiction avec le stéréotype, être négligées ou apparaître comme le fait de qualités individuelles étrangères au portrait type. Ainsi, d'une femme indécise, on dira : « Il ne faut pas s'étonner, c'est une femme ». Tandis qu'à propos d'une femme décidée, on ne fera pas de commentaire, ou on dira : « Cette personne ne se conduit vraiment pas en femme ». A la limite, les conduites des membres du groupe visé peuvent finir par se conformer au stéréotype, qui réussit alors à créer de toutes pièces une réalité qui le justifie. Un exemple : l'émotivité attribuée aux femmes peut finir par engendrer des comportements émotifs.

Les stéréotypes varient de culture à culture, et également, à l'intérieur d'une culture donnée, selon les sous-groupes envisagés. Ainsi, le stéréotype de la femme ou de l'homme est défini différemment chez les ouvriers, les paysans ou les intellectuels, avec cependant des traits généraux attribués à toutes les femmes et à tous les hommes, indépendamment de leur position sociale. C'est le cas notamment de l'indépendance masculine opposée à la dépendance féminine.

Dans sa recherche sur les stéréotypes masculins et féminins, Anne-Marie Rocheblave-Spenlé constate que le groupe des hommes s'apprécie lui-même favorablement et déprécie le groupe des femmes tandis que les femmes se déprécient et minimisent relativement peu les qualités des hommes. « Il faut donc admettre que les femmes ont envers les deux sexes des attitudes analogues à celles des hommes, en particulier qu'elles acceptent cette image négative d'elles-mêmes créée par eux »[4].

Quelles raisons poussent les femmes à se sous-estimer ainsi ? Anne-Marie Rocheblave-Spenlé avance deux interprétations : « L'infériorité sociale de la femme peut être conçue par celle-ci dans une perspective de culpabilité... conduisant aux auto-accusations qui apparaissent dans les jugements des femmes sur elles-mêmes. Mais d'autre part, chaque femme, en critiquant l'ensemble du groupe, se désolidarise de lui et se place dans une position supérieure, c'est-à-dire au niveau de l'homme »[5]. Elle s'identifie à l'homme, présenté comme le sexe supérieur et dominant et espère ainsi participer à son prestige. Cette attitude n'est pas propre aux femmes. On la retrouve en effet à la base de toute conduite par laquelle une personne appartenant à un groupe socialement peu valorisé tend à adopter les manières de faire et de penser de ceux qui sont considérés comme supérieurs[6].

3. NATURE ET CULTURE

Refuser le sexisme des manuels scolaires, c'est opter pour «l'égalité des chances» entre les filles et les garçons. Ce choix conduit à s'interroger sur les différences entre les sexes. Des différences biologiques sont évidentes. Mais suffisent-elles pour attribuer aux individus des traits de caractère et des rôles sociaux déterminés en fonction de leur sexe? Cette question a suscité un énorme débat où s'affrontent des positions contradictoires. Il est impensable d'en faire le tour ici. Nous concentrerons notre attention sur deux approches du problème: les thèses développées par E.O. Wilson dans son livre *L'humaine nature* et les travaux de J. Money.

a) Patrimoine génétique et rôles sociaux: la sociobiologie de Wilson

La sociobiologie est définie par Wilson comme l'étude systématique des bases biologiques de toutes les formes de comportement social chez toutes les formes d'organismes vivants, l'homme y compris. La thèse centrale de Wilson dans *L'humaine nature* est que toute la vie sociale s'explique par un déterminisme génétique[7]. Les pratiques morales ou politiques, les comportements sexuels ou agressifs, sont donc codés génétiquement. Une telle théorie représente le retour en force d'une certaine conception des rôles sexuels. Elle considère que ceux-ci sont déterminés par les différences biologiques entre les sexes.

«Nature masculine» et «nature féminine»

Wilson décrit les hommes comme des êtres naturellement agressifs, naturellement portés à coopérer avec d'autres mâles et à défendre leur descendance biologique. Quant aux femmes, elles sont décrites comme des êtres naturellement destinés à rester à la maison pour veiller sur les enfants et le foyer. De plus, par nature, elles sont sexuellement attirées par les mâles dominants.

Hommes et femmes se voient attribuer des tempéraments et des rôles étroitement déterminés par leur patrimoine génétique. Wilson affirme que ces traits apparaissent inévitablement dans tout milieu social. Il en discerne la présence aussi bien chez les habitants d'une cité industrielle que chez une bande de chasseurs-cueilleurs du désert australien.

De la propagation maximale des gènes au sexisme

Comment expliquer que les hommes et les femmes se comportent de manière si différente ? Pour rendre compte de ce fait, Wilson adopte une perspective réductionniste : il voit dans les individus des mécanismes voués à la préservation et à la maximisation du succès de leurs propres gènes dans les générations à venir. Dès lors, les mâles cherchent à féconder le maximum de femelles, assurant ainsi leur succès reproductif. Quant à celles-ci, elles ont intérêt à n'avoir de rapports sexuels qu'avec les «meilleurs mâles» et à se les attacher ensuite pour qu'ils protègent leur descendance.

Sélection naturelle et génétique

Le déterminisme biologique de Wilson repose sur l'application à la génétique de la théorie darwinienne de l'évolution. Au XIXe siècle, Darwin avait expliqué comment, au cours de l'évolution, certaines caractéristiques des êtres vivants furent détruites, tandis que subsistaient les caractéristiques à valeur adaptative. Conservation des variations favorables et destruction des variables nuisibles : c'est ce que Darwin a appelé « sélection naturelle » ou « survivance du plus apte ». Selon Wilson, la sélection naturelle porte sur les gènes : en raison de leur valeur adaptative, certains acquièrent une représentation prépondérante au cours de l'évolution. Puisque tous les comportements sociaux, et notamment la division des rôles sexuels, reposent sur une base biologique, ils sont génétiquement déterminés. Dès lors, ils sont soumis à la logique de la sélection naturelle telle que la comprend Wilson. Leur but est de contribuer à la formation d'une « élite de gènes ».

Une certaine interprétation de la sélection naturelle

Initialement, la sélection naturelle était conçue comme un mécanisme qui expliquait la diversification des espèces. Wilson la réduit à un processus de spécialisation dû au fait que seuls subsistent les meilleurs gènes.

Si une telle conception se vérifiait, on devrait constater une assez grande uniformité génétique au sein des populations vivantes et pour un milieu écologique donné. On découvre au contraire une grande variété génétique que l'on appelle polymorphisme. Certains pensent que la persistance de celui-ci « ne peut s'expliquer que par l'existence de systèmes généraux qui maintiennent activement la diversité malgré les forces sélectives qui tendraient à l'éliminer »[8]. On a repéré et on continue à repérer de tels mécanismes.

A la variété génétique des populations correspond une diversité chez les individus que l'on appelle hétérozygotie. «Une population polymorphe et des individus hétérozygotes sont capables de s'adapter et de survivre à des conditions de vie différentes. C'est la diversité qui constitue la richesse génétique et non l'apparition de sujets identiques à un type donné»[9].

Cette variété du vivant est le résultat d'une évolution progressive qui a tendu vers l'apparition d'espèces dotées d'une capacité d'adaptation supérieure. Plus on monte dans l'évolution, plus la réponse aux changements de l'environnement se modifie. En effet, le développement du psychisme rendu possible par une modification quantitative et qualitative du cortex tend à se substituer à l'apparition de fonctions organiques spécialisées.

Cette tendance a culminé avec l'hominisation. A partir de ce palier, l'évolution biologique a été relayée par la culture. Avec l'émergence de l'être humain, la création culturelle et la dynamique sociale rendent en effet la sélection naturelle superflue : par son esprit, l'être humain répond de façon polyvalente aux exigences du monde dans son ensemble.

De ces considérations se dégage une conclusion évidente en ce qui concerne les rôles masculins et féminins. Les généticiens ont abandonné depuis longtemps l'idée qu'il y a un gène pour chaque organe. *A fortiori*, il semble difficile d'établir une relation terme à terme entre les gènes et les comportements complexes qui sont constitutifs de l'identité masculine et féminine telle qu'elle est socialement définie.

«Sélection de parenté» et relations sociales

Dans la ligne de son «capitalisme génétique», Wilson rend compte des fondements de la vie sociale par la «sélection de parenté». Animés par le souci d'assurer aux meilleurs gènes une représentation prépondérante, les individus peuvent se montrer altruistes à l'égard de leurs proches dans la mesure où ils apportent ainsi un bénéfice au groupe. C'est le degré de parenté qui déterminerait de tels comportements : l'aide tendra à être proportionnelle au pourcentage de gènes du donneur qui sont multipliés en aidant le receveur.

A l'encontre de cette interprétation, l'anthropologue M. Sahlins démontre «qu'il n'est pas un système d'alliance, de résidence postnuptiale, d'organisation familiale, de rapports entre parents, ou de filiation commune, qui n'instaure un calcul de l'action sociale et des rapports interpersonnels différent de ce qu'implique le critère de sélection de parenté »[10].

Dans leur ensemble, les recherches anthropologiques ébranlent en effet l'idée d'une répartition uniforme des rôles sexuels induite par le substrat biologique. Leurs résultats révèlent au contraire la diversité des modes de vie et des organisations sociales. Elles font apparaître que chaque société prend acte de la différence naturelle entre les sexes et en fournit une interprétation culturelle qui est un élément important de son fonctionnement.

b) Facteurs biologiques et psychologie individuelle: les travaux de Money

Peut-on considérer que les différences biologiques entre les sexes déterminent des traits de caractère ou des comportements spécifiques? Les recherches menées par le Docteur John Money sur des personnes souffrant d'anomalies génitales apportent des informations à ce sujet. Certes, les états intersexuels sont rares. Leur intérêt est de mettre en évidence l'influence respective du biologique et de l'environnement, difficilement discernable dans les cas d'évolution normale.

Substrat biologique et informations postnatales

John Money et Anke Ehrardt ont montré qu'à partir d'un même substrat biologique, on peut produire des différences très marquées en ce qui concerne la masculinité et la féminité. En effet, des bébés présentent le syndrome surrénogénital, qui provoque la virilisation des organes génitaux externes, avaient été considérés les uns comme des garçons, les autres comme des filles. Lorsqu'un traitement devint possible, ceux qui avaient été tenus pour des garçons choisirent de le rester, et ceux qui avaient été traités comme des filles choisirent une chirurgie corrective dans le sens féminin. Ils étaient devenus ce que leur entourage attendait d'eux.

Money constate en outre que, lorsqu'il y a contradiction entre le sexe apparent d'un enfant et son sexe chromosomique ou hormonal, on ne peut, sans créer des tensions psychologiques graves, redéfinir le sexe apparent au-delà de l'âge de deux ans[11]. Les observations d'Odette Thibault vont dans le même sens[12]. Elles mettent en évidence que l'identité sexuelle, c'est-à-dire le sentiment intime qu'a un enfant d'appartenir à un sexe, se construit au cours d'une période psychologiquement critique qui s'étale sur les deux ou trois premières années de la vie. Au-delà de cette période, l'identité sexuelle est déterminée de façon quasi irréversible.

John Money et Anke Ehrardt (1967) ont également observé dix fillettes de trois à quatorze ans qui, à la naissance, présentaient le syndrome surrénogénital. Suite à un diagnostic néo-natal, elles avaient subi une correction de leur sexe apparent avec les interventions chirurgicales et hormonales que cela implique. Elles étaient élevées comme des filles et se préparaient à un avenir sexuel de femmes. Money constate cependant que, dans différents domaines, elles ont montré, pendant l'enfance, des types de comportement qui obéissent à des seuils de stimulus-réponse plus souvent rencontrés chez les garçons que chez les filles. Ces domaines sont, entre autres, les suivants : kinésis générale; domination, affirmation et rivalité; course à l'aventure... L'exemple de tels enfants démontre de façon concluante, selon Money, que le programme sexuellement dimorphique de la vie prénatale a une certaine influence sur la continuation du programme de la vie postnatale. Il ne détermine pourtant pas la construction finale de l'identité et du rôle au masculin et au féminin. La structure finale est aussi le produit d'informations postnatales fournies par l'environnement social [13]. A ce stade, le dimorphisme ne peut être conceptualisé en termes absolus, masculin ou féminin. Il est mixte et son seuil de stimulation-réponse diffère selon le sexe, exception faite des impératifs sexuellement dimorphiques que sont la fécondation chez l'homme, la menstruation, la gestation et la lactation chez la femme. Enfin, les informations postnatales, l'éducation par exemple, influencent de manière déterminante l'identité sexuelle.

Ehrardt, Money et Masica (1968) ont également observé une dizaine de fillettes et de femmes de 13 à 30 ans. Elles avaient une apparence féminine mais étaient des hommes du point de vue de leurs chromosomes. Elevées comme des femmes, elles se comportaient comme telles, même si elles étaient dans l'impossibilité de donner naissance. Leur identification psychologique ne présentait aucune ambiguïté [14]. Money en conclut que l'apparence génitale a une action sur l'identité sexuelle, mais que la perception qu'en a l'individu et son entourage en a également une.

Ces constatations montrent qu'on ne peut prendre une position extrême. On ne peut pas affirmer que les différences entre les sexes sont fondées sur le biologique et que les influences culturelles s'y ajoutent. Mais il est également impossible de soutenir qu'aucune différence importante n'est fondée sur le biologique.

Une « seconde nature »

Nous venons de voir que la relation entre le substrat biologique et les informations postnatales est complexe. Elle l'est d'autant plus que les informations postnatales constituent pour ainsi dire une «seconde nature» qui rétroagit même sur le biologique. Ainsi J. Money affirme que «les informations postnatales peuvent avoir un certain effet sur... les rôles 'authentiques' de chaque sexe, c'est-à-dire les rôles qui relèvent des pratiques érotiques et des organes sexuels. Par contre, leur effet est total sur les rôles 'codés' selon le sexe. Les rôles codés selon le sexe sont ceux qui sont habituellement attribués aux gens selon l'anatomie de leurs organes génitaux, alors qu'ils n'ont aucun rapport essentiel avec ces organes ou, tout au plus, qu'un rapport tangentiel ou dérivé. Il n'y a par exemple aucun fondement sexuel à un certain nombre de coutumes sexuellement dimorphiques concernant le travail, le jeu, la toilette, les droits civils dont beaucoup sont une question de domination et de subordination, non de sexe». Et Money ajoute: «Bien que ces rôles codés selon le sexe n'impliquent pas le sexe érotique, ni les parties génitales, ils deviennent si profondément enracinés comme constituants de l'identité du genre que la menace de leur décodage par rapport au sexe est pour beaucoup de gens aussi dangereuse et insoutenable que si les rôles authentiques de leur sexe étaient eux-mêmes menacés. En fait, ils réagissent comme si leur identité même était en jeu...»[15].

*
* *

L'ensemble des informations qui précèdent conduit à la fois à affirmer et à relativiser l'influence des facteurs biologiques. Le substrat biologique est omniprésent. Mais son influence sur le psychisme et les comportements individuels n'est que partielle. Il en est de même au niveau collectif. Chaque société donne réponse au fait que nous avons un corps. On ne peut donc affirmer que les rôles sociaux des hommes et des femmes sont déterminés par la différence naturelle entre les sexes.

Cependant, il existe une tendance spontanée de l'esprit qui consiste à considérer que c'est dans le corps que réside toute la vérité de l'humain. Ce réductionnisme sous-tend les préjugés sexistes. Il conduit aussi à estimer que le monde animal nous livre la vérité du monde humain dans la mesure où l'on trouverait dans son observation des données non façonnées par la culture et qui régiraient également les relations sociales. En examinant les thèses de Wilson, nous avons vu qu'il est difficile de soutenir une telle position.

C'est pourquoi il est nécessaire de changer d'optique. Au lieu de maximaliser les différences entre les sexes, il serait intéressant d'envisager aussi leurs ressemblances. Au lieu de comprendre la diversité biologique en termes d'inégalité sociale, il faudrait voir comment les hommes et les femmes, différents génétiquement, peuvent être égaux socialement.

II. LES MANUELS SCOLAIRES ET LA SOCIALISATION DES ENFANTS ET DES ADOLESCENTS

Quelle influence des manuels scolaires sexistes peuvent-ils avoir sur les élèves de l'enseignement secondaire ? En d'autres termes, comment s'effectue la socialisation des adolescents envisagée sous l'angle particulier de leur relation à ces manuels ? Pour répondre à une telle question, il faut tenir ensemble des données psychologiques et sociologiques. En effet, c'est partiellement à travers un apprentissage social que se forme la personnalité. Au fil de son histoire, l'individu intériorise les manières de faire, de penser, de sentir et d'agir propres à son environnement et, confronté à elles, il se construit activement comme personne. Son identité personnelle se forge donc notamment en référence à la manière dont la société et l'école définissent les rôles masculins et féminins. Ce processus commence dès la naissance. La consolidation de l'identité à l'adolescence s'opère en effet sur la base d'une affirmation bien antérieure. De même, l'impact des manuels du secondaire s'inscrit dans le prolongement des influences subies dès avant l'école primaire. C'est pourquoi je traiterai l'adolescence en connexion avec l'enfance et le secondaire dans la foulée du primaire.

Deux démarches étaient possibles. Une démarche empirique aurait consisté à analyser une série d'interviews effectuées auprès d'un large échantillon de personnes concernées : élèves, parents, éducateurs, enseignants et responsables de l'enseignement. La démarche théorique consistait à rassembler et à organiser, en référence à la question posée, des matériaux épars dans les différentes disciplines qui traitent des processus de socialisation. L'idéal eût été de mener ces deux démarches de façon complémentaire. Le cadre imparti à ce travail ainsi que la nouveauté du sujet m'ont conduite à accorder la priorité à la démarche théorique. Il m'a semblé en effet qu'avant toute approche empirique, il importait de baliser le terrain afin de pouvoir formuler des hypothèses à propos de la réalité étudiée.

Comment procéderons-nous? Nous nous intéresserons d'abord aux livres scolaires du primaire et du secondaire : quelles images de femmes proposent-ils? Nous nous demanderons ensuite qui sont les enfants et les adolescents auxquels s'adressent ces outils pédagogiques : comment leur identité se constitue-t-elle en interaction avec le milieu scolaire et social qui les entoure? Nous serons alors en mesure de cerner l'influence que peuvent exercer les manuels sur les élèves.

1. QUELLES IMAGES DE FEMMES LES MANUELS PROPOSENT-ILS?

a) Dans l'enseignement primaire

Descriptions

Dans différents pays, des analyses de manuels utilisés dans l'enseignement primaire francophone ont été menées[16]. Elles s'accordent pour mettre en évidence les faits suivants. Dans toutes les disciplines, à des degrés divers, les femmes sont moins représentées numériquement que les hommes. Quand elles ne sont pas «oubliées», elles sont présentées tantôt par la répétition d'images qui correspondent à des réalités partielles, tantôt par des propos nettement péjoratifs.

Le plus souvent, les femmes sont décrites comme des mères et des ménagères, intéressées surtout par la gestion quotidienne du foyer et par certains aspects de l'éducation des enfants : leur santé et leur bien-être matériel. En dehors de la famille proche, elles semblent avoir très peu de relations. Quant à leur vie professionnelle, elle est généralement passée sous silence, à moins qu'elle ne s'inscrive dans le prolongement de leurs rôles éducatif et domestique ou de qualités considérées, à tort, comme spécifiquement féminines : l'altruisme, le dévouement... On rencontre quelquefois, mais rarement, des figures neuves : une camionneuse, une historienne, une femme chef d'orchestre... A quelques exceptions près, les femmes sont présentées comme des personnes douces, gentilles, émotives, sociables, dévouées, dépendantes et soucieuses d'autrui. Leurs responsabilités sont limitées. Pour toute décision importante, tant du point de vue matériel qu'éducatif, les pères entrent en scène, faisant figure d'autorité. Dans leur profession, les femmes sont aussi souvent décrites comme des auxiliaires tandis que les hommes apparaissent aux postes de responsabilités. Les portraits des filles préfigurent les traits de caractère et les rôles attribués aux femmés : elles jouent à la poupée, aident leur mère, suivent les initiatives des garçons.

Dans l'ensemble, les situations présentées sont simples et uniformes, dégagées de toute contrariété ou contradiction. L'aisance matérielle est généralement assurée, la vie suit un cours calme et régulier, ponctué de quelques promenades, pique-niques et achats importants. Les femmes sont présentées soit comme des mères et des ménagères, soit dans l'exercice de leur profession. On les voit rarement aux prises avec les joies et les difficultés créées par leur double rôle, familial et professionnel. De même, les hommes apparaissent rarement confrontés à l'organisation quotidienne de la vie, sauf quand celle-ci touche à leurs compétences en bricolage.

La famille vit repliée sur elle-même. Il n'est pas fait mention des relations qu'elle entretient avec des personnes étrangères à son cercle étroit : parents, amis, relations diverses. Il s'agit invariablement de la famille nucléaire composée du père, de la mère, d'un fils et d'une fille. La seule variante est la présence éventuelle de grands-parents. Il est fait abstraction des différents genres de familles qui existent réellement : familles nombreuses, monoparentales...

Réflexions

Les images qui viennent d'être décrites ne sont pas seulement simplifiées et partielles, mais également appauvrissantes et partiales. En effet, elles sont si abondamment répétées et si rarement complétées qu'elles finissent par constituer une sorte de portrait type attribuant aux femmes des caractéristiques absolues et spécifiques. Car ce qu'elles accordent à un sexe, elles le refusent à l'autre, les traits positifs étant presque tous réservés aux hommes et aux garçons, les notations négatives, aux femmes et aux filles. Cependant les portraits d'hommes et de garçons sont, eux aussi, restrictifs. Les hommes se voient confinés dans leur rôle professionnel et privés de relations étroites avec leurs enfants. De même, l'expression de leurs sentiments est singulièrement limitée. Quant aux garçons, ils voient passer sous silence des expériences pourtant marquantes, comme la peur.

De telles images définissent le rôle de chaque sexe sans ambiguïté et au détriment de la complexité des personnes et des situations réelles. Elles contribuent explicitement à éveiller chez les enfants l'idée de deux rôles adultes distincts et complémentaires, plus proches des stéréotypes sexuels en vigueur dans notre société que de la réalité.

Ces images sont encore plus influentes par les éléments sous-jacents qu'elles véhiculent et qui n'apparaissent qu'à la réflexion. Dans la mesure où ceux-ci touchent la sensibilité des enfants de manière insidieuse, ils contribuent à la formation de schèmes inconscients qui s'exprimeront sous la forme de jugements stéréotypés.

Voici quelques-uns de ces éléments. Représenter surtout les femmes comme mères sous-entend que, pour elles, le mariage et la maternité sont l'avenir le plus désirable, à moins qu'elles ne fassent preuve de qualités exceptionnelles : courage, persévérance, intelligence hors du commun. Représenter surtout les femmes comme source d'affection et de bien-être matériel pour leurs enfants revient à passer sous silence une bonne part de leur vie affective. Vis-à-vis de leurs enfants, les mères semblent en effet réduites au rôle passif d'un réservoir d'amour inquiet, conciliant et tendre, alors que les pères apparaissent comme des soutiens et des guides face aux grands choix de l'existence. Il n'est guère question des relations entre conjoints, si ce n'est pour exprimer le besoin qu'ont les femmes de trouver un support affectif.

Faire peu d'allusions à la vie professionnelle des femmes et ne pas les représenter comme responsables de rentrées financières importantes — leur salaire est toujours inférieur à celui de leur conjoint — revient à affirmer de manière détournée que leur travail n'a guère d'importance économique. Ne représenter les femmes que dans certains métiers, le plus souvent sans responsabilité sociale reconnue, n'est-ce pas suggérer leur incapacité à occuper des postes de décision ?

Représenter la vie relationnelle des femmes comme constituée essentiellement de contacts avec des commerçants pour des achats alimentaires courants postule une vie sociale limitée à la consommation quotidienne. Ici aussi, les femmes apparaissent comme des subordonnées puisque les décisions importantes sont prises par les pères. Enfin, ne représenter comme loisirs des femmes que ceux qui sont orientés vers le bien-être familial (tricot, broderie, jardinage) revient à ne leur attribuer aucun centre d'intérêt personnel, si ce n'est leur maison et leurs enfants.

*
* *

Voilà quelle vision de la réalité les enfants assimilent en même temps que les règles de grammaire, les rudiments de mathématiques et les premières notions d'histoire, de géographie et de sciences : une humanité divisée en deux grandes catégories dont les caractéristiques et les rôles sont nettement différenciés; une vie qui suit, de génération en génération, un cours relativement immuable et organisé en fonction des rôles prescrits à chaque sexe; des femmes qui n'ont guère d'existence autonome, qui pensent surtout aux autres et effectuent principalement des travaux non rémunérés dont on sait que la valeur économique n'est pas prise en considération. Ainsi se trouve défini ce qu'il semble normal, dans notre société, d'attendre de chacun en fonction de son appartenance à un sexe. Même si ces images sont abondamment contredites par la réalité, elles prennent pour les enfants valeur de modèles. Elles posent, explicitement ou implicitement, des normes et chaque écolier se situera, consciemment ou inconsciemment, par rapport à elles lorsqu'il s'interrogera sur son identité.

b) **Dans l'enseignement secondaire**

Descriptions

Une conclusion générale se dégage du chapitre 1 : les manuels utilisés dans l'enseignement secondaire « oublient » généralement les femmes ou les présentent d'une manière déformée, plus proche du stéréotype que de la réalité. Ces déformations varient de discipline à discipline. Je ne rappellerai donc ici que quelques traits communs.

D'une manière générale, la place accordée aux femmes ne correspond pas à l'importance véritable qu'elles ont, en tant qu'individu ou en tant que groupe. On observe de plus que le rôle de mère est souvent mis en avant au point d'éclipser d'autres rôles effectivement joués. Enfin, les femmes sont presque toujours définies par leur relation aux hommes : auxiliaires, épouses, amantes ou courtisanes.

La gent féminine semble souvent se diviser en deux groupes bien distincts : les femmes « vertueuses », et les femmes « mauvaises », « perverses » ou « cruelles ». Par ailleurs, la grâce, la sensibilité et la mièvrerie semblent quasiment être un monopole féminin. D'autres qualités sont rarement reconnues. N'a-t-on pas dit de Marguerite Yourcenar qu'elle écrivait comme un homme ?

Dans les manuels du secondaire, apparaît la notion de la femme qui plaît ou qui veut plaire. Si, dans les livres du primaire, on rencontre beaucoup de jolies mamans et de jolies institutrices, on trouve maintenant beaucoup d'épouses et d'amantes soucieuses de séduire. Il en résulte qu'une grande attention est accordée à la vie privée des femmes. On parle autrement des amours de Catherine de Russie que de celles de Louis XIV. Dans un ordre d'idées semblable, bon nombre d'écrivaines sont présentées principalement ou exclusivement à travers des fragments d'œuvres qui reflètent des moments de leur vie personnelle, même si cela aboutit à passer sous silence d'autres écrits d'une veine différente constituant d'ailleurs parfois l'essentiel de leur œuvre. Ainsi, de Christine de Pisan, on retient le fameux «Seulette suis...», écrit à la mort de son mari, alors qu'on tait les traités historiques et politiques qu'elle a écrits.

Réflexions

Les constats présentés au chapitre 1 permettent de saisir la continuité qui existe entre les stéréotypes véhiculés par les manuels du primaire et ceux du secondaire. Une différence apparaît cependant. Les stéréotypes s'enrichissent d'une dimension nouvelle: la sexualité.

Toutefois, ce qui est significatif, c'est moins la présence des femmes que leur absence. Dans le primaire, les femmes sont mentionnées dans la mesure où elles font partie de l'univers des enfants. Elles disparaissent dans le cadre du secondaire, c'est-à-dire une fois que l'enseignement est censé ouvrir plus explicitement à l'exercice d'un rôle social. Pourtant, collectivement ou individuellement, bon nombre de femmes ont joué des rôles sociaux non négligeables et contribué de manière significative à l'évolution des sciences et des arts. Pourquoi taire ou dénaturer leurs apports?

Une autre question, plus fondamentale, se pose également. En fonction de quoi distingue-t-on dans les manuels ce qui est digne de mémoire et ce que l'on considère, à tort, comme aller de soi? En fait, ce qui doit être mis en question, c'est la conception même qui préside à la rédaction des manuels et en fonction de laquelle des choix sont opérés.

c) Les manuels, agents de socialisation

La vision du monde et les images d'hommes et de femmes proposées par les manuels prennent pour les élèves valeur de modèles. Elles présentent des manières d'être ou d'agir qui peuvent indiquer des directions qu'il serait opportun de suivre, ou encore constituer un «idéal» incarnant une valeur. C'est en raison du rôle particulier joué par l'école dans le processus de socialisation qu'elles acquièrent cette dimension normative.

Tout ce qui est social est agent de socialisation : le langage tout d'abord, mais aussi les institutions que l'individu rencontre au cours de sa trajectoire sociale. La famille joue un rôle fondamental et privilégié. L'école, le groupe des amis et les différents moyens de communication : radio, télévision, lectures... sont également des agents de socialisation dont le rôle est important pendant l'enfance et l'adolescence. Cependant, les messages délivrés par l'école ont un impact particulier sur les enfants et, dans une moindre mesure, sur les adolescents, le champ social de ces derniers étant plus vaste. Pourquoi en est-il ainsi ?

La scolarité est obligatoire : l'école permet à tous les enfants d'acquérir une base culturelle commune qui va progressivement les faire passer d'une représentation magique et approximative de la réalité à une certaine objectivité.

En fait, l'école initie les élèves à la maîtrise élémentaire des moyens d'accès au savoir (lecture, écriture, calcul) tout en leur transmettant petit à petit des éléments de notre patrimoine culturel (histoire, géographie, littérature, sciences, religion, morale, ...). Elle assure ainsi une certaine continuité entre le passé et le présent et apparaît donc comme un facteur de stabilité.

Mais l'école ne se contente pas de transmettre des informations. Elle a également pour objectif de former des personnalités capables de s'insérer de manière active et critique dans la société. Pour cela, un bagage intellectuel est nécessaire, de même qu'une certaine formation du caractère et une capacité de distance critique par rapport à la société, à ses buts et à ses valeurs. L'école est donc à la fois une institution au service de la société et un lieu possible de critique vis-à-vis de celle-ci.

En tant qu'institution au service de la société, elle propose une certaine vision du champ social et transmet aux enfants et aux adolescents les valeurs culturelles, morales et sociales jugées indispensables à la formation d'un adulte et à son insertion dans son milieu. Mais l'école est consciente de n'être plus aujourd'hui qu'un des lieux de transmission de la culture, à côté d'autres tels que les media, la télévision en particulier. Dès lors, elle donne un contenu nouveau à la tâche d'éducation qu'elle a toujours considérée comme sienne. Elle veut apprendre aux élèves à utiliser l'information donnée hors d'elle afin qu'ils puissent mettre en question, si cela est nécessaire, la culture diffusée par les media.

L'école se voit donc chargée de tâches multiples : enseigner, éduquer, former à l'insertion sociale, développer l'esprit critique et la capacité de jugement autonome. C'est sur la base de la transmission des connaissances qu'elle s'en acquitte.

Dans ce contexte, les manuels jouent un double rôle. D'une part, ils forment intellectuellement les élèves. D'autre part, ils touchent la sensibilité des enfants et leur insufflent, ainsi qu'aux adolescents, une certaine vision du monde. C'est pourquoi leurs messages ont une importance particulière. Ils expriment la conception que l'école se fait des femmes et des hommes ainsi que de leur rôle dans la société. De plus, les manuels offrent une vision relativement homogène de ces rôles. Cette constance ne peut manquer, elle aussi, de renforcer leur impact.

2. L'IDENTITE SEXUELLE DES ENFANTS ET DES ADOLESCENTS

Les modèles proposés par l'école touchent les enfants et les adolescents au moment où s'affirme et se consolide leur identité sexuelle, c'est-à-dire leur sentiment intime d'appartenir à un sexe.

a) L'identité sexuelle des enfants

Vers six ans, les enfants ont acquis la base de leur identité sexuelle: ils se savent garçon ou fille. C'est le résultat d'une longue évolution qui débute à la naissance et au cours de laquelle ils se sont affirmés comme des personnes originales et de plus en plus autonomes au travers d'influences diverses. Influences familiales: les jeunes enfants ont eu à se situer progressivement dans le cercle de famille, par rapport à chacun de leurs parents et à la relation de ceux-ci, par rapport aussi à d'éventuels frères et sœurs. Influences sociales également, car se situer dans ce premier réseau de relations n'est qu'en apparence une affaire de famille. Face aux jeunes enfants, le père et la mère apparaissent comme des parents mais aussi comme des représentants de la société. En eux-mêmes, ils sont une synthèse de traits personnels et d'influences sociales. A travers eux, les enfants rencontrent le discours social sur les rôles masculins et féminins tels que leurs parents l'interprètent.

Avec l'entrée à l'école primaire, les pôles de référence des enfants changent. Jusqu'alors, la famille occupait la place principale. Son influence voisine désormais avec celle d'autres pôles de moindre importance. Certains étaient déjà présents mais relativement peu influents. D'autres sont nouveaux et liés à l'élargissement du champ social des enfants. Ainsi le groupe des compagnons du même âge prend une importance croissante : c'est l'âge des premières amitiés. C'est aussi l'âge des apprentissages sportifs et culturels grâce auxquels les enfants vont prendre leur place dans la société.

L'image de soi, l'estime que les enfants ont d'eux-mêmes s'affinent et s'affirment de plus en plus, de même que leur identité sexuelle. Celle-ci est en fait profondément ancrée dans le biologique mais on a vu que les influences postnatales contribuent largement à la définir. Les deux premières années de la vie sont d'une importance cruciale : c'est au cours de cette période que l'identité se fixe, en grande partie sous l'influence des parents, des éducateurs et du milieu social. Une fois établie, elle semble difficilement réversible. Il est utile de voir comment cette détermination s'opère dès la naissance.

L'expérience menée par Zella Luria est particulièrement intéressante à cet égard[17]. S'appuyant sur diverses études psychosociologiques[18], elle constate que nous sommes influencés par les étiquettes que nous accolons aux choses et aux personnes. Elle se demande alors si la manière dont les parents voient leur bébé est fonction du sexe qui leur a été annoncé. Avec son équipe, elle étudie plusieurs familles qui viennent d'avoir leur premier enfant. Vingt-quatre heures après la naissance, les pères et les mères sont invités à communiquer leurs impressions sur le nouveau-né qu'ils ont aperçu à travers une vitre ou tenu quelques instants dans leurs bras. Ces bébés étaient tous normaux et nés à terme. A la naissance, ils avaient en moyenne le même poids et la même taille ainsi que des scores d'Apgar semblables. L'analyse des réponses met en évidence que les mots « grand » et « solide », étaient employés beaucoup plus souvent pour les fils tandis que les filles étaient décrites par des termes comme « belle », « mignonne », « gentille », « douce », « petite ». De plus, il est apparu que si les deux parents projetaient des images sur leur bébé, les pères le faisaient davantage. La suite de la recherche a montré que tous les hommes ne stéréotypent pas plus que les femmes, mais seulement les pères plus que les mères. Zella Luria et ses collaborateurs concluent de manière nuancée que, selon toute vraisemblance, l'étiquetage influence la façon dont les parents perçoivent leurs enfants et, par ricochet, l'image que les enfants se font d'eux-mêmes. Si le regard porté sur ceux-ci varie ainsi en fonction du sexe, ils estiment qu'il sera difficile d'imaginer que les enfants occuperont les mêmes rôles dans l'avenir.

C'est d'ailleurs ce que met en évidence une expérience menée par Greenberg et Peck en 1974[19]. Ces chercheurs ont présenté à 120 enfants de 3 à 6 ans des photographies de filles et de garçons et leur ont demandé de dire qui, parmi ceux-ci, exerceraient des professions socialement valorisées, telles que médecins, dentistes, avocats, etc. Il est apparu que les enfants attribuaient aux garçons les métiers les plus prestigieux tandis qu'ils réservaient aux filles les activités moins cotées socialement.

Le sentiment intime d'être fille ou garçon conduit les enfants à adopter les comportements qui, dans leur culture, sont considérés comme propres à leur sexe. Lorsque leur champ social s'élargit, cette identité s'affirme en référence à un nombre croissant de modèles: enseignants, adultes avec qui les enfants ont des contacts, modèles présentés dans la littérature enfantine et scolaire ainsi que dans les media. Tous ceux-ci exercent une influence importante. Les enfants cherchent en effet tous les éléments qui leur permettent de préciser une identité encore peu affirmée. C'est ainsi qu'on les voit adopter des attitudes et tenir des propos très stéréotypés.

C'est ici que se situe l'influence des manuels scolaires. Or que proposent-ils? Nous avons vu que l'on y trouve des portraits élaborés à partir de quelques éléments empruntés à la réalité et qui ne rendent pas compte de la complexité des personnes et des situations. De plus, ces portraits se révèlent calqués sur les stéréotypes sexuels qui ont cours dans notre société. Les manuels renforcent d'autant plus ces stéréotypes dans l'esprit des enfants qu'ils trouvent un large écho dans la publicité, la littérature enfantine et les media.

b) L'identité sexuelle à l'adolescence

Comment les adolescents se définissent-ils en tant que femmes et en tant qu'hommes? Pour répondre valablement à cette question, il importe de se faire une idée correcte de cette période de la vie et d'esquisser ainsi la toile de fond sur laquelle s'inscrit la question de l'identité.

Non pas une, mais des adolescences

On considère souvent que l'adolescence est une période de crise induite par la puberté ou encore qu'elle constitue une période privilégiée de préparation professionnelle et psychologique à la vie d'adulte. Que penser de ces conceptions? Grâce aux apports de l'ethnologie, de la sociologie, de l'histoire et de la psychologie, on sait aujourd'hui qu'il n'y a pas une, mais des adolescences. Elles se distinguent par des différences individuelles, mais aussi par des différences entre sociétés et entre groupes sociaux à l'intérieur d'une même société[20].

Il existe un lien étroit entre l'organisation sociale et la manière dont l'adolescence est vécue et s'exprime. Ainsi, plus une société est complexe et mobile, plus grands sont les risques de conflits entre les groupes d'âge. Les normes sociales changent en effet de manière importante d'une génération à l'autre. De même, ce n'est qu'avec la division du travail typique des sociétés industrielles que l'adolescence devient une longue période intermédiaire entre l'enfance et l'âge adulte. On estime souvent que le fait de disposer de plusieurs années pour acquérir une formation permet aux jeunes de mieux se préparer professionnellement que par le passé. Or cela est vrai pour certains jeunes seulement car bon nombre de professions ne requièrent pas une longue préparation.

Par ailleurs, on peut se demander si nos sociétés favorisent la maturation psychologique. On ne trouve pas chez nous l'équivalent des rites de passage des sociétés primitives. C'est aux adolescents eux-mêmes qu'incombe la responsabilité d'adopter leur rôle adulte et d'assumer l'angoisse qui accompagne cette période de transition. Le seul traitement social dont bénéficient les adolescents est d'être considérés comme les membres d'un groupe spécifique. C'est ainsi que l'on parle d'une culture jeune, par exemple. Mais ce traitement va davantage dans le sens d'une marginalisation que d'une intégration. De plus, il ne tient pas compte des différences qui existent au sein du groupe «jeunes». Différences selon le sexe, la classe sociale d'origine, la profession future, la nationalité... et enfin, différences individuelles. Il y a donc des adolescences dans nos sociétés. Elles ont cependant plusieurs dénominateurs communs. Quels sont-ils?

Tous les adolescents quittent l'enfance pour entrer dans une nouvelle phase de leur développement. Que ce passage soit marqué par une crise ou qu'il s'effectue en souplesse, il n'en reste pas moins qu'un nouvel équilibre doit être trouvé, différent de celui qui avait été atteint pendant l'enfance.

Une autre dimension commune à tous les adolescents réside dans les problèmes liés à la puberté physiologique, aux changements somatiques, aux nouvelles impulsions sexuelles et à la modification de l'intelligence.

Enfin, tous les adolescents se trouvent placés dans une position ambiguë : pas encore adultes, ils ne sont pourtant plus considérés comme des enfants. Du point de vue de leurs droits et de leurs obligations, ils se trouvent dans une position qui implique la soumission à l'autorité adulte ; leur statut est alors proche de celui des enfants. Pourtant, ni la société, ni les parents n'attendent d'eux qu'ils se comportent en enfants. Il leur est demandé d'agir avec maturité, même s'ils sont, dans l'ensemble, privés des responsabilités qui leur permettent d'acquérir celle-ci. Une telle ambiguïté rend difficile un passage harmonieux de l'enfance à l'âge adulte. Gérard Lutte signale à ce propos les résultats d'expériences menées en laboratoire. Celles-ci ont montré que des adultes, placés dans des conditions d'ambiguïté sociale où ils ne savent pas quel est leur statut, présentent des comportements instables et agressifs considérés comme typiques de l'adolescence[21].

Puberté et identité

Les nombreux changements physiques et physiologiques qui caractérisent la puberté modifient l'image que les adolescents se font de leur corps, l'importance qu'ils lui accordent et leurs attitudes à son égard. Ils transforment l'opinion qu'ils ont d'eux-mêmes, de leur valeur ou de leur non-valeur personnelle. L'attitude de l'entourage change aussi et retentit sur les représentations que les adolescents se font d'eux-mêmes. En effet, si le corps représente l'individu, est symbolique de sa personnalité, il est aussi la frontière entre son moi et le monde. C'est la première chose que voit autrui. Le corps est un stimulus social et, à partir de l'adolescence, un stimulus sexuel. A partir des modifications de leur corps, les adolescents se posent la question de leur identité et de leur position par rapport à autrui et au monde.

Cette question de l'identité va s'exprimer de différentes manières. Qui suis-je ? Mais également de quoi suis-je capable ? Quelle orientation vais-je donner à ma vie ? Autour de quelles valeurs vais-je l'organiser ? Ces interrogations sont présentes implicitement et explicitement dans les choix qu'effectuent les adolescents et notamment dans le choix d'une profession ou d'études. Elles correspondent à un double désir : s'affirmer comme une personnalité originale et autonome ; prendre sa place dans la société. Dans la mesure où les adolescents s'éprouvent différents des enfants qu'ils ont été, ce double désir les pousse à rechercher de nouveaux modèles à imiter et auxquels s'identifier de manière durable ou transitoire. En adoptant des rôles changeants et parfois contradictoires, les adolescents se découvrent progressivement dans leur identité propre et dans leurs relations à autrui. Ce qu'ils cherchent, c'est à se construire en tant que femmes et hommes adultes.

Les modèles qui, dans une société donnée, définissent ce que sont une femme et un homme adultes exercent donc une grande influence. Celle-ci se combine avec les désirs propres des adolescents par rapport à la féminité et à la masculinité. Ces désirs peuvent s'alimenter à des courants culturels non encore «consacrés» par la tradition. C'est ainsi qu'en se popularisant, les idées féministes donnent aux adolescentes l'occasion de se définir en tant que femmes de manière plus diversifiée que par le passé. Ces idées ont rendu possibles d'autres images de femmes même si elles n'ont pas transformé de manière importante la condition réelle des femmes.

L'identité des jeunes d'aujourd'hui

Autour de quelles valeurs les jeunes d'aujourd'hui construisent-ils leur identité en tant que femmes et hommes? La meilleure manière de le savoir est d'écouter ce qu'ils disent d'eux-mêmes, une fois franchi le premier cap de l'adolescence, c'est-à-dire lorsque s'affirment avec une certaine stabilité les traits propres à cet âge.

Je me suis appuyée sur quelques enquêtes effectuées en Belgique entre 1979 et 1983 pour mettre en évidence certaines attitudes et traits significatifs pour notre propos[22]. La présentation qui suit ne donne donc pas — loin s'en faut — un aperçu exhaustif de la mentalité des jeunes Belges d'aujourd'hui. De plus, l'adolescence ne peut être envisagée indépendamment du contexte social dans lequel elle s'inscrit. Celui-ci évolue très rapidement et diffère sensiblement et parfois même fortement de pays à pays. C'est pourquoi les généralisations sont suspectes et les observations ne valent généralement que pour une période limitée. Cependant, les enquêtes sont intéressantes parce qu'elles sont proches des situations nouvelles auxquelles sont confrontés les jeunes : le développement de la crise économique par exemple.

Bien sûr, on peut mettre en question leur valeur scientifique en objectant qu'elles ne reflètent pas la réalité mais qu'à travers les questions posées, elles construisent l'image qu'elles veulent donner. Cette objection est importante et incite à une grande prudence. C'est pourquoi je me suis référée à plusieurs enquêtes inspirées par des intentions différentes. Dans la mesure où, au-delà de ces différences, des résultats concordants apparaissent, j'ai considéré qu'il était justifié de s'appuyer sur eux.

Traits communs

Certaines des enquêtes choisies voient dans la jeunesse un groupe social spécifique qui, dans son ensemble, présente des traits homogènes qui le distinguent d'autres groupes d'âge. Elles font apparaître que les jeunes d'aujourd'hui sont à la fois assez proches des générations qui les précèdent et en rupture par rapport à elles. Assez proches en considérant que la famille et le travail sont des valeurs très importantes. En rupture par la manière dont ils les conçoivent.

La famille, réunie autour d'un couple marié ou non, reçoit en effet une signification nouvelle. Elle n'est plus fondée sur des valeurs religieuses, morales ou sociales. Son importance réside dans son rôle affectif: c'est là que les adolescents pensent pouvoir être heureux dans un monde par ailleurs menaçant. La structure interne de la famille est également conçue de manière nouvelle: les jeunes désirent que les rôles familiaux soient répartis de façon égale entre les sexes. Cependant, les traditions ont la vie dure. Ainsi, un certain nombre de garçons souhaitent que leur compagne reste au foyer alors que les filles préfèrent exercer une activité professionnelle.

Quant au travail, il n'occupe plus la première place et n'est guère valorisé indépendamment de l'épanouissement personnel qu'il apporte. Une grande attention est accordée à la qualité de la vie dans le travail. Les étudiantes de l'enseignement supérieur mises à part, les filles sont cependant plus indécises que les garçons. Elles peuvent en effet choisir entre deux options: vont-elles mener une vie professionnelle ou se consacrer à l'éducation de leurs enfants?

Les jeunes se montrent également différents des générations qui les précèdent par leur désir de libéraliser les mœurs et par la tolérance qu'ils expriment à l'égard de certains comportements jusqu'ici réprouvés en matière sexuelle surtout, mais aussi morale et politique: homosexualité, relations sexuelles hors mariage, avortement, refus de voter, refus de faire son service militaire... C'est cependant dans la priorité accordée aux préoccupations affectives ainsi que dans le désir et la volonté d'être heureux ici et maintenant, de se forger son propre bonheur en ne comptant que sur ses propres forces que se manifeste la rupture la plus nette entre les jeunes et leurs aînés.

Malgré ces ruptures, on constate la persistance d'un certain nombre de traits attribués traditionnellement aux femmes et aux hommes. Ainsi, on constate que les filles, qui accordent généralement autant d'importance au travail professionnel que les garçons, se tournent de préférence vers des activités qui restent marquées par les rôles de mère, d'éducatrice et d'auxiliaire qui sont habituellement dévolus aux femmes. De plus, les centres d'intérêt des filles et des garçons semblent différents. La manière dont les jeunes utilisent leur argent de poche est révélatrice à cet égard. Qu'en est-il précisément?

Les filles et les garçons

Pour éclairer cet aspect des choses, je me baserai sur les résultats d'une enquête qui, sans nier les traits communs à tous les jeunes, souligne les différences qui existent entre eux et met en lumière certains traits signalés mais peu approfondis par les enquêtes citées précédemment.

Cette enquête a été menée en 1980 par Christian Maroy et Danièle Ruquoy auprès de jeunes francophones fréquentant l'enseignement secondaire et âgés de 16 à 19 ans. Elle a porté sur la consommation, domaine particulièrement significatif pour notre propos. En effet, à travers les objets qu'ils consomment et les pratiques qu'ils adoptent, les jeunes cherchent avant tout à se forger une identité. «Le jeune qui fréquente l'école et vit chez ses parents est... voué à résoudre *symboliquement* sa quête d'autonomie dans le domaine de la consommation, plutôt que *réellement* par l'acquisition d'un statut d'indépendance tant sur le plan économique qu'affectif. La consommation est donc vécue par ces jeunes comme une zone de choix, un domaine où s'affirme leur désir propre, sans contrainte extérieure, un espace dont l'attrait tient au caractère ludique et à *l'affirmation symbolique d'autonomie* inhérents à la possibilité d'y satisfaire ses désirs propres». Parallèlement à l'école et à la famille, la consommation constitue «un espace de socialisation où le jeune s'approprie progressivement certaines conduites adultes, intériorise des modèles culturels de perception et de comportement»[23].

Cette enquête nuance le tableau d'ensemble brossé plus haut. Elle montre une jeunesse diversifiée dans ses intérêts, sa conception de l'existence et de soi. Ces différentes façons d'être jeune ne sont pas étrangères au milieu social d'origine des adolescents mais elles ne sont cependant pas entièrement déterminées par lui: «la famille a vu en effet, ces dernières décennies, son influence considérablement contrebalancée par d'autres instances de socialisation, telles que les media, les circuits de consommation ou l'école... L'éclatement du lieu de socialisation du jeune interdit tout raisonnement mécanique»[24].

A l'intérieur de chacun des types distingués par les auteurs, des différences apparaissent entre les filles et les garçons. D'une manière générale, il apparaît que les biens dont les filles et les garçons aiment s'entourer ne sont pas identiques. Les filles parlent davantage de cadeaux, d'objets de décoration et d'éléments de toilette personnelle. Elles se montrent plus attirées par ce qui est «recherche esthétique», «expression de son goût» dans la présentation de soi, de son univers et de ses biens propres. Les garçons parlent davantage de chaînes hi-fi, de matériel technique ou de sport, c'est-à-dire de ce qui les tourne vers l'extériorisation de soi à travers l'action sur le monde extérieur dans les domaines technique, sportif et scientifique.

Ces préférences sont à rattacher à l'image stéréotypée que les filles et les garçons se font de leur sexe. La fille se doit d'être douce, séduisante, appréciée pour ses qualités d'«être», pour sa beauté et son goût; elle gravite dans un monde intérieur: le monde des sentiments et des relations personnelles; elle est faite pour aimer, pour aider. Quant au garçon, il se doit d'être «viril», prêt à assumer son rôle de «chef», fier de ses conquêtes féminines et apprécié pour sa force, sa puissance et sa capacité d'action sur le monde extérieur.

Dès lors, filles et garçons préféreront des activités et des objets différents ou choisiront des activités et des objets identiques, mais pour des raisons différentes. Les filles apprécient certains sports, comme la natation, pour le bien-être corporel qu'ils procurent. Quant aux biens à composante technique (hi-fi, voiture...), elles les réduisent à leur aspect utilitaire ou esthétique. Les garçons valorisent le sport et la technique parce qu'ils leur permettent de réaliser des performances, d'exprimer à travers la maîtrise technique ou la force physique la puissance de l'homme sur son propre corps ou sur la matière, d'actualiser leur désir de faire partie de «ceux qui sont capables», de «ceux qui réussissent», de «ceux qui arrivent à être champions».

Les filles et les garçons envisagent également leurs relations avec les autres de manière différente. Les filles ont tendance à voir dans les rapports humains une forme de «don de soi» tandis que les garçons les considèrent plutôt sous l'angle de la «possession». La vie sociale paraît importante à ces derniers parce qu'elle leur permet d'agir dans le monde extérieur et de commander. Les filles, pour leur part, se cantonnent plutôt dans un monde de relations affectives, d'aventures intérieures, d'événements de la vie privée.

Mais cette différenciation entre les sexes n'existe pas avec la même intensité chez tous les jeunes. Elle semble plus forte dans les milieux sociaux défavorisés et dans les familles, appartenant à tous les milieux sociaux, qui ont accordé une place importante à l'investissement dans l'école. Elle s'atténue chez les jeunes de milieux moyens et supérieurs qui ont hérité d'un important bagage culturel extra-scolaire ou s'en sont forgé un à travers leurs expériences personnelles. On peut rapprocher cette constatation de la remarque de Pierre Bourdieu qui, dans son étude sur *La distinction,* relève que «l'ensemble des différences socialement constituées entre les sexes tend à s'affaiblir à mesure que l'on s'élève dans la hiérarchie sociale et surtout lorsque l'on va vers les fractions dominées de la classe dominante où les femmes tendent à s'approprier les prérogatives les plus typiquement masculines, comme la lecture des journaux dits d'opinion et l'intérêt pour la politique, tandis que les hommes n'hésitent pas à affirmer des intérêts et des dispositions en matière de goût, par exemple, qui les exposeraient ailleurs à passer pour efféminés »[25].

*
* *

Toutes ces observations montrent comment les filles et les garçons s'inscrivent en rupture ou continuent à adhérer à certains traits qui ont défini socialement par le passé la féminité et la masculinité. Elles font apparaître qu'il y a, à cet égard, de grandes différences entre les jeunes. La seule conclusion générale qu'on puisse tirer valablement est de constater un double phénomène : la persistance d'attitudes induites par la représentation traditionnelle des sexes, et le mouvement qui aboutit à assouplir et même en certains cas à effacer des distinctions qui clivaient en deux grands groupes distincts les femmes et les hommes dans nos sociétés. Ensemble, cette forme de permanence et cet aspect dynamique dessinent progressivement une nouvelle représentation des femmes et des hommes qui peut être considérée comme un des acquis du féminisme.

3. LES ELEVES ET LEURS MANUELS

Quelle influence le sexisme des manuels scolaires peut-il avoir sur les élèves ? Nous sommes maintenant en mesure de répondre à cette question.

Les manuels sont des agents de socialisation. Ils communiquent aux élèves les valeurs et les normes propres à leur environnement social. Mais leur influence n'est pas subie passivement. La découverte des modèles proposés par la société va de pair avec la genèse de l'identité et de la personnalité. Trois aspects peuvent être distingués dans ce processus : l'imitation, l'identification et la préparation à l'exercice d'un rôle.

L'imitation est la copie d'un comportement ou d'un acte isolé : il s'agit de « faire comme l'autre ». L'identification renvoie à un ensemble de conduites sous-tendues par une signification unique : le désir de devenir semblable à l'autre. Il s'agit de «faire comme l'autre pour être comme lui». L'imitation renvoie donc à des comportements extérieurs, l'identification renvoie aussi à des traits intérieurs. Quand on envisage les choses d'un autre point de vue, on se rend compte que toute société a des attentes spécifiques vis-à-vis des individus placés dans une situation donnée et qu'elle exige d'eux une réponse spécifique par rapport à d'autres individus. En un mot, elle définit des rôles. Ceux-ci peuvent influencer la personnalité de différentes manières.

En nous appuyant sur ce que nous savons des modèles proposés par les manuels et de l'identité sexuelle des enfants et des adolescents, nous nous interrogerons sur ce qui, du point de vue de la dynamique sociale et de l'épanouissement personnel, peut se produire en référence aux différentes facettes du processus de socialisation que nous avons distinguées. Pour ce faire, nous prendrons appui sur trois disciplines: la psychologie expérimentale, et particulièrement les recherches d'Albert Bandura qui a étudié avec une grande attention les conduites d'imitation, la psychanalyse et la psychologie sociale.

Si l'on veut se faire une idée correcte des enjeux psychopédagogiques de la situation analysée, il faut garder à l'esprit la remarque suivante. Présenter dans les manuels des images de femmes et d'hommes inspirées par des stéréotypes sexistes ne suffit pas, à soi seul, à créer chez les élèves des comportements sexistes. Inversement, des manuels exempts de telles représentations ne peuvent, à eux seuls, créer des comportements non sexistes. Avant leur entrée à l'école, les enfants et les adolescents ont déjà été sensibilisés à une certaine conception de la féminité et de la masculinité. Dans la mesure où les manuels véhiculent des images concordant avec celle-ci, ils constituent une influence supplémentaire qui s'ajoute à celles qui ont été subies antérieurement et leur donne plus de poids. S'ils présentaient des images discordantes par rapport à cette conception, ils pourraient être un élément susceptible de contrebalancer une vision de la réalité dont on a assez dit qu'elle était stéréotypée et tronquée. Il ne s'agit pas, bien sûr, de surévaluer l'importance des manuels. Ils ne représentent qu'une des multiples influences que subissent les garçons et les filles. De plus, leur action est souvent indirecte puisqu'ils ne servent plus guère de support aux cours. Cela ne permet pourtant pas de sous-estimer leur importance. Un grain de sable peut contribuer à enrayer un engrenage bien huilé.

a) L'imitation des modèles

Les portraits types proposés par les manuels définissent des manières d'être et d'agir qui prennent pour les élèves valeur de références, de modèles à imiter. Quels comportements peuvent-ils induire?

Observer quoi?

Dans son livre *L'apprentissage social,* Albert Bandura souligne l'importance de l'observation. « Le fait de pouvoir apprendre par observation rend les gens capables d'acquérir des répertoires comportementaux larges et coordonnés sans avoir à les élaborer graduellement par un processus laborieux d'essais et d'erreurs »[26]. On voit par là «en creux» quelle importance les modèles véhiculés par les manuels peuvent avoir. On peut en effet douter de la richesse des répertoires comportementaux qu'ils permettent d'acquérir puisque, dès l'école primaire, ils définissent de manière rigide et étroite les rôles adéquats à chaque sexe.

Un exemple: les manuels du primaire présentent les femmes, soit comme des mères et des ménagères, soit dans leur activité professionnelle. Ils évacuent de ce fait certains problèmes pourtant bien réels et quotidiens rencontrés par bon nombre d'entre elles du fait de leur double rôle. Du même coup, les joies et les difficultés engendrées par la tension entre ces rôles ainsi que les répercussions positives et négatives de cette situation sur la famille sont passées sous silence.

Quant aux manuels du secondaire, ils ne font que peu de références aux femmes et à leurs contributions. De plus, ils présentent celles-ci de manière déformée ou tronquée. Les élèves se trouvent ainsi privés de l'exemple de différents modèles féminins de réalisation de soi.

Innover à contre-courant

Bandura constate aussi que «c'est la diversité dans le modelage qui favorise l'innovation comportementale». En effet, «exposés à divers modèles, les observateurs adoptent rarement un seul modèle comme source de leurs comportements. De même, il est rare qu'ils adoptent tous les attributs d'un seul modèle ou des modèles préférés. Les observateurs combinent plutôt des aspects provenant de différents modèles et les organisent en de nouveaux patrons qui diffèrent des sources originales »[27]. On peut dès lors se demander pourquoi, dès l'enseignement primaire, les manuels simplifient la réalité au point de présenter des modèles peu variés et de faire abstraction de situations réelles et parfois complexes auxquelles sont confrontés les femmes, les hommes et les enfants : partage des tâches quotidiennes, perte d'emploi, chômage...

Certaines raisons sont évidentes. Trop de complexité écraserait les enfants, trop de tensions les insécuriseraient. Les manuels présentent dès lors des situations et des modèles rassurants. Ils valorisent de manière unilatérale des aspects harmonieux tels la bonne humeur, la tendresse et l'aisance matérielle. Par contre, ils éliminent les aspects qui font problème tels la fatigue, la nervosité, le stress, les colères, les conflits et les soucis. Si cette vie sans tension était située dans un monde de rêve, les enfants pourraient déployer leur imagination. Mais elle est présentée comme la réalité quotidienne. Cette confusion risque de créer une difficulté importante. Un fossé peut se creuser entre l'expérience vécue des enfants et ce qu'ils apprennent à l'école. Ce fossé devient un abîme pour les enfants de milieux défavorisés, puisque le monde présenté par l'école est radicalement différent de celui qu'ils vivent. La porte est ainsi ouverte au « décrochage » scolaire et à la marginalisation. Le mal que les manuels risquent de créer est alors plus important que celui qu'ils voulaient éviter.

D'autres raisons, moins évidentes, interviennent également. C'est ce que souligne Suzanne Mollo qui montre comment l'école propose à l'enfant l'« image d'une société décantée, édulcorée, mais aussi mutilée et déformée au nom de principes pédagogiques qui tendent à le faire vivre dans un monde idéal, à la mesure de l'homme idéal que l'éducation veut promouvoir en lui »[28]. Cette situation traduit cependant davantage la fragilité de l'adulte, crispé sur de fausses certitudes que le souci d'éveiller la créativité comportementale de l'enfant.

Quant aux adolescentes, elles se trouvent placées devant une double difficulté par des manuels qui « oublient » les femmes ou les présentent de manière stéréotypée. D'une part, elles sont contraintes de se définir personnellement sans le soutien de modèles diversifiés : cela leur est plus difficile qu'aux garçons qui se voient présenter un grand nombre de figures. D'autre part, elles rencontrent une attente sociale assez homogène puisque les manuels définissent de manière relativement uniforme et étroite ce qu'est la conduite socialement acceptable pour une femme.

Les adolescentes sont obligées de se situer en acceptant cette attente sociale, en l'aménageant ou en la refusant. Mais, dans ces deux derniers cas, il leur faut beaucoup de force et d'imagination. Accepter semble, à première vue, la solution la plus simple. A terme, elle entraîne souvent une grande insatisfaction chez les femmes, obligées de taire une partie importante d'elles-mêmes.

Cette situation est également difficile pour les garçons. En effet, les manuels ne leur permettent pas d'imaginer que les femmes puissent jouer un autre rôle que celui qui est induit par les stéréotypes. Ils contribuent ainsi à renforcer des idées toutes faites.

Imiter qui ?

Les enfants se tournent-ils de préférence vers des modèles de leur sexe ou peuvent-ils imiter aussi des personnes de l'autre sexe ? On considère généralement qu'ils s'identifient au parent du même sexe. On peut supposer dès lors que ce sont aussi les modèles du même sexe qui sont les plus imités. C'est ce que Bandura met en évidence : un observateur imitera davantage le comportement d'un modèle du même sexe que lui, pourvu que ce comportement ne soit pas marqué culturellement comme caractéristique de l'autre sexe [29].

Par ailleurs, les recherches de Bandura ont fait apparaître que les modèles les plus efficaces sont ceux qui « ont un statut élevé, une grande compétence et un grand pouvoir » [30]. Qu'en est-il de ces tendances contradictoires ?

Bandura et Ross ont mené, en 1963, une expérience qui apporte des informations à ce sujet [31]. Des adultes y participaient, ainsi que des garçons et des filles de l'école maternelle. Ils étaient tous placés dans des relations triadiques qui étaient censées reproduire des familles nucléaires. Chaque triade était composée d'une femme, d'un homme et d'un enfant. Dans une des conditions, l'enfant recevait les ressources qu'un adulte distribuait, pendant que l'autre adulte était un personnage subordonné et sans pouvoir. On vérifiait systématiquement les effets de l'imitation chez l'enfant selon que la femme ou l'homme était la figure dominante qui contrôlait les ressources. Les résultats montrèrent que les enfants imitaient bien plus le personnage qui contrôlait les ressources que le rival qui les consommait. Ils montrèrent aussi qu'il pouvait y avoir imitation du parent de sexe opposé ; celle-ci était facilitée quand ce dernier avait plus de pouvoir que le parent du même sexe. Ils montrèrent enfin que beaucoup d'enfants attribuaient le pouvoir à l'homme, même quand la situation expérimentale le faisait revenir à la femme.

On le voit, le fait que le modèle ait du pouvoir peut susciter plus puissamment l'imitation que l'appartenance au même sexe. Dans ces conditions, les petites filles peuvent imiter l'homme et les petits garçons, la femme. Certains enfants ont pourtant du mal à apprécier correctement la situation puisqu'ils attribuent le pouvoir à l'homme même si c'est la femme qui le détient: les stéréotypes sociaux exercent déjà leur influence sur les enfants de l'école maternelle.

Fay Saunders a mené une expérience éclairante à cet égard. Elle rapporte que, dans une classe, les enfants de quatre-cinq ans ont tous représenté une mère en jupe alors que l'institutrice certifie que 95 % des mères qu'elle rencontre journellement sont toujours en pantalon[32]. Comment comprendre ce décalage? Si l'on se rappelle que l'identité sexuelle des enfants n'est encore qu'ébauchée, on peut penser qu'ils ont besoin de s'accrocher à des représentations très rigides qui leur permettent de s'affirmer filles et garçons.

A l'école primaire, les stéréotypes sont entretenus. En effet, les manuels présentent de manière constante des hommes qui font autorité et résolvent tous les problèmes, tandis que les femmes apparaissent facilement inquiètes. Or Bandura constate qu'«un grand nombre de craintes non fondées peuvent être, et sont en fait, transmises par des manifestations de crainte inappropriées exhibées par les modèles»[33]. De tels modèles féminins peuvent ainsi créer des craintes sans rapport avec la réalité. Ils peuvent également amener les filles à vouloir imiter sans plus ceux qui détiennent le pouvoir et qui occupent un statut élevé, en l'occurrence les hommes.

Ces contradictions se radicalisent à l'adolescence. Les filles se trouvent en effet placées dans une situation difficile lorsqu'il s'agit pour elles de se définir comme filles et, plus tard comme femmes, et en même temps de satisfaire leur désir d'exercer un rôle social différent de celui d'épouse, de mère ou de ménagère qui leur est dévolu traditionnellement. Analysant cette situation, Elizabeth Douvan montre que trois voies s'ouvrent aux jeunes femmes. La première est une «déféminisation» dans le but d'imiter les modèles masculins. La seconde est l'abandon des buts professionnels pour suivre la voie «féminine» classique. La troisième consiste en un effort continu pour concilier vie professionnelle et buts «féminins»[34]. L'absence de modèles illustrant cette troisième voie rend celle-ci plus ardue.

Des manuels qui présenteraient des images d'hommes et de femmes non déformées par des conceptions stéréotypées pourraient constituer un soutien pour inventer un tel comportement novateur. A lui seul, ce facteur n'est pourtant pas suffisant. En effet, on peut observer le comportement d'un modèle sans le reproduire. De plus, l'adoption d'un comportement est influencée par la manière dont celui-ci est apprécié. Il peut s'agir d'une appréciation diffuse véhiculée par la mentalité ambiante. Il peut s'agir aussi d'une appréciation énoncée explicitement par une personne importante pour les enfants et les adolescents. C'est ici que les parents et les enseignants peuvent jouer un rôle, dans la mesure et aux moments où ils sont effectivement des références pour les enfants et les adolescents. Ils peuvent soutenir et approuver des comportements qui expriment une distance critique par rapport à la mentalité ambiante. Leur action cohérente et critique peut se conjuguer à celle de manuels exempts de stéréotypes sexistes pour contribuer à affaiblir le poids des images homogènes véhiculées par la publicité et les media, la télévision en particulier.

Développer quelles qualités ?

Les travaux de Bandura l'ont amené à constater le fait suivant : « Les types de modèles qui prévalent dans un environnement donné ont une grande influence sur les qualités humaines qui sont activées sélectivement »[35]. Or, dès l'école primaire, les élèves se trouvent confrontés à des modèles stéréotypés assortis de qualités déterminées qui leur sont attribuées en fonction de leur sexe. En rencontrant à nouveau de tels modèles dans le secondaire, les filles ne peuvent manquer de continuer à développer sélectivement certaines qualités, comme la tendresse et la sensibilité, au détriment d'autres comme le dynamisme. Comment s'opère cette sélection ?

Bandura note que la vue de personnes qui échouent à certaines tâches ou qui réagissent de manière anxieuse influence la confiance que les gens ont dans leur propre efficacité. Et celle-ci détermine le fait qu'ils essaient ou non de se mesurer à des situations difficiles. « Les gens craignent et évitent les situations dont ils se croient incapables de venir à bout. Ils se comportent de façon décidée lorsqu'ils se jugent par eux-mêmes capables de traiter avec succès les situations qui pourraient les intimider en d'autres circonstances. L'efficacité personnelle telle qu'elle est perçue réduit les peurs anticipatives et les inhibitions mais affecte également les efforts visant à se tirer d'affaire dès le moment où les efforts ont été initiés par l'attente de succès éventuels. Les attentes relatives à l'efficacité déterminent la quantité d'efforts que les gens vont déployer et le temps pendant lequel ils persisteront aux prises avec certains obstacles et situations aversives. Plus les attentes liées à l'efficacité ou à la maîtrise sont fortes, plus les efforts déployés sont importants »[36].

L'anxiété et la timidité sont des traits attribués généralement aux femmes et opposés à l'esprit d'initiative des hommes. Les manuels du primaire gratifient leurs modèles féminins de telles caractéristiques. Les manuels du secondaire font, eux, peu de références à des femmes. Comment s'étonner dès lors que subsiste dans l'esprit des adolescents une image peureuse et peu efficace des femmes ? On peut rapprocher cette observation d'une constatation de Bianka Zazzo. Celle-ci remarque en effet que quand on demande aux adolescentes de tous les milieux sociaux de se distinguer des garçons, un des traits qu'elles avancent toutes est la confiance en soi des garçons, opposée à leur propre tendance à douter d'elles-mêmes [37]. Etant donné l'influence que les modèles peuvent avoir sur le développement de certaines qualités, comment ne pas souhaiter que d'autres images soient proposées aux filles, qui les incitent à se montrer efficaces dans le cours habituel de l'existence ?

b) L'identification à autrui par l'intermédiaire des modèles

S'identifier à autrui, c'est « faire comme lui pour être comme lui ». Dans cette perspective, l'imitation est au service des désirs d'identification. Ainsi se constituent la personnalité et l'identité, c'est-à-dire une conception cohérente de soi-même comme femme ou comme homme. Quel rôle jouent les manuels dans ce processus ?

Premières identifications

L'enfant choisit consciemment ses modèles parmi ses familiers et particulièrement parmi ses parents, ses aînés et les personnes que ses parents respectent. Dès qu'il se sait garçon ou fille, les personnes valeureuses de son sexe sont pour lui des modèles privilégiés. Plus précisément, les psychanalystes considèrent que l'identification au parent du même sexe dessine le cadre de base dans lequel viendront s'inscrire les identifications ultérieures. Les modèles présentés par les manuels scolaires sont-ils susceptibles d'éveiller chez les enfants le désir de s'identifier à eux ? Cette question appelle une réponse nuancée.

Les personnages des manuels scolaires apparaissent rarement dans une histoire continue qui révèle leur personnalité. Ils sont généralement campés à travers des actions qui expriment leur rôle ou leur fonction : maman, papa, la fermière, le facteur... Le plus souvent d'ailleurs, ils n'ont pas de nom. Or l'identification est motivée par le désir inconscient de fusionner avec une personne particulière afin d'être comme elle. Au-delà de la multiplicité des rôles joués, elle met en jeu la personnalité et l'identité profonde de chacun. C'est pourquoi les personnages des manuels, qui sont surtout représentés dans leurs rôles, ne peuvent servir tels quels de supports à un processus d'identification.

Pourtant, ils n'y sont pas totalement étrangers. En effet, ils peuvent rappeler aux enfants une personne particulière à laquelle ceux-ci désirent s'identifier. Mais les modèles privilégiés que les enfants se choisissent sont une synthèse de traits personnels et d'influences sociales. A travers eux, les enfants rencontrent le discours social sur les rôles féminins et masculins tel que ces personnes l'ont intériorisé. Ils peuvent donc trouver des résonnances entre celles-ci et les modèles proposés par les manuels. C'est pourquoi la manière dont les femmes et les hommes sont présentés dans les livres scolaires est importante. Cependant, il ne faut pas perdre de vue que le désir d'apprendre des enfants est motivé par le désir de s'identifier à l'enseignant. Le message des manuels tend à faire corps avec la parole de l'enseignant. La manière dont celui-ci se situe par rapport à ce message influence la position que l'enfant adoptera.

Identifications à l'adolescence

La maturation physiologique et le réveil de désirs sexuels qui sont, pour la première fois, éprouvés comme tels donnent aux adolescents le sentiment d'être des personnes nouvelles. S'éprouvant différents des enfants qu'ils ont été, filles et garçons abandonnent de manière durable ou momentanée les identifications de leur enfance et cherchent de nouveaux modèles à imiter et auxquels s'identifier. A travers l'adoption de modèles parfois contradictoires, ils se découvrent progressivement dans leur identité propre et dans leurs relations à autrui. Le rejet des figures qui leur ont permis de se définir pendant l'enfance les amène à chercher des modèles d'identification dans différentes directions. Ils peuvent se tourner vers des substituts parentaux (enseignants, amis des parents...), vers des personnes qui se situent à mi-chemin entre les parents et eux-mêmes, sortes de grandes sœurs ou de grands frères prestigieux, vers une compagne ou un compagnon du même âge, de même sexe le plus souvent mais parfois de sexe différent, ou encore vers un groupe de jeunes, à moins que dans l'impossibilité de se tourner vers un objet extérieur sous la pression d'angoisses ou d'inhibitions, ils ne se prennent eux-mêmes pour objet d'amour. Nous n'examinerons pas ici ces différentes possibilités. Nous les signalons uniquement pour montrer que la construction de leur identité peut mener les adolescents à rechercher des modèles d'identification dans des directions très diverses. Il faut cependant noter que des identifications trop nombreuses risquent de fragmenter le moi des adolescents, de détruire leur expression personnelle. C'est pourquoi il est important que le mouvement centrifuge des identifications soit contrebalancé par un mouvement inverse qui tourne l'adolescent vers lui-même.

Quel rôle joue dans ce processus la manière dont les manuels du secondaire présentent les femmes et les hommes? Comme dans le primaire, ce rôle est indirect et ténu mais cependant réel. On ne peut donc le négliger.

Le silence quasi total à l'égard des contributions féminines contraint les adolescentes à développer leur imaginaire en référence à d'autres instances de socialisation, comme les media, qui se contentent souvent de véhiculer des images réductrices, appauvrissantes et conformes aux stéréotypes. De plus, il n'aide pas les adolescents à se faire une meilleure idée des femmes.

Ce silence est rompu de temps à autre en faveur d'une présentation déformée des contributions féminines. Celle-ci peut aussi influencer la vie imaginaire des adolescentes et des adolescents en l'orientant toujours vers les mêmes fantasmes. Cette limitation est importante, même si elle peut être corrigée. En effet, les personnes auxquelles les adolescentes choisissent de s'identifier peuvent susciter des fantasmes dans d'autres directions. Pour les adolescents, ce correctif intervient de manière plus indirecte, les modèles d'identification étant choisis de préférence parmi les personnes du même sexe.

Le fait de présenter les contributions féminines de façon stéréotypée exerce également une autre influence. Il renvoie à une image des femmes qui les prive d'autonomie et de certaines dimensions de réalisation de soi qualifiées de viriles. La psychanalyse permet de se situer par rapport à cette image. Se fixant pour objectif d'amener à la conscience le maximum d'inconscient par le jeu des associations libres, elle permet de rejoindre la spécificité de chacun et de dégager des processus de structuration propres à chaque sexe. Il faut noter cependant qu'aux origines du mouvement psychanalytique, Freud a essayé de rendre compte de manière symétrique de l'évolution des deux sexes. Ainsi s'est développée une manière de comprendre et d'expliquer l'évolution de la fille et de la femme calquée sur l'évolution du garçon et de l'homme. A la fin de sa vie, Freud a reconnu qu'il avait compris de façon insatisfaisante et lacunaire les processus de développement de la fille. Il a exprimé le souhait que ses successeurs comblent ces lacunes. Ce ne fut guère le cas. Cependant, des voix se sont fait entendre et continuent aujourd'hui à s'élever pour contester ce type de compréhension et tenter de rendre compte du caractère spécifique de l'évolution des filles et des femmes [38].

c) La tension entre rôle social et personnalité

A travers les modèles qu'elle propose, la société informe les individus de ce qu'elle attend d'eux dans différentes situations de la vie. Cette information est toujours plus ou moins ambiguë. Elle se concrétise dans des rôles définis de manière plus ou moins contraignante, imprécise et contradictoire. Mais les rôles ne sont pas des moules extérieurs : ils affectent profondément l'identité personnelle qui est, pour une part, octroyée par la société. Dans quelle mesure les rôles prescrits à travers les modèles présentés dans les manuels sont-ils compatibles avec un développement harmonieux de la personne ?

Le conformisme et la frustration

Dans son livre, *La notion de rôle en psychologie sociale,* Anne-Marie Rocheblave-Spenlé montre que les rôles définis de manière rigide emprisonnent la personnalité et peuvent susciter des sentiments de frustration qui risquent de devenir une attitude générale devant la vie. « Si le rôle est souple et flexible, s'il permet plusieurs variations et interprétations différentes, l'individu pourra choisir celle qui convient le mieux à ses tendances propres, et il n'aura donc pas besoin de se transformer lui-même ; il modifiera, dans les limites permises, l'exécution du rôle lui-même... Au contraire, lorsque le rôle est rigide, fixé jusque dans ses moindres détails, il tendra à emprisonner et à modifier la personnalité »[39].

On peut craindre que les manuels du primaire aient cet effet négatif : ils présentent en effet un clivage entre les rôles masculins et féminins et enferment ces derniers dans des limites étroites. A l'adolescence, cet emprisonnement de la personnalité peut conduire au conformisme, c'est-à-dire à l'acceptation sans discussion des modèles et des normes de la société.

De nombreuses expériences montrent que l'on se conforme à un modèle à cause du besoin d'être accepté par un groupe. Ainsi est engendrée une dépendance qui peut être informative ou normative. Par dépendance informative, il faut entendre l'ensemble des indications données a priori et qui peuvent influencer la manière de réaliser une tâche. La dépendance normative désigne la situation où le maintien dans un groupe est subordonné à l'adhésion aux normes du groupe[40].

Cette distinction nous permet de comprendre en quoi les livres scolaires peuvent être un moyen de pression à la conformité. Tout en initiant aux règles de grammaire et aux rudiments des mathématiques, les manuels du primaire donnent aux enfants des informations sur les rôles féminins et masculins. Les mêmes informations sont transmises aux élèves du secondaire par leurs manuels de langue étrangère. Dans les manuels des autres disciplines, les femmes sont peu citées et, lorsqu'il est fait référence à elles, elles sont souvent présentées de façon stéréotypée.

Les adolescents des deux sexes reçoivent donc des renseignements complémentaires sur les rôles masculins. Par contre, ils n'en reçoivent plus guère sur les rôles féminins ou seulement de manière déformée. Mais les manuels ne se contentent pas d'informer. Ils expriment aussi les normes du groupe social. La conception des rôles sexuels qu'ils véhiculent risque bien d'influencer les enfants et les adolescents, d'autant plus qu'elle rencontre leur désir d'être reconnus par leurs semblables. En outre, elle se voit renforcée par les media et la publicité.

La rigidité du rôle peut avoir pour conséquence secondaire de développer des sentiments de frustration. Certains rôles peuvent en effet abaisser l'estime de soi et susciter une insatisfaction qui conduit à la formation de traits réactionnels[41].

Anne-Marie Rocheblave-Spenlé vérifie cette affirmation chez la petite fille. «A mesure qu'elle grandit, la fillette, partant d'une égalité initiale théoriquement totale, se voit rejetée dans une position inférieure, dépouillée du prestige, alors que son frère, au contraire, gagne un rang supérieur. Adopter le rôle de la mère représente pour elle un renoncement à toutes les prérogatives prestigieuses de l'homme; c'est pourquoi elle se révolte souvent contre cette diminution par une attitude revendicatrice »[42]. Cette manière de comprendre conduit certains psychanalystes, tels Erich Fromm, à voir dans «l'envie du pénis» de la petite fille une réaction secondaire aux difficultés du rôle féminin, plutôt qu'une réaction directe à une infériorité physique. Ce qui est vrai des petites filles l'est des femmes, souvent considérées comme insatisfaites. Ce trait de caractère est probablement réactionnel.

Un double message

A l'adolescence, les rôles qui prennent le plus d'importance sont le rôle professionnel et le rôle sexuel. «L'apprentissage des rôles sexuels peut concerner toutes les conduites attendues de l'homme et de la femme, cela surtout dans les pays accentuant les différences sexuelles, mais il peut avoir trait également aux relations entre rôles masculins et rôles féminins, et plus particulièrement aux conduites érotiques »[43].

Adopter un rôle sexuel pendant l'enfance est une chose. A l'adolescence, c'en est une autre. En effet, les enfants peuvent s'écarter des rôles sexuellement prescrits sans risquer une trop grande désapprobation de la part de leur entourage. Les «garçons manqués» ou les petits garçons qui jouent à la poupée ne sont guère critiqués par leurs proches. Il n'en va plus de même par la suite. Les adultes et les compagnons et compagnes du même âge poussent en effet les adolescents à s'engager dans un rôle sexuellement tranché et socialement acceptable, défini par des comportements spécifiques. En ne répondant pas à ces contraintes, les adolescents risquent d'inquiéter leurs parents, d'être rejetés par leurs compagnons et d'être déconsidérés comme partenaires hétérosexuels. Elizabeth Douvan considère que cette situation présente des difficultés particulières pour les filles. Elle en rend compte en faisant appel à une double forme de discontinuité dans les modèles de socialisation proposés aux filles et aux garçons. «Chez le garçon, bien avant l'entrée à l'école, on observe une rupture dans les procédures de socialisation, lorsqu'il doit abandonner la dépendance et la passivité qui caractérisaient le premier âge, pour adopter une forme d'indépendance et d'affirmation de soi dans la vie sociale, avec les autres enfants. Chez la fille, cette rupture s'opère à l'adolescence. Durant l'enfance, la fille aurait été soumise à un double message, le premier favorisant la dépendance dans le foyer, le second encourageant l'individualisme et la compétition dans la vie scolaire; mais à l'adolescence la fille découvre qu'elle doit abandonner ou déguiser ces traits de compétition individuelle si elle veut se faire accepter comme être féminin... on attend d'elle qu'elle abandonne les projets de réalisation personnelle ou qu'elle relègue ses ambitions, pour adopter ses objectifs majeurs: devenir épouse et mère»[44].

Dans une étude sur *La motivation à l'accomplissement,* M. Claes et E. Salamé signalent que de «multiples données convergentes donnent à penser que les pressions exercées au moment de l'adolescence entraîneraient chez la fille un repli de ses projets de réalisation, un refuge dans la féminité et une baisse concomitante de la motivation à l'accomplissement»[45]. L'enquête sur *Le statut social des adolescents* à laquelle je me suis référée plus haut fait — quoique faiblement — écho à cette situation. Elle révèle en effet qu'un certain nombre de filles qui sont sur le point de quitter l'enseignement secondaire se montrent indécises quant à leur avenir, hésitant entre la maternité et la vie professionnelle. Elle montre par contre qu'au niveau de l'enseignement supérieur, on ne rencontre plus cette indécision: faire des études exprime le désir de travailler aussi bien chez les filles que chez les garçons[46].

Il apparaît ainsi que les adolescentes d'aujourd'hui se trouvent à l'un ou l'autre moment placées en face d'un double message. L'un de ceux-ci, véhiculé notamment par les manuels scolaires, voit en elles de futures mères en raison de leur conformation physique. L'autre, influencé par le féminisme, les pousse à s'accomplir dans les différentes dimensions de leur personnalité. Comment se situer pour réduire la contradiction? Des expériences menées en psychologie sociale montrent que, dans de telles situations, les individus choisissent un des messages et cherchent un appui auprès de personnes qui partagent leur opinion[47].

Quelle que soit l'option choisie, il reste que l'un des messages est largement représenté et que l'autre demande des innovations. Or, pour pouvoir créer, les adolescentes et les femmes ne sont pas aidées: les exemples de celles qui innovent ne leur sont pas communiqués.

*
* *

De l'analyse que nous avons menée se dégage une conclusion évidente. Les manuels se veulent un support de l'éducation et de l'instruction à l'école. L'objectif de l'éducation est de permettre aux élèves de devenir autonomes et responsables. L'objectif de l'instruction est de transmettre des savoirs et de former à l'esprit critique. On est bien obligé de constater que les manuels ne favorisent guère une telle évolution personnelle et intellectuelle. En effet, en occultant ou en présentant de manière déformée les contributions féminines, ils peuvent mettre les filles et les garçons dans des situations difficiles.

Les manuels ne sont heureusement pas les seuls agents de socialisation. L'influence des modèles qu'ils proposent peut être contrecarrée grâce à diverses interventions des enseignants: attirer l'attention des élèves sur des éléments différents de ceux qui sont présentés habituellement dans les manuels, susciter et soutenir leur réflexion à ce propos, encourager des comportements novateurs... De telles démarches seront plus efficaces si les manuels sont exempts de représentations sexistes. C'est alors l'école toute entière qui devient un pôle de résistance et de critique par rapport à un aspect réducteur du discours ambiant.

Encore faut-il être en mesure d'interpréter la situation. J'ai montré au début de ce chapitre que les normes relatives aux rôles sexuels dépendent peu d'une considération objective des femmes et des hommes. Par ailleurs, l'histoire de nos sociétés révèle que, même si ces normes sont relativement arbitraires, elles se sont maintenues pendant de nombreuses générations et n'ont perdu de leur impact que depuis quelques années. Quelles sont les raisons qui permettent de comprendre leur persistance ? J'ai privilégié ici différents aspects de la socialisation. Ils ont permis de mettre en évidence des enjeux psychopédagogiques si nombreux, variés et importants qu'ils appellent de toute urgence une transformation des manuels scolaires.

Cependant, il faut le reconnaître, toute mise en question des stéréotypes sexuels mène à prendre conscience du fait suivant: chaque société se charge de la différence naturelle entre les sexes moyennant une institution culturelle spécifique de celle-ci. Le caractère incontournable et partiellement inexplicable de ce fait ne conduit pourtant pas à accepter comme une fatalité le type d'interprétation qui prévaut dans nos sociétés. Il incite, au contraire, à créer et à promouvoir une nouvelle interprétation de la différence entre les sexes, et plus fondamentalement entre les individus, qui valoriserait les spécificités de chacun sans les enfermer dans une perspective hiérarchique.

NOTES

[1] Sauf lorsqu'une distinction de sexe s'impose, je me conformerai dans ce chapitre à l'usage grammatical qui veut que le masculin l'emporte sur le féminin.
[2] Anne-Marie Rocheblave-Spenlé, *Les rôles masculins et féminins*, Paris, Editions Universitaires, 2ᵉ éd., 1970. Cet ouvrage sera cité désormais sous le titre: *Les rôles...*
[3] *Idem*, p. 53.
[4] *Idem*, p. 60.
[5] *Idem*, p. 65.
[6] *Idem*, p. 62-64.
[7] Paris, Stock, 1979.
[8] Cf. à ce propos, Paul O. Hopkins, *La sociobiologie*, dans *La Recherche*, vol. 8, nº 75, février 77, p. 142.
[9] Jean-François Skrypczak, *L'inné et l'acquis*. Inégalités «naturelles» - Inégalités sociales, Lyon, Chronique sociale, 1981, p. 172.
[10] Marshall Sahlins, *Critique de la sociobiologie. Aspects anthropologiques*, Paris, Gallimard, 1980, p. 61-62.

[11] John Money et Anke Ehrardt, *Man and Woman, Boy and Girl*, Baltimore, Johns Hopkins University Press, 1972.
[12] Odette Thibault, *Genèse de l'identité sexuelle*, communication faite au Colloque international de psychologie de l'enfant, Paris, juillet 1979, cité par Odette Thibault, *Debout les femmes*, Lyon, Chronique sociale, 2ᵉ éd., 1980, p. 24.
[13] J. Money, *Le transsexualisme et les principes d'une féminologie*, dans *Le fait féminin*, ouvrage collectif sous la direction d'Eveyne Sullerot et avec la collaboration d'Odette Thibault, Centre Royaumont pour une science de l'homme, Paris, Fayard, 1978, p. 226. Cet article sera cité désormais sous le titre : *Le transsexualisme...*
[14] J. Money, A. Ehrardt et D.N. Masica, *Fetal feminization induced by androgen insensibility in the testicular feminizing syndrome : Effects on marriage and maternalism*, dans *Johns Hopkins Medical Journal*, 1968, 123, p. 105-114, cité par Diane E. Papalia et Sally W. Olds, *Le développement de la personne*, traduit par David et Sylvie Belanger, Montréal, Ed. HRW Ltée, 1979, p. 168.
[15] J. Money, *Le transsexualisme...*, p. 227-228.
[16] Cf. bibliographie : analyse de manuels.
[17] Zella Luria, *Genre et étiquetage : l'effet Pirandello*, dans *Le fait féminin*, pp. 223-240.
[18] L'expérience de Salomon Asch et celle de Kelley consistèrent à parler d'une même personne inconnue à deux groupes d'étudiants. A l'un des groupes, on la présenta comme «chaleureuse», à l'autre comme «froide». On constata que les deux groupes réagissaient à la même personne de façon différente : celui à qui elle avait été présentée comme «chaleureuse» l'apprécia ; celui à qui elle avait été présentée comme «froide» la jugea de façon plus négative. Ces deux expériences montrent qu'une même personne est appréciée de façon différente selon l'information reçue préalablement.
[19] Cf. D.E. Papalia et S.W. Olds, op. cit., p. 169.
[20] Entre autres ouvrages, cf. à ce propos : Bianka Zazzo, *La psychologie différentielle de l'adolescence*, Paris, Presses Universitaires de France, 2ᵉ éd., 1972; Gérard Lutte, *Supprimer l'adolescence ? Essai sur la condition des jeunes*, Paris, Ed. ouvrières; Bruxelles, Vie ouvrière, 1982 et Michel Claes, *L'expérience adolescente*, Bruxelles, Mardaga, 1983.
[21] G. Lutte, op. cit., p. 70.
[22] Rudolf Rezsohazy, *Les jeunes, leurs parents et leurs professeurs. Valeurs et comportements : continuité et conflit*, Louvain-la-Neuve, Université Catholique de Louvain, Service de diagnostic social, cahier n° 5, 1979; *Vingt ans à vingt ans de l'an 2000*, enquête du journal *Le Soir* réalisée sur base d'un sondage effectué par l'I.N.U.S.O.P. pour *Le Soir* et la R.T.B.F., Bruxelles, Crédit communal de Belgique, 1980; Christian Maroy et Danièle Ruquoy, *Les jeunes et la consommation*. Analyse qualitative et quantitative des jeunes scolarisés de 16 à 19 ans, Université Catholique de Louvain, Faculté ouverte des sciences politiques, économiques et sociales, Centre de sociologie urbaine et rurale, travail réalisé pour le Centre de Recherche et d'Information des Organisations de Consommateurs, novembre 1980. Cette enquête sera citée désormais sous le titre : *Les jeunes...*; *L'inévitable travail*. Premiers résultats de l'enquête sur les attitudes des jeunes travailleurs, chômeurs et apprentis face au travail, au chômage et à la vie globale réalisée par la JOC de Wallonie et de Bruxelles, septembre 1982; *Que veulent les jeunes ?*, dans les *Cahiers de la Wallonie et de Bruxelles*, Groupe de Sociologie Wallonne, n° 37, octobre 1982; *Les 14-18 ans et l'argent*. Enquête : 8.000 jeunes répondent, Bruxelles, Ligue des Familles, 1983; E. Sand, Cl. Humblet et M. Diament, *Le statut social des adolescents*, Rapport de recherche, Université Libre de Bruxelles, Laboratoire d'Epidémiologie et de Médecine sociale, travail réalisé à la demande du Centre d'Etudes de la Population et de la Famille, novembre 1983 (sous presse); Jean Stoetzel, *Les valeurs du temps présent : une enquête européenne*, Paris, Presses Universitaires de France, 1983. Il faut citer en outre le travail suivant qui offre une analyse très détaillée : Roselyne Bouillin-

Dartevelle, *La génération éclatée*. Loisirs et communication des adolescents, Bruxelles, Editions de l'Université, 1984.
Ces travaux concernent la Belgique. Des enquêtes ont été menées en France et au Canada mais il est difficile de les consulter car elles ne connaissent souvent qu'une diffusion très limitée. Pour la France, on lira cependant: Olivier Galland, *Les jeunes*, coll. «Repères», Paris, Ed. La Découverte, 1985.
En outre, pour élargir la perspective, on se référera à Roselyne Bouillin-Dartevelle, *Adolescence et loisirs*. Bibliographie sélective, Bruxelles, Université Libre de Bruxelles, Institut de Sociologie, Centre des techniques de diffusion collective, 1983. Cette abondante bibliographie fournit des indications intéressantes pour différents pays et notamment la Belgique, la France, le Canada et les Etats-Unis.
[23] C. Maroy et D. Ruquoy, *Les jeunes...*, p. 359-360.
[24] C. Maroy et D. Ruquoy, *Non pas une, mais plusieurs jeunesses*, dans *La Revue Nouvelle*, 37e année, n° 7-8, juillet-août 1981, p. 33.
[25] Paris, Minuit, 1979.
[26] Trad. par J.A. Rondal, Bruxelles, Mardaga, 1980, p. 20.
[27] *Idem*, p. 51. Par modelage, Bandura entend l'apprentissage par observation.
[28] Suzanne Mollo, *L'école dans la société*. Psychologie des modèles éducatifs, coll. «Sciences de l'éduction», Paris, Dunod, 1969, p. 14.
[29] Cf. l'expérience menée par Bandura, Ross et Ross en 1961 et citée par Jacques Leyens, *L'imitation*, dans *Psychologie sociale*, cours professé à la Faculté de Psychologie et des Sciences de l'Education, Université Catholique de Louvain, 1975, notes dactylographiées, p. 13.
[30] A. Bandura, op. cit., p. 66.
[31] Cf. à ce propos: Christiane Vandeplas-Holper, *Education et développement social de l'enfant*, coll. «Pédagogie d'aujourd'hui», Paris, Presses Universitaires de France, 1979, p. 177-178.
[32] Fay Saunders, *Les rôles respectifs des deux sexes dans le cadre de l'école*, dans *Perspectives*, vol. V, n° 3, 1975, p. 383-394.
[33] A. Bandura, op. cit., p. 66.
[34] Elizabeth Douvan, *The Role of Models in Woman's Professional Development*, dans *Psychology of Woman*, Fall, 1976, vol. 1, n° 1, pp. 11-15.
[35] A. Bandura, op. cit., p. 85-86.
[36] *Idem*, p. 78.
[37] B. Zazzo, op. cit., p. 94 et 102.
[38] Cf. notamment à ce propos: Karen Horney, *La psychologie de la femme*, coll. «Bibliothèque scientifique», Paris, Payot, 1969; Janine Chasseguet-Smirguel, *La sexualité féminine*. Recherches psychanalytiques nouvelles avec C.J. Luquet-Parat, B. Grunberger, J. McDougall, M. Torok et C. David, coll. «Petite Bibliothèque Payot», 147, Paris, Payot, 1964; Christiane Olivier, *Les enfants de Jocaste*, Paris, Denoël-Gonthier, 1981. Il faut citer en outre les ouvrages de Luce Irigaray.
[39] A.M. Rocheblave-Spenlé, *La notion de rôle en psychologie sociale*. Etude historicocritique, Paris, Presses Universitaires de France, 1969, p. 294. Cet ouvrage sera cité désormais sous le titre: *La notion de rôle*.
[40] J. Leyens, op. cit., p. 66.
[41] A.M. Rocheblave-Spenlé, *La notion de rôle*, p. 300.
[42] *Idem*, p. 253.
[43] *Idem*, p. 264.
[44] E. Douvan, *Sex Role Learning*, dans J.C. Coleman (ed.), *The School Years*, Londres, Methuen, 1979, p. 90, cité par M. Claes, op. cit., p. 149.
[45] Montréal, Librairie de l'Université de Montréal, 1981, cité par M. Claes, op.cit., p. 149.

[46] E. Sand, Cl. Humblet et M. Diament, op. cit., p. 213-214.
[47] Léon Festinger et Eliot Aronson, *Eveil et réduction de la dissonance dans les contextes sociaux,* dans *Psychologie sociale théorique et expérimentale.* Recueil de textes choisis et présentés par Claude Faucheux et Serge Moscovici, Coll. «Les textes sociologiques», Paris-La Haye, Mouton, 1971, p. 121.

CONCLUSION

Ce livre poursuit un double objectif. A un premier niveau, il s'inscrit dans la ligne des revendications en faveur de «l'égalité des chances». Il montre que les manuels ne favorisent guère celle-ci puisqu'ils portent l'empreinte d'une définition sociale des femmes qui détermine leur personnalité et leurs rôles sociaux en fonction de leurs spécificités biologiques.

De tels manuels risquent de mettre les élèves dans des situations difficiles. Cependant, il faut se garder de tout raisonnement mécanique. Les enfants et les adolescents ne sont pas des pages blanches. Les influences qu'ils subissent rencontrent leur personnalité propre, qui les conduit à réagir de façon diversifiée.

De plus, l'impact que les livres scolaires exercent sur les élèves est difficilement isolable. Il s'inscrit dans le cadre scolaire défini par l'interaction de trois éléments: les sources d'information parmi lesquelles il faut citer en bonne place les manuels; les finalités poursuivies par l'enseignement et la représentation que s'en font enseignants et élèves; la relation pédagogique. L'école elle-même prend sa place dans le contexte plus large de la société tout entière. En effet, en formant intellectuellement et personnellement les élèves, elle veut être une institution au service de la société en même temps qu'un lieu possible de distance critique vis-à-vis de celle-ci. Les partis pris sociaux qu'elle reproduit entravent la réalisation de cette mission, et plus particulièrement de «l'égalité des chances». Or, le sexisme véhiculé par les manuels et dénoncé dans notre travail est un de ces préjugés. Une réforme des manuels s'impose donc. Elle n'est cependant pas suffisante à elle seule. D'autres actions doivent être menées pour sensibiliser l'institution scolaire aux inégalités sociales qu'elle rencontre et aux inégalités de traitement qu'elle pratique.

Toutefois, la revendication en faveur de «l'égalité des chances» pour les filles et les garçons, les femmes et les hommes repose sur un postulat qu'il convient d'expliciter. Ce qui est réclamé, c'est qu'à l'égal des hommes, les femmes puissent prendre leur place dans une société qui les a produites comme êtres dépendants tandis qu'elle faisait des hommes des agents de domination. Dans cette perspective, les femmes sont contraintes de s'identifier au modèle masculin. Une telle revendication révèle son importance et sa limite. Son importance : elle veut rendre accessibles aux femmes des espaces dont elles étaient jusqu'à présent exclues. Sa limite : elle ne définit pas la manière dont les femmes vont occuper cet espace en tant que femmes. Une telle démarche est donc insuffisante.

C'est pourquoi nous avons abordé dans notre travail le problème complexe des rôles masculins et féminins. Nous pensons ainsi avoir ouvert quelques pistes de réflexion qui devront permettre, si elles sont prolongées, de repenser l'éducation des filles et des garçons en respectant davantage leurs diverses potentialités.

Mettre en question la répartition traditionnelle des rôles n'équivaut pas pour nous à nier les différences biologiques et psychologiques qui distinguent les femmes des hommes. Ce que nous refusons, c'est qu'on se serve de ces différences pour justifier une délimitation contraignante des rôles sociaux de chaque sexe.

A cet égard, il est important d'évoquer deux vécus particulièrement décisifs : la maternité et la vie professionnelle. Dans une perspective stéréotypée, l'une et l'autre apparaissent en effet comme les éléments principaux qui distinguent le destin des sexes. Récuser ce clivage, ce n'est pas seulement affirmer le droit des femmes à mener une vie professionnelle et celui des hommes à manifester certains traits de caractère considérés jusqu'à présent comme spécifiquement féminins. C'est surtout refuser que les hommes et les femmes soient enfermés *a priori* dans un carcan de traits distinctifs qui ne correspondent souvent qu'à une partie d'eux-mêmes. Un tel refus a des conséquences importantes pour les deux sexes.

Donner aux femmes la possibilité de mener une vie professionnelle revient à leur reconnaître des traits de caractère et des aptitudes qui étaient niées par les stéréotypes sexuels. Ce rôle professionnel pourrait devenir l'essentiel de leur définition sociale ou coexister avec les rôles de mère et d'épouse. Quelle que soit l'option prise, c'est le sens de la maternité comprise comme destin et critère de la féminité qui est ici mis en question.

Quant aux hommes, les stéréotypes sexuels leur attribuent avant tout des qualités favorables à l'accomplissement d'un rôle professionnel qui, par une sorte de raccourci, en vient à être conçu comme une dimension essentielle de leur vie. Ce que le stéréotype exclut, c'est un ensemble de traits de caractère et de centres d'intérêts considérés jusqu'ici comme spécifiquement féminins : sensibilité, tendresse, relation aux enfants. Les hommes se trouvent ainsi amputés d'une bonne part de leur vie affective et leur rôle éducatif est réduit à la portion congrue. Leur permettre de manifester leur sensibilité entraîne un bouleversement des attitudes mentales amorcé depuis plusieurs années déjà : on ne refuse plus guère aujourd'hui que les hommes expriment des émotions et des sentiments longtemps considérés comme l'apanage des femmes. Par ailleurs, donner un contenu nouveau à la paternité met en question la valeur prioritaire accordée au travail. C'est donc l'ensemble de la vie et des rôles des hommes et des femmes qu'il convient de repenser.

C'est en analysant les relations de paternité et de maternité qu'on perçoit le mieux pourquoi la condition des femmes ne peut être envisagée séparément de celle des hommes. En effet, laisser les hommes être des pères proches de leurs enfants met en question le monopole éducatif des mères, l'organisation de la vie professionnelle et la valeur que la société y attache. Permettre aux femmes de mener une vie professionnelle nécessite qu'elles bénéficient de chances égales à celles des hommes dans l'accès au travail. Une autre manière de concevoir et de vivre l'éducation et la profession est également nécessaire si l'on veut échapper au «cadeau empoisonné» que constitue la double journée de travail.

L'accès des femmes à la vie professionnelle et la reconnaissance de certaines formes d'affectivité chez les hommes mettent donc en cause bon nombre de conceptions et de pratiques propres aux sociétés industrielles avancées : conception rigide de la carrière, survalorisation du travail professionnel et organisation concrète de celui-ci, relations entre les sexes, clivage des rôles, éducation... Ces changements confèrent en outre une importance croissante à des valeurs associées jusqu'à présent à la seule féminité et à la vie privée : intérêt porté au cadre de vie, importance de la relation, des liens affectifs. De telles mutations s'inscrivent dans l'évolution générale de la société. Depuis la fin des années soixante, on constate en effet une crise des valeurs qui ont présidé à l'organisation de la société industrielle : raison, ordre, hiérarchie, efficacité. A celles-ci se substituent d'autres valeurs qui privilégient la communication entre des interlocuteurs définis par leurs différences. Reconnaître que les différences sont le fond même de la réalité modifie profondément notre manière de penser dominée depuis le XVIIIe siècle par le primat accordé à l'universalité de la raison. En vertu de celui-ci, les hommes étaient considérés comme égaux entre eux parce que raisonnables. Quant aux femmes, qui apparaissaient surtout comme des êtres de sentiment, elles étaient perçues comme leurs subordonnées. En affirmant que les hommes *et* les femmes sont des êtres de raison *et* de sentiment et qu'il s'agit pour chacun de développer le maximum de ses potentialités, on conteste une certaine manière d'envisager leurs destins comme des parallèles qui ne se rejoindraient que dans une dépendance réciproque : aux hommes de garantir les revenus; aux femmes d'assurer l'intendance domestique et l'éducation. On ouvre une nouvelle perspective : leurs vies sont désormais conçues comme des chemins qui se croisent souvent et notamment à l'occasion de responsabilités partagées entre les sexes et plus fondamentalement entre les individus.

Nous voilà apparemment loin des manuels scolaires. Toutefois, nous n'avons fait que restituer les objectifs de *Changeons les livres scolaires* dans le cadre du mouvement général qui cherche à modifier le rapport hiérarchique établi depuis des siècles entre les sexes.

BIBLIOGRAPHIE
Chapitres 1 et 2

A. HISTOIRE

Manuels

Bordas

Denise GRODZYNSKI, Maurice MEULEAU, Pierre-Alain ROGUES, Marc VINCENT, *L'Antiquité. Préhistoire-Orient-Grèce-Rome-Chine* (1re). Paris, coll. Bordas/Belgique, 1984.
Françoise AUTRAND, Jacques DUPÂQUIER, Marcel LACHIVER, André VAUCHEZ, Marc VINCENT et la collaboration de Monique HANNON, *Le Moyen Age et le XVIe siècle* (2e). Paris, coll. Bordas/Belgique, 1984.
Jacques DUPÂQUIER et Marcel LACHIVER, *Les Temps Modernes* (4e). Paris, Nouvelle collection d'histoire Bordas, 1978.
Denis FRANÇOIS, Josette FRANÇOIS, Rosemonde HAUREZ, *L'Epoque Contemporaine* (3e). Paris, Nouvelle collection d'histoire, 1971.
Histoire-Géographie 3e. (Nouveau programme) Ouvrage rédigé par une équipe de professeurs de collège et d'université : R. FROMENT, M. GARCIA, P. GROSSET, O. GUERIN, R. HAUREZ, sous la direction de Marc VINCENT. Paris, s.d. (1980?).

Casterman

Michel MICHAUX, Raymond LOONBEEK, Jacques MORTIAU, *L'Antiquité; Rome et les débuts du Moyen Age.* Tournai, coll. «Histoire et Humanités», 6e éd., 1970.
Jean LEFEVRE et Jean GEORGES, *Les temps contemporains vus par leurs témoins. Textes et documents (1776-1945).* Tournai, 1973.

Dessain

Recueils de textes d'histoire publiés sous la direction de Louis GOTHIER et Albert TROUX.

Tome III: *Les Temps Modernes* par Albert TROUX, Georges LIZERAND, Gérard MOREAU. Liège-Paris, 1967.
Tome IV: *L'Epoque Contemporaine* (1789-1870), par Henri Thierry DESCHAMPS, René POULIGO. Liège-Paris, 1975.
Tome V: *L'Epoque Contemporaine* (1871-1965), par Michel LARAN, Jacques WILLEQUET. Liège-Paris, 1969.

Hachette

Histoire-Géographie / 3e. Ouvrage rédigé par une équipe de professeurs sous la direction de Jean-Michel LAMBIN. Paris, Classiques Hachette, 1re édition, 1984.

Hatier

Suzanne VAN LEEUW, Jean VOGLAIRE, *L'Egypte, l'Orient, la Grèce* (6e), Bruxelles, Hatier, Coll. d'histoire-Hatier enseignement, sous la direction de Louis Harmand et Lucien Genet, 1968.

Istra

Jacques GRELL et Jean-Pierre WYTTEMAN, *Dossiers d'histoire / 2e*. Avec la collaboration de Anthony CHAMBON, Bernard DELMAIRE, Marie-Jeanne FAUCONNIER, Xavier PAOLETTI, Pascal VERMANDER. Paris, 1981.

Nathan

Pierre MILZA, Serge BERSTEIN, Yves GAULTHIER, *Le Moyen Age*. Paris, coll. Milza-Berstein, 1975.
Pierre MILZA, Serge BERSTEIN, J.-L. MONNERON, *XVIe, XVIIe, XVIIIe siècles*. Paris, coll. Milza-Berstein, 1971.
Pierre MILZA, Serge BERSTEIN, J.-L. MONNERON, *De la Révolution au monde d'aujourd'hui*. Paris, coll. Milza-Berstein, 1972.

Sciences et Lettres

G. MICHEL et G. GYSELS, *Le Moyen Age et le début des Temps Modernes*. Liège, coll. des Manuels d'Histoire, tome IV, 1963.
G. MICHEL et H. DORCHY, *Les Temps Modernes et Contemporains*. Liège, coll. des Manuels d'Histoire, Tome V, 1965.
Collection *« Formation historique »* (Documents de travail).
Fascicule I: 1. L'homme se nourrit; 2. L'homme s'abrite, par F. DEJARDIN, G. DENOISEUX, N. SCHRAENEN-SPROKKEL. Liège, 1971.
Fascicule II: L'homme se soigne, par F. DEJARDIN, G. DENOISEUX, N. SCHRAENEN-SPROKKEL. Liège, s.d.
Fascicule III: L'homme fabrique et commerce, par F. DEJARDIN, G. DENOISEUX, N. SCHRAENEN-SPROKKEL, Liège, s.d.
Fascicule IV: L'homme et la société rurale, par F. DEJARDIN, G. DENOISEUX, N. SCHRAENEN-SPROKKEL. Liège, s.d.

Fascicule V: L'homme et la société urbaine, par F. DEJARDIN, G. DENOISEUX, N. SCHRAENEN-SPROKKEL. Liège, s.d.
Fascicule VI: L'homme et l'Etat, par F. DEJARDIN, G. DENOISEUX, N. SCHRAENEN-SPROKKEL et la collaboration de S. DECOUX. Liège, s.d.
VII. *Fascicule I:* 1. Les sociétés des ramasseurs chasseurs; 2. Le sociétés pastoro-agricoles (1re partie), par les collaborateurs du «Centre de pédagogie de l'histoire». Liège, s.d.
VIII. *Fascicule II:* 3. Les sociétés pastoro-agricoles (2e partie); 4. Les sociétés féodales et urbaines, par les collaborateurs du «Centre de pédagogie de l'histoire». Liège, s.d.
IX. *Fascicule III:* 5. Les sociétés industrielles, par les collaborateurs du «Centre de pédagogie de l'histoire», Liège, 1978.
X. *Fascicule IV:* 6. Les sociétés actuelles, par les collaborateurs du «Centre de pédagogie de l'histoire». Liège, 1979.

Wesmael-Charlier

Franz HAYT et Adrienne TOSSENS-BAUWIN, *De l'Empire romain aux traités de Westphalie* (1648). Classe de sixième (première moyenne) de l'enseignement moyen catholique. Namur, coll. Roland, «Du document à l'histoire», Histoire universelle, vol. 1, 1976.
Franz HAYT et Adrienne TOSSENS-BAUWIN, *Des Traités de Westphalie à nos jours.* Classe de cinquième (deuxième moyenne) de l'enseignement moyen catholique. Namur, coll. Roland, «Du document à l'histoire», Histoire universelle, vol. 2, 1975.
Franz HAYT, *L'Antiquité et le Haut Moyen Age.* Namur, coll. Roland, «Du document à l'histoire», Histoire universelle, tome 1, 1978.
Franz HAYT et Paul L. REGNIER, *Du Traité de Verdun à la fin du XVIe siècle.* Namur, coll. Roland, «Du document à l'histoire», Histoire universelle, tome 2, 1968.
Franz HAYT, *Du XVIIe siècle à nos jours.* Namur, coll. Roland, «Du document à l'histoire», Histoire générale, second volume, 1975.
Franz HAYT, *L'Antiquité* - Documents de travail. Second degré. Série «Formation historique» - Enseignement secondaire rénové. Namur, coll. Roland, 1981.
Franz HAYT, *Le Moyen Age* - Documents de travail. Second degré. Série «Formation historique» - Enseignement secondaire rénové. Namur, coll. Roland, 1982.
Franz HAYT, *Le monde moderne* - Documents de travail. Second degré. Série «Formation historique» - Enseignement secondaire rénové. Namur, 1974.
Denise GALLOY et Franz HAYT, *Le XXe siècle.* Documents de travail. Troisième degré. Série «Formation historique» - Enseignement secondaire rénové. Namur, coll. Roland, 1981.
Denise GALLOY et Franz HAYT, *Le monde antique.* Namur, coll. Roland - Enseignement secondaire rénové, 1982.
«Du VIIIe au XVIIIe siècle». Par un groupe de professeurs. Namur, coll. Roland, 1984.
«De 1750 à 1918». Par un groupe de professeurs. Namur, coll. Roland - Enseignement secondaire rénové, 1984.

Ouvrages de référence / Ouvrages généraux

Maïté ALBISTUR et Daniel ARMOGATHE, *Histoire du féminisme français.* Paris, éd. des Femmes, 2 vol., 1977.
Maurice BARDÈCHE, *Histoire des femmes*, Paris, Stock, 2 vol., 1968.
La femme. Recueils de la Société Jean Bodin, vol. XI et XII. Bruxelles, éd. de la Librairie encyclopédique, 1959-1962.

Histoire mondiale de la femme. Sous la direction de P. GRIMAL. Paris, Nouvelle Librairie de France (1965), 4 vol.

Michèle SARDE, *Regard sur les Françaises. X^e-XXe siècles.* Paris, Stock, 1983.

J. BALDSON, Women in imperial Rome. In: *History Today,* X, January 1960, pp. 24 et suiv.

John BARTIER, *Un siècle d'enseignement féminin. Le Lycée Royal Gatti de Gamond et sa fondatrice.* Bruxelles, 1964.

E. BEST, Cicero, Livy and educated roman women. In: *Classical Journal,* LXV, feb. 1970, pp. 199-204.

Marthe BOËL et Christiane DUCHÊNE, *Le féminisme en Belgique 1892-1914.* Bruxelles, Ed. du Conseil national des femmes belges (1955).

Meg BOGIN, *Les femmes troubadours.* Paris, Denoël-Gonthier, 1978.

Patricia BRANCA, *Women in Europe since 1750.* London, Croom Helm, 1978.

Jérôme CARCOPINO, *La vie quotidienne à Rome à l'apogée de l'Empire.* Paris, Hachette, 1969.

Natalie Z. DAVIS, *Les cultures des peuples; rituels, savoirs et résistances au XVIe siècle.* Paris, Aubier-Montaigne, 1979.

M. DE BOUARD, La Reine Blanche. In: *L'Histoire,* n° 33, avril 1981, pp. 49-56.

Andrée DESPY-MEYER avec la collaboration de Jacques BECQUEVORT, *Les femmes dans l'enseignement supérieur: l'Université de Bruxelles de 1880 à 1914.* Bruxelles, U.L.B., Service archives, 1980.

Louis DEVANCE, Le féminisme pendant la Révolution française. In: *Annales historiques de la Révolution française,* 1977, n. 229, pp. 341-376.

DHUODA, *Manuel pour mon fils.* Introduction, texte critique par Pierre RICHÉ. Traduction de B. de VREGEVILLE et Cl. MONDÉSERT. Paris, éd. du Cerf, coll. «Sources chrétiennes», 1975.

Georges DUBY, *La femme, le prêtre et le chevalier.* Paris, Hachette, 1981.

Guy FAU, *L'émancipation féminine dans la Rome antique.* Paris, Belles Lettres, 1978.

Les femmes et la Révolution 1789-1794. Présenté par Paule-Marie DUHET. Paris, Julliard, coll. «Archives», 1971.

L. GOODWATER, *Women in Antiquity; an annoted bibliography.* Metuchen, Scarecrow Press, 1975.

Paule HENRY-BORDEAUX, *Louise de Savoie régente et «roi» de France.* Paris, Plon, 1954.

Claudine HERMANN, *Le rôle judiciaire et politique des femmes sous la République romaine.* Bruxelles, Latomus, 1964.

G. JEHEL, Le rôle des femmes et du milieu familial à Gênes dans les activités commerciales au cours de la première moitié du XIIIe siècle. In: *Revue d'Histoire économique et sociale,* 1975, N° 2-3, pp. 193-215.

J. LE GALL, Métiers de femmes au «Corpus Inscriptionum latinarum». In: *Mélanges M. DURRY.* Paris, Belles Lettres, 1970, pp. 123-130.

Andrée LEHMANN, *Le rôle de la femme dans l'histoire de France au Moyen Age.* Paris, Berger-Levrault, 1952.

H.I. MARROU, *Histoire de l'éducation dans l'Antiquité.* Paris, Seuil, 1948.

R. de MAULDE LA CLAVIÈRE, *Les femmes de la Renaissance.* Paris, Perrin et Cie, 1898.

Mario MEUNIER, *Femmes pythagoriciennes. Fragments et lettres de Theano, Perictione, Phintys, Melissa et Myia.* Paris, L'Artisan du Livre, 1932.

Claude MOSSÉ, *La femme dans la Grèce antique.* Paris, Albin Michel, 1983.

Régine PERNOUD, *Aliénor d'Aquitaine,* Paris, Albin Michel, 1972.

R. PERNOUD, *La femme au temps des cathédrales.* Paris, Stock, 1980.

Michèle PLAISANT, Paul DENIZOT, Françoise MOREUX, *Aspects du féminisme en Angleterre au XVIII*^{e} *siècle*. Lille, Ed. universitaires, 1972.
Sarah B. POMEROY, *Goddesses, whores, wives and slaves. Women in classical antiquity*. New York, Schaken Book, 1975.
Eileen POWER, *Les femmes au Moyen Age*. Paris, Aubier-Montaigne, 1979.
Gustave REYNIER, *La femme au XVII*^{e} *siècle*. Paris, Plon, 1933.
Pierre RICHÉ, *La vie quotidienne dans l'Empire carolingien*. Paris, Hachette, 1973.
M. RISSELIN-STEENEBRUGEN, Martine et Catherine Plantin. Leur rôle dans la fabrication et le commerce de la lingerie et des dentelles au XVIe siècle. In: *Revue belge d'archéologie et d'histoire de l'art*, XXVI (1957), pp. 169-188.
J.M. RIST, Hypathia. In: *Phoenix*, XIX, 1965, pp. 214-225.
Jean VERDON, La femme vers le milieu du XIe siècle d'après le polyptique de l'abbaye Saint-Rémi à Reims. In: *Mémoire de la société d'agriculture, commerce, sciences et arts du département de la Marne*, 1976, LXI, pp. 111-134.
Jean VERDON, Les sources sur l'histoire de la femme en Occident aux Xe-XIIIe siècles. In: *Cahiers de civilisation médiévale*, 1977, n° 2-3.

Sur les femmes et l'historiographie, voir:
Arlette FARGE, Dix ans d'histoire des femmes en France. In: *Le Débat*, n° 23, janvier 1983.
Christine FAURE, «L'absente». In: *Les Temps Modernes*, n° 410, septembre 1980, pp. 502-513.
Une histoire des femmes est-elle possible? Sous la direction de Michelle PERROT. Marseille, éd. Rivages, 1984.

B. LITTERATURE

Manuels scolaires

Michel AUTRAND, Jacques BERSANI, Jacques LECARME, Bruno VERCIER, *La littérature en France depuis 1945*, Paris, Bordas, 1970.
J.M. BAILY, M. CHARLIER, Chr. CHERDON, H. LEROY, J. MOTTOUL, J. PATRIS, *Français 3* - La classe de langue française, Bruxelles, A. De Boeck-Duculot, 1980.
F. BAL, Chr. CHERDON, C. PIERRET, *Français 2* - La classe de langue française, Bruxelles, A. De Boeck, 1978.
Marc BAR, Jacques BLOIS, *Notre langue française* - Textes et exercices - Classe de cinquième, Bruxelles, Didier, 1970.
Marc BAR, Jacques BLOIS, *Notre langue française* - Textes et exercices - Classe de quatrième, Bruxelles, Didier, 1971.
Marcel BARRAL, Maurice BASTIDE, Jean FOURNIER, Georges GRIFFE, *Le français en classe de 3*^{e}, Paris, Bordas, coll. Lagarde et Michard, 1966.
Marcel BARRAL, Maurice BASTIDE, Jean FOURNIER, Georges GRIFFE, Renée VREDON, *Le français en classe de 4*^{e}, Paris, Bordas, coll. Lagarde et Michard, 1969.
Maurice BASTIDE, Jean FOURNIER, Renée VREDON, *Le français en classe de 5*^{e}, Paris, Bordas, coll. Lagarde et Michard, 1969.
J. BEAUGRAND et M. COURAULT, *Le français par les textes* - Cycle d'observation - Classe de sixième, Paris, Hachette, 1962.

J. BEAUGRAND et M. COURAULT, *Le français par les textes* - Cycle d'observation - Classe de cinquième, Paris, Hachette, 1969.
Danièle BOS, Robert HORVILLE, Bernard LECHERBONNIER, *La littérature et les idées*, Paris, Nathan, coll. Littérature et langages, 1974.
Pierre BRUNEL, Paule GAILLARD, Michel MOZET, *Lire et s'exprimer* - Classe de cinquième, Paris, Nathan, 1970.
Chr. CHERDON, Cl. DEMOLS, J. MOTTOUL, *Français 1 A* - La classe de langue française, Bruxelles, A. De Boeck-Duculot, 1979.
Chr. CHERDON, A. FOSSION, J.P. LAURENT, *Français 5/6* - Tome A, Bruxelles, A. De Boeck-Duculot, 1982.
Chr. CHERDON, A. FOSSION, J.P. LAURENT, *Français 5/6* - Tome B, Bruxelles, A. De Boeck-Duculot, 1983.
A. DELAUNOY et L. REMY, *Les grands écrivains français* - Tome I : le Moyen Age, les XIVe et XVe siècles, Namur, Wesmael-Charlier, 1967.
A. DELAUNOY et L. REMY, *Les grands écrivains français* - Tome III : le XVIIe siècle, Namur, Wesmael-Charlier, 1969.
A. DELAUNOY et L. REMY, *Textes français d'hier et d'aujourd'hui*, Namur, Wesmael-Charlier, 1962.
Fernand EGEA, Juliette LABEYRIE, Henri MITTERAND, Michel POUGEOISE, *Français 6e* - Textes et activités, Paris, Nathan, coll. Langage et communication, 1977.
Fernand EGEA, Dominique RINCE, *Textes français et histoire littéraire* - XVIe, XVIIe, XVIIIe siècles, Paris, Nathan, 1981.
Robert FRICKX, Jean-Marie KLINKENBERG, *La littérature française de Belgique*, Paris, Nathan-Labor, coll. Littérature et langages, 1980.
Geneviève IDT, Roger LAUFER, Francis MONTCOFFE, *Le roman - le récit non romanesque - le cinéma*, Paris, Nathan, coll. Littérature et langages, 1975.
J. LABEYRIE, H. MITTERAND, D. PINSON, M. POUGEOISE, *Français 4e* - Textes et activités, Paris, Nathan, coll. Langage et communication, 1979.
André LAGARDE, Laurent MICHARD, *Moyen Age*, Paris, Bordas, coll. Lagarde et Michard, 1963.
André LAGARDE, Laurent MICHARD, *XVIe siècle*, Paris, Bordas, coll. Lagarde et Michard, 1970.
André LAGARDE, Laurent MICHARD, *XVIIe siècle*, Paris, Bordas, coll. Lagarde et Michard, 1970.
André LAGARDE, Laurent MICHARD, *XVIIIe siècle*, Paris, Bordas, coll. Lagarde et Michard, 1965.
André LAGARDE, Laurent MICHARD, *XIXe siècle*, Paris, Bordas, coll. Lagarde et Michard, 1964.
André LAGARDE, Laurent MICHARD, *XXe siècle*, Paris, Bordas, coll. Lagarde et Michard, 1962.
Yves LARNOUE, *La littérature française par les textes* - 1re partie : des origines au XIXe siècle, Bruxelles, A. De Boeck, 1966.
Yves LARNOUE, *La littérature française par les textes* - 2e partie : le XIXe siècle, Bruxelles, A. De Boeck, 1971.
Roger LAUFER, Bernard LECHERBONNIER, *Le conte - la poésie*, Paris, Nathan, coll. Littérature et langages, 1974.
Roger LAUFER, Bernard LECHERBONNIER, *Le langage - le théâtre - la parole et l'image*, Paris, Nathan, coll. Littérature et langages, 1975.
Roger LAUFER, Bernard LECHERBONNIER, Henri MITTERAND, *Thèmes et langages de la culture moderne*, Paris, Nathan, coll. Littérature et langages, 1977.

Ouvrages généraux

Antoine ADAM, *Romanciers du 17ᵉ siècle,* Paris, Gallimard, coll. La Pléiade, 1958.
Laure ADLER, *Les premières journalistes (1830-1850),* Paris, Payot, 1979.
Maïté ALBISTUR et Daniel ARMOGATHE, *Le grief des femmes,* Paris, Ed. Hier et Demain, 1978.
Alphabet des Lettres Belges de langue française, Bruxelles, Association pour la promotion des Lettres belges de langue française, 1982.
Jean-Pol ARON, *Misérable et glorieuse la femme du 19ᵉ siècle,* Paris, Fayard, 1980.
Jean-Claude AUBAILLY, *Le théâtre médiéval, profane et comique,* Paris, Larousse, coll. Thèmes et textes, 1975.
Joseph AYNARD, *Poètes lyonnais précurseurs de la Pléiade,* Paris, Brossard, 1924.
Meg BOGIN, *Les femmes troubadours,* Traduction de l'américain par Jeanne Faure-Cousin, Paris, Denoël-Gonthier, 1978.
Pierre de BOISDEFFRE, *Le roman français depuis 1900,* Paris, PUF, 1979.
Claude BONNEFOY, Tony CARTANO, Daniel OSTER, *Dictionnaire de littérature française contemporaine,* Paris, Delarge, 1977.
Georges-Emmanuel CLANCIER, *Panorama de la poésie française de Chénier à Baudelaire,* Paris, Seghers, 1970.
Gustave COHEN, *Littérature française du Moyen Age,* Bruxelles, Office de Publicité S.A. Editeurs, 1951.
Béatrice DIDIER, *L'écriture-femme,* Paris, PUF, 1981.
Léon FEUGERE, *Les femmes poètes au 16ᵉ siècle,* Paris, Didier, 1860.
Robert FRICKX et Robert BURNIAUX, *La littérature belge d'expression française,* Paris, PUF, coll. Que sais-je?, 1980.
Maurice GAUCHEZ, *Histoire des Lettres françaises de Belgique des origines à nos jours,* Bruxelles, Ed. de la Renaissance d'Occident, 1922.
Raoul GOUT, *Le miroir des dames chrétiennes,* Paris, Ed. Je sers, 1935.
Histoire illustrée des Lettres françaises de Belgique, sous la direction de Gustave CHARLIER et Joseph HANSE, Bruxelles, La Renaissance du Livre, 1958.
Jean LARNAC, *Histoire de la littérature féminine en France,* Paris, Kra, 1929.
Michel MERCIER, *Le roman féminin,* Paris, PUF, 1976.
Jeanine MOULIN, *Anthologie de la poésie féminine,* Verviers, Marabout, 1966.
Jeanine MOULIN, *Huit siècles de poésie féminine,* Paris, Seghers, 1975.
René NELLI, *Troubadours et trouvères,* Paris, Hachette, 1979.
Albert PAUPHILET, *Poètes et romanciers du Moyen Age,* Paris, Gallimard, 1943.
Régine PERNOUD, *La femme au temps des cathédrales,* Paris, Stock, 1980.
Gustave REYNIER, *Le roman sentimental avant l'Astrée,* Paris, Colin, 1908.
Gustave REYNIER, *Les origines du roman réaliste,* Paris, Hachette et Cie, 1912.
Gustave REYNIER, *La femme au 17ᵉ siècle, ses ennemis, ses défenseurs,* Paris, Plon, 1933.
Robert SABATIER, *La poésie du Moyen Age,* Paris, Albin Michel, 1975.
Robert SABATIER, *La poésie du seizième siècle,* Paris, Albin Michel, 1975.
Robert SABATIER, *La poésie du dix-septième siècle,* Paris, Albin Michel, 1975.
Robert SABATIER, *La poésie du dix-huitième siècle,* Paris, Albin Michel, 1975.
Albert-Marie SCHMIDT, *Poètes du seizième siècle,* Paris, Gallimard, coll. La Pléiade, 1953.
Olivier SOUTET, *La littérature de la Renaissance,* Paris, PUF, coll. Que sais-je?, 1980.
Elisabeth STORER, *La mode des contes de fées,* Paris, Champion, 1928.
Evelyne SULLEROT, *Histoire et mythologie de l'amour - Huit siècles d'écrits féminins,* Paris, Hachette, 1974.

Jean-Pierre VANDER STRAETEN et Anne-Marie TREKKER, *Cent auteurs*, Bruxelles, Ed. de la Francité, 1982.
Liliane WOUTERS, *Panorama de la poésie française de Belgique*, Bruxelles, Jacques Antoine, 1976.

Bibliographie succincte des écrivaines présentées

Louise ACKERMANN (1813-1890), *Œuvres de Madame A.*, Paris, Lemerre, 1885.
Marie-Catherine D'AULNOY (vers 1650-1705), *Contes nouveaux ou les fées à la mode*, Paris, veuve T. Girard, 1698, 2 vol. *Histoire du nain jaune*, Toulouse, L. Abadie cadet, vers 1809-1812.
Béatrix BECK (1914), *Léon Morin, prêtre*, Paris, Gallimard, 1952. *L'enfant chat*, Paris, Grasset, 1984.
Catherine BERNARD (1662-1712), *Inès de Cordoue*, Paris, Martin et Georges Jouvenel, 1696.
Marie de BRABANT (vers 1540 - vers 1610), *Annonces de l'esprit et de l'âme fidèle contenant le Cantique des Cantiques de Salomon en rime française*, S. Gervais, E. Vignon, 1602.
Marguerite BURNAT-PROVINS (1872-1952), *Choix de poèmes*, Paris, Figuière, 1933. *Près du rouge-gorge*, Lille, Ed. de la Hune, 1937.
Yvonne CAROUTCH (1937), *Les veilleurs endormis*, Paris, Nouvelles Editions Debresse, 1955. *L'oiseleur du vide*, Paris, Structure, 1957.
Isabelle de CHARRIERE (1741-1806), *Caliste, lettres écrites de Lausanne*, une édition féministe de Claudine Hermann, Paris, Des Femmes, 1979.
Andrée CHEDID (1921), *Terre et poésie*, Paris, GLM, 1956. *Visage premier*, Paris, Flammarion, 1972.
Marie de CLEVES (1426-1487), in *Poètes et romanciers du Moyen Age*, par A. Pauphilet, Paris, Gallimard, 1943.
Hélisenne de CRENNE (vers 1505 - vers 1555), in *Les angoisses douloureuses qui procèdent d'amour*, édition critique par Paule Demats, Paris, Les Belles Lettres, 1968.
In *Les angoisses douloureuses qui procèdent d'amour*, présentation d'H. de C. par Jérôme Vercruysse, Paris, Minard, Les lettres modernes, 1968.
Marie DAUGUET (1860-1942), *Les pastorales*, Paris, Sansot, 1908. *Ce n'est rien, c'est la vie*, Paris, Chiberre, 1924.
Marceline DESBORDES-VALMORE (1786-1859), *Pauvres fleurs*, Paris, Dumont, 1839. In *M.D.V.*, une étude par Jeanine Moulin, Paris, Seghers, coll. Poètes d'aujourd'hui, 1955.
Neel DOFF (1858-1942), *Jours de famine et de détresse*, Paris, Fasquelle, 1911. *Contes farouches*, Paris, Ollendorff, 1913; rééd. Bassac, Plein Chant, 1981.
Claire de DURAS (1778-1828), in *Ourika*, une édition féministe de Claudine Hermann, Paris, Des Femmes, 1979.
Louise d'EPINAY (1726-1783), in *Histoire de Madame de Montbrillant*, texte intégral, publié pour la première fois avec une introduction, des variantes, des notes et des compléments par Georges Roth, Paris, Gallimard, 1951.
Nicole ESTIENNE (vers 1544 - vers 1596), *Quelques poésies oubliées de N.E.*, publiées par J. Lavaud, in Revue du XVIe siècle, 1931.
Jeanne FLORE (1re moitié du 16e siècle), *Contes amoureux*, Lyon, PUL, 1984.
Marie de FRANCE (2e moitié du 12e siècle), in *Poètes et romanciers du Moyen Age*, par A. Pauphilet, Paris, Gallimard, 1943. In *Les lais de Marie de France* par Jeanne Lods, Paris, Champion, coll. Les classiques du Moyen Age, 1959.

Marie GEVERS (1883-1975), *Vie et mort d'un étang*, Bruxelles, Brepols, 1961. *La comtesse des digues*, Bruxelles, Labor-Nathan, 1983.

Delphine de GIRARDIN (1804-1855), *Contes d'une vieille fille à ses neveux*, Bruxelles, Soc. belge de librairie, 1837. *Lettres parisiennes*, Paris, Charpentier, 1843. *Nouvelles*, Paris, Michel Lévy frères, 1853.

Olympe de GOUGES (1748-1793), in *Olympe de Gouges*, par Olivier Blanc, Paris, Ed. Syros, 1981.

Pernette du GUILLET (vers 1520-1545), *Rymes de gentille et vertueuse dame P. du G., Lyonnaise*, Lyon, J. de Tournes, 1545. In *Poètes du XVIe siècle par Albert-Marie Schmidt*, Paris, Gallimard, 1953.

HELOISE (12e siècle), in *Lettres*, traduction nouvelle par le bibliophile Jacob, précédée d'un travail historique et littéraire par Villenave, Paris, Charpentier, 1840.

HROTSVITHA (10e siècle), in *Théâtre de Hrotsvitha, religieuse allemande du Xe siècle*, traduit pour la première fois en français avec le texte latin revu sur le manuscrit de Munich, précédé d'une introduction et suivi de notes par Charles Magnin, Paris, Duprat, 1845.

Louise LABE (vers 1524-1566), in *L.L.* par Dorothy O'Connor, Les presses françaises, 1926. In *L.L.* par Gérard Guillot, Paris, Seghers, coll. Ecrivains d'hier et d'aujourd'hui, 1962.

Marie-Madeleine de LA FAYETTE (1634-1693), in *La princesse de Clèves*, texte présenté et annoté par Antoine Adam, Paris, Gallimard, 1958. *Romans et nouvelles*, Paris, Garnier, coll. Classiques Garnier, 1970.

Anne-Thérèse de LAMBERT (1647-1733), *Avis d'une mère à son fils*, Paris, 1726. *Avis d'une mère à sa fille*, Paris, 1728. *Réflexions nouvelles sur les femmes*, Paris, 1727.

Violette LEDUC (1907-1972), *L'affamée*, Paris, Gallimard, 1948, réed. Folio, 1974. *Thérèse et Isabelle*, Paris, Gallimard, 1966.

Ninon de LENCLOS (1620-1705), in *Correspondance authentique de Ninon de Lenclos*, comprenant un grand nombre de lettres inédites et suivie de La coquette vengée, avec une introduction et des notices d'Emile Colombey, Genève, Slatkine, 1968.

Marie LEPRINCE de BEAUMONT (1711-1780), *Magasin des adolescentes, ou Dialogues entre une sage gouvernante et plusieurs de ses élèves de la première distinction*, Liège, Veuve J.F. Bassompierre, 1806. *Le magasin des jeunes dames*, Liège, J.A. Latour, 1814.

Suzanne LILAR (1901), *La confession anonyme*, Paris, Julliard, 1960, réed. Bruxelles, Jacques Antoine, 1980. *Une enfance gantoise*, Paris, Grasset, 1976.

Joyce MANSOUR (1928), *Rapaces*, Paris, Seghers, 1960. *Phallus et momies*, La Louvière, Daily-Bul, 1969.

Louise MICHEL (1830-1905), *La Commune - Histoire et souvenirs I*, Paris, Maspero, 1970. *La Commune - Histoire et souvenirs II*, Paris, Maspero, 1971.

Marguerite de NAVARRE (1492-1549), *Dernières poésies*, publiées par Abel Lefranc, Paris, Colin, 1896. In *Introduction à l'Heptaméron de M. de N.*, par Simone de Reyff, Paris, Flammarion, 1982.

Marie NIZET (1859-1922), *Romania*, Paris, Aug. Ghio, 1878. *Pour Axel de Missie*, Bruxelles, Ed. de la vie intellectuelle, 1923.

Anna de NOAILLES (1876-1933), *Le cœur innombrable*, Paris, Calmann-Lévy, 1901. *Les éblouissements*, Paris, Calmann-Lévy, 1907.

Hélène PARMELIN (1915), *La femme écarlate*, Paris, Stock, 1975. *Le monde indigo*, Paris, Stock, 1978.

Hélène PICARD (1873-1945), *Pour un mauvais garçon*, Paris, Delpeuch, 1927.

Christine de PISAN (1364 - vers 1430) in *Ch. de P.* par Jeanine Moulin, Paris, Seghers, 1962. In *Le débat sur le roman de la rose*, édition critique, introduction, traductions, notes par Eric Hicks, Paris, Champion, 1977. In *Ch. de P.* par Régine Pernoud, Paris, Calmann-Lévy, 1982.

MADELEINE (vers 1520-1587) et Catherine des ROCHES (vers 1542-1587), *Les missives de Mesdames des Roches, de Poitiers, mère et fille*, Paris, Abel l'Angelier, 1586.

Marie-Jeanne ROLAND (1754-1793), *Lettres*, Paris, Cl. Perroud, Imprimerie nationale, 1902-1915. *Mémoires*, Paris, Mercure de France, 1966.

Dominique ROLIN (1913), *L'infini chez soi*, Paris, Denoël, 1980. *Le gâteau des morts*, Paris, Denoël, 1982.

Françoise SAGAN (1935), *Bonjour tristesse*, Paris, Julliard, 1954. *Un profil perdu*, Paris, Flammarion, 1974.

Constance de SALM (1767-1845), *Vingt-quatre heures d'une femme sensible*, Paris, Librairie de Firmin Didot frères, 1842.

George SAND (1804-1876), *Histoire de ma vie*, Paris, Stock, 1945. *Consuelo et la comtesse de Rudolstadt*, Paris, Garnier, 1959. *Indiana*, Paris, Garnier, 1962.

Madeleine de SCUDERY (1607-1701), *Clélie, histoire romaine*, Paris, Augustin Courbe, 1656.

Anaïs SEGALAS (1814-1893), *Poésie pour tous*, Paris, Lemerre, 1886.

Sophie de SEGUR (1799-1874), *Les malheurs de Sophie*, Paris, Le livre de Poche, Jeunesse, 1982.

Louisa SIEFERT (1845-1877), *Poésies inédites*, Paris, G. Fischbacher, 1881.

Andrée SODENKAMP (1906), *Femmes des longs matins*, Bruxelles, De Rache, 1965, rééd. 1968. *La fête debout*, Bruxelles, De Rache, 1973.

Germaine de STAEL (1766-1817), *Delphine*, Paris, Treuttel et Würtz, 1820; une édition féministe de Claudine Hermann, Paris, Des Femmes, 1981. *Corinne ou l'Italie*, Paris, Garnier, 1931.

Alexandrine de TENCIN (1681-1749), *Œuvres complètes de Mesdames de La Fayette, de Tencin et de Fontaines*, Paris, Madame Veuve Lepetit, 1820.

Elsa TRIOLET (1896-1971), *Le cheval blanc*, Paris, Denoël, 1943. *Le premier accroc coûte deux cents francs*, Paris, Denoël, 1945.

Flora TRISTAN (1803-1844), *Pérégrinations d'une paria* (1833-1834), Paris, Bertrand, 1838. *Promenade dans Londres*, Paris, Delloye, 1840. In *Flora Tristan - vie et œuvres mêlées*, choix et commentaire de Dominique Desanti, Paris, Union générale d'éditions, 1973.

Gabrielle de VILLENEUVE (1695-1755), *Les contes marins ou la jeune Américaine*, La Haye, aux dépens de la Compagnie, 1740, 2 vol.; rééd. en 1765.

Marie-Hortense de VILLEDIEU (1632 - vers 1683), *Œuvres de Madame de V.*, Paris, Damonneville, 1741.

Renée VIVIEN (1877-1909), *Poèmes de R.V.*, Paris, Lemerre, tome I. *Poèmes de R.V.*, Paris, Lemerre, 1924, tome II.

Liliane WOUTERS (1930), *La salle des profs*, Bruxelles, Jacques Antoine, 1983. *L'équateur*, suivi de *Vies et morts de Mademoiselle Shakespeare*, Bruxelles, Jacques Antoine, 1984.

C. HISTOIRE DE L'ART

Ouvrages analysés sur les listes du Ministère de l'Education Nationale

BAZIN, Germain. *Histoire de l'art. De la préhistoire à nos jours.* 4ᵉ édition, Paris, Massin, 1982.

DORIVAL, Bernard. *Les Etapes de la peinture française contemporaine*. 3 tomes: I - De l'Impressionnisme au Fauvisme. 1883-1905. II - Le Fauvisme et le Cubisme. 1905-1911. III - Depuis le Cubisme. 1911-1944. Paris, Gallimard, 1947. 18ᵉ édition.
FAURE, Elie. *Histoire de l'art*. Paris, Livre de Poche, réédition 1976.
FOCILLON, Henri. *Le Moyen Age Roman et Gothique*. Art d'Occident 1-2, Paris, Livre de Poche.
FRANCASTEL, Pierre. *Naissance et destruction d'un espace plastique de la Renaissance au Cubisme*. Paris, Gallimard, 1965.
HUYGHE, René. *Les Puissances de l'Image*. Paris, Flammarion, 1965.
HUYGHE, René. *Sens et Destin de l'Art*, en 2 vol. Paris, Flammarion, 1967.
HUYGHE, René. *Formes et Forces*. Paris, Flammarion, 1971.
MALRAUX, André. *Le Musée imaginaire*. Les Voix du Silence. Réédition remaniée en 1963. Paris, Gallimard. Nouvelle éd. 1965.
VALERY, Paul. Degas. Danse. Dessin. Paris, Gallimard. Réédition 1965.
Les monographies. *Les maîtres de la peinture moderne*. Paris. Flammarion, 1981.

Ouvrages analysés figurant dans des bibliothèques de classe

BAZIN, Germain. *Le monde de la sculpture*. Elsevier, Séquoia, Paris, Bruxelles, 1976.
BAZIN, Germain. *Les fleurs vues par les peintres*. Bibliothèque des Arts, Lausanne, Paris, 1984.
LEGRAND, Francine-Claire. *Le Symbolisme en Belgique*. Laconti, Bruxelles, 1971.
PIGNATTI, Terisio. *Le Dessin de Lascaux à Picasso*. Fernand Nathan, Paris, 1981.
PIPER, David. *L'Amour de la Peinture*. Fernand Nathan, Paris, 1984.
van PUYVELDE, Léo. *La Renaissance Flamande de Bosch à Breughel*, Meddens. Bruxelles, 1977.
Encyclopédie des Arts illustrée. Flammarion, Livre d'Or, Paris, 1964.
Encyclopédie. *L'Art des origines à nos jours*. Larousse, Paris, 1932.
Catalogue de l'exposition *La peinture napolitaine de Caravage à Giordano*. Grand Palais, Paris, 24 mai - 29 août 1983, Musées nationaux.
Catalogue de l'exposition *La sculpture au siècle de Rubens*. Musée d'Art ancien, Bruxelles, 15 juillet - 2 octobre 1977.

Ouvrages de référence relatifs aux propositions

CHAMPION, Jeanne. *Suzanne Valadon ou la recherche de la vérité*. Presses de la Renaissance, Paris, 1984.
CHICAGO, Judy. *The Dinner Party*. New York, Doubleday, 1979.
CHICAGO, Judy. *Through the Flower. My Struggle as a Woman artist*. With an Introduction by Anaïs NIN. Anchor Books, New York, 1977.
FRANCASTEL, Galienne. *Les femmes célèbres*. (2 vol.). L. Mazenod, Paris, 1961.
GARCIA OLLOQUI, Maria-Victoria. *La Roldana*. Arte Hispalense, Sevilla, 1977.
GREER, Germaine. *The Obstacle Race*. Secker and Warburg, London, 1979.
HARRIS, Ann Sutherland, NOCHLIN, Linda. *Femmes peintres, 1550-1950*. Des femmes, Paris, 1981.
HORER, Suzanne, SOCQUET, Jeanne. *La création étouffée*. Pierre Horay éditeur, Paris, 1973, (Femmes en mouvement).
JAGUER, Edouard. *Remedios Varo*. Coll. La septième face du dé, Filipacchi, Paris, 1980.
MARMORI, Giancarlo. *Tamara de Lempicka*. Ed. du Chêne, Paris, 1978.
MELONI, Silvia. *Giovanna Garzoni, miniatora medicea*. Revue F.M.R. Franco, Maria RICCI, Milan, Agosto 1983.

OULMONT, Charles. *Les femmes peintres du dix-huitième siècle.* Rieder, Paris, 1928.
PLAZY, Gilles. *Dorothea Tanning.* Filipacchi, Paris, 1976.
RIVIERE, Anne. *L'interdite, Camille CLAUDEL (1964-1943).* Coll. le lieu-dit, Paris, 1983.
ROUDEBUSH, Jay. *Mary Cassatt.* Flammarion, Paris, 1973.
TUFTS, Eleanor. *Our Hidden Heritage.* Paddington Press, London, 1974.
PETERSEN, Karen, WILSON, J.J. *Women Artists. Recognition and Reappraisal.* Harper and Row, New York, 1976.
VALLIER Dora, SAUZEAU, A-M., MENZIO, Eva. *Actes d'un procès pour viol en 1612. Lettres d'Artemisia Gentileschi.* Des femmes, Paris, 1983.
VERGINE, Lea. *L'autre moitié de l'avant-garde. 1910-1940. Femmes peintres et femmes sculpteurs dans les mouvements d'avant-garde historiques.* Des femmes, Paris, 1982.
VIGEE-LEBRUN, Elisabeth. *Souvenirs.* Une édition féministe de Claudine HERRMANN. Des femmes, Paris, 1984.

D. LES SCIENCES

Les manuels de sciences analysés

Mathématiques

ADAM A., GOOSSENS F., *Mathématiques 4,* Bruxelles, De Boeck, 1975.
ADAM A., GOOSSENS F., LOUSBERG F., *Mathématiques 1B,* Bruxelles, De Boeck, 1976.
ADAM A., GOOSSENS F., LOUSBERG F., *Mathématiques 2C,* Bruxelles, De Boeck, 1973.
ADAM A., GOOSSENS F., LOUSBERG F., *Mathématiques 3A,* Bruxelles, De Boeck, 1974.
ADAM A., GOOSSENS F., LOUSBERG F., *Mathématiques 3C,* Bruxelles, De Boeck, 1972.
ADAM A., GOOSSENS F., LOUSBERG F., *Mathématiques 5C,* Bruxelles, De Boeck, 1977.
BEX R., *Leçons de Mathématiques III,* Gembloux, Duculot, 1971.
BOUTRIAU E., BOUTRIAU J., LIEVENS J., *Savoir et Savoir-Faire en Mathématiques,* 2ᵉ année, Liège, Dessain, 1981.
BOUTRIAU J., LIEVENS J., *Mathématiques d'Aujourd'hui A,* Liège, Dessain, 1973.
BOUTRIAU J., LIEVENS J., *Mathématiques d'Aujourd'hui B,* Liège, Dessain, 1974.
BOUTRIAU J., LIEVENS J., *Mathématiques d'Aujourd'hui C,* Liège, Dessain, 1974.
BOUTRIAU J., LIEVENS J., *Mathématiques d'Aujourd'hui, 5ᵉ année,* Liège, Dessain, 1973.
BOUTRIAU J., LIEVENS J., *Mathématiques d'Aujourd'hui, 6ᵉ année,* Liège, Dessain, 1974.
CELIS D., *Manuel de problèmes sur les formes géométriques,* Anvers, Plantyn, 1967.
GUION A., *Géométrie Elémentaire,* tome I, Bruxelles, De Boeck, 1967.
LORENT S., LORENT R., *Algèbre 2B,* Bruxelles, De Boeck, 1965.

Physique

AGABRA Jacqueline, GAUTHERIN Jacques, LEMEIGNAN Gérard, PEZET Ro-

bert, VERLHAC Michèle, *Sciences Physiques*, 3ᵉ collèges, Paris, Hachette, coll. Libres Parcours, 1980.
BELLIER J.P., *Physique*, Paris, Vuibert, 1979.
CESSAC Jean, TREHERNE Georges, *Physique*, classe terminale D, Paris, Nathan, 1967.
CHARLOT R., CROS A., WALTER C., *Fondements de la Physique*, 2ᵉ CT, Paris, Librairie Belin, 1978.
DESSART A., JODOGNE J.C., JODOGNE J., *Cours de Physique. Phénomènes périodiques*, Bruxelles, De Boeck, 1976.
FAUCHER R., *Physique*, 2ᵉ C et T, Paris, Hatier, 1967.
JACQUART Paul, MIGEOTTE Roger, *Physique*, tome 3, Liège, Sciences et Lettres, 1967.
MAHIEU M., GHISLAIN R., *Leçons de Physique*, Namur, Wesmael-Charlier, 1970.
VANDERAUWERA J., ENGELEN J., *Physique 4ᵉ*, Namur, Wesmael-Charlier, 1973.
VANDERAUWERA J., ENGELEN J., *Physique 5ᵉ*, Namur, Wesmael-Charlier, 1975.

Chimie

ARNAUD P., *Cours de Chimie Organique*, Paris, Gauthier-Villars, Bordas, 1978.
BONTEMPS G., *Chimie 2*, Bruxelles, Didier, 1970.
CROS André, *Initiation à la Chimie moderne*, seconde C et T, Paris, Librairie Belin, 1968.
DELARUELLE A., CLAES A.I., *Chimie Minérale*, Namur, Wesmael-Charlier, 1974.
DESSART A., JODOGNE J., PAUL J., *Chimie Organique*, Bruxelles, De Boeck, 1979.
GONZAIL Adelin, *Cours de Chimie*, classe de 4ᵉ, Namur, Wesmael-Charlier, 1968.
GUERNET Michel, HAMON Michel, *Abrégé de chimie analytique*, tome 1, chimie des solutions, Paris, Masson, 1976.
GUINIER G., GUIMBAL R., *Chimie 1ʳᵉ D*, Paris, Bordas, 1968.
WILLEMS M., *Chimie 1 - La Chimie élémentaire*, Liège, Dessain, 1975.

Biologie

COBUT J.G., DESSART A., JODOGNE J., *Botanique*, Bruxelles, De Boeck, coll. de sciences naturelles, 1970.
COBUT J.G., DESSART A., JODOGNE J., *Zoologie*, Bruxelles, De Boeck, coll. de sciences naturelles, 1970.
DARDENNE Philippe, VANDERAUWERA Jacqueline, *Biologie - Zoologie*, Namur, Wesmael-Charlier, 1969.
DECERIER André, ESCALIER Jacques, GIRARD Louis, MARTIN Jacques, NOARS Paulette, TEYSSIER François, THOMAS Régis, *Biologie 1ʳᵉ B*, Paris, Nathan, 1982.
DESMAREZ Jean-Jacques, *Introduction à l'étude de la biologie humaine*, Bruxelles, Ed. Universitaires, coll. L'Enseignement, 1960.
ESCALIER Jacques, équipe de rédaction animée par, *Biologie 6ᵉ - L'homme et la nature*, Paris, Nathan, 1977.
VALLIN J., VAN CAMPENHOUD J., STEYAERT J., *Biologie 1: Zoologie et Botanique*, Bruxelles, Asedi, Bordas, 1965.
VALLIN J., VAN CAMPENHOUD J., STEYAERT J., *Biologie 2: Zoologie et Botanique*, Bruxelles, Asedi, Bordas, 1963.
VAN CAMPENHOUD J., VALLIN J., *Biologie 3: Botanique, Zoologie, Biochimie, Physiologie*, Bruxelles, Asedi, Bordas, 1966.

VANDEN EECKHOUDT Jean-Pierre, *Cours de Biologie I - Zoologie*, Liège, Sciences et Lettres, 1976.
VANDEN EECKHOUDT Jean-Pierre, *Cours de Biologie II - Zoologie*, Liège, Sciences et Lettres, 1970.
VANDEN EECKHOUDT Jean-Pierre, *Cours de Biologie III - Botanique*, Liège, Sciences et Lettres, 1970.
VANDEN EECKHOUDT Jean-Pierre, *Cours de Biologie IV - Microbiologie et physiologie*, Liège, Sciences et Lettres, 1968.
VANDEN EECKHOUDT Jean-Pierre, *Cours de Biologie V - Biologie générale*, Liège, Sciences et Lettres, 1975.
VANDEN EECKHOUDT Jean-Pierre, *Cours de Biologie VI - Zoologie générale des invertébrés*, Liège, Sciences et Lettres, 1975.
VANDEN EECKHOUDT Jean-Pierre, *Cours de Biologie VII - Botanique générale*, Liège, Sciences et Lettres, 1971.
VANDEN EECKHOUDT Jean-Pierre, NICOLAS Claude, *Eléments de biologie générale*, Liège, Sciences et Lettres, 1980.

Les livres

ALPHANDERY Marie-France, *Dictionnaire illustré des inventeurs français*, Paris, coll. Seghers, 1962.
ASIMOV Isaac, *Asimov's Biographical Encyclopedia of Science and Technology*, London, Allen and Unwin, 1978.
BADINTER Elisabeth, *Emilie, Emilie - L'ambition féminine au XVIII siècle*, Paris, Flammarion, 1983.
BAUDUIN Marcel, *Femmes Médecins*, Paris, Institut international de Bibliographie, 1901.
BEBEL Auguste, *La femme dans le passé, le présent, l'avenir*, Paris, 1891.
BEDRINE Nicole, LILENSTEN Régine, TOUATI Claude Rose, *Idées reçues sur les femmes*, Ed. Hier et Demain, 1978.
BELL E.T., *Les grands mathématiciens*, Paris, Payot, 1961.
BROGLIE Louis de, *Sur les sentiers de la science*, Paris, A. Michel, 1960.
CASTILLAN Marcel, *Soixante visages de femmes*, Casablanca, Société Shérifienne de publication et d'édition, 1957.
CHAMPEIX Robert, *Savants méconnus, inventions oubliées*, Paris, Dunod, 1966.
CHIAPPE Jean-François, *Le monde au féminin - Encyclopédie des femmes célèbres*, Paris, Somogy, 1976.
Dictionnaire des femmes célèbres, Paris, Cellot, MDCCLXIX.
Encyclopédie Universelle Bordas, Paris, Bordas, 1976.
Fait féminin (Le), ouvrage réalisé sous la direction d'Evelyne Sullerot, Paris, Fayard, 1978.
Femmes célèbres (Les), ouvrage établi et réalisé par L. Mazenot, Paris, Mazenot, 1960-1961.
GILLISPIC Charles Coulston, *Dictionary of Scientific Biography*, Princeton University, Charles Scribner's sons, N.Y., 1976.
GIROUD Françoise, *Une femme honorable*, Paris, Fayard, 1981.
JACQUARD Albert, *Au péril de la science*, Ed. du Seuil, Paris, 1982.
JOURCIN A. et VAN THIEGEM Ph., *Dictionnaire des femmes célèbres*, Larousse, coll. Les dictionnaires de l'homme du XXe siècle, 1969.
LACROIX J.F. de, *Dictionnaire historique portatif des femmes célèbres*, Paris, Cellot, 1961.
LIPINSKA Mélina, *Les femmes et le progrès des sciences médicales*, Paris, Masson, 1930.

MACCOBY Eleanor and JACKLIN C., *The Psychology of Sex Differences*, Stanford, Stanford University Press, 1974.
MARTIN Marie-Madeleine, *Le génie des femmes*, Paris, Ed. du Conquistador, 1950.
MONESTIER Marianne, *Femmes d'hier et de demain, d'ici et d'ailleurs*, Plon, 1967.
NOEL F. et CARPENTIER M., *Nouveau dictionnaire des origines, inventions et découvertes*, Bruxelles, Librairie Belge, 1828.
PECHRADE Lydie, ROUDY Yvette, *La réussite de la femme*, Comprendre, Savoir, Agir, 1970.
Prix Nobel (Les), Stockholm, Imprimerie Royale P.A., Norsted and Söner.
ROUX Aline, *Contribution à l'étude de la féminisation de la profession médicale*, Paris, Masson, 1975.
SAYRE Anne, *Rosalind Franklin and DNA*, N.Y., Norton and Cie, inc., 1975.
THIBAULT Odette, *Debout les femmes*, Lyon, Chronique Sociale, coll. L'Essentiel, 1980.
TOBIAS Sheila, *Le mythe des maths*, Paris-Montréal, Ed. Etudes vivantes, coll. Axes, 1980.

Les articles

ALIC Margaret, The History of Women in Science; a women's studies course, in: *Women's Studies International Forum*, 1982, vol. 5, n° 1, p. 75-81.
AUGER Pierre, Les interprètes de la science, in: *Le Courrier de l'Unesco*, juin 1962, n° 6, p. 14.
COOLIDGE Julian L., Six Female Mathematicians, in: *Scripta Mathematica*, XVII, march-june 1951, p. 20-30.
DOUVAN Elizabeth, The role of Models in Women's professional development, in: *Psychology of Woman*, Fall 1976, vol. 1, n° 1, p. 5-20.
DURDEN J., Les petites filles s'habillent de rose, in: *Intermédiaire*, 19/12/1981, n° 24 et 8/1/1982, n° 1.
ERNEST John, Mathematics and Sex, in: *American Mathematical Monthly*, vol. 83, 1976, p. 595-614.
ESCOFFIER-LAMBIOTTE Claudine, Le sexe du cerveau, in: *Le Monde*, 3/11/1982.
FAUSTO-STERLING Anna, Women and Science, in: *Women's Studies International Quaterly*, 1981, vol. 4/1, p. 41-50.
GRANROSE Cherry S. and KAMMER Ann E., Encouraging Women in Science, in: *Signs*, 1978, 4/1, p. 174-175.
GUHIER Fabien, Mathématiques: Le concile de Berkeley, in: *Le Nouvel Observateur*, 30 août 1980, p. 45-50.
IACOBACCI Rora F., Women of Mathematics, in: *Mathematics Teachers*, LXIII, april 1970, p. 329-337.
JACQUARD Albert, Les gènes et l'intelligence, in: *Le Monde*, 28/12/1982.
KELLY Alison, Science for men only?, in: *New Scientist*, 5/9/1975, vol. 63, p. 538-540.
KELLY Alison and WEINREICH-HASTE Helen, Science is for girls?, in: *Women's Studies International Quaterly*, 1979, vol. 2, n° 3, p. 275-283.
KRAMER Edna E., Six more Female Mathematicians, in: *Scripta Mathematica*, 1957, vol. 23, p. 83-95.
LAMBERT Helen H., Biology and Equality: a Perspective on Sex Differences, in: *Signs*, 1978, 4/1, p. 97-117.
LANGANEY André, Chacun de nous est une femme, in: *Le Monde*, 28/12/1982.
LUBKIN Gloria B., Women in Physics, in: *Physics Today*, april 1971, vol. 24, n° 4, p. 23-27.

MARTIN B.R., IRVINE J., Women in Science - The astronomical Brain Drain, in: *Women's Studies International Forum*, vol. 5, n° 1, 1982, p. 41-68.
Mc CANN Mary, A singularity: being a woman nuclear physicist, in: *Spare Rib*, april 1980, n° 93, p. 6-8.
MEITNER Lise, The Status of Women in the Professions, in: *Physics Today*, 1960, vol. 13, n° 8, p. 16-21.
NESPO France, Filles et garçons: les pièges d'une éducation non sexiste, in: *F-Magazine*, 4/78, p. 70-80.
NEUMANN B.H., Byron's daughter, in: *The Mathematical Gazette*, vol. 57, 1973, p. 94-97.
Nobel pour des gènes sauteurs (Un), in: *Le Matin*, 11/10/1983, p. 20.
OGILVIE Marilyn Bailey, Caroline Herschel's Contributions to Astronomy, in: *Annals of Science*, vol. 32, 1975, p. 149-161.
RICHESON A.W., Mary Somerville, in: *Scripta Mathematica*, vol. 8, n° 1, march 1941.
ROSSI Alice, Women in Science. Why so few?, in: *Science*, vol. 148, 1965, p. 1196-1202.
Sophie Germain, Terquem, *Bulletin de bibliographie, d'histoire et de biographies mathématiques*, Tome VI, 1860, p. 9-12.
SPERLING Linda, Une généticienne méconnue, in: *La Recherche*, n° 155, mai 1984, p. 768.
ULLIN Claude, Un homme, une femme... la différence, in: *Femmes d'aujourd'hui*, n° 12, 24/3/1981, p. 21-25.
WALLIS Claudia, Honoring a modern Mendel, in: *Time*, n° 43, 24/10/1983, p. 43-44.
Women as Mathematicians and Astronomers, in: *American Mathematical Monthly*, vol. 25, march 1918, p. 136-139.
Yvonne Choquet-Bruhat, in: *Le Figaro*, 7/1/1980.

Chapitre 3

Analyse de manuels (liste non exhaustive)

Belgique

Danièle BODART, *Les stéréotypes sexistes dans les livres scolaires*, rapport dactylographié, Bruxelles, 1981.
Maison des femmes, *Ça se trouve dans les livres de vos enfants*, Bruxelles, s.d.
Changeons les livres scolaires, *A propos de l'éducation des filles et des garçons*, Bruxelles, 1981.
Changeons les livres scolaires, *L'image des femmes et des hommes dans les manuels scolaires*. Observations auxquelles a donné lieu l'analyse, effectuée en 1981, de nombreux livres scolaires actuellement utilisés dans l'enseignement primaire en Belgique, Bruxelles, 1982.
Raymonde CHARLIER, *L'édition scolaire et son public: les stéréotypes féminins et masculins dans les manuels*, mémoire présenté à l'Institut Supérieur d'Etudes Sociales de l'Etat, section: bibliothécaire-documentaliste, Bruxelles, 1978.
C.T.L. - Hypothèse d'école, *Qu'apprennent nos enfants à l'école primaire?* Analyse de six manuels de lecture utilisés à l'école primaire dans la région liégeoise, s.d.

Canada

DUNNIGAN, Lise, *Analyse des stéréotypes masculins et féminins dans les manuels scolaires au Québec*, Québec, Conseil du statut de la femme, 1980.

France

DECROUX-MASSON, Annie, *Papa lit et maman coud*, coll. «Femmes», Paris, Denoël-Gonthier, 1979.
Egalité des chances et sexisme à l'école, Paris, Conseil Départemental des Parents d'élèves de l'Enseignement Public de Paris, 1981.

MOREAU, Jacqueline, *L'enfant, la famille, l'école*, Paris, Editions Sociales Françaises, 1981.
Pour une école non sexiste, *L'école aussi préfère les garçons*. Dossier de presse, Paris, Agence femmes information. Ce dossier reproduit les analyses suivantes:
- *Image de la femme dans les manuels scolaires*, Paris, Institut National de Recherche et de Documentation Pédagogique, mars 1975.
- *L'image de la femme dans les manuels et les livres d'enfants*, Préfecture de la Région Ile-de-France, Délégation régionale à la condition féminine, janvier 1979, p. 2-20.
- *Etude de quelques manuels*. La place de la femme dans les manuels d'histoire et de géographie, dans *Cahiers pédagogiques*, 178-179, nov.-déc. 1979, pp. 51-57.
- *L'Haby ne fait pas la femme*, Syndicat National de l'Enseignement Secondaire, Etudes et Recherches, 1980, pp. 53-63.

Livres, articles et rapports

BANDURA, Albert, *L'apprentissage social,* trad. par Jean-A. RONDAL, Bruxelles, Mardaga, 1980.
BOUILLIN-DARTEVELLE, Roselyne, *Adolescence et loisirs*. Bibliographie sélective, Bruxelles, Université Libre de Bruxelles, Institut de Sociologie, Centre des techniques de diffusion collective, 1983.
BOUILLIN-DARTEVELLE, Roselyne, *La génération éclatée*. Loisirs et communication des adolescents, Bruxelles, Editions de l'Université, 1984.
BOURDIEU, Pierre, *La distinction*. Critique sociale du jugement, Paris, Minuit, 1979.
CLAES, Michel, *L'expérience adolescente*, Bruxelles, Mardaga, 1983.
DOUVAN, Elizabeth, *The Role of Models in Woman's Professional Development,* dans *Psychology of Woman*, Fall, 1976, vol. 1, n° 1, p. 11-15.
GALLAND, Olivier, *Les jeunes,* coll. «Repères», Paris, Ed. La Découverte, 1985.
HOPKINS, Paul O., *La sociobiologie,* dans *La Recherche,* vol. 8, n° 75, février 1977, pp. 134-142.
Le fait féminin, ouvrage collectif sous la direction d'Evelyne SULLEROT et avec la collaboration d'Odette THIBAULT, Centre Royaumont pour une science de l'homme, Paris, Fayard, 1978.
Les 14-18 ans et l'argent. Enquête: 8.000 jeunes répondent, Bruxelles, Ligue des familles, 1983.
LEYENS, Jacques, *Psychologie sociale,* cours professé à la Faculté de Psychologie et des Sciences de l'Education, Université Catholique de Louvain, 1975, notes dactylographiées.
L'inévitable travail. Premiers résultats de l'enquête sur les attitudes des jeunes travailleurs, chômeurs et apprentis face au travail, au chômage et à la vie globale réalisée par la JOC de Wallonie et de Bruxelles, septembre 1982.
LUTTE, Gérard, *Supprimer l'adolescence?* Essai sur la condition des jeunes, Paris, Ed. ouvrières; Bruxelles, Vie ouvrière, 1982.
MAROY, Christian et RUQUOY, Danièle, *Les jeunes et la consommation*. Analyse qualitative et quantitative des jeunes scolarisés de 16 à 19 ans, Université Catholique de Louvain, Faculté ouverte des Sciences politiques, économiques et sociales, Centre de sociologie urbaine et rurale, travail réalisé pour le Centre de Recherche et d'Information des Organisations de Consommateurs, novembre 1980.
MAROY, Christian et RUQUOY, Danièle, *Non pas une, mais plusieurs jeunesses,* dans *La Revue Nouvelle,* 7-8, juillet-août 1981, p. 21-34.
MOLLO, Suzanne, *L'école dans la société*. Psychologie des modèles éducatifs, coll. «Sciences de l'éducation», Paris, Dunod, 1969.

MONEY, John et EHRARDT, Anke, *Man and Woman, Boy and Girl,* Baltimore, Johns Hopkins University Press, 1972.
PAPALIA, Diane E. et OLDS, Sally W., *Le développement de la personne,* trad. par David et Sylvie BELANGER, Montréal, Les éd. HRW Ltée, 1979.
Psychologie sociale théorique et expérimentale. Recueil de textes choisis et présentés par Claude FAUCHEUX et Serge MOSCOVICI, coll. «Les textes sociologiques», 8, Paris - La Haye, Mouton, 1971.
Que veulent les jeunes?, dans *Les Cahiers de la Wallonie et de Bruxelles,* Groupe de Sociologie Wallonne, n" 37, octobre 1982.
REZSOHAZY, Rudolf, *Les jeunes, leurs parents et leurs professeurs.* Valeurs et comportements: continuité et conflit, Louvain-la-Neuve, Université Catholique de Louvain, Service de diagnostic social, cahier n" 5, 1979.
REZSOHAZY, Rudolf, *Les jeunes: un profil social, politique et religieux,* Louvain-la-Neuve, Université Catholique de Louvain, Service de diagnostic social, cahier n" 7, 1983.
ROCHEBLAVE-SPENLE, Anne-Marie, *La notion de rôle en psychologie sociale.* Etude historico-critique, Paris, Presses Universitaires de France, 1969.
ROCHEBLAVE-SPENLE, Anne-Marie, *Les rôles masculins et féminins,* Paris, Ed. Universitaires, 2ᵉ éd., 1970.
SAHLINS, Marshall, *Critique de la sociobiologie.* Aspects anthropologiques, Paris, Gallimard, 1980.
SAND, E., HUMBLET, Claire et DIAMENT, Maurice, *Le statut social des adolescents.* Rapport de recherche, Université Libre de Bruxelles, Laboratoire d'Epidémiologie et de Médecine sociale, travail réalisé à la demande du Centre d'Etudes de la population et de la famille, nov. 1983 (sous presse).
SAUNDERS, Fay, *Les rôles respectifs des deux sexes dans le cadre de l'école,* dans *Perspectives,* vol. V, n" 3, 1975, p. 383-394.
SKRYPCZAK, Jean-François, *L'inné et l'acquis.* Inégalités «naturelles», inégalités sociales, Lyon, Chronique sociale, 1981.
STOETZEL, Jean, *Les valeurs du temps présent: une enquête européenne,* Paris, Presses Universitaires de France, 1983.
THIBAULT, Odette, *Debout les femmes,* Lyon, Chronique sociale, 2ᵉ éd., 1980.
VANDEPLAS-HOLPER, Christiane, *Education et développement social de l'enfant,* coll. «Pédagogie d'aujourd'hui», Paris, Presses Universitaires de France, 1979.
Vingt ans à vingt ans de l'an 2000, enquête du journal *Le Soir* réalisée sur base d'un sondage effectué par l'I.N.U.S.O.P. pour *Le Soir* et la R.T.B.F., Bruxelles, Crédit Communal de Belgique, 1980.
WILSON, E.O., *L'humaine nature.* Essai de sociobiologie, Paris, Stock, 1979.
ZAZZO, Bianka, *La psychologie différentielle de l'adolescence,* Paris, Presses Universitaires de France, 2ᵉ éd., 1972.

Table des matières

INTRODUCTION	7
CHAPITRE 1: CONSTATS	11
A. *Histoire*	13
1. Méthode de travail	13
a) Présentation de l'échantillon choisi	13
b) Démarche suivie	16
2. Constats	16
a) Textes de leçon	16
b) Illustrations	21
c) Sources écrites	25
d) Tableaux et graphiques	30
e) Tables onomastiques et lexiques	31
3. Conclusion: Réduction et omission du rôle des femmes... Un hasard?.	32
Notes	37
B. *Littérature*	43
1. Place des femmes en général	44
a) Place très minoritaire	44
b) Raisons d'une place si minoritaire	45
c) Manière dont les femmes sont représentées	46
- Dans les illustrations	46
- Dans les commentaires de textes et les exercices	49
Présence de stéréotypes	49
Sexisme dans les rôles domestiques et professionnels	50
- Dans les extraits d'écrivains	51
d) Efforts relatifs des manuels récents	52
e) Conclusions	53

    2. Place des écrivaines 54
       a) Place très minoritaire 54
         - Dans les introductions, les tableaux chronologiques, les tables de matières et les index 54
         - Dans les illustrations 54
         - Dans le répertoire littéraire des manuels d'exercices 55
         - Dans l'histoire littéraire 55
       b) Manière dont on présente les écrivaines 57
       c) Raisons d'une place si minoritaire 60
       d) Efforts relatifs des manuels récents 61
       e) Conclusions 62
       Notes 62

C. Histoire de l'art 65
    1. Préliminaires 65
       a) La place de l'histoire de l'art dans l'enseignement secondaire 65
       b) Le choix des livres d'art analysés 66
       c) Les méthodes d'analyse 67
    2. Constats 67
       a) L'absence des femmes artistes dans les ouvrages généraux et les monographies 67
       b) Les exceptions qui confirment la règle de l'oubli 68
       c) Comment sont présentées les femmes artistes? 69
       d) L'art dit «féminin» 70
       e) L'art «viril» 71
       f) Comment expliquer l'oubli des femmes artistes remarquables? 72
       g) Les études féministes des années 1970 72
    3. Conclusions 74
       Notes 75

D. Les sciences 77
    1. Préliminaires 77
       Choix des livres analysés 78
       Méthode d'analyse 79
    2. Constats relatifs aux manuels de sciences 79
       a) Le sexisme dans les manuels 79
       b) La présence des femmes de science dans les manuels 82
         Absence d'images féminines 82
         Les exceptions: comment sont-elles présentées? 83
       c) Conclusions 84
    3. Constats relatifs au monde scientifique 85
       a) Les sciences forment un monde masculin! 85
       b) Les filles sont-elles moins aptes aux sciences que les garçons? 88
         Les influences biologiques 89
         Les influences socioculturelles 95
         L'importance des modèles 99
       c) Conclusions 101
       Notes 102

CHAPITRE 2: PROPOSITIONS 105

A. Histoire 107
    1. Préliminaires 107

    2. Propositions 109
       a) Textes de leçon 109
       b) Illustrations 133
       c) Sources écrites 135
       d) Tableaux et graphiques 135
       e) Tables onomastiques et lexiques 135
    3. Conclusion 136
    Notes 138

B. *Littérature* 143
    1. Reconnaissance des femmes en général 143
       a) Esprit des manuels 143
       b) Propositions générales 144
          - Historiographie nouvelle et conséquences 144
          - Langage 144
       c) Propositions concrètes 145
          - Suppression des stéréotypes 145
          - Diversité dans les rôles domestiques et professionnels ... 146
          - Tables thématiques élargies 147
          - Illustrations renouvelées 148
          - Efforts des manuels récents à amplifier 149
       d) Conclusions 150
    2. Reconnaissance des écrivaines 151
       a) Reconnaissance des écrivaines en tant que telles 151
       b) Renouvellement de la présentation de la littérature et des écrivaines ... 152
          - Renouvellement de la présentation de la littérature 152
          - Renouvellement de la présentation des écrivaines 153
       c) Réhabilitation de la littérature féminine 154
          - Dans les introductions, les tableaux chronologiques, les tables de matières et les index 154
          - Dans le contexte historique 154
          - Dans l'histoire littéraire 155
             - Le Moyen Age 155
             - Le seizième siècle 158
             - Le dix-septième siècle 160
             - Le dix-huitième siècle 162
             - Le dix-neuvième siècle 165
             - Le vingtième siècle 168
       d) Conclusions générales 172
    Notes 173

C. *Histoire de l'art* 175
Pour une présence des femmes artistes conforme aux réalités dans les livres d'histoire de l'art

    1. Les objectifs de notre étude 175
    2. De l'Antiquité à l'aube du vingtième siècle 176
       a) Dans l'Antiquité 176
          - Les bâtisseuses 176
          - Les femmes peintres et sculpteures citées par Pline 177
       b) Au Moyen Age 178
          - Les enlumineuses 178
          - Les brodeuses 179

c) A la Renaissance 180
  - Les femmes miniaturistes à Bruges 180
  - Les miniaturistes flamandes à la Cour d'Angleterre 180
  - Les portraitistes flamandes et italiennes 181
  - Les jardins clos 182
d) Au dix-septième siècle 183
  - Les brillantes exceptions 183
  - Les artistes féminines à Bologne 185
  - Les femmes peintres de natures mortes et de fleurs 187
  - L'apport des femmes dans la statuaire baroque à Malines et à Séville . 191
  - Les femmes architectes 193
e) Au dix-huitième siècle 194
  - Les Académies et les femmes peintres 194
  - Les carrières internationales 194
  - Les peintres françaises du XVIIIe siècle 196
f) Au dix-neuvième siècle 198
  - Les femmes et la peinture bourgeoise 198
  - L'apport des femmes dans le mouvement impressionniste 199
  - Une artiste en dehors des normes 199
g) Au vingtième siècle 200
  - La participation des femmes dans les courants d'avant-garde 200
  - L'expressionnisme allemand 200
  - Le cubisme 201
  - L'abstraction 201
  - Le surréalisme 202
3. Conclusions 204
Notes 204
Index alphabétique des femmes artistes 206

D. *Les sciences* 209
1. Propositions pour éliminer les stéréotypes sexistes des manuels de sciences . 209
  a) Au niveau du vocabulaire 209
  b) Au niveau des illustrations 210
  c) Au niveau des modèles 210
    - Les modèles de femmes en général 210
    - Les modèles de femmes de sciences 211
      - Bref aperçu historique 211
      - Quelques propositions concrètes 215
2. Propositions pour changer les mentalités vis-à-vis des sciences 219
  a) Les obstacles rencontrés par les femmes de sciences 220
    - Les difficultés d'accéder au monde scientifique 220
    - Les difficultés de s'affirmer dans le monde scientifique 226
  b) La société a besoin de scientifiques féminines 232
  c) Quelles solutions? 233
3. Conclusions 236
Notes 237
Index alphabétique des femmes de sciences citées dans ce chapitre 241

CHAPITRE 3: ENJEUX ... 243

I. Points de repère ... 245
1. Qu'est-ce que le sexisme? ... 246
2. Qu'entend-on par stéréotype? ... 247
3. Nature et culture ... 249
   a) Patrimoine génétique et rôles sociaux: la sociobiologie de Wilson ... 249
   b) Facteurs biologiques et psychologie individuelle: les travaux de Money . 252

II. Les manuels et la socialisation des enfants et des adolescents ... 255
1. Quelles images de femmes les manuels proposent-ils? ... 256
   a) Dans l'enseignement primaire ... 256
      - Descriptions ... 256
      - Réflexions ... 257
   b) Dans l'enseignement secondaire ... 259
      - Descriptions ... 259
      - Réflexions ... 260
   c) Les manuels, agents de socialisation ... 260
2. L'identité sexuelle des enfants et des adolescents ... 262
   a) L'identité sexuelle des enfants ... 262
   b) L'identité sexuelle à l'adolescence ... 264
      - Non pas une, mais des adolescences ... 264
      - Puberté et identité ... 266
      - L'identité des jeunes d'aujourd'hui ... 267
3. Les élèves et leurs manuels ... 271
   a) L'imitation des modèles ... 273
      - Observer quoi? ... 273
      - Innover à contre-courant ... 273
      - Imiter qui? ... 275
      - Développer quelles qualités? ... 277
   b) L'identification à autrui par l'intermédiaire des modèles ... 278
      - Premières identifications ... 278
      - Identifications à l'adolescence ... 279
   c) La tension entre rôle social et personnalité ... 281
      - Le conformisme et la frustration ... 281
      - Un double message ... 282
   Notes ... 285

CONCLUSION ... 289

BIBLIOGRAPHIE ... 293

TABLE DES MATIERES ... 313